殘暴不仁、休生養息、勵精圖治
明明是同一套帝王教育，為何養出良莠不齊甚至

CHINESE
EMPERORS AND WHERE TO FIND THEM

帝王與
他們的產地

亂世奸雄曹操的幾個兒子各有所長；
千古一帝秦始皇，其後代卻把秦朝搞到二世而亡！

嚴爸爸 —— 編著

都說「有其父必有其子」，但……真的是這樣嗎？
一起來看看皇帝老爸和他們的兒子之間，
一齣齣絕無僅有，你想都想不到的人倫大戲！

目錄

目錄

第三位皇帝老爸 漢武帝 —— 劉徹

目錄

第五位皇帝老爸　漢光武帝 ── 劉秀

目錄

第七位皇帝老爸　昭烈帝 —— 劉備

目錄

第八位皇帝老爸 吳大帝 —— 孫權

前言　成功父親能帶給孩子什麼

　　相信很多人疑惑：「虎父」李世民怎麼會培養出無能的「犬子」？他立的第二任太子李治，即唐高宗，性格軟弱，把江山拱手讓給了武則天。而之前秦始皇嬴政、漢高祖劉邦也都如此。為什麼成功人士創業之後，往往會走上「一代不如一代」的固定模式呢？

　　其實，父輩的成功，並不意味著一定會「一代不如一代」。主要還是看家庭教育和父輩對子女的要求。「太子」的身分既能帶來益處，也會帶來弊端。

　　所謂益處，父輩可以成為孩子的典範，讓他明白怎樣的狀態更易成功。這樣，孩子就有了模仿和學習的榜樣。對孩子來說，一個成功的父輩就生活在自己身邊，從心理上他不會認為其高不可攀，還能增強自信。這與普通人有很大差別。

　　而弊端往往來自父輩對孩子的要求和環境的影響。身為成功者的子女，可能會被眾星捧月般捧得過高，也可能會受到很多不正常、不自然的約束；而成功的父輩，往往對孩子有很高的期望，要求十分嚴苛。凡此種種，都會讓孩子受到超出正常範圍的壓力。久而久之，孩子覺得越來越累，人格也可能會出現問題。

　　此外，有些成功者會過分溺愛子女，這些含著「金湯匙」出生的孩子本就少了「白手起家」的辛勞，又在嬌生慣養中成長，無疑也會對他們的人格發展帶來不利影響。因此，在子女成長過程中擴大益處、減弱弊端，是打破「虎父生犬子」魔咒的關鍵。

　　其實，一個事業成功的父親更應該關愛自己的孩子，只有這樣，才能真正培育出「虎子」，繼承自己的衣缽。孩子在童年期最需要父母關愛，

前言　成功父親能帶給孩子什麼

如果父母能給孩子一個充滿溫暖、和善、關愛的成長環境，他會更容易相信和接受親人，並向親人學習。孩子到了青春期，就需要與父母多交流，要像朋友一樣。這樣不僅有利於孩子形成健康的人格，還能讓孩子在交流之中感受父輩的成功之處，讓他們更正面、更樂觀地成長。反之，如果孩子感受到更多的是冷漠、敵意、壓制，他可能會出現一些與外界對抗的行為，以發洩不滿和憤怒。

可惜，在傳統的封建帝制之下，溫暖、和善、像朋友一樣交流，對於皇帝父子來說很不現實。那麼，現代社會中，如果一位事業成功的父輩因為忙於工作，而無暇顧及孩子，孩子應該怎麼做呢？孩子應該主動去跟父輩交流，並在交流中全面了解父輩、向他們學習。除了父輩「工作辦事」的能力，還應該學習父輩如何「做人」，這更有利於孩子日後性格與人格的自我完善。

第一位皇帝老爸

秦始皇 —— 嬴政

第一位皇帝老爸
秦始皇 —— 嬴政

　　一個絕對嚴重缺失家庭教育孩子的案例；一個小時候沒人教育，長大後教育不了孩子的皇帝老爸。

　　秦始皇，首位完成中國統一的秦王朝的開國皇帝。後人稱之為「千古一帝」。十三歲即王位，二十二歲在故都雍城舉行了成人加冕儀式，從此正式登基「親理朝政」，三十九歲完成了統一中國的歷史大業並稱帝。西元前二四六年，秦王政即位，因年幼朝政由太后和相國呂不韋及嫪毐掌管。西元前二三八年（秦王政九年），秦王政親理朝政，除掉呂、嫪等人，重用李斯、尉繚，自西元前二三〇年至前二二一年，先後滅韓、趙、魏、楚、燕、齊六國，完成了統一全國的大業，建立了中國歷史上第一個統一、多民族、封建主義中央集權制的國家 —— 秦朝。秦王政自認為自己的功勞勝過之前的三皇五帝，為自己取名「始皇帝」。一生中有功也有過，與漢武帝並稱為「秦皇漢武」。

秦始皇嬴政的個人檔案

姓名：嬴政（因為出生在趙國，也叫趙政）

生卒：西元前二五九至西元前二一〇年

民族：漢

籍貫：咸陽

國家：秦帝國

學歷程度：史料不多，算大秦皇家學院轉學生兼自學成才畢業

婚姻狀況：已婚

子女：據專家考證，秦始皇共有子女三十三人。秦始皇的三十三個子女，除胡亥在趙高、李斯合謀下篡得皇位，成為秦二世，其餘三十二人皆死於非命

皇后：未冊立

血型：未知

身高：長八尺六寸，約合一百九十八公分左右（估計不可靠，據分析嬴政應該六尺五寸左右，大致相當於現在的一百六十至一百七十公分）

生日：壬寅年正月朔旦

星座：天秤座

性格：多變

愛好：方術

幸運數字：1（統一了，又是一個人說了算，當然是一）

最得意的事：統一六國、築長城、開拓疆土等

最鬱悶的事：不知老爸是誰

最尷尬的事：母親太放蕩

最大的心願：長生不老

最開心的事：遇到徐福

最難過的事：始終沒找到長生不老藥

最想去的地方：海外仙山

最喜歡的人：未知

最討厭的人：儒生

最喜歡做的事：巡遊並刻石留念

最喜歡的顏色：黑色

最愛聽的歌：高山流水

最崇拜的人：未知

第一位皇帝老爸
秦始皇 —— 嬴政

一、兒時歷大難，少年成帝王

　　秦始皇的出生和他的父親子楚當人質有著直接的關係。他出生的年代正是戰國時期，各國之間的戰爭異常激烈。秦是當時的七雄之一，秦始皇的曾祖父秦昭王聽取了范雎「遠交近攻」的戰略，把進攻的矛頭先對準了鄰國韓國和魏國，而和較遠的趙國聯合。遵照當時的慣例，兩國互換人質以示誠意。秦國派到趙國的是秦始皇的父親子楚，因為他在秦國的地位並不高。

　　子楚就是秦昭王的孫子，即太子安國君（秦始皇的爺爺）的兒子。子楚的母親夏姬不被安國君寵愛，子楚又在安國君二十多個兒子中排在中間，不是長子，所以地位很低，挑選人質時便選中了他。

　　子楚在趙國過得十分失意，但呂不韋卻改變了他的命運。

　　呂不韋當時已經是一個富有的商人，他很會投機，見到了子楚便覺得他像個貴重的商品一樣奇貨可居，將來可以借他賺取功名利祿（這就是現在「奇貨可居」這個成語的來歷）。呂不韋很熟悉秦國的內幕，知道安國君雖然最寵愛華陽夫人，但她卻沒有兒子，便打定主意要讓華陽夫人過繼子楚為子，那麼以後在太子安國君即位後，子楚也就是太子了，自己肯定能利用特殊的政治資本賺來無數的錢財。

　　主意已定，呂不韋便付諸行動了。他拿出了一千金作為本錢，其中的五百金送給子楚，讓他廣交朋友，五百金則用來購買奇珍異寶，然後帶著去了秦國。他很精明，沒有直接去見安國君和華陽夫人，而是採取了更穩妥、更有效的迂迴策略：去找華陽夫人的姐姐。呂不韋施展口才，說子楚如何賢達聰慧、廣交天下朋友、富有大志。雖然身處異鄉，但天天想念慈祥的安國君和賢慧的華陽夫人，還經常對他說「夫人就是子楚的上天」，有時到了深夜還思念得流淚。說到最後，見華陽夫人的姐姐被他的話打動了，便請她將禮物轉交給華陽夫人。華陽夫人接受了呂不韋替子楚交給她

的禮物，又聽說了子楚對她和安國君的態度，便對子楚產生了好感。

呂不韋又勸說華陽夫人的姐姐去遊說華陽夫人，讓她儘早在眾公子中挑選一個好的作為自己的兒子，並立為儲君，那麼以後即使在秦昭王死後也能保住自己的地位，而子楚便是最合適的人選。呂不韋商人式的精明算計，正好是華陽夫人日夜耿耿於懷的心事，姐姐來了一提此事，正中下懷。於是，華陽夫人便利用安國君的寵愛，說服他立子楚為繼承人。

事情辦成了，子楚的處境和地位都發生了很大的變化：安國君和華陽夫人給了子楚足夠的錢財，還讓呂不韋當他的師長，扶助子楚。

從此，呂不韋便長住在了邯鄲，和子楚一起廣交天下賓客，等待回國當太子、期待日後繼承王位的那一天早點到來。

為了籠絡子楚，呂不韋還送給子楚一個擅長歌舞的美女，因為是在趙國的都城，所以歷史上稱她為趙姬。後來，趙姬為子楚生下一子，這就是秦始皇。一開始他姓趙，因為出生在趙國。因為是生在正月，所以名字叫正，後來就改為政。等到回到了秦國，才改成了國姓嬴。

秦始皇剛出生，秦國和趙國便由盟友變成了敵人。第二年，趙國在秦國圍攻時想殺死子楚，結果子楚在呂不韋的幫助下，重金賄賂了守城門的官員，逃出了邯鄲城。秦始皇和母親在外祖母家的掩護下，逃過了殺身之禍。

六年後，西元前二一五年，秦昭王死，安國君即位，這就是秦孝文王，華陽夫人立為王后，太子就是子楚。此時，秦國和趙國的關係也恢復到以前的友好狀態，秦始皇和母親得以回到秦國。安國君在位時間很短，先是為父親服喪一年，正式即位後僅僅三天便死了。子楚即位，就是秦莊襄王。剛即位，便讓呂不韋成為了相國，還封為文信侯。但子楚在位時間也不長，僅三年便死去了。西元前二四七年，十三歲的嬴政便登上了秦王的寶座，因為年幼，政事便落入了呂不韋和趙太后之手。

二、勵精圖治，兵吞六國

　　嬴政當了秦王之後，呂不韋的權勢更大了，而且獲得了「仲父」的稱號，他食邑萬戶，還擁有上萬名家僕，財富巨萬。同時，為了擴大自己的影響力，他又召集很多的門客，讓他們蒐集史料，最後編纂成了《呂氏春秋》。

　　趙太后在被呂不韋送給子楚之前和呂不韋很要好，現在雖然地位尊貴，但子楚已經死去，守寡時間一長，便和呂不韋又重新走到了一起。此時，秦始皇已經長大，呂不韋也害怕她和太后私通的事被發現，引來殺身之禍，於是便為趙太后找了個替身，這就是嫪毐，讓他冒充宦官進宮，在淨身時趙太后買通了執行的人，讓這個假宦官進去供趙太后享樂。

　　這樣，在秦始皇的身邊有了兩個對他政權構成威脅的人，一個是呂不韋，一個就是嫪毐。在秦王八年，即西元前二三九年，秦始皇滿二十一歲，依照秦國的舊制，第二年要舉行加冠禮，然後就可以親政。而呂不韋和嫪毐卻在此時向他示威：呂不韋公開拿出了《呂氏春秋》，嫪毐則依仗趙太后的勢力私自裂土封侯。秦始皇在挑釁面前不動聲色，而是按計畫舉行了加冠禮，而嫪毐卻等不及了，他想乘機叛亂，殺掉秦始皇，結果被早有防備的秦始皇平息，嫪毐被捉，最後處以車裂酷刑，誅滅三族。他的同黨被誅殺的有二十多人，牽連的多達四千多家。趙太后和嫪毐生的兩個私生子也被殺，趙太后則被軟禁起來，經過群臣的勸說，秦始皇親自把母親接回咸陽。

　　除掉嫪毐的第二年，秦始皇又免掉了呂不韋的相國，並趕出咸陽，讓他到自己的封地洛陽。兩年後，秦始皇為了避免呂不韋和其他國家串通作亂，派人送絕命書給呂不韋，信中對呂不韋大加斥責：「你對秦國有什麼功勞，卻能封土洛陽、食邑十萬？你和秦國又有什麼親緣，卻得到仲父的稱號？你快給我滾到西蜀去吧！」呂不韋知道自己最後難免一死，乾脆服

毒自殺了。

　　將政權的威脅都清除了，秦始皇便開始對東方的六國採取了軍事行動。他繼承了祖輩的基業，而且發揚光大，在秦始皇手下，有一批很有才幹的文臣武將，文臣如謀士李斯和尉繚，善於間諜活動的姚賈和頓弱。武將則有蒙恬、蒙武、王翦和王賁。秦始皇繼續用「遠交近攻」的戰略方針，前後花了十年的時間滅掉了六國，統一了中國。

　　最先滅掉的是韓國，秦王十四年，即西元前二三三年，韓國割地稱臣，也沒能挽救敗亡的命運。三年後，秦國俘虜了韓王，滅掉了韓國。

　　然後秦國攻打趙國，俘虜了趙王，公子嘉逃到了代郡，稱代王。到秦王二十五年，代王也被俘，趙最後滅亡。

　　在秦王二十年，王翦領兵攻燕。在易水西面秦兵打敗了燕、代聯軍。攻占了燕國都城薊城。燕王向遼東方向出逃。後來，燕王只能殺了曾經派荊軻刺殺秦王的太子丹，把他的頭獻給秦軍求和。到秦王二十五年，燕國最後的一個王 —— 喜被俘獲，燕國也被滅了。同時，魏國也被秦軍滅掉。

　　秦王二十三年，攻打楚國的秦軍因為兵力太少，被楚軍打敗。秦王又派老將王翦出征，並聽從他的建議，給了六十萬重兵，結果，王翦用了三年時間，終於拿下了楚國。

　　最後滅掉的是齊國。在秦國先後對其他五國用兵時，齊國不但袖手旁觀，而且和秦國結盟，根本沒有意識到自己的前途和其他五國一樣。因此，齊國沒有做任何戰爭準備。等到秦王二十六年，五國都被滅掉後，齊國這才派兵準備抵禦秦國，並和秦國斷交，但為時已晚。秦國大將王賁在最終滅掉燕國後，領兵大舉南下，一戰俘獲了齊王。至此，秦滅六國，十年統一了中國。

三、皇帝老爸，悲慘家教

　　西元前二五九年，正值中國歷史上的戰國時代。那年正月裡，嬴政降生在硝煙彌漫的趙國首都邯鄲。這是一座時常處於危險中的城市。他懵懵懂懂、不合時宜地過早出世，多少有些窘困。

　　他的父親異人，身為秦國太子安國君走馬看花的產物，並未獲得超凡的智慧和才能，在二十多個兄弟組成糖葫蘆般的龐大列隊裡，既不居長 —— 撈個法定繼承人的名分，又不得寵。他的命運不濟還表現在其祖父秦昭王對他天生的厭惡，上上下下二十多個兄弟，那老不死的偏偏選中了他，毫不憐惜地把他作為秦國換取趙國信任的「質子」（人質）送往異國他鄉。從到趙國的第一天起，他的一生就充滿了凶險。擺在這位落難王孫面前的出路只有兩條：一旦秦趙交戰，他將毫無疑問地慘遭殺害；短暫的和平也不會為他帶來好運，充其量只是延續了他毫無指望的生命，興許還加劇了他內心的絕望。

　　相比之下，嬴政母親的日子似乎要好過一些，首先因為她是一個女人，一個只圖感官享樂的女人，她要求滿足的範圍很有限：豐盛的食物、鬆軟的床和一個器官完備的男人軀體。她豔麗豐滿又能歌善舞，在風月場上頗有名聲（她原是邯鄲貴族圈內被普遍享用的一位名姬），引得周圍一幫男人爭相染指，她也來者不拒，無論是新手還是熟客，她都以同樣的熱情張開她飢渴的軀體。

　　《史記》中記載，嬴政誕生的前一年，她還是衛國投機大商人呂不韋的小妾。在一次酒宴上，她嬌豔的外貌和優美的舞姿築起了一道長長的階梯，使她從低俗商人的身邊投向高貴公子異人的懷抱。所有沾染過她的男人都對她留戀不已，當公子異人一眼就看中呂不韋的這個美妾，請求轉讓給他當夫人時，呂不韋的情緒是激憤的，他恨他！恨自己的野心造就這位

主子，並且後悔不該舉行這次酒宴。他或許想起了以往與這位美妾度過的許多難忘日夜，肌膚相親、恩愛備至。據小妾聲稱，她的肚子裡已留有他的骨血。

然而，呂不韋畢竟是個精明的商人和有遠見的投機分子，他在公子異人窮困潦倒之時，把他當作奇貨投下大量賭注，目的在於撈取資本，實現他有朝一日左右朝政的政治野心。為了異人，他已破費千金家產，而今豈能為區區一小妾壞了大事，於是他將趙姬鄭重其事地敬獻給了公子異人。

之後的事情就不甚明瞭了。到底是趙姬對呂不韋謊稱已有身孕呢？還是她到異人身邊後才懷上了孩子？普遍的說法是趙姬對異人隱瞞了肚子裡的事。一年以後，謎團尚未解開，嬴政便降臨人間。

這是一個醜陋的男孩。這種醜陋不僅局限於出生之初，當嬰兒臉上長出豐潤的皮肉，透過怒吼來展示他在這個世界上的獨特存在時，所有的人，包括他的父母，都被他咧開的嘴巴嚇住了。這是一張什麼樣的嘴巴？又長又大，猶如下山猛虎張開的血盆大口，幾乎占滿了他小臉。按陰陽先生的說法，這孩子生來具有「吃相」。

稍稍年長一些，人們所企望的改變並沒有發生，他非但沒有變得漂亮起來，反而越來越醜。或許營養不良，長期缺乏某種體內必需的營養素；或許由於醜陋使母親對他倍感嫌惡，以至於發生這樣的事情：她忙於尋歡作樂而忽略了對他的護理。於是，小嬴政在成長中身體骨骼的發育出現了問題，並直接影響到他的容貌。

從迷信的角度來看，嬴政的怪異奇特形象必然與更神祕的淵源有關，因而流傳了許多離奇的說法。他的身世本就曖昧不清，再加上他非同一般的長相——既不像他漂亮的父母，又不像一表人才的呂不韋——構成了一個更大的疑團，其結果似乎加強了各種流言。人們開始相信這小子是某

個非人間的神靈或妖魔轉世，對他既嫌惡又有些懼怕，大多數情況下是不知所措或置之不理。因此，幼小的嬴政在宮中度過了許多寂寞的時光。

根據現代心理學的觀點，嬰兒從脫離母體那一刻起，便在這個世界裡全身心地接受刺激，環境潛移默化地影響著他。一個人性格的某些特徵，其對生活所持的態度很大一部分取決於他的童年。嬴政早年因容貌醜所陋經歷的挫折，對他的心理發展造成嚴重的創傷，並最終形成「憂鬱型人格」這種既普遍又特殊的心理行為類型。

憂鬱型人格源自於一種特殊的家庭形態。這類家庭的父母往往對孩子漠不關心，母親對丈夫不滿，她也許從未真正想成為一個母親，因而感到孩子是束縛、累贅和自由生活的障礙。父母對孩子的淡漠或不加掩飾當面表現厭惡感，以及經常外出，都會使孩子萌生一種被遺棄的感覺，從而孤獨附身。像嬴政這種敏感的孩子又因醜陋使他感到恥辱，且他很快發現醜陋是一種永恆的印記、是上帝對他的懲罰，這使小小年紀的他已感受到了絕望。

四、家庭變故，改變一生

憂鬱型人格的情感根源是無價值感和在招人喜愛方面的無能。因此，自卑、怯懦、缺乏自信是小嬴政的主要情感經驗，這種情感使他不善於合群，他因害怕別人察覺到他存在的毫無價值而無法與他人建立起有意義的關係。於是，他躲進高大的宮牆深處，極為自然地躲到自我的保護殼內，過早地開始了孤獨的生活。孤獨最大的優點是不會輕易遭到別人的拒絕，免除了那種令人痛苦的難堪。

他沉默寡言，把憤怒和激憤深深地埋在心底，透過大量超過年齡負荷的閱讀打發似乎凝固了的時光。如前所述，被遺棄感是憂鬱型人格的核

心，退守自我則是憂鬱型人格者必然的抗衡方式。面對漂亮、可愛的同齡小孩，贏政在博得他人喜愛方面是競爭的失敗者。他無法建立良好的自我感覺，也無力改變嚴酷的現實，在這種情況下，他只是一味地退守自我，他的隱忍和退縮行為將在他性格形成的過程中隱祕地產生作用。

當時，他似乎有沿著這條寂寞人生之路一直走下去的趨勢，然而就在他十歲那年，他的家庭發生了重大變故。

在變故以前，呂不韋精彩的政治投資得到了可觀的效益，他透過大規模的饋贈和賄賂，攀上了秦國太子安國君最寵愛的妃子華陽夫人，鑑於她沒有兒子，讓她收異人為子，並督促安國君立異人為太子。枕邊風果然有效，安國君答應了華陽夫人的要求。

不久，秦國名將王齕率兵攻打邯鄲，趙國急了，打算殺掉異人。異人在呂不韋的策劃下，用六百斤黃金賄賂守城的將士，死裡逃生。隨後趙姬和贏政也輾轉來到秦國。

西元前二五一年，秦昭王去世，安國君繼位為秦孝文王，華陽夫人為王后，異人（改名為子楚）被立為太子。秦孝文王當政不足一年就病故了，子楚繼承王位，稱為秦莊襄王，十歲的贏政被立為太子。呂不韋也隨之當上了秦國相國，被封為文信侯，食邑十萬戶。他的政治投機獲得了巨大的成功。

不過，秦莊襄王只在位三年就病逝了。這一年太子贏政十三歲，已長成一個少言卻極有主見的少年。呂不韋順理成章地擁立贏政當了王，稱為秦王政，他自己繼續任相國，秦王政稱呂不韋為「仲父」，委託他總理全國政務。

這一年和之後幾年都顯得非常平靜，暫時還沒有人把這位少年國君放在眼裡。大權獨攬的呂不韋忙於對外的兼併戰爭：他親自率兵滅掉了周王

室，將其領地並入秦國版圖，又滅了衛國，切斷了韓、魏兩國與趙國的連繫；數次打敗「合縱抗秦」的五國聯軍，秦國疆域擴展到了東方。與此同時，他還打算從理論上探討治國方略，親自主持編寫了《呂氏春秋》。

呂不韋興許就屬於那類睪固酮含量比較高的人，他野心勃勃、精力旺盛，總想成就一番大事業。當他還是小民百姓的時候，他拚命地賺錢，終於成為一位「家累千金」的大富翁。如今他是戰國七雄中最強盛的秦國的丞相，處於一人之下，萬人之上的顯赫地位，他的欲望自然膨脹起來，他仍念念不忘與他的老情人 —— 現已成為王太后的趙姬私通，縱慾私情。年輕漂亮的王太后本就是一位風流豔姬，正當虎狼盛年卻喪夫守寡，怎耐寂寞，與呂不韋重新勾搭成姦。對於有些女人來說，追求淫慾滿足與追求幸福是同件事，而情慾易於激動的特性總是導致雙方衝破各類障礙，奔騰向前。

王太后與呂不韋頻繁的往來、纏綿的情意和無休止的淫亂活動愈演愈烈，無法控制。這一切自然逃不過嬴政的雙眼，他把「仲父」與母親的私通當作什麼性質的事件來看待呢？顯然，他不會無動於衷。最起碼他會認為這是對他所代表的絕對王權的蔑視和冒犯。

呂不韋的頭腦在激情過去之後倒十分清醒，他害怕這位沉默寡言的少年天子將來報復自己，於是找來一位名叫嫪毐的傢伙當自己的替身。這位嫪毐，史稱「大陰人」，性技高超。呂不韋命人剪去嫪毐的鬍鬚和眉毛，謊稱此人因犯罪而受「腐刑」（一種損壞男性生殖器的古代刑罰），送入宮當宦官侍候太后。淫蕩的王太后與嫪毐一拍即合，趙姬對他「絕愛之」、「賞賜甚厚」。所有事都交給他處理。嫪毐特寵於王太后，權勢惡性膨脹。據《史記》記載，他的家僮有數千人，門客也達千餘人。不久，王太后有了身孕，她怕傳出去暴露了自己與嫪毐的醜事，兩人便捏造卜辭，

指居於咸陽不利，雙雙遷至舊都雍城居住。

西元前二三八年，這年嬴政滿二十二歲。按照秦國的禮制，他將在雍城蘄年宮舉行隆重的加冕典禮，開始親政。

五、命運更改，心靈創傷

許多人都敏銳地感覺到嬴政神祕的威嚴像烏雲般傾壓下來，這種威嚴首先反映在他的外貌上。在加冕典禮上，人們依舊看到的是那個寡言天子，只是他變得更可怕了。

據傳說，秦的祖先是顓頊帝的孫女，名叫女脩。女脩吞玄鳥之卵生下兒子大業。大業的兒子大費（伯益）跟隨夏禹平治水土，受到舜帝的稱讚，並接受了他的賞賜 ── 一條黑色的旗帶，這才有了榮耀。大費的子孫們大多生長在戎族地區，歸順殷商諸侯，但依舊憑力氣吃飯，駐守西部、保衛邊疆。秦的地理位置接近西戎，屬於中原文明的邊緣地帶，一直受到東方各諸侯國的排斥和嘲弄，在此期間，由於同樣的原因，秦與西戎的往來無論是以貿易、征戰或通婚的形式出現都獲得蓬勃的發展。

因而，即使到了戰國時代，「秦國之俗」仍帶有西部游牧民族的粗獷習性，崇權尚武，「貪狠強力，寡義而趨利」，沒有那麼多纏綿的愁思、浪漫的情感（詩歌），也缺乏思想的深度和系統的智慧（哲學）。在秦王朝以前，秦地除了有過幾位神祕的謀士和英明的君主，幾乎沒有出現過一位像樣的思想家和詩人。秦國，就像一塊乾枯的沙地，只是貪婪地吮吸東方多餘的水分。

嬴政受這種風俗影響也逐漸具備了秦人的特徵，他已長成一名「長八尺六寸，大七圍」的壯漢，舞劍弄棒，無所不能。由於環境的影響、特殊

的家庭形態和個人獨特的生存經驗造成了憂鬱型人格者種類繁多的行為模式，他們試圖戰勝自卑的方式也不盡相同，其中之一是透過實現超乎尋常的抱負來達到目的，另一種方式是透過超負荷、超時限工作和全力追求最高目標來隱藏自卑感。

事實證明，嬴政正是透過這兩種方式來驅除怯懦、自卑的情感，確立和恢復自信心，而且他像許多憂鬱型人格者一樣，「對愛情、性慾、友誼、榮譽、地位及財產永遠不會感到滿足」。確切地說，嬴政對榮譽、財產、疆土、功業永無滿足，因為他的個性和早年的經驗使他感到在情感和愛這類不熟悉的領域裡幾乎是毫無確定性的，唯有親手掌握權力和對世界的征服才有確定性可言。

有關嬴政性格形成的詳細過程基本上是一塊空白，我們說他是憂鬱型人格者，那是根據為數有限的史料進行符合邏輯的分析推斷的結果。沒有人確切地知道嬴政呱呱墜地後，環境在他正常發育成長的道路上設置了多少障礙。他得到的奶水是否充足？他有沒有過跌損？他的外貌對心靈有何超常的刺激？他的心理發展是否曾中斷，並為此感到焦慮？在那是非叢生的王宮深處，他是否經歷過可怕的精神危機？為了激情和夢幻，他流過多少隱祕的淚水？這一切都是謎。

一個人內心經歷的痛苦是無法估量的。或許他太醜陋了，使人一想到他、一看到他就有種不舒服的感覺；或許他太不起眼，太樂於沉默，許多人都忽略了他的存在。直到有一天，他衣冠楚楚地坐在寶座上俯視拜倒在他腳下的文武大臣，開始親理朝政 —— 而此時，人們也只限於對他的沉默和醜陋有點印象，他仍是個陌生的君王。

他長大了、成熟了。由於早年的經歷，憂鬱型人格導致內心的混亂 —— 懷有失敗情緒、缺乏自信、易自責、時常感到孤獨和遭人遺棄，以及

悲觀主義的人生觀——倒有助於他去尋求取代這種內心混亂的外界秩序。由於不安於模稜兩可，他處處力求以確實可靠的態度處世，理想主義的狂熱被冷靜、平庸的見解所取代，他發展出了一種貼近地面飛翔的本領。

他理所當然地喜歡上了韓非在〈孤憤〉、〈五蠹〉中宣揚的法家學說。他全盤接受韓非那種冷眼旁觀的非情感態度，以及這種態度發展到極端的利己主義。他把一切都浸入冷冰冰的利害關係的算計中，把社會的一切秩序、價值、關係及人們的一切行為、思想、觀念以至情感本身，都歸結為冷酷的個人利害。它成了衡量、考察、估計一切的標準。戰國時代「禮崩樂壞」的混亂局面和爾虞我詐，加上他個人早年的經驗都強化了他認知中的這一觀念——人都是為生存而互相計較著、爭奪著和吞噬著。

一切都是假的、神是不存在的、情感是靠不住的，只有冷靜理智的利害算計才能了解一切並戰勝陰謀奸險，以維持和保護自己的生存和安全。統治秩序只能建立在冷靜理智所分析的利害關係上，在這關係上樹立起君主專制的絕對權威。

相比之下，儒家迂腐的仁義道德、墨家的矯情兼愛以及各種漂亮的言詞、纏綿的情感、浪漫的理想似乎都不過是扯淡和可惡的偽裝，人生就是一場無情的戰爭。韓非關於孫子、老子那一套兵書也完全適用於政治和生活領域的說法對他大有啟發。

為了贏得人生戰場的勝利，冷靜理智的態度在韓非手裡發展為對人情世故、社會關係、政治活動多方面、多角度和多層次的細密探索。韓非對是非、毀譽、善惡、成敗的多變性、複雜性；對世態中種種微妙細膩處，如爭權奪利中的互相傾軋、嫉妒、勾結、欺騙、毀謗、誣陷等現象和事實的分辨和剖析，其思維的周詳細密、犀利銳敏，確實空前絕後。難怪嬴政看後連連叫好，並嘆道：「我若能見到韓非，和他交遊，雖死無恨矣！」

六、殘酷的家庭教育，性格的扭曲變異

犀利、冷靜、清醒以及那些無可辯駁的事實都成了韓非學說切入嬴政心坎的原因，而且，這一冷靜態度和周密思慮具有明確的功利目的，什麼明是非、辨真假、定對錯都是次要的，重要的是如何處理實際問題。

為了同樣原因 —— 對抗內在的威脅，嬴政把焦慮和注意力更多地投射到現實世界特定的目標上。因為憂鬱型人格者大多對交際心懷恐懼，面對無法駕馭、變幻莫測的生活環境始終處於守勢，進而接二連三地退守自我，這使他們自己也深感厭惡。強烈的自責和試圖克服自我的努力倒培養成了一種強烈的渴望，他會抓住一切機會將自己置身於可以公開檢驗意志，從而證明自身固有「價值」的環境中。

因此，人們印象中的嬴政傲慢、堅強，具有無所不能的自信心，是個透過鮮血確立威嚴的暴君。他似乎開始刻意展示他顛覆憂鬱型人格者諸多心理特徵的過程（這也是憂鬱型人格者典型的行為類型），不再退縮、不再期望從別人那裡得到什麼（如愛和友誼），而熱衷於像四夷一樣透過狡詐瘋狂地攫取和掠奪。他把自己以外的世界看作一種永無寧日的威脅，並有效地激起了他征服的熱情。

對於這一點，眼光敏銳的尉繚早有察覺。他說：「秦王……刻薄寡恩，心似虎狼，困窮的時候容易對人謙卑，得志的時候也會輕易地吞食……如果真的讓秦王得志於天下，天下便都成了他的俘虜，這種人不可長久共處。」

他的話在某種程度上來說是正確的。

時過不久，歷史就給了嬴政一次公開檢驗意志；證明自身「價值」的機會，他身為歷史人物，終於登臺亮相了。只是燈光一亮人們才發現，臺上臺下噴湧著一層濃厚黏稠的紅色液體，散發著刺鼻的血腥味。頭一個撞

在他刀口上的傢伙不是別人，是嫪毐。這位從呂不韋褲襠下爬到王太后床上的公牛，是一個卑賤的小人。王太后的寵愛和縱容使他的貪念像氣球一樣膨脹起來，他似乎覺得這個世界征服起來太容易了，不是嗎？

他原本不過是一個作惡多端的盜賊，一次非同尋常的豔遇就把他帶到今天這樣顯赫的地位。他被封為長信侯，山陽郡為其食邑，又以河西、太原等郡為其封田，由他自由支配。他建起豪華的住宅、廣收美女，過著花天酒地的奢侈生活。當時王宮裡的車馬、苑囿、宮室、王室成員外出狩獵、遊玩等事皆由他來決定。可以說他不費吹灰之力便獲得了巨大的權力，甚至還與王太后生了兩個兒子，那兩個贏政的小兄弟如今在雍城寬厚的宮牆裡嗷嗷哭叫，不時揚起紅通通的小臉，有滋有味地吮吸乳母豐盈的奶水。

嫪毐被突然降臨的權力和他與王太后非同尋常的關係沖昏了理智，不免飄飄然起來，對自己的言談舉止逐漸失去了控制。一次，他和侍中等貴要在宮裡下棋，由於酒喝多了，雙方都略有醉意，為一著棋發生了激烈爭執，嫪毐見說服不了對方便使出了殺手鐧。他瞪大雙眼，衝對方吼道：「你他媽的什麼東西，我是秦王的『假父』，你竟敢和我論理！」對方被他嚇跑了，並將他的話悄悄告訴了贏政。

幾年舒適、顯赫的宮廷生活和絕對權力的濫用，使得專橫跋扈的嫪毐嘗到了當主子的滋味，對繼續充當奴才失去了耐心。他不再甘心屈居人下，即便對手是全知全能的天帝，他也打算徒手格鬥一番！何況站在他對立面的並不是天帝，不過是他情婦的兒子——一個徒有虛名、長相凶惡的新國君罷了。他與太后密謀「王即薨，以子為後」，並順利借得秦王玉璽和太后璽發兵作亂，企圖推翻剛剛加冕親政的秦王，另立新主。

贏政對此早有準備，他立刻派昌平君、昌文君統率大軍平息叛亂。秦

第一位皇帝老爸
秦始皇 ── 嬴政

軍憑藉強大的攻擊力和浩大聲勢向嫪毐等一幫烏合之眾發起總攻，很快取得勝利。嫪毐被生擒，送至咸陽後處以車裂之刑。

嬴政下令追究這次叛亂。事情牽連上了呂不韋，嬴政罷免他的相國職務並放逐到其領地。嫪毐的家族被斬盡殺絕。參加叛亂的衛尉竭、內史肆、佐弋竭、中大夫令齊等二十餘名嫪毐同黨也一起被殺，並車裂其屍體倒懸示眾。與嫪毐關係密切的舍人、官吏四千餘人舉家被流放到荒蠻的蜀地。

嬴政罷免了呂不韋仍不甘心，此人血肉之軀的存在對他構成了一種威脅，是他的一塊心病，只是礙於眾賓客辯士的情面而沒有下手。但是，他絕不會放棄任何施加壓力的機會。他在寫給呂不韋的信裡指責道：「君何功於秦，秦封君河南，食十萬戶？君何親於秦，號稱仲父？」並下令將「其與家屬徙處蜀」。呂不韋在絕望和屈辱中，又因害怕慘遭嫪毐同黨車裂懸屍之禍，索性飲鴆自殺身亡。

嬴政去除了心腹之患，又把目光轉向他淫蕩的母親，他命令王太后遷往雍城的萯陽宮，發誓永不見面。

一旦捅破了親情這層面紗，嬴政的殘暴便毫無阻礙，他下令將嫪毐與王太后私通所生的兩個兒子 ── 他的同母異父的兄弟「囊撲」而死（裝在麻袋裡摔死）。二十七名勇敢的進諫者勸他的言行要符合國君的身分和儒家的禮法，結果招來殺身之禍，他們全被砍去了腦袋，無一倖免。

經過這番席捲宮廷的大屠殺，人們總算認清了嬴政，這位曾經一言不發、相貌醜陋的天子竟然如此鐵石心腸和城府深密，這使朝野上下在恐怖的傳聞和血腥氣息的籠罩中逐步走向膜拜、屈服。

仔細分析，嬴政的殘忍和對暴力的喜好，以及對荼毒生靈的熱衷和專注是憂鬱型人格者內心挫敗和情感紊亂強烈到病態臨界點的象徵。憂鬱型

人格者的一個重要特點是偏好孤守自我、不善合群，由於親密能力萎縮，自然不善於為他人著想，進而崇尚「孤獨」。嬴政早年因為相貌醜陋比別人更早感受到遭受遺棄和孤獨的痛苦，於是他透過閱讀、沉思，默默無聞地確立自我。

他，一個相貌醜陋而不被人們接受的分離者，因為有了獨自與古代聖哲對話的機會（主要是透過閱讀），倒從這種孤獨中體驗到了孤獨的愉悅。此時，內心強烈的挫折感和自卑感才有可能被一種超越同齡人的出類拔萃之感所取代，他的行動也隨之被投上了一種非凡的、獨立奮鬥的光彩。他越是恐懼、內心越紊亂，他就越傾向於殘忍和暴力，就像美國黑人作家賴特（Richard Wright）的小說《土生子》（*Native Son*）中的殺人犯比格，他越害怕，他吼叫的聲音越大，施暴的手段也就越殘酷。面對嬴政血洗宮廷的場面，誰能不毛骨悚然呢？

七、心靈缺失，無可救藥

從新聞的角度來說，不用管什麼人，第一個，都是有新聞價值的。何況是第一個皇帝，始皇帝。西元前二二一年，這個叫嬴政的國家元首統一了天下，他自認功勞已經超越了古代的三皇五帝。該怎麼稱呼自己呢？有大臣說叫「秦皇」，不錯，他想了想，還不夠。他想把江山代代傳下去，二世、三世，以至萬世，那自己不僅是「皇」，還是「帝」，第一個，開天闢地頭一回，就叫秦始皇吧。

嬴政，無疑是個驕傲自負、野心勃勃的男人。全國只有他可以用「朕」這個字，他隨便的一句話都可以叫「詔」。後來的皇帝都是跟著他學的。

第一位皇帝老爸
秦始皇 —— 嬴政

　　李斯小心翼翼地當了三十七年奴才，從嬴政年幼登上王位起就是一個忠心效忠的奴才，直至秦始皇臨終，他都是守在旁邊聽遺詔的人：召回在北方前線的皇長子扶蘇。但這個為老秦家賣了一輩子命的傢伙卻在秦始皇死後被秦二世胡亥判處「父子腰斬，誅滅三族。」

　　老秦家的血液裡流淌著殘暴和瘋狂，秦始皇最愛玩殺人遊戲，小兒子胡亥無師自通地繼承這一點，且比他老爸有過之而無不及，他登基的第一件事就是殺人 —— 大哥扶蘇被騙自殺、名將蒙恬被殺、秦始皇二十多位兒子成為新皇帝的祭品……

　　秦始皇的性格怎麼會這麼殘暴？這麼沒有人性？他怎麼變成這樣的？看歷史方明白，嬴政這孩子身世可憐，太可憐了。童年生活使他心理產生扭曲，你看看他的家庭亂七八糟，親生母親是呂不韋的二奶，後來被送給秦皇孫異人當老婆。呂不韋是個「風險投資家」，他的如意算盤打對了，異人當上國君後就用他當相國，封文信侯。異人的只當了三年國君就死了，由他的兒子嬴政 —— 就是後來的秦始皇來繼承王位。

　　「風險投資家」呂不韋被秦始皇尊稱為仲父，成了事實上的一國之君，而且又幾乎可以光明正大地和嬴政的生母偷情。十歲左右的嬴政看在眼裡會作何感想？呂不韋和他父母的三角關係，七國人都知道。到他二十多歲的時候，這個宮廷醜聞已經成了他無法忍受的屈辱，因為主角一個是他深愛的母親，一個他尊敬的仲父呂不韋。

　　還好的是，他沒有崩潰。不好的是，他幾乎發瘋了。西元前二三八年，二十歲的嬴政在秦國的故都雍城舉行了成年禮，正式接過國家的權杖。不久，他就下令剿殺嫪毐、把帶給他屈辱的生母遷出宮廷，讓她住到離首都很遠的一個小邑、罷免呂不韋。並且，對大臣下了死令：關於這件事的處理 ——「敢諫者死」。

但儒生們還是前仆後繼地勸諫，為此被殺頭的諫者已有二十七人。直到第二十八個不怕死的茅焦才勸服了贏政這殘暴的傢伙。

秦始皇的性格怎麼會這麼殘暴？環境使然、家庭使然，他的精神接近崩潰，心理已經變態。李斯跟著這樣的主子也真是難為這位書生了。李斯心理明白：越是位高權重的人，越難有二世之福。秦國的歷代丞相一旦被罷免必然被殺，從來沒有安享晚年、子孫繼承爵位的好事，這也是他的命。

秦始皇一向說一不二，他說什麼都是命令，沒有人敢違抗。他再也聽不到任何真話，再也沒有任何真正的朋友，當然也沒有親情和愛情，他寂寞的時候只好坐車巡遊，所有的願望都滿足之後，他只剩下一個夢想：長生不老。

他恐懼死亡，莫名其妙地恐懼。西元前二二一年，一塊隕石落在東郡，隕石上刻著「始皇死而地分」。這不是謀反嗎？殺！他下令把附近居民全部殺死，放火燒毀了隕石。

「我是唯一的，怎麼能死亡？」秦始皇內心知道，一旦他不在了，他一手締造的帝國大廈瞬間便會倒塌。

秦始皇被權力致幻了。他兩次派方士入海尋找仙方。當然是滑稽，不可能回來的。不可一世、聰明絕頂的秦始皇居然心甘情願上了江湖術士的當。一個堂堂的皇帝竟然被幾個江湖騙子玩得團團轉。

世上哪有什麼狗屁長生不老的藥呢？如果真有，那麼發明者自己難道不吃嗎？權力到了極點，誰還敢提醒他呢？即使提醒，他會相信嗎？莫非世界上還有他秦始皇辦不到的事？他不相信，別人也不相信。

他比誰都明白，這個統一帝國完全圍繞他一個人運轉。他是這個龐大帝國的 CEO，沒有了他，什麼萬世，一世沒了便馬上傾斜、崩塌。

八、不能戀母，倚重祖母

　　根據《史記》的記載，夏太后本來是秦昭王太子安國君的姬妾，在眾多夫人當中安國君最寵愛的是華陽夫人。而夏太后那時還稱作「夏姬」，並不得寵，雖然她為安國君生了一個兒子，仍沒有逃脫被冷遇的命運，就連兒子子楚也早早地被送到趙國去當人質。

　　戰國時期諸侯之間互相以王室的子孫作為抵押，這些「質子」（人質）的命運也經常隨著兩國的關係大起大落。由於秦國經常攻打趙國，所以「質子」異人在趙國的日子並不好過，不但備受冷遇，還時常會有性命之憂。

　　但大商人呂不韋卻看上了這筆政治買賣，認為子楚是「奇貨可居」。他先是透過賄賂華陽夫人，使華陽夫人將異人收為養子，又贊助異人，讓他結交諸侯中賢達人士，隨著子楚的名氣在諸侯中越來越大，最終也得到了安國君的認可。

　　秦昭王死後，安國君繼位成為秦王，而異人也因為華陽夫人的幫助被立為太子。安國君僅僅在位一年就去世了，異人順利繼承了王位，華陽夫人被尊為太后，而夏姬因為是異人的親生母親，也被尊為了太后。

　　但子楚僅在位三年就去世了，兒子嬴政繼位，這就是後來的秦始皇。秦始皇當時還僅僅是個十三歲的孩子，一切國家大事都由相國呂不韋操控。秦始皇的母親原本只是呂不韋身邊的一個妾，被異人看中後，呂不韋將其轉讓給了異人。異人當上秦王後改名「子楚」，他死後，秦始皇年少，其母時常與呂不韋私通，秦始皇對母親的作為深惡痛絕。但在當時也無可奈何，那時，華陽太后和夏太后就成為秦始皇能夠倚重的長輩。

　　夏太后一直到嬴政繼位七年後，也就是他二十歲之時才去世，此時秦始皇已經長大成人，慢慢開始掌握政權。當時周王室已經滅亡，秦國也達

到了國力最為強盛的時刻，統一六國的戰爭陸續開始了，那正是一個關鍵的歷史時刻。

而夏太后卻是秦始皇一生中最為重要的人，這種重要當然不會是「朝政大事」，也不是「天下大事」，但是至少是秦始皇心靈上的某種安慰。

我們都聽過「戀母情節」，但您聽過「戀祖母情節」嗎？秦始皇或許就是這類「戀祖母情結」的人。這當然是秦始皇幼年母愛父愛的缺失，以及不良家庭教育的結果所導致的。

所以，我們不得不談論一下這問題了——母愛缺失與子女人格健康。

奧地利著名心理學家阿德勒（Alfred Adler）曾經強調：「母親的第一件工作就是讓孩子感受到她是值得信賴的人，然後，她必須把這信任感擴大，直至它涵蓋兒童環境中的全部為止。如果她第一個工作——即獲得兒童的感情、興趣和合作失敗了，那麼這個兒童便不容易發展出社會興趣，也很難對同伴有好感。每個人都有對別人產生興趣的能力，但此種能力必須被啟發、磨練，否則，其發展就會受到挫折。」

母愛缺失對兒童人格完善的影響是深遠的。孩子從母愛中學會與周圍世界接觸，並融入社會，母愛能教會孩子愛別人、與別人合作，成為社會中的一員，並發展出健康完善的人格。母愛的天職是不可替代的，它對兒童早期的人格形成有著重要的意義，這種影響不僅關係到兒童健康人格的形成和發展，甚至會造成兒童心理障礙，在日後的人生歷程中留下深深的印跡，這種潛在的影響將貫穿和滲透於一個人的整個人生。

很多家長以為孩子小的時候只要精心照料就可以了，到了孩子學齡時期多半把注意力集中在重視孩子的學業和發展前途上。其實，母親的行為和對子女潛移默化的影響在生命的最初階段就已經開始了，子女四、五歲

時所受的訓練和努力，對孩子成年後生活態度和社會活動範圍有決定性的影響。子女成年後的擇業、擇偶等人際交往傾向從幼年經歷和記憶中都可以找到痕跡，留存在孩子記憶中的事件將成為兒童生活意義的經驗。

兒童早期的記憶之所以重要，是因為這是他對自身和環境的基本印象的全部，是他對自己最初的整個概念及別人對他的要求等的第一次綜合的結果，是作為個人主觀意識的起點，也是他自覺人生紀錄的開始。

我們經常會發現：母愛缺失的兒童成年後往往會有處境不安的脆弱感，或者會去追尋被認為理想的、強壯的象徵和安全的目標。

母愛缺失的孩子在人格形成過程中因為背景複雜，所以，人格發展中的問題也不盡相同。成年以後會表現為不同方面出現問題，但比較多見的為缺乏自信心；在職業興趣、婚姻選擇、人際交往等方面更容易出現障礙、遭遇失敗；在家庭生活中或表現為經常抱怨、推卸責任、內心自卑。

事實上，幾乎所有的青少年心理障礙的發生都與家庭環境有直接關係，都與家庭教育方式有著必然的連繫，也都與愛的缺失有著千絲萬縷的糾葛。

由此可見，重視用母愛深厚、細膩的情感去滋養和孕育孩子的心靈是非常重要的，對於秦始皇這樣的「千古一帝」也在所難免。

九、千古一帝，不立皇后

中國古代封建帝王均立后。立后制與儲君制互為表裡，是後宮制度乃至君主政治的重要組成部分。戰國時期的秦國在秦孝公以後，對於立后和立太子之事便已制度化，後來各種國家制度日漸完善。

秦始皇統一中國後更全面建立了各種制度，並明確規定皇帝的正妻為皇后，皇帝的母親為皇太后。但是秦始皇自己卻終生沒有冊立皇后，他也

是立后制形成以來唯一沒有立皇后的皇帝，以至秦始皇陵園內一墓獨尊而沒有皇后墓，成為一個難解的歷史之謎。

秦始皇十三歲即位到二十二歲親政，中間有九年的太平天子時間，也正是古代男子要娶妻的時間。即位三年，他便有資格立后，但前後九年都未立后。二十二歲到三十九歲的十七年是秦始皇掌權、統一六國的時間，儘管國事繁忙，在後方立后也不費事。從三十九歲到五十歲時，秦始皇多在巡遊路上，但是立后以「母儀天下」也花不了多少時間。秦朝雖短，但秦始皇有充足的時間立皇后，不是他來不及立皇后，實際上是他自己不願意，更非其母親不操心，也非大臣不盡職。

秦始皇在長達三十七年的統治時期一直沒有立皇后，其中的原因應該是多方面的，但究竟是什麼決定性的原因使得他堅持不立后，史料中並未記載，我們今天也只能夠憑藉當時的資料和想像進行猜測了。歸結起來，大概有四個方面的影響，促使秦始皇不立皇后。

其一，最有可能也是對其影響最大的，當是其母的行為帶給他的巨大心理創傷和心理扭曲。史載，秦始皇的母親趙姬行為失謹，先是當投機商人呂不韋的小妾，懷孕兩個月（多數人認為懷的就是後來的秦始皇）後，又被呂不韋獻給秦國的王孫子楚，子楚繼位後稱莊襄王，莊襄王死後，身為太后的她仍經常與呂不韋重溫舊情。《史記·呂不韋列傳》中記載：「始皇帝益壯，太后淫不止。」後來她又與繆毐私通，並生下兩個兒子。繆毐甚至於酒後大罵眾臣：「我乃秦王假父，怎敢與我鬥口乎？」母親的失檢行為令秦始皇惱羞憤怒、無地自容，使他心理壓抑，性格變得極為複雜：內向、多疑、妄想、專制、暴虐、冷酷無情，把他變成了一個失去理性的暴君，最後徹底暴發，殺了兩個私生子弟弟、將其母趕出咸陽，並遷怒於呂不韋，罷免其相國之職，後又下詔命呂不韋「速徙蜀中，不得逗留」！

結果呂不韋害怕被誅而服毒自殺。

因母親帶來的心理上的陰影一直伴隨著秦始皇，而且由對母親的怨憤發展成對女人的仇視，造成他後來在婚姻上的偏執。儘管他的後宮裡充斥著六國佳麗，但他只是把她們當作發洩仇恨的對象，或者滿足生理需求的工具。用今天的話來說，秦始皇已經陷入病態，需要去做心理諮商了。所以說，由母親的行為而形成的心理傷害和心理扭曲，是秦始皇一直不立皇后的重要因素。

其二，秦始皇是第一個將中國基本統一的帝王，站在後代人的立場上肯定和讚賞其歷史功績就不必說了，秦始皇當時也很自命不凡，自認功德超過了古代的聖賢 —— 三皇五帝，對皇后的要求自然也就非常高了，高到連自己也說不清楚，於是左看右看，後宮佳麗中竟沒有一個人能符合他的標準。

其三，由於身世及受到周圍環境的影響，養成了秦始皇從小刻薄、多疑的性格。一方面心氣極高，他連年征戰，橫掃六國，撫定四方，建立起一個統一的大帝國；另一方面他可能擔心立了皇后會對他有所掣肘，妨礙他實現遠大的理想。試想一個因對家庭不滿而將全部精力都轉移到政治理想上的人，理想對他來說意味著什麼，而為了實現理想，犧牲一些個人俗念又有什麼捨不得呢？

其四，眾所周知，秦始皇追求長生不老，對方術、煉丹術等情有獨鍾。秦始皇曾四次巡視六國故地，其中三次都會見了徐福等方士以求長生不老之藥，還派徐福率領三千名童男童女赴東海神山求藥。徐福入海數年，哪裡找得到仙藥，又耗費巨大，他怕秦始皇發怒，於是謊稱可得仙藥，但是海上常有巨鮫出沒，無法靠近，請派神箭手用連弩射殺巨鮫。

秦始皇便令人捕殺巨魚，還親自到海邊觀測大魚出沒，甚至想自己入海

嘗試求仙。這種對長生不老夢想的濃厚興趣和孜孜追求，在一定程度上也抑制了對其他事情的興趣，結果之一便是導致了立后這一大事卻被置之腦後。

秦始皇沒有立皇后，倒是省卻了許多沉迷於後宮的時間以及麻煩。他日理萬機，白天審理案子，晚上批閱公文，而且替自己定下了工作量：每天必須批完一石公文才能休息。當時的一石大概相當於現在的六十斤。每天批閱這麼一大堆竹簡，工作量著實不小。除了埋頭工作以轉移注意力外，秦始皇還大造宮殿樓榭，並經常四處駕車遊玩、巡視六國故地，再不就是暴施天下，「焚書坑儒」，赭衣滿道，黑獄叢冤。

有一件事情也許可以幫助我們理解秦始皇不立皇后的真實緣由。秦始皇對統一六國後收入後宮的眾多佳麗非常鄙視，痛恨她們無視亡國之辱而媚悅新主的行徑，但對守貞重節的女子卻倍加讚賞。據說有一個年輕寡婦名清，她數年如一日遵守婦節，秦始皇曾賜令她「旁座」，與自己平起平坐，而秦時就連當朝丞相在皇帝面前也只能站著，少有賜座之事。秦始皇還為這名寡婦修築了一座「女懷清臺」，以彰揚其事蹟。至今蜀中有一山名貞女山，便是該寡婦曾經寡居的地方。

整體說來，秦始皇為什麼會不立皇后，大概最重要的原因就是源自於他母愛的缺失吧。

十、母親是豔后，兒子不成暴君也難

《史記》上關於嬴政的出生沒有過多記載，唯一特別之處就是他母親懷胎十二個月才把他生下來，據說生下來就已經口生牙齒、聲如狼喉，而且雞胸、馬鼻、細目。然而，如此醜陋的孩子卻有一個國色天香、傾國傾城的母親。這美麗的女人性慾十分旺盛，根本不管孩子，每天只知貪歡享樂，是個不折不扣的「豔后」。

第一位皇帝老爸
秦始皇 ── 嬴政

　　嬴政的母親本來是邯鄲城裡色情場所的花魁，長得明眸皓齒，豔麗豐滿，還能歌善舞。邯鄲城裡的公子哥們為她不惜一擲千金。這個歌姬生性善淫，來者不拒。但是，她卻有一個奇怪的規矩，從不重複接待同一個男客。這個規矩讓她在那些好色之徒眼裡倍增誘惑力，也因此聲名在外。

　　衛國大投資商呂不韋聽聞此事特意跑去捧場。呂不韋抗拒不了誘惑，便花鉅資把她買回去做妾，賜名趙姬。花那麼多錢把趙姬買回來就這麼養著並不划算，呂不韋是個商人，他只是想先過足男人癮，再把她轉贈出去做筆更大收益的買賣。

　　後來他結識了秦國太子安國君的兒子異人。異人被當作質子送來趙國，在趙國倍受欺凌。呂不韋看好秦國將來會發跡，決定要拿異人做籌碼，好好下把注。他在異人淪落時與異人交好，並送他萬金結交朋友，首先獲取了他的信任。

　　呂不韋知道安國君的寵妃華陽夫人膝下無子。於是，拿出五千金買了禮物去討好華陽夫人的姐姐。先說異人為人豁達又廣結天下仁人之士，又說他每日思念安國君和華陽夫人，經常夜裡獨自流淚。女人嘛，第一受不了男人的甜言蜜語，第二擋不住鮮花巧克力（那個時候沒有鮮花巧克力，但有黃金珠寶、華服佳釀）的引誘。呂不韋兩樣備齊，還能不把華陽夫人姐妹倆搞定？

　　華陽夫人有姐姐在旁敲邊鼓，心裡暗想：自己到時候年老色衰，膝下無子，要是安國君一翹辮子，自己保不定就晚景淒涼。現在這個異人這麼孝敬自己，連姐姐都說好，估計也壞不到哪去，那我也賭一把！從此，她天天在安國君跟前吹枕邊風。安國君其實無所謂誰當太子，反正都是自己的兒子。既然寵妃都說異人好，那就立異人為繼承人，並給他用不盡的錢財。

呂不韋騙取異人的信任之後，又助他奪得王位繼承人的位置，接著就是要在他旁邊安插自己的女人。將來他死了，也得自己人繼承王位才行。呂不韋不是淺顯之輩，他搞的是長線投資。

　　呂不韋送異人美妾。與其說是送，不如說是詐。一日晚宴，他和異人喝得半醉時，請趙姬出來獻舞。趙姬一襲白衣，青鬢雲堆，步生蓮花，輕歌曼舞，時不時對異人暗送秋波。異人看得如痴如醉，魂也掉了三分，見呂不韋正熟睡，情不自禁起身要和趙姬交歡。其實，這一切都是呂不韋設的局。

　　呂不韋買回趙姬，夜夜與其恩愛，趙姬深信不疑呂不韋對自己一往情深。不久，趙姬妊娠，呂不韋便告訴她要將她獻與異人。趙姬自然不肯，可是呂不韋卻說：「你是想長久做我的妾呢，還是想做王妃。要是異人以後稱王，你為他生下皇兒，將來你就是王后。」趙姬從來沒有想過自己可能從一個青樓女子一躍為尊貴的王后，心下很歡喜。況且異人年輕貌俊，嫁與他也不吃虧。趙姬便答應了呂不韋。

　　於是呂不韋做導演，趙姬做主演，上演了這場「邯鄲獻姬」。

　　正當異人欲與趙姬交歡之時，呂不韋又來了個床上捉姦。異人嚇得膽戰心驚，趙姬則尋死覓活。呂不韋假裝悲痛說：「異人與我兄弟一場。若是想要這妾，直接告訴我，我必然贈與你。只是這姬妾本是我心愛之人，如今我贈她與你。你定要好生待她，立她為正室，來日若生下子嗣，必要立為皇儲。」異人早就三魂丟了六魄，連連應諾。

　　趙姬和異人在一起後，不日就懷孕了。這讓異人深感懷疑，直到十二個月後，趙政誕生，他才消除疑慮。後人一直揣度趙政的生父是誰？史記上說是呂不韋，可是卻又記趙姬是與異人懷孕十二個月後才生下趙正。其實推理起來很簡單，趙政生下來不是有牙齒嗎？有可能是趙姬早就生下來

藏匿起來了呢？又或者，誰能保證趙姬和異人在一起以後，沒有和呂不韋再偷腥？生父是誰都不重要，起碼知道趙政之母是趙姬這個淫蕩的女人就夠嚕頭。

異人的爺爺一死，六十多歲的安國君果然繼位。可是，才做了三天就死了，於是異人順理成章地登上王位。異人大概是在趙國壓抑太久，回到秦國，日日笙歌，縱情女色，才三年，就精盡人亡。這回終於輪到了年僅十三歲的趙政。他與母親從邯鄲回到秦國，改名嬴政，古時正字通政。父親和爺爺的早死似乎是在成全趙太后和呂不韋，也許冥冥之中是為嬴政安排的。

都說美麗的女人沒有大腦，有大腦的女人不漂亮。那麼，這個趙太后，既有驚豔之貌，又頗有政治野心。身為呂不韋的情人，異人的妻子，嬴政的母親，還是一個政治投機家，終於完成一個妓女到一個尊貴太后的蛻變。她也許至此已經滿足，不會料想到這個其貌不揚、身體羸弱的兒子以後竟然會成為掃滅六國、統一天下的始皇帝。

若是知道，或許她會有所收斂風塵本性，好好教育兒子，也不至於最後落得個被親生兒子趕出咸陽，還要受天下人恥笑的慘澹下場。

十一、仲父、假父，一個都不留

嬴政即位時正年少，呂不韋因為輔佐嬴政和他爹兩個有功，所以被立為相爺，還封十萬戶，號文信侯。趙姬也母憑子貴，晉身為太后，於是她要嬴政拜呂不韋為「仲父」。「仲父」是什麼？就是除了父親以外，第二個最尊敬的人。嬴政的親爹異人死了，所謂「仲父」不就成了嬴政最需要尊敬的人？呂不韋一石二鳥，相爺自己當了，做王的是自己親兒子。雖然名義上叫自己「仲父」，可是有什麼關係呢？親爹，乾爹都是爹，何況自己

還是趙太后床帷內的上賓。

此時秦朝，因為重用李斯、蒙驁等人，又有先王奠定的穩固基業，正一步步壯大。秦國先是派蒙驁攻打韓國，奪取了十三座城池，付出的代價是戰將王齮死了。這年又發生了嚴重的饑荒。

秦王政四年，蒙驁攻下了魏國的有詭，十月時，蝗蟲從東飛來，遮天蔽日，於是秦國發生瘟疫。蝗蟲把糧食都吃光了，眼看很多老百姓就要餓死，秦王號令若能捐一千石糧食的就授爵位一級。

秦王政五年，將軍蒙驁攻打下魏國的二十個城邑，並在此設立東郡。司馬遷寫到，這年冬天竟然打雷了。古人就是喜歡唬弄人，遇到白晝昏暗，夜晚明亮，山嶺崩裂，河流乾涸，冬天打雷，夏天降霜，都會被當作是某種徵兆。民話講：冬天打雷雷打雪。天氣預報氣溫下降而已，不是什麼了不起的事。不過巧就巧在次年秦國果真出事了。始皇六年，韓國、魏國、趙國、衛國、楚國，五國攻秦，結果只攻下壽陵邑。秦國火了，立刻派出軍隊，五國一看蒙驁又來了，趕緊撤。

蒙驁在那時就是「戰神」，攻哪哪就不保。然而，「戰神」也會有老的一天，蒙驁在攻打龍、孤、慶都的時候，彗星一連出現三次。在東方出現了，又在北方出現，在北方出現了又在西方出現。彗星就是掃把星，古人那麼迷信，看到掃把星一連出現三次，就認為肯定不是什麼好兆頭。

果真是天妒英才！蒙驁戰死沙場。對於其他六國而言，蒙驁的死簡直是大快六國之心。結果沒過多久，掃把星又在西方出現了，還一連出現了十六天。那這一次又是誰要死呢？大家心裡就猜：反正總是大人物吧，起碼要比蒙驁大！是的，死的就是秦始皇嬴政唯一的心靈安慰的奶奶夏太后。

現在人常常浪漫地說，一顆星星的隕落代表一個生命的逝去。照這麼

第一位皇帝老爸
秦始皇 —— 嬴政

說這個世界每天都有那麼多人死去，那不是天天都有流星雨看了。人家秦朝人就比較聰明，這自然徵兆永遠是為大人物服務，小老百姓就靠一邊站吧！

掃把星出來次數多了，大家就認為秦國的氣數要盡了，人人都想起來造反。第一個造反的就是長信侯嫪毐。

嫪毐是誰？是中國歷史上最著名的太監，不過這個太監是個假太監。

大家都知道，趙太后年輕守寡，可她偏偏是個情慾旺盛的女人。她當上趙太后以後，經常還和呂不韋在後宮私通。日子久了，總會有風言風語傳出來。呂不韋就擔心總有一天這件事情會傳到嬴政的耳朵裡。嬴政是王，王的母親和仲父在後宮淫亂，嬴政的面子該往哪擱？況且這個小孩生來就有些自閉式的陰鬱，讓人捉摸不透他在想什麼。他平常從不看孔子、老子，只嗜讀韓非子的法家理論。

眾所周知，法家理論素來反對儒家那套慈悲為懷、平易近人的仁政論，推行君主極權、「嚴而寡恩」。嬴政看到韓非子的文章時竟然感慨道：「寡人得見此人，與之遊，死不恨矣。」現在嬴政一天天長大，總有一天他要親政。要是到時候他也「寡恩」一下，莫說呂不韋只是個仲父，就算太后估計他也不會放過。

呂不韋素來考慮問題很具有前瞻性。女人，呂不韋不缺，何必搭上太后這根火線？太后這邊就更好辦。她要的不過是溫床軟褥和一個功能完整的男人供她消遣。於是，呂不韋就找了個叫嫪毐的男人做自己的替罪羊。

他派人拔去嫪毐的鬍鬚、眉毛，將他扮成太監送進太后寢內。嫪毐什麼都不行，唯一行的就是房事。他竭盡所能把太后伺候得舒舒服服的，太后一高興就封他為長信侯，還賜他土地，把河西太原郡改為了嫪毐的封國。日子久了，太后就離不開嫪毐了，宮裡大小事情全都交給嫪毐處理。

仗著得到太后「絕愛」，嫪毐很是倡狂。王家園林他也去，宮裡的馬車他也乘，豢養家丁，培植黨羽，還發展了好多私人武裝裝備。這不明顯要造反嗎？嬴政這麼少年老成的人，能對此無動於衷嗎？嫪毐是那種四肢發達、頭腦簡單的人物。但嬴政不是，他有的就是智慧。他能忍。

但是，太后有孕了！這個消息絕對是「驚人」的，對於一個深居後宮的寡婦皇太后居然懷孕了！在現代人們會說是「八卦新聞」了，對秦始皇來說那也絕對是一個「勁爆」的消息。於是太后稱病要避居雍城。嬴政就遂了母親的意，讓她遷居到雍城，嫪毐仍為貼身侍從。雍城在咸陽西二百餘里，原是秦國都城，太后就住在大鄭宮。遠離了秦王，兩個人更加肆無忌憚，更加放蕩，生下兩個孩子，都養在大鄭宮的密室裡。

人心不足蛇吞象。嫪毐就盤算起自己的大計，養大自己的孩子將來代政而立。有一次他和王宮大臣喝酒，喝醉了大放厥詞引得大臣動怒，最後竟然廝打起來。嫪毐打不過，就大罵起來：「你們這些狗奴才，竟然敢動手打我？知道我是誰嗎？我是秦王的假父。」假父就是義父，是父親，只不過不是生父而已。

大臣一聽，就告到嬴政那裡。秦王嬴政年值二十一，正準備去蘄年宮行弱冠之禮，行了弱冠之禮就可以親政。嬴政聽了大臣的報告，表面上不動聲色，其實心裡早就恨得牙癢癢：「這個蕩婦母親，東搞西搞，搞出這麼多老爸來。我堂堂秦王以後在世人面前還有什麼威儀？等著吧，等著我行禮親政，第一個就要清理自家門戶。仲父、假父、我一個也不留！」

正所謂「天要讓人亡，必先讓其狂。」嫪毐的權力與倡狂都到達了頂峰，卻不知道一場殺身之禍正如暗流來襲。秦王政九年，掃把星又來了，劃過整片天空。這下估計不是死一兩個人，有人要大開殺戒了。

四月，嬴政在雍城的蘄年宮佩劍行禮。嫪毐則盜用秦王大印又騙得太

后印璽，發動了京城部隊和侍衛、官騎、戎狄族首領、家臣，企圖攻打蘄年宮，發動叛亂。嬴政早有準備，命令相國昌平君、昌文君領兵作戰。咸陽一戰，嫪毐落敗逃走，嬴政下令全國緝拿他。緝令上寫：活捉嫪毐的賞錢一百萬；殺掉他的，賞錢五十萬。

不久，嫪毐被捕，處以車裂之刑、滅掉宗族。其他共犯全部判處梟刑（砍下頭顱懸掛在木竿上示眾）。嫪毐和太后的兩個私生子，被嬴政從大鄭宮內揪出來，裝在麻袋裡摔死了。最後連太后都被流放雍地。

秦王回宮以後，呂不韋因為受了嫪毐牽連而被罷官。齊國和趙國都派來使臣祝賀，其中齊國使臣茅焦就勸秦王說：「大王，秦國現在正以奪取天下為大事，在諸國中聲威日響，流放太后有損大王的名聲。」嬴政覺得說得有道理，就把母親接回咸陽，讓她繼續住在甘泉宮。

秦王政十年，掃把星又出現在西方，不久又出現在北方，從北斗往南接連出現了八十天。按照老規矩，又有尊貴的人物要隕落了。這個人就是秦王仲父，呂不韋。

呂不韋被嬴政趕回洛陽封地。嬴政怕他將來造反，又送去絕命書：「你對秦朝有何貢獻，憑什麼享用百萬戶，憑什麼做我仲父？你給我滾到蜀地去。」

呂不韋羞憤難當，自知難免一死，就服毒自殺了。

嬴政把親情這一層窗戶紙捅破了，他的薄情寡恩、暴力嗜殺的個性全部暴露無疑。嬴政從小醜陋自卑，長大後母親的冷落又致使他孤獨自閉，讀書時每天灌輸的都是韓非子那套是非真假、人生無情的觀念。這樣的景況下焉能長出一個人格完整、身心健康的人呢？

這所有不良的因素裡面，母親給他的刺激無疑是最大的。母親如此美麗，他也許心底早被母親的溫柔美麗所打動，因而一直對母親的種種要求

都予以滿足。誰知道母親竟然如此淫蕩不堪，他心裡該生出多大的失望？

所以，他可以後宮養三千佳麗而不選一人做皇后；他自視甚高，對宰相不客氣，卻可以給一個守孝的貞婦賜與平座；他要縱橫四海，統一天下，這樣才能讓天下都歸一到自己的行為規範中。

十二、革命尚未成功，皇帝也需努力

現在好了，後宮的「大火」已經滅了，兵出六國的打大仗也都打贏了，國家也統一了，全天下皇帝的龍椅也坐上了。秦始皇是不是就安枕無憂了呢？當然不是，革命尚未成功，始皇還需努力。他接下來就開始鞏固革命政權，還有就是培養自己的接班人了。

都說秦始皇不喜歡儒家溫吞吞的「仁政」策略，是個迷戀法治「薄情寡恩」的人。除去法家理論，他還相信陰陽家。陰陽家的理論就帶迷信色彩，有點宿命論。嬴政覺得自己能統一六國，肯定是真命天子。既然是真命天子，天下人當然是要臣服於他。

按照陰陽家水、火、木、金、土五行相生相剋、始終迴圈的那一套理論來推，周朝是火德的屬性，如今秦朝要代周朝，就必須用水，水能克火。為了順應天意，開始水德之年，就要更改一年的開始。黃河也被改名為「德水」。又因為水屬於陰，在《易》卦中，代表水的陰爻以數字六表示。所以，秦朝的符節和禦史所戴的法冠都規定為六寸，車寬為六尺，六尺為一步，連車駕都必須是六匹馬。六六大順，秦始皇也搞數字迷信。所以，關於秦始皇的吉祥數字，除了「1」，估計就算屬「6」了。

這時候的法令極為嚴酷，犯了法的人別想來個天下大赦然後免罪。雖然說秦朝主水德，水相對於火的剛強應該是至柔的。恰恰相反，五德中水

主陰的命數應該是刻薄而不仁愛。原來水德之陰不是陰柔而是陰險！

中國人就是愛搞形式主義，秦始皇也不例外。表面上的文章做夠了，現在該動真格的，那就是這個國家該怎麼管理與統治？秦始皇就開會研討：「眾卿家，你們有什麼好建議呢？」丞相王綰就進言說：「諸侯剛剛被打敗。燕國、齊國、楚國地處偏遠，不給它們設王，就無法鎮撫那裡。請封立各位皇子為王，希望皇上恩准。」做大官的大臣，尤其是在天子身邊，都想多一事不如少一事，全贊成。李斯卻反對說：「以前周朝也把土地分給子弟和同姓親屬，可是越到後一代就越疏遠。疏遠以後大家都不管理子面子，互相攻擊，搞得和仇人一樣。這些諸侯打得你死我活，周天子也管不了。現在好不容易由您統一，千萬別再設什麼諸侯。一點好處都沒有。您就把土地劃成郡縣，設立官員，級級牽制，權力便都在您手中。至於那些皇子功臣，拿公家賦稅的錢打賞一下就可以了。」秦始皇本來就是個權力欲望很重的人，廷尉李斯的話簡直是一擊即中他心，於是說：「廷尉說得對，就這麼辦。」

天下從此分為三十六郡。每郡都設置守、尉、監。改稱人民為「黔首」。為什麼這麼稱呼呢？「黔首」意為黑色，這是秦始皇最喜歡的顏色了，而當時秦朝屬水德，水德是尚黑。為此，秦朝只有皇帝才能穿黑色的衣服，其他符節、旗幟的裝飾也都用黑色。

天下政權都歸集到秦始皇手裡。他怕民眾不服，將來要造反，下令將天下的兵器全都聚集到咸陽。融化後鑄成大鐘，十二個銅人，每個重達十二萬斤，放在宮廷裡。他又統一法令和度量衡以及書寫標準。這個還是比較有貢獻意義的，起碼不同地方的人們溝通起來更方便，辦事效率也高了。咱們現在全國推行普通話估計就是跟人家秦朝學的。

另外，他還命令全國最有錢的十二萬戶人家都搬到咸陽住。有錢就有

勢，有勢就可能造反，現在把有能力造反的人都放到自己眼皮底下，看他們還敢不敢亂來。秦始皇想得還真周到。

集權專制讓秦始皇擁有了天下的財富，他一旦嘗到甜頭就開始變本加厲起來。先是在咸陽北坡仿造六國華麗的宮殿大建特建，還將從六國虜來的珍寶和美女放在裡面，供自己享樂。建完以後還不夠，還要建一個阿房宮。

這個阿房宮規模之大，「覆壓三百餘里，隔離天日」，浩繁宏偉，氣氛磅礡，是以前任何帝王的宮殿都望塵莫及的。它基本上是「五步一樓，十步一閣」，向東延伸至驪山，向南延伸至終南山，向北有複道渡渭水連結咸陽宮，並準備以終南山巔作為阿房宮的南闕。嬴政從來不怕民力財物枯竭，每年要徵用七十多萬人做苦役，修路，修宮殿，修陵墓，修長城。修到最後，人力資源不夠用了，老人婦女都要徵用。

秦王統一天下以後，崇武棄德，選擇了一條暴民虐民之路。「得道者多助，失道者寡助」，是千百年來不變的真理。失去民心，使秦王朝的巍巍統治在社會的土壤中沒有扎下最基本的根系。

十三、秦始皇和他的兒子們

秦始皇究竟有多個兒子？歷史上有兩種說法，一說是秦始皇有二十餘子，一說是秦始皇有十八子。兩種說法均出自《史記·李斯列傳》。一說出自《列傳》本論，另一說出自《列傳》（集解）。《列傳》本論說：秦始皇三十七年東巡郡縣，「秦始皇二十餘子，長子扶蘇以數直諫上，上使監兵上郡，蒙恬為將。少子胡亥，愛，請從，上許之」。

本論說得非常清楚，秦始皇「有二十餘子」，扶蘇是其長子；胡亥是其「少子」即最小的兒子。《列傳》又引用趙高對李斯的話說：「皇帝二十

餘子，皆君之所知」。這進一步證明，秦始皇確實有「二十餘子」。及至司馬光撰寫《資治通鑑》，大概也無新的歷史資料可以遵循，故而他在其《秦紀》中也祖述《史記》說：「始皇有二十餘子。」對於十八子之說，《史記》（集解）稱：「辯士隱姓名，遺秦將章邯書曰：『李斯為秦王死，廢十七兄而今王也』也。然則，二世是秦始皇第十八子。」在以上兩說法中，顯然，「二十餘子」之說，其證據是比較充分的。

傳統普遍認為，秦始皇的子女們皆為趙高斬盡殺絕。如《漢書·高帝紀》稱：「秦始皇、楚隱王，………皆絕無後。」如《漢書·賈山傳》稱：秦始皇「宗廟滅絕矣」。如鮑本《戰國策》吳師道補曰：「秦宗姓已滅絕」。如《鹽鐵論》引文學的話說：「昔趙高無過人之志，而居萬人之位，是以傾覆秦國而禍殃其宗。」根據上述歷史記述，似乎可以認為，趙高謀殺、逼殺、誘殺和誅殺秦始皇諸公子、公主之數目，也就是秦始皇實有子女的數目。

據《史記·始皇紀·李斯傳》：「六公子戮死於杜」；「公子將閭昆弟三人」，遭趙高陷害，「皆拔劍流涕自殺」；「公子十二人戮死咸陽市，十公主磔死於杜」；公子高見趙高殺氣騰騰，直奔其兄弟而來，意欲逃亡，「恐收族」，罪及親人，「請從死」，「賜錢十萬以葬」。加上在此以前扶蘇已為趙高、李斯矯詔賜死而「自殺」；此後，趙高又策動望夷宮軍事政變，「劫胡亥，令自殺」。

這樣以來，秦始皇之（6＋3＋12＋1＋1＋1＝24）二十四公子、十公主全都先後慘死於趙高之手。此與《李斯傳》「始皇有二十餘子」之說，是基本上相吻合的。

對於秦始皇和他的二十四個兒子之間的關係如何，史籍極少直接提及，只是在記述相關問題時偶有涉及罷了。

秦始皇平定天下、建制稱帝之時，丞相王綰等大臣曾經提出，在原燕，齊，荆邊遠地區「請立諸子」為王，試圖以此打開缺口，求得全面分封。秦始皇把王綰的意見交由大臣們討論，「群臣皆以為便」。只有李斯反對。李斯總結了周初「大封子弟同姓甚眾，然後屬疏遠，相攻擊如仇讎，諸侯更相誅伐，周天子弗能禁止」的歷史教訓，認為只有「皆為郡縣」才是「安寧之術」，封建諸侯是不合時宜的。

　　秦始皇完全支持李斯的意見，他以春秋戰國時期「天下共苦戰鬥不休，以有侯王，………又復立國，是樹兵也」為理由，拒絕任何形式的分封，並以「分天下為三十六郡」以斷絕其分封之望，最終使「秦無尺土之封」、「子弟為匹夫」，「諸公子為黔首」。只有長子扶蘇被當作儲君，讓他去上郡作蒙恬監軍，到一線接受錘煉以增長才幹，等秦始皇百年後繼位為秦王。其餘二十三子，非但無一封王，而且也不讓他們在其中央或地方政府任職，僅僅把他們用「公賦稅」養起來完事。難怪秦始皇死後，其少子胡亥對趙高說：「父捐命，不封諸子，何可言哉！」對秦始皇「不立尺土之封」流露出深深的不滿。

　　對於秦始皇「海內皆為郡縣」，「不立尺土之封」，「子弟為匹夫」，「諸公子為黔首」，西漢有些文人學者，頗多微詞。他們認為秦始皇連親生兒子都不讓分享權力，是「廢王道，立私權」，是「欲擅天下之利」是極權主義的表現，似乎很同情秦始皇的兒子們。其實，秦始皇「廢王道」是真，「立私權」是假。

　　在秦始皇建制稱帝以後，可以說他的權力是非常非常之大的。他完全有權力、也完全有能力為他的二十四公子，為他的十公主，為他的嬴秦氏家族，為他的後宮椒房，謀取很多很多的私利。首先，封子弟為王，尤其封諸公子為王，不算過分。對此，不僅不會有太多的異議，反而會得到更

多的擁護和支援；不僅會得到朝廷諸大臣的擁護和支持，而且會得到世俗即社會習慣勢力的默許和認同。其實，即使不封諸公子為王，還可以把他們安排到其中央或地方政府中任職。

但是，鑑於西周封建諸侯導致諸侯割據「天下共苦戰鬥不休」的歷史教訓，秦始皇堅持選拔、任用和罷免官吏的選官制原則，要求嚴格按照《置吏律》和《除吏律》等法律規定任免官吏。而皇帝的親族，沒有功勞，沒有能力，就沒有獲得官位的權力。

據劉向《說苑》記載，秦始皇還產生把帝位禪讓給賢者的念頭，只是由於歷史條件的制約，而不可能實行罷了。其「公天下」之心可知。顯然，秦始皇所朝思暮想的是誰能真正繼承他所從事的統一、郡縣制和法治的事業，至於親疏，似乎都無所謂。

秦始皇如此把他所從事的事業看得高於一切，看得高於他個人的名譽地位，看得高於他們的父子情分，看得高於他家庭和家族的私利，這在中國古代社會的君主帝王中，是不多見的。

然而，秦始皇的不分封子弟功臣，卻被西漢以劉邦為首的劉氏皇帝及其屬下的文人學者誤解了，他們說秦始皇全面推行郡縣制，不立尺土之封，「子弟為匹夫」、「諸公子為黔首」是「廢王道，立私權」，是「欲擅天下之利」，不知他們是在為秦始皇之諸公子的「匹夫」地位和「黔首」身分暴打不平呢？還是劉邦在為他的所封「子弟為王者九國」還嫌所封「骨肉同姓少」而自我解嘲？漢皇劉季試圖反秦始皇之道而行，大封子弟同姓，「山東盡諸侯地」，子弟為王者九國，還嫌所封「骨肉同姓少」，連公主、貴戚都要加封。雖有三河、內史等十五郡隸屬西漢中央政府，但卻又是「公主列侯頗食邑其中」，類似於國中之國，王中之王。儼然一副西周式的家天下的架勢。

對於秦始皇和他的兒子們之間的關係和漢皇劉季和他的子孫們之間的關係，漢武帝的第三個兒子燕刺王旦，作了這樣的描述：「昔秦據南面之位，制一世之命，威服四夷，輕弱骨肉，顯重異族，無宗室恩，……趙氏（嬴趙同姓，趙氏即嬴氏）無炊火矣。高皇帝覽蹤跡，觀得失，見秦建本非是，故改其路，規土連城，布王子孫，是以枝葉扶疏，異姓不得間也。」意謂過去秦始皇南面稱帝，掌握著一代國家的命運，四夷望風而賓服，但是，由於他輕視甚至削弱其親生骨肉，非常重用異姓之人，對宗室子弟毫無恩情，最後落得子孫滅絕，斷了香火。

我們的高皇帝綜觀古今成敗得失，覺察到秦始皇「輕弱骨肉，顯重異族」是捨本逐末的錯誤做法，決定不走秦始皇郡縣制的道路，把全國的土地城邑予以重新規劃組合，分封劉姓子孫為王，以使異姓之人不得從中作梗。

燕刺王旦的這段話，道出了秦始皇和漢劉邦對待其子女親屬們，完全相反的態度，一個是「輕弱骨肉，顯重異族」即重百姓而輕宗室，一個是「規土連城，布王子孫」即重宗室而輕百姓，孰之為公，孰之為私，至此，應該是不言自明了。

十四、秦二世胡亥，上梁不正下梁歪

秦國經過了幾百年的努力，終於在秦王嬴政的手裡實現了天下一統。就在秦王成為天下的皇帝前的十六年前，一個嬰孩誕生了，這個嬰孩是未來的秦始皇的兒子，但是他不是老大，他排行在第十八。這好像就注定了這個孩子在將來不會在中國歷史上留下什麼痕跡的。當然，秦王對他教育和引導也就很放鬆了。

不過，這個孩子倒是很能夠討女人歡心的。就在他還在襁褓的時候，

他就看見那些漂亮的女子就笑咪咪的，而看見那些太監就愁眉不展，連奶也不想喝。不過，他倒對一個長得眉清目秀的一個叫趙高的太監很是喜歡。小孩子的喜歡是沒有語言的，就是一看見這個太監他就笑而已。

漸漸地，這個嬰孩長大了，到了已經要接受教育的時候了。可是他只對那些好玩的課程感興趣，對於那些秦國賴以奪取天下的馬步弓刀是一點興趣也沒有。這個孩子的天分很高，對於諸子百家的琴棋書畫之類倒是很快就喜愛上了。他讀詩，誦讀的就是鄭衛之音，看舞蹈，看的就是桑間、濮上。

後來，他倒是喜歡上一個戰舞，那是一個上古的舞蹈，據說是在夸父時期就有了的舞蹈，在這個舞蹈裡有兩個美豔的女子，將自己剝得一絲不掛，在火焰和水的交織中舞蹈。這舞蹈其實是上古的一種圖騰，因為女陰象徵著生育、而火與水象徵著勝利的泉源，古人這樣做無非是希望自己的軍隊旗開得勝、馬到成功而已。秦始皇的這個十八子也喜歡這個舞蹈，就不知道他的動機和目的了。

時間過得很快，轉眼間這個孩子已經到可以取名字的年齡了。十八王子的稱號要被一個正式的名字和封號取代了。秦始皇也許是不那麼喜歡這個孩子吧，他給這個孩子取的名字是胡亥。胡者古月，老陰不能化育，亥是豬，一頭老母豬嘛。雄才大略的始皇帝沒有想到自己和自己的先輩幾百年來辛苦，預算好要傳位萬千世代的，結果卻被一個太監和一頭母豬壞了大事。可是誰的腦子後面長有眼睛呢？

胡亥一次在吃飯的時候，他突然發了興趣，他問到：「我們宮裡的飯碗可以長出飯來，可以長出肉來，還可以長得出兵器來嗎？」

那些服侍胡亥的太監、宮女一時間沒有回過神來，他們不知道這個王子在說什麼，他們也不知道如何回答。但是，這個王子倒是沒有架子，他只知道整天玩樂，就知道鑽宮女的裙子，所以雖然那些太監有些怕他，但

是卻有點膽子大。一個宮女回答說：「哦，我說王子爺，您真是說得輕巧啊，飯和肉可以從碗裡長出來啊？那都是我們大王帶著人馬從六國硬搶過來的。我們這裡，主要生長的是麥子，我們秦國的黔首也主要吃麥子的。不管是麥子還是米糧，都是從泥土裡長出來的哦。」

正在吃飯的胡亥就愣住了。而一個宮女又繼續補充到：「王爺，您吃的那些肉也不是從碗裡長出來的，它們都是那些畜生身上割下來的肉煮熟了的。」

「呀呸！」胡亥扔掉了正要吃的一大塊肉，又倒掉了碗裡的飯，他大聲地說：「我以後再也不吃這樣惡濁的東西了。」

那些太監和宮女一個個嚇得趕緊跪在地上。按照秦律，王子和公主要是沒有被服侍好，所有服侍王子公主的太監和宮女都要被割去舌頭驅趕到驪山去建皇陵。修建皇陵誰都知道是一個有去無回的差事，所以這些個太監和宮女都嚇得抖如篩糠。

幸好，就在這個時候，負責管理這些太監和宮女的總管趙高過來了。他看見了這個情況，馬上輕聲詢問發生了什麼事情。一個太監一五一十地把原委說給趙高聽了。趙高聽了也急了，他知道這個王子可是一個倔脾氣，不要看什麼都不懂，可是他的驢子脾氣一上來，就是九頭牛也拉不回去的。不過，幸好，他趙高早已經摸透這個胡亥的性子了。誰叫胡亥在還是嬰兒的時候就被他趙高整天地抱在懷裡呢？

「不鬧、不鬧，小王爺。你，你，是誰把這些髒東西給小王爺吃的，我們小王爺要喝奶的。小王爺，我們去找幾個奶人給你喝奶去。」

這個趙高一句話，從此我們的這個胡亥王子就只喝人奶不再吃人飯了。當然，光喝人奶肯定是不能喝飽，何況這個王子正在成長和發育呢。不過趙高有法子，他就把那些飯菜用了敬奉神仙的法子給他們穿上了一層

華麗的外衣，這下你胡亥就不會再說什麼了吧？趙高又下令，再不許任何人在胡亥面前提起糧食和肉類的實際來源，他要讓這個王子真的相信那些肉和飯菜真是神仙恩賜的，是來自天上的東西。

在這樣的情形下，胡亥對趙高自然是非常地相信了，他視他為神靈，為唯一可信賴的心腹。也把他看成自己唯一的朋友。

慢慢地胡亥長大了，這個時候的秦王也已經變成了秦始皇了，胡亥也從王子變成了皇子。這一年，太子扶蘇被秦始皇下派到邊區去掛職鍛鍊去了。秦始皇覺得自己是馬上皇帝，將來的繼承人也應該是一個善於統兵帶隊的統帥人才才對。秦始皇去的時候，還是覺得應該帶上一個皇子同去，帶誰呢？帶上胡亥吧，這小子傻傻的，沒有什麼心機，不會給我惹麻煩，還是帶上他好辦，免得那及個皇子又在思量我又寵愛誰嫌棄誰了，帶上胡亥他們是誰也沒有意見的。

秦始皇想停當了，就帶上了胡亥去巡遊天下。秦始皇帶上胡亥其實就是帶上個開心果似的，這個孩子總是讓他開心，因為他什麼都不會，而秦始皇覺得這樣人不會才是福，他不會和他的哥哥爭皇位，將來就一定會延年益壽。

這次巡遊天下已經是始皇帝的第三次巡遊了。這次巡遊，陪同的還有左丞相李斯，右丞相去疾奉命留守。照顧秦始皇起居的就是從前照顧胡亥的那個太監總管趙高。這個趙是一個趙國的庶出的公子的兒子，他父親覺得趙國已經沒有了前途了，就自行把他兒子趙高閹割了送進秦始皇的宮裡，成為了一個年幼的太監。而這個太監恰恰與胡亥投緣，就做了胡亥的總管，後來按例晉升，他又做了始皇帝的總管，專門負責始皇帝的生活起居。

巡遊是愉快的，可是車駕剛到平原津的時候就出事了。秦始皇病了，

這病可不同於往次任何一次生病，是那種生死攸關的病。秦始皇也知道自己快不行了，他趕快下詔書要求在邊區的太子扶蘇立即回咸陽準備繼承皇位。秦始皇拚盡了自己的平生力氣親自草擬完成這道對於秦朝最重要的詔書，他還來不及用印璽就癱倒在馬車裡了。

這詔書就被服侍秦始皇起居的太監總管趙高收拾了起來。因為這道詔書雖然是始皇帝親自手書，但是還沒有用印璽，就還不是合法的詔書，只是詔書的草稿而已。

天下人包括秦始皇自己也沒有估計到，他這一癱倒就再也沒有起來了。而中國的歷史就這樣被一個太監串通好一個右丞相改變了。扶蘇被矯詔賜死，糊塗蛋胡亥成了秦朝的皇帝，史稱秦二世。

十五、前人關於秦始皇的一些說法和秦代的家庭教育

據司馬遷《史記·呂不韋列傳》記載，秦始皇的母親是趙國大將的女兒，送給異人之前是呂不韋的姬妾，呂不韋出於政治目的將趙姬獻給異人，後來趙姬懷胎九月產子，生下了政，為異人與趙姬之子。身為一個並不受寵愛的質子的兒子，嬴政少年時期是在趙國都城邯鄲度過的，此時異人經呂不韋從中斡旋已然回到秦國，並認華陽夫人為母，經過多次政治鬥爭終於獲得了華陽信任，呂不韋又花費大量精力與金錢將趙姬母子接回秦國，從此嬴政開始了他在秦王宮裡的政治生涯。

對於秦始皇來說，最熟悉的女性最莫過於母親了。在嬴政 5 歲的時候，父親異人將他們母子作為人質留在了趙國。母親趙姬曾是呂不韋的姬妾，所以「兩個父親」的傳言一直伴隨嬴政的成長，再加上趙國人的唾棄、鄙視都讓年幼的嬴政對母親 —— 這個唯一可以依靠的人充滿了愛與

第一位皇帝老爸
秦始皇 —— 嬴政

恨的複雜感受。

嬴政與母親相依為命。從出生在趙國一直到 13 歲，這個階段正好是一個孩子心理發展的重要階段，他無法發展出對遠在秦國父親形象的認同，也無法發展出對母親形象的認同，更無法發展出對仲父 —— 呂不韋這位也許是親生父親形象的認同。

這些複雜的狀況造成了秦始皇複雜的心理感受。他必須依靠唯一的女性 —— 母親才能生存下來，他卻又鄙視和討厭自己母親的行為，因為這些行為造成了他幼年心靈巨大的創傷。所有的這些創傷帶來的不良情緒都會投射到母親 —— 這個絕對不以身作則、言傳身教教育自己孩子的女性身上。

秦王朝是中國歷史上第一個統一的中央集權制的封建王朝，也是中國歷史上最短命的王朝，僅存 15 年。秦始皇廢分封，行郡縣，統一文字、貨幣、度量衡，積極進行政治、經濟、文化、教育等各方面的改革，為漢及漢以後中國封建專制政權的鞏固與發展開闢了道路。但由於秦朝實施「禁私學，以吏為師」的政策，私學曾一度中斷，家學的發展受到限制，家訓的發展呈沉寂狀態。

在秦代較有影響的家訓只有孔鮒的家訓。

孔鮒，名甲，字子魚，是孔子的第八代孫，他肩負承續祖傳儒學之重任，沐浴暴秦「焚書坑儒」血雨腥風之洗禮，參加過秦末農民大起義，陳涉兵敗，孔鮒慷慨赴死。現存家訓就是孔鮒臨終戒子（也包括他的學生）遺言。

孔鮒家訓裡有句蘊含深刻的警世名言：「處濁世而清其身，學儒術而知權變。」這是經歷了人生的大波大浪之後的徹底頓悟。「處濁世而清其身」需要一種「出汙泥而不染，濯清漣而不妖」，永遠追求偉岸人生的高

風亮節，需要個人道德人格的高度完善。「學儒術而知權變」，則需要人們有一種高屋建瓴的智慧和膽略，既能在「焚書坑儒」的慘禍暴政中學習、發展儒家文化，做一個博達疏通的名師碩儒，又要掌握「魚和熊掌」二者得兼的取義不捨生之自我保護之道，在複雜的政治鬥爭中累積再生的力量。

　　這是儒家在逆境中所追求的獲得生存與發展的最高境界。孔鮒家訓中所流露的明哲保身思想，反映了中國古代家訓的另一個共性：中國古代的家訓多是先哲們經歷了諸多磨難之後有感而發，很多家訓都是他們一生經驗的最後總結與昇華。

第二皇位帝老爸

漢高祖 ── 劉邦

第二皇位帝老爸
漢高祖 —— 劉邦

「早先，您說我是無賴，不能治產業，現在我的產業和我二哥劉仲比，誰的多？」這是劉邦對他父親說的話。年輕時的劉邦，不願意做莊稼活，遊手好閒，可能沒少挨老爹的罵。如今當皇帝了，普天之下的東西都跟著他姓劉了，這份產業確實值得炫耀，不知劉太公聽了兒子的這句話，感慨如何？

劉邦在秦朝時曾擔任泗水亭長，又在秦末農民戰爭中起義，登高一呼，天下英雄雲集於麾下，史稱「沛公」；西元前 207 年 12 月，劉邦所率義軍率先攻入秦都咸陽，西元前 206 年被義軍盟主項羽封為漢王，封地為漢中、巴蜀（因此在戰勝項羽後建國時，國號定為「漢」）；西元前 202 年稱帝，定都洛陽，後遷都長安。登基後，劉邦採取的休養生息的寬鬆政策，不僅安撫了人民、凝聚了中華，也促成了漢代雍容大度的文化基礎。可以說劉邦使四分五裂的中國真正的統一起來，而且還逐漸把分崩離析的民心凝集起來。他對漢民族的形成、中國的統一強大，漢文化的保護發揚有決定性的貢獻。

皇帝老爸漢高祖劉邦的個人檔案

姓名：劉邦

生卒：西元前 256 ～前 195 年

民族：漢

籍貫：豐邑中陽里（今江蘇豐縣）

國家：大漢帝國

學歷文化程度：念過幾年學堂，應該相當於小學三四年級的程度，基本上屬於文盲一族。劉邦少年時代曾在「馬公書院」讀過幾年書，但是他不愛讀書，估計是經常蹺課。

婚姻狀況：已婚

子女：有史可查者一共 9 人

皇后：呂雉

血型：未知

生肖：蛇

身高：七尺八寸，約合現今 178 公分

生日：不詳

星座：未知

性格：豪爽

口頭禪：經常說「為之奈何？」，「乃翁」（你老子我）

愛好：吹牛，文藝（偶爾玩票，不過也能作出〈大風歌〉之類）

幸運數字：72

最得意的事：楚漢相爭，一統天下

最鬱悶的事：平城之戰，被困白登山

最尷尬的事：「鴻門宴」上，為了保全性命，他藉故要上茅房方便，然後假裝掉進茅坑而逃之夭夭。

最大的心願：「啊，大丈夫就應當這個樣子！」（劉邦還是平民的時候，一次，出差到咸陽，正碰見秦始皇出巡，其威儀盛勢讓這個熱血青年讚嘆不已。）

最開心的事：吃了一頓酒席撿了一個老婆

最難過的事：項羽把劉邦的父親抓來當人質，劉邦言道：「我爹就是你爹，如果你烹殺了你的爹，請分我一杯羹！」

最喜歡的人：信陵君

最討厭的人：雍齒

> 最喜歡吃的菜：黿汁狗肉
>
> 最喜歡吃的水果：桑椹（桑樹之果實，故又稱桑果）
>
> 最喜歡做的事：跟他的黨人談論信陵君的傳聞
>
> 最愛聽的歌：當然是這首他自己原創的，在漢朝人稱這篇歌辭為〈三侯之章〉，後人題為〈大風歌〉的。
>
> 最崇拜的人：秦始皇

一、起於草莽，英雄不怕出身低

沒吃過苦的孩子，花錢較大方，所以更受人歡迎，跟在旁邊起哄的狐朋狗友必然不少，人多勢壯自然喜歡往熱鬧的地方鬼混。在秦朝末年一個叫作沛縣的縣城便成了「劉季黨」經常出沒的地方了。

《史記》中的〈高祖本紀〉，一開始便有這樣的介紹：

「高祖，沛豐邑中陽里人，姓劉氏，字季。父曰太公，母曰劉媼，其先劉媼嘗息大澤之陂，夢與神遇，是時雷電晦冥，太公往視，則見蛟龍於其上，已而有身，遂產高祖。」

這段文字，很多當然是後人加油添醋，以對真命天子的渲染描寫。但有幾點仍值得去注意，才能對劉邦的身分真相有較多的了解。

在《史記》或班固的《漢書》中，都沒有劉邦名「邦」的記載，可見這個名字是日後才取的。在《漢書音義》中，苟悅詮釋道：「諱邦字季，邦之字曰國。」「邦」是「國」的意思，也就是成功之後，劉邦才自己取了「邦」這個名字，究竟是當漢王的時候或是即帝位以後才有的，就無法考證了。

在當時，一般平民都是只有姓沒有名字。由於只是平凡農戶，出身低微，劉氏一族都不可能有名字。《史記》中的太公，就是「劉爺爺」，劉媼

則是「劉媽媽」，這顯然不是什麼體面或有意思的稱呼。

至於劉邦字「季」也不是真正的「字」。中國古代兄弟以排行順序，便有伯、仲、叔、季的稱呼。老大叫作伯，老二叫作仲，老三叫作叔，老四叫作季。

根據史料記載，劉邦的大哥的確叫作劉伯，二哥也叫作劉仲，排行老四的劉邦，從小被稱為劉季，似乎不算有什麼意義的字了。

更有趣的是《史記》和《漢書》中，所有的文字都不見「邦」，可見的確有所避諱，但對「季」字則並不避諱。也就是說「邦」的確是劉邦的名，但季則只是排行代表，本身並沒有什麼意義。

「良家婦女卻跑到大澤邊睡午覺，即使對性問題較開放的古代也是不可思議的。所以有關劉媽媽在大澤邊睡覺，作夢和神相遇，當時雷電交加。天昏地暗，劉爺爺跑去觀看，見到一條蛟龍伏在他妻子身上，因而懷。」生出劉邦的這段記載，顯然是後人添加上去的神話。

真命天子的劉邦，怎麼可能是平凡的劉爺爺和劉媽媽生得出來的？神話中的蛟龍便因此而生。重點是為何是「蛟龍」呢？這裡應有地方性圖騰的意義，蛟龍是一種水蛇的神化形象，換句話說，劉邦的先祖，是屬蛇圖騰的部族人氏。

談到這裡，就必須介紹劉邦的家鄉了。

沛在秦朝時才建立縣制，豐邑則是沛縣的一個鄉邑。沛縣約在今天江蘇省的北部，漢王朝以後，泗水郡改稱為沛郡，原先的沛縣縣城則稱為小沛，是徐州非常重要的糧食儲存中心。

沛的意思，是水源充沛之意。水流多，生物自然較繁盛。江蘇省被長江由中間貫穿而過，長江以北部分古代屬徐州。春秋時，這裡是吳、越、陳的交界，戰國時代則是楚、齊的邊疆。因此這個地方混雜有多種圖騰部

落的文明，其本命或許是蛇圖騰，但鳥圖騰及火圖騰族文化，勢必也對這個地方有不少的影響。

長江北岸眾支流帶來了不少沙土，堆積在江北較平坦的地方，形成了肥沃的平原。這種土質的生產力特別豐富，豐邑鄉的名稱大概便源自於此。因而沛縣的農民得天獨厚，不用太辛勞便可有不錯的收成，生活也不會困難到那裡，人力資源應算豐沛，遊手好閒也成為不是特別的罪惡了。

少年時代的劉邦，喜好遊蕩，不事生產，可能便是這種條件下的農村特有「產物」了！

劉邦出生於西元前 247 年，同年，秦莊襄王去世，秦王政繼位。沛縣這時候仍屬楚國管轄，以出生時而言，劉邦屬於楚人。

劉邦出生的同一天，豐邑中陽里有戶盧姓人家，也添了一位男娃娃。由於劉、盧兩家同為世交，又同日添丁，自然大為驚喜。他們雖屬農戶，但家境還算小康，自然很想慶祝一番，中陽里的鄰居鄉老更認為雙喜臨門，特宰羊備酒，大擺排場，風風光光熱鬧一番。在鄉里中這屬難見場面，也就是說劉邦一出生，似乎就比其他兄弟幸運了些。

這個盧家的小男娃，便是日後劉邦的長期創業夥伴盧綰，兩人青梅竹馬，從小感情便很好。劉邦較有領袖氣質，處處喜歡作老大，盧綰個性溫和，較守本分，因此專門為劉邦搖旗吶喊，倒也是「天生絕配」。盧綰日後表現平平，雖未曾建立大功勞，但劉邦仍提拔他為長安侯，後來更晉封為燕王。

秦王朝時，中國文官制度連最基本的考試方法也沒有，即使龐大的官僚體系，也有賴鄉里長老的推薦，所以家族地位和鄉間關係對一個年輕人的未來非常重要。像劉邦這種農夫出身的平民，想要靠這些條件來引人注意是不可能的了。

不能靠關係及家族地位的，就必須靠自己建立的「知名度」。由於資訊管道不發達，一個人的「內在美」不易為人所了解，即使被公認為隱士級高手的，也需有同集團長老或友人相互推薦，比較能有出線機會，像姜太公和管仲等便是。另外，東漢末年荊襄一帶清流派名士對臥龍（諸葛亮）及鳳雛（龐統）等的刻意經營，也算是此制度的延續。

「內在美」比不上的，就得靠外表來建立知名度了。當然人心不同各如其面，長相要引人注意，除了好看以外，最重要的是有特色。因此相人學、相面學、相骨學自古以來便很發達，一個人若能合乎相術中的「上相條件」的話，出人頭地的機會便要比別人高了。

對劉邦來講，最能夠幫他建立知名度的，便是他的長相。他不僅長得好看，而且身上有不少異相。在《史記·高祖本紀》中，有如下記載：

「高祖為人，隆準而龍顏，美鬚髯，左股有七十二黑子。」

隆準的意思是鼻子高挺，兩頰端正，這的確是具有高貴美男子的長相。那龍顏又是什麼呢？文穎在《集解》上詮釋道：「高祖感龍而生，故其顏貌似龍，長頸而高鼻。」換句話說，劉邦除了鼻子高外，便是頸子長了。頸子長的人大多長得較高。楚人身材一般屬中低程度，高的人不多，所以會特別顯得鶴立雞群。但劉邦有多高，正史上卻無正式紀錄。《河圖書》上記載：「帝劉季口角戴勝、斗胸、龜背、龍股，長 7 尺 8 寸。」古尺的 7 尺 8 寸，約在 176 公分到 180 公分間，對古代的南方人，算是高挑的身材了。

斗胸是胸部挺直，龜背則指背脊硬朗，龍股則表示手腳長而有力，幾個因素加起來，的確是相當有精神而意氣煥發的樣子。

鬚髯更是相貌的重點。古人大多留有鬚髯，鬚髯長得長又好看的，通常有「美髯公」之稱。光這一點，有時候便可讓人肅然起敬了，可見鬚髯

對古代男子的重要性。劉邦的美鬚髯，不但可使他顯得更高貴些，而且少年老成，看起來也比較可信賴。

但最具有特色的異相，應屬左股的 72 個黑子，黑子便是黑痣。不過，我們當然不應認為劉邦的左腳有 72 個大小相同或相似、排列整齊的黑痣，如果確是那樣子，那可真是天下奇蹟了。

神祕主義卻又帶點統計科學的「相人術」，有很多地方也是屬牽強附會的。如同大家樂盛行時，不少人看炷香掉下來的煙灰，去猜測鬼神對得獎號碼數位的指點一樣，經常都可以依自己意思各自解釋，看誰比較內行，便較有可能猜得對。

劉邦左腳的黑子也一樣，那可能是一堆胎記，加上幾個黑痣及斑點。反正在中國的古相學中，72 是個大吉祥數。小時候，或許某個對這方面較有研究的村人，偶然發現了劉邦身上的黑子。一些喜歡討論異相的三姑六婆，便牽強附會的將這些黑子湊成 72 個數，來製造讓人驚奇的馬路消息。他們閑來無事便找來這個俊俏的劉家小寶寶，大家一起幫著數。

「這個算，這個不算，要這樣數才對。」

「不是這樣子啦，這個不算，那個才算啦！」

意見總會有很多的不同，到最後總能湊到 72 個，「傳說」中的異相，便被定案了下來。一傳十，十傳百，百傳千，劉家這位「異相」娃娃的知名度，也跟著傳開了。

在這樣的氣氛下長大、大家爭著溺愛的小劉季，長大後又有異相知名度，自然不可能成為一個乖乖地「莊稼漢」了。

二、浪蕩個性反奠定成功條件，率性豪放廣結四方善緣

　　長相多少是由遺傳的，劉邦長得體面，相信劉家老大及老二，也不會差到那裡去。只是在當時的環境裡，劉邦的成長條件要比哥哥們好得太多了。

　　農夫家的老大、老二，有時候甚至老三，都是從小便必須陪老爸下田工作的。即使在家裡，也逃不掉要作些較輕鬆的雜務，整天忙這個，忙那個，加上日晒雨淋，土頭灰臉，怎麼看也不會「上相」，更不可能有時間去打知名度，也不會有太多的朋友及人脈關係了。

　　這方面劉邦就幸運多了，老四的他，天生便不用有太多工作。由於出生得晚，父親的經濟能力也比較好一點了，做不做「工」，都不再差他一個人。加上從小受到照顧較多，尤其腿上的胎記在鄉人的相傳下，劉家大大小小對這個么弟都必須另眼看待了。

　　較有時間又不用工作，自然可以仔細打扮一番，鬍鬚要整理得配合臉形，穿著也要有一套。劉氏兄弟的底子可能差不多，但經過自己的「形象包裝」，老四看起來的確是英俊體面多了。

　　在「愛」的環境長大的孩子，通常都會較寬容而且有自信，交友方面也表現得較傑出。但縱容過度的孩子，可能會自認是「天之驕子」而浪蕩成性，好嬉遊並且懶得工作，變得較不負責任，這些優點和缺點，的確都可以在劉邦的身上發現。

　　很多史學家認為劉邦出身於農家，加上天性懶惰、好玩，所以只是位在社會中混混的小文盲，其實，劉邦是受過教育的。《史記‧盧綰列傳》記載：

「盧綰者，豐人也，與高祖同里。盧綰親（指家人），與高祖太上皇（指劉邦父親）相愛，及生男，高祖、盧綰同日生，里中持羊酒賀兩家。及高祖、盧綰壯，俱學書，又相愛也。」

正好有同伴，家庭經濟情況也還過得去，又沒有特殊的工作壓力，兩家的長輩或許都覺得有意思，便送他們共同去接受教育。我們很難了解劉邦受教育有多少，但由他日後的表現可以看出，他也絕非不學無術的文盲。在鄉村地區的年輕人中，劉邦的確是位幸運兒。

《史記》中還描述其個性如下：「仁而愛人，喜施，意豁如也。常有大度，不事家人生產作業。」這的確是在寵愛中長大孩子的寫照，雖然吊兒郎當，有點像「不肖子」，但卻還算善良、有氣度。這種環境長大的年輕人自然不喜歡辛苦無聊的莊稼工作，只要有機會馬上會偷懶往外跑。

父兄們對這種行為雖有點小埋怨，或許更擔心他長大後會成為好吃懶做的「浪蕩兒」，因此經常會給予些責備。但總是最小的么兒，幹不幹活也沒有太大關係，何況他也是家中唯一有點學問的人。

在豐邑這種鄉里中，有學問已算是「大人物」了，而且劉邦還是左腿有 72 個黑子的異相兒。被驕寵的孩子通常有兩種發展，其一是變成軟弱而缺乏獨立的「溫室花朵」，另一種則正好相反，成為天不怕地不怕，不太計較，有點什麼都不在乎的「浪蕩兒」。很幸運的，劉邦個性的發展屬於後者。

不必幹活，有的是時間，手頭上雖不是很寬裕，但比別人鬆得多。沒吃過苦的孩子，花錢較大方，所以更受人歡迎，跟在旁邊起哄的嘍囉兵必然不少，人多勢壯自然喜歡往熱鬧的地方鬼混，沛縣的縣城便成了「劉季黨」經常出沒的地方。

黨人多，人力資源豐富，不管做什麼事都較方便，加上劉邦個性豁

達，輸人不輸陣，為了「面子」什麼也可答應下來。所以沛縣的低級官吏也特別喜歡和他打交道，疑難雜症只要劉老大肯拚，喊得動的地方倒不少。所以在沛縣「打混時期」，劉邦倒是腳踏黑白兩道，還算是滿風光的。

知名度打開了，連中上層官員都不得不對他另眼看待，因此人脈關係愈來愈廣，對劉邦日後創業幫助最多的兩個重要班底頭子──蕭何和曹參，也都是在這段期間認識的。

雖然說不上是個傑出角色，但劉邦的支持者倒都是滿有「看頭」的。

蕭何和曹參都是沛縣人，蕭何更和劉邦一樣，也屬豐邑鄉人氏。蕭何受教育較多，加上文辭通順流利，得以出任沛縣的主吏掾，也就是管理人事和文書的官員。曹參是沛縣的獄掾，專管縣中的問題人物。

一個負責白道，一個監管黑道，雖然屬於吏級官員，職位不高，但卻也是縣城中頗具影響力的人物。曹參日後出任齊國相國，在接獲將繼任蕭何為漢王朝宰相時，曾對其繼任人公開表示：「齊國的政治最重要的是獄市。」

獄是監獄，市是市廛（黑道）。齊國傳統上屬工商社會，風氣糜爛腐化，因此能把這方面管理好，政治方面就不會有什麼問題了。有關這方面道理，後篇中自有評論，在此不贅述。不過曹參這方面的體認，應該是從沛縣時便處理獄政及黑道的經驗而來的。

蕭何個性溫和又富寬容心，工作謹慎認真，脾氣好，擅長折衝談判，因此很得上司欣賞，有好幾年的工作考績都是全縣最好的，甚至秦皇朝的中央官員，都有意推薦他到咸陽工作。但蕭何預感秦帝國已有不穩現象，天下或將再陷紛亂，在中央不如在地方，因而婉拒之。

由此可見，蕭何雖是文吏，但卻頗有眼光，他富於獨立思考力，絕

不是只會認真工作討好上司的「老好人」。他既然是負責人事考核，對沛縣中的各式各樣人才，自然都頗為關心，其中最引他注意並好奇的便是劉邦。

劉邦做事大而化之，喜好吹牛講大話，動不動又常以他的異相 ── 左股有 72 個黑子傲人。相信沛縣地方一定有不少豪強和官僚對他很不滿，他們或許曾發出多次黑函，檢舉劉邦的不法及無禮行為，甚至將之視為流氓也說不一定。不過這些不利劉邦的公文書，都被蕭何設法放入抽屜冷凍起來了。

蕭何非常喜歡劉邦的豪氣，或許他認為這才是亂世中的英雄人物吧！不過他也不斷規勸劉邦，要他為自己的將來多著想，找份工作以擴大自己的見識和人脈關係。據說後來劉邦當上泗水亭亭長，便是蕭何推薦安排的。

劉邦自然也很尊重蕭何，有什麼事也常會主動和他商量。即使在亭長任內，也常讓蕭何來左右他的工作態度。

「好吧！反正聽你的就是了。」

劉邦這股相信人便信到底的豪勁，或許也是蕭何最傾心於他的地方了。

曹參個性豪邁，但卻粗中有細，他和劉邦可謂意氣相投。由於他黑道人物見多了，對劉邦這種溫和派的「大哥」，自然不會有什麼反感。尤其對劉邦慷慨好施。待朋友一視同仁。善惡兼收、沒有偏見的個性，曹參應算是最投心的了。

所謂「仁義出市井」，像劉邦這種浪蕩子，是最體貼的朋友，自然也是最講義氣的「市井兄弟」了。打小交好的盧綰，雖沒有什麼傑出能力，不過他卻是同甘苦共患難的忠心夥伴。

三、從模範少年到浪蕩遊俠

　　劉邦的幼年時代到底是怎麼度過的，我們幾乎是無可所知。他大概也如同當時萬萬千千的家境比較優裕的鄉鎮少年一樣，在遊戲玩耍，朋友打鬧中成長。他的童年朋友，我們只知道一位，就是盧綰。盧綰與劉邦是同鄉同里的鄰居。劉太公與盧綰的父親盧太公意氣相投，親近友愛，兩家日常往來，宛若一家人。事情也巧，劉媼有了身孕，盧媼也有了身孕，到了劉邦出生的那天，盧綰也出生了。

　　古來結拜兄弟，對天起誓說，不能同年同月同日出生，但願同年同月同日死，視不能同生為友情的遺憾。劉邦與盧綰同年同月同日生，又同鄉同里，父輩相親相愛，裡中父老鄉親都以為美事，紛紛牽羊持酒前來道賀，平添了許多鄉黨之情。

　　劉邦和盧綰從小一起長大，到了十來歲左右，孩子們要開始學習認字寫字了，兩人又同在一起學，也是意氣相投，相親相愛。鄉里更是以為值得讚美鼓勵，再一次牽羊持酒前來道賀，一時傳為美談。據說今日豐縣地方，尚有「馬公書院」遺址，被視為劉邦少年時代與盧綰一道師從馬維先生讀書的地方，不妨算是後世為美談添加的一點花絮。

　　大體說來，劉邦從出生到童年、少年，他的生活是優裕平常的，沒有衣食困乏的憂愁，也沒有天災兵禍的感銘，在這個時期，他與外面的世界似乎也沒有什麼接觸，樂陶陶和融融地生活在豐邑封閉的鄉里社會中。就劉邦所生活的鄉里社會而言，他是受到了盡可能好的教育，尊師向學，讀書識字，親情友愛，被家庭和社會所期待和規範著。

　　在這個階段，劉邦天性中叛逆不安，桀驁不馴的因子似乎尚未顯現出來，被壓抑著，被克制著，或者只是環境尚未成熟，宣洩的管道尚未成

形，宣洩的時機尚未來到而已。我在整理劉邦的一生時有一種姍姍來遲的感受，相對於他人而言，劉邦的一切都是太晚，出仕晚（34 歲），結婚晚（37 歲），生子晚（40 歲），起兵晚（47 歲），做皇帝就更晚了（50 歲），哪怕考慮到生年的誤差，他也是典型的大器晚成。

由此生發，我感覺劉邦是可能是晚熟的人，他天性中的基本因子，是到成年以後才顯露出來，在他平淡無奇，近乎模範少年的早年生活中，隱隱地承受著家庭和社會的壓抑，這種壓抑，也許與他出生的傳聞有關，也許與他早年被老師的過於管教有關？他後來一生蔑視儒生，公然在能夠在大庭廣眾之下解下儒生的帽子撒尿，沒有早年的壓抑是很難理解的。儒生高冠，正是師道的象徵。

在劉邦所生活的戰國晚期，對於男子來說，十七歲是一生中的重要時點。以當時最強大的國家秦國而論，男子十七歲算是成年，要開始承擔國家的賦稅徭役，稱為傅，也稱傅籍，就是作為適齡的服役者登記於戶籍的意思，出仕為吏，徵兵從軍，都以十七歲為年齡標準。秦以外的國家，雖然詳情不是很清楚，大致與秦不會有太大的差異。

楚考烈王二十四年，也就是西元前 239 年，劉邦上了十七歲，告別了順順當當，無憂無慮的童年和少年，進入了成年時代。以劉太公的心願而言，大兒子劉伯和二兒子劉仲都是本分有成的人，結婚生子，成家立業，靠著勤勞耕耘，費心營運，都攢下一分家業，早早地獨立門戶了，老三劉季似乎對於務農經商置業沒有興趣，雖說有些不安分，卻也向學友愛，識字讀書，得到鄉里的稱譽，尋此發展下去，透過鄉里的推薦，再通過政府的選拔，如果能夠出仕作鄉縣政府的小吏，倒也是一條不錯的出路。

鄉里的推薦，首先要家境富裕，財產達到一定的標準，同時，被推薦人要品德優良，聲譽良好，在劉太公看來，這兩個條件，劉季都是具備

的，政府的選拔考試，主要是讀寫會算，劉季是從小練就準備了的，也不是難題。

不知道是什麼原因，十七歲以後進入成年期的劉邦，沒有走上出仕為吏的道路，究竟是沒有得到鄉里的推薦，還是考試的失敗，或者另有原因，我們已經無從考察。我們現在所知道的事實是：進入成年時代以後的劉邦，似乎完全變了一個人，從一個為父母所喜愛，為鄉里所稱譽嘉獎的向學友愛的模範少年，變成了一個遊手浪蕩，聚眾生事的不良青年，為親人所不喜，為鄉里近鄰白眼相看。用當時的話來說，進入成年期以後的劉邦，走上了「任俠」的道路，他從成年以後到三十多歲的歷史，就是一部任俠的歷史。

劉邦家在楚國的沛縣豐邑，沛縣是楚國和魏國間的邊縣，豐邑鄉鎮上，多有魏國的移民，甚至有傳聞，說劉邦的祖先就是從魏國首都大梁遷徙過來的。是不是如此，久遠的往事，實在是扯不清楚。

不過，從青少年時代起，劉邦的眼光就一直是向著西方的，先是向著魏國，後是向著秦國。劉邦向著魏國，西望的是魏都大梁，景仰的是信陵君。劉邦向著秦國，西望的是秦都咸陽，景仰的是秦始皇。信陵君和秦始皇，是劉邦崇拜的兩位偶像，是他引以為人生模範的榜樣，也是對他一生影響最大的兩位歷史人物。

秦始皇，劉邦是見過的，他成為秦帝國的臣民後，在咸陽服徭役時觀望過秦始皇車馬出行，感嘆如此輝煌的人生才是男子漢大丈夫的追求。秦始皇對劉邦的影響，是在他起兵以後的政治生涯中，我們將來再來談論。信陵君對於劉邦的影響，是從少年開始，貫穿終身的。劉邦沒有見過信陵君，當他開始遊俠生涯時，信陵君已經過世。

人世間物事的真價，常常由身後名來反應。信陵君好賢養士，竊符救

趙的事蹟聲譽，生前已經響亮於各國朝野，身後更是廣布於天下民間。以政府廟堂輿論，信陵君是抗君之命，安國之危，從道不從君的拂弼之臣，以民間江湖平議，信陵君是打破門第，以賢能接交天下英才，將遊俠風氣推向歷史頂點的豪賢。

　　劉邦是鄉鎮少年，他的遊俠生涯，開始於豐邑鄉間，手下聚集了一幫無業浪蕩少年，跟著劉邦到處生事閒蕩，劉邦也儼然以大哥門主自居，帶領一幫小兄弟到兄嫂家混飯吃，模仿的就是遊俠寄食的風範。他在這個時候的小兄弟之一，就是出生以來的親友，後來被封為燕王的盧綰。遊俠間雖然沒有嚴密的組織，卻有上下尊卑關係，在上的是大哥，在下的是小弟，大哥照顧小弟，小弟服從大哥。

　　遊俠間雖然沒有國籍階級的差異，卻有大致不成文的等級，遊俠歸附門主，有下客、中客、上客的分別，品論遊俠，可以有國俠、縣俠、鄉俠、里俠的差異。

　　大體而言，在戰國的遊俠世界裡，最高一級如同魏國的信陵君、趙國的平原君、齊國的孟嘗君、楚國的春申君、燕國的太子丹等人，本人或是王族公子，或是高官豪門，身居國都，別有領地封邑，行俠養士，手下賓客，來至全國，甚至外國，數量可以千人計數，他們是勢力足以敵國的遊俠養主，不妨稱為國俠。次一級的遊俠，如同王陵在沛縣，張耳在外黃，本人或者是土生土長的豪富，或者是與豪富關係密切的遊士，身居縣城，饒有資產，一縣之內的遊俠，慕名附勢於門下，人數可以數十百人計數，不妨稱為縣俠。再下一類，大致就是豐邑鄉鎮上的劉邦一類了。他們身居鄉鎮街上，或者家境富裕，或者別有生財之道，可以聚集鄉里少年，三五成群，浪蕩遊閑，人數以數人十人計，不妨稱為鄉俠。至於最下端的遊俠，大概就是居住在閭里間，跟著鄉鎮上的大哥吃喝的少年，如同豐邑中

陽里的盧綰，沛縣屠市上的樊噲一類人物了，我們不妨稱他們里俠。

劉邦是鄉俠，在豐邑的遊俠少年間是大哥，可以呼風喚雨，招呼一方。不過，出了豐邑到了沛縣街面上，卻是吃不開了。王陵是沛縣的縣俠，家資富裕，仗義疏財，任氣使性，直言耿直，在沛縣江湖上頗有名望，是公認的領袖人物。在遊俠社會的沛縣場面上，劉邦與眾多鄉俠里俠一樣，是歸附在王陵門下，奉王陵為大哥，服侍跟隨著的。不過，與一般的鄉里之俠不同，鄉俠劉邦是有抱負的人，在他的眼裡，人生的最高境界，就是能夠跟從信陵君作天下遊。對於遊俠少年劉邦來說，信陵君偉大遙遠，是身不能至，心嚮往之的偶像。信陵君去世以後，張耳接續信陵君的遺風，在外黃結交天下豪傑，聲名由魏國傳到楚國。

劉邦聽說以後，慕名心動，決心前去跟從。豐邑到外黃縣間有數百里之遙，出楚國以後，中間隔著魏國的單縣、蒙縣、甾縣等地，對於少年劉邦來說，這是他的第一次遠門出遊。用我們今天的眼光來看，一個 20 來歲的無名青年，獨自由江蘇省豐縣徒步到河南省民權縣，餐風露宿，無所依憑，無所他念，只是為了想投奔想結識一個自己景仰崇拜的名人，其熱情、意志和決心，當是不難想見。

劉邦如何見到張耳，張耳如何接待劉邦，其間的詳細，史書上沒有記載。史書上只是說，劉邦曾經數次從沛縣來到張耳門下作賓客，隨同活躍於江湖，前前後後，在外黃住過數個月之久，可見得他們一開始就上下相處得相當融洽，從此而延續不斷，終身不渝，共同稱王，後成為兒女親家。

劉邦跟隨張耳，大約是在劉邦 17 歲到 30 歲之間，也就是西元前 239 年到 225 年之間的戰國末年。以秦國的曆法計，正當秦王政八年到二十二年。西元前 239 年，秦王政 20 歲，親政掌權。前 230 年，劉邦 26 歲，秦

王政命令內史騰攻滅韓國，建立潁川郡。前 228 年，劉邦 28 歲，秦軍攻破趙國，俘虜趙王安。前 226 年，劉邦 30 歲，秦軍攻下燕國首都薊城。前 225 年，劉邦 31 歲，秦軍水灌大梁，大梁城壞，魏王魏假投降。秦滅魏國後設置了東郡和碭郡，外黃縣歸屬於碭郡。秦軍進入外黃以後，開始整頓秩序，打擊民間不法勢力，不久，遊俠名士，外黃縣令張耳被秦政府通緝。追捕之下，張耳逃離魏國地區，隱姓埋名，在本來屬於楚國的陳郡陳縣潛伏下來。

劉邦與張耳的主從遊俠關係，由此中斷，劉邦的遊俠生涯，也由此告一段落，而時代潮流，劉邦也一步步進入屬於自己的帝國。

四、靠耳朵得天下，憑德藝選太子

秦末農民大起義，推翻了暴秦的統治，各派勢力又進行了一場逐鹿中原的廝殺。這其中以項羽為首的和以劉邦為首的兩大軍事集團最終成為搶摘勝利果實的主力軍。從西元前 206 至前 202 年，劉邦與項羽為爭奪天下的最終統治權，雙方持續打了四年的仗，史稱「楚漢之爭」。最後以項羽自刎烏江、劉邦建立了漢朝而告終。

劉邦之能得天下，在一定程度上得益於他的「耳朵」。也就是說劉邦能「聽」，聽而能「用」。善用人者勝。能「聽」，就是聽得進；只要你說得有理有據，哪裡怕原來對此人非常反感，他也會改變態度，虛心請教，做到聽而能用，言聽計從。

例如酈食其遊說劉邦，劉邦邊洗腳邊接見他，傲慢無禮。但聽酈生說：「如果你希望聯合諸侯共誅暴秦，就不該傲慢地接見長者。」劉邦馬上把腳從腳盆中抽出來，起身穿好衣服，請他上坐，向他道歉，並虛心向他請教。又如蕭何推薦韓信，說韓信是「國士無雙」，如果要爭奪天下，

必用此人；於是劉邦就聽從蕭何的意見，選擇吉日，戒齋設壇，當眾拜韓信為大將。

漢朝建立以後，陸賈勸諫上書時常常引用《詩經》、《尚書》中的話，「綠林大學」出身的劉邦不喜歡聽陸賈「掉書袋」，破口大罵：「老子馬上得天下，哪裡用得著這些破書爛文章？」陸賈給他講了一番道理：「陛下可以馬背上得天下，但能馬背上治天下嗎？假如秦朝統一江山後，效法先王以仁義布天下，陛下今天能身登大寶嗎？」聽了這話，劉邦登時面露愧色，恭請陸賈為他講解得天下與失天下的道理；於是陸賈陸續為劉邦開了政治歷史文化講座，除了劉邦本人，聽講的還有劉邦身邊的高級官員，後來把陸賈的講稿整理成為《新語》一書。

劉邦的耳朵其高明之處不僅聽得進直言、正言、良言、善言、忠言、逆耳之言，還善於「兼聽」，不搞「偏聽偏信」，給打小報告的人鑽空子。譬如陳平，周勃、灌嬰等將軍曾向劉邦打過小報告：「您別看陳平長得俊秀，其實未必有啥本事。我們聽說陳平在家裡和他的嫂子有私情，不是個正兒八經的人。而且他最初是跟隨魏王的，後來跑到項羽那裡，現在又來投奔我們，可見是個反覆無常的小人。現在您給他作護軍的官，可我們聽說他在收各位將軍的賄賂，給錢多的安排好的地方，給錢少的安排差的地方，這樣的人如何能用？」

劉邦聽了又驚又疑，便把當初推薦陳平的魏無忌找來，責問他。魏無忌卻滿不在乎地說：「我向您你推薦的是他的才能啊！假如現在有像尾生那樣守信，像孝己那樣孝敬的高人，但他們對於行軍作戰沒有半點好處，您會用他們嗎？現在正是楚漢相爭的緊要關頭，我向您推薦奇謀之士，考慮的是他的計策能否有利於戰事。至於私通什麼的，您又何必為這懷疑他的能力呢？」

　　後來，劉邦又把陳平找來，親自對他說：「先生，您先事魏，然後事楚，現在又來歸漢營，這不能不讓人多心啊。」陳平躬身答道：「不錯，我事魏又事楚，都是因為魏王和項羽都不能用我的計策，項羽更只任用他的親族。聽說您能用人，這才來投奔。我兩手空空而來，不接受一些賄賂，日子難過呀。如果我的計謀可以採納，希望您照用。您認為我沒什麼可用的，我收取的錢財還在，任您封存上繳。我只請您放一條生路！」

　　劉邦聽後連忙道歉，表示自己對他的了解和關心不夠，不但沒撤換陳平，還賞賜他，拜他為監護全軍將士的護軍中尉。原先打小報告的人便不敢搬嘴弄舌了。後來的事實證明，陳平真乃「奇謀之士」，他提出的「明修棧道，暗度陳倉」之計，為劉邦的興漢大業立了大功，後來位至丞相。

　　劉邦知己知彼，樂聽善言良謀，聽而能用，用人不疑，韓、陳原是敵營中的人，肯為他盡心盡力；而項羽卻是剛愎驕縱，雖有高人范增而不能用不要用，那麼繼秦王朝之後而起的自然就注定是這位布衣天子了。

　　且聽「大風起兮雲飛揚，威加海內兮歸故鄉，安得猛士兮守四方！」

　　聞此詩如見其人，多麼氣宇軒昂、意氣風發。前兩句充滿了豪情滿天的氣概及壯志得酬、榮歸故里的得意。而第三句卻突然來了個一百八十度的急轉彎，似乎在感嘆以後可還有猛士可以幫我劉氏守住江山。也好像在惋惜那些幫他打下江山卻被自己殺害的治國元老們。不管怎樣，詩言志，歌詠言，只一首便是好詩，可見劉邦也是個寧缺勿濫的主。

　　劉邦算得上是個天皇巨星，從小人物上升至大人物，把自己的一生演繹的異常完美。在歷史的大螢幕上，他儼然一個閱歷豐富閱人無數的大丈夫，展現著他從容大度、知人善用的風儀，在歷史長河上描下他濃墨重彩的一筆，當數風流人物了。

　　劉邦這位皇帝，很有些手段，在楚漢戰爭結束後，劉邦戰勝了項羽，

建立了西漢王朝。多年的戰亂，民不聊生，所以在漢朝初期，劉邦在很多制度上都沿襲了秦朝，又實行了輕賦減稅的政策，這使得西漢時期社會經濟穩步發展。之後劉邦和他的子孫們把西漢建設成了在當時世界上最強大的帝國。

但是把自己辛苦打下來的江山，交給哪個兒子管理，劉邦還是很費思量的。

父親是開國皇帝，母親是皇后呂雉，劉邦的長子劉盈的日子應該好過吧？其實不然，因為宮廷中的勾心鬥角是無處不在。

漢高祖劉邦雖然庶子眾多，但與皇后呂雉只生有一個兒子。這位名叫劉盈的兒子，於是就順理成章地成為西漢的第一位太子。他也是中國進入皇帝制度以來，名正言順冊立的第一位太子。

太子劉盈是一個天性仁慈性格寬厚的人，整個朝廷上下都對這位溫和知禮的太子抱有親切的印象。但是只有一個人，對太子漸漸不滿，這個人可不是別人，就是太子劉盈的皇帝老爸劉邦。

劉邦發現太子從個性到形象上都與他有著不小的距離，他和皇后呂雉都是心狠手辣、很有心計的人，生的這個兒子卻是老實得近乎懦弱。如果將來把費盡心血打下的大好江山交給這個兒子，劉邦有些不那麼心甘情願。

造成劉邦上述想法的原因，不僅僅是他對太子劉盈個人狀況的不盡如人意，還有宮闈方面的因素。劉邦迷戀擅長歌舞的美妃戚夫人，戚夫人跟劉邦所生的兒子，劉邦給他取的名字就叫如意。日夜陪侍劉邦的戚夫人，心中最大的願望就是自己的兒子能夠取代太子之位。

而與此同時朝廷的儒士叔孫通幫助劉邦很好的整理了朝綱，而且還制定出了一套政治禮儀制度。為了劉盈的太子之位，他更是冒死直諫，讓劉

邦也奈何不得。

在劉邦即位登基的第七個年頭，西元前 200 年一位名叫叔孫通的山東儒士把儒家的理念融合到政治實踐當中去，為開國皇帝劉邦制定了一套大臣朝見皇帝的禮儀，這讓以前的大老粗劉邦從此知曉了身為皇帝的尊貴。

兩年後，劉邦任命他為太子劉盈的老師，職名叫作太子太傅。當時劉盈 13 歲，於是太子就有了自己的老師幫他上課了。漢高祖十二年的一天，皇帝老爸劉邦對叔孫通談到自己要以趙王劉如意取代太子劉盈的太子之位。劉邦想爭得他的支持。

叔孫通聽罷真是血湧沖頂，頭上青筋直跳，直面皇帝，慷慨陳辭：「陛下如果要廢黜嫡子，而立少主，臣願先遭伏誅，以頸血汙地。」此話令劉邦為之震驚，他沒有想到叔孫通會反應這麼激烈，遲疑了一會兒，擺了擺手說：「公不必如此，朕剛才只是一句戲言罷了。」

叔孫通卻還是不依，追著皇帝說：「太子是安定天下的根本，根本一搖，而天下也為之震動，皇上怎麼能拿天下大事當作兒戲？」雖然這話說得漢高祖劉邦很沒面子，但劉邦並不介意這一點，聽叔孫通如此情緒激動地論理，他也意識到更換太子不是那麼簡單的事。

「商山四皓」，指的是秦末漢初時期隱居在商山的四位學者，在他們的幫助下，劉盈還是幸運地成功保住自己的太子之位。一次，太子劉盈出席皇帝老爸舉行的酒宴，劉邦看到太子身邊圍攏著四個鶴髮童顏、神采孤傲，高齡都大概在八十歲以上的老者。

劉邦就覺得很奇怪，問道：「你們都是些什麼人？」四人走上前來，先做自我介紹，他們四個老者分別叫作東園公、綺里季、夏黃公和甪里先生。現在他們都是太子的賓客。劉邦一聽，吃驚不小：這商山四皓不就是朝廷多次徵召，而不肯臣服的高傲隱士嗎？

劉邦便問他們：「朕派人多次請你們入朝，你們卻逃避於朕，現在又為何跟太子在一起啊？」四個老人直言相告：因為陛下的輕視，而且動輒謾罵士人，臣等義不受辱，所以帶著恐慌就逃亡了。現在聞之太子仁孝，禮賢下士，恭敬愛士，天下沒有不延頸願意為太子去死的人。因此臣等就來了。

劉邦聽罷，心情極為複雜，又是傷心又是慶幸。傷心的是太子羽翼已經如此豐硬，那麼廢立的事就太難實現了，簡直是冒天下之大不韙；慶幸的是太子的仁義已經天下皆知，對將來即位不是一件壞事，絕不會像先朝的秦二世那樣敗壞江山。

五、皇帝老爸悉心挑選，皇帝兒子不負眾望

皇帝老爸劉邦少時失學，當年他聞秦始皇焚書坑儒，心中竊喜，不管怎麼樣，劉邦感到一種無名的高興，好像阿Q看見了革命時的那種心情，奶奶的，我也要去革那些老時代傢伙們的命。於是，每當他見到一個傳統舊時代思想觀念比較多的人——即儒生，都要笑嘻嘻地把對方的儒冠搶下來，問道：「它漏不漏？」人家說不漏。於是他就把儒冠放在地上，往裡邊撒尿。

不過，受秦始皇燒書的影響，那時候的劉邦也的確就是沒學什麼文化——這裡我們必須插說一句，由於秦王朝沒有來得及建立起來新時代的全套的思想體系，所以它的民眾就沒什麼可學的，等漢朝建立了「新儒家」，人們就有東西學了，所以我相信秦王朝的人沒什麼文化可學，是個短暫的階段，如果它壽數足夠長，建立起那些供老百姓學的東西（譬如「新儒家」）以後，它們會讓老百姓有「文化」的，這也解釋了為什麼在漢

初幾十年，在「新儒家」出臺以前，政府照樣是延續執行了秦朝的禁止挾書令，這實在不是秦始皇好壞的問題，實在是皇權專制時代的歷史要求，不過還要指出的是，在法家、儒家、道家這種都強調「弱民」、「愚民」的統治技術的學說指導下，即便有了「新儒家」可學，可以讓民眾有「文化」了以後，大約也是限於部分人，多數人還是沒有必要讓他學的——後來，劉邦當了皇帝以後，對自己沒文化的歷史還是感到非常懊悔的，所以他也常以此警戒教育兒子輩要多讀書。

史料記載，劉邦常自嘆道：「秦始皇不許挾書，唉！都是秦始皇耽誤了我！導致我寫文章很差！」其實，在秦始皇焚書的時候，劉邦都四十多歲了，早就過了啟蒙學習階段了，你寫文章差，能怪得著人家嗎？

劉邦接著對兒子們說：「由於秦始皇耽誤了我，導致我寫文章很差。可是，我看你們寫的東西，還不如我呐！我認為啊，你們可得努力了，不要老找人代寫啊！」—— 看來這是一家子兩代人都不愛讀書寫文章，不論老的和小的，這是基因有問題，怪不到秦始皇了。

但是在劉邦當了皇帝後他卻又深感不學之苦，便以切身體驗來勉勵兒子學習，那也是絕對沒有半點偽飾的。

我們接著說皇帝老爸劉邦的大兒子劉盈。西漢的第二個皇帝就是劉邦和呂后的兒子漢惠帝劉盈，他生於西元前 211 年，當時還是秦始皇三十六年。漢惠帝是個年輕的皇帝，在十六歲的時候就繼承了皇位，但他也是個短命的皇帝，僅僅在位七年就去世了。

這和他的母親呂后有直接的關係，就像蕭何和韓信一樣，登基做皇帝是母親呂后的功勞，但最後英年早逝也和母親的所作所為有極其重要的關係。

在劉盈小時候，父親劉邦還是一個小小的亭長，不可能使他過那種貴

族的生活，所以，他和母親以及姐姐要經常到地裡幹活。後來，父親反抗秦朝，他和母親、姐姐也就處於一種顛沛流離的生活之中，後來母親和爺爺被楚軍抓去，他和姐姐在和父親一起逃跑時還被心狠的父親幾次推下車去，以便父親能跑得快一點。劉邦的屬下夏侯嬰抱怨劉邦不該這樣對待自己的親生骨肉，下車又將他們姐弟抱上了車。直到後來他們姐弟被送到了關中，才在戰略後方過上了安寧的生活。

到了劉邦消滅了項羽的勢力，取得楚漢戰爭的勝利後，就立劉盈為太子，這時的劉盈才剛剛九歲，童年的苦難終於沒有白受。不過，在他走向皇位的過程中也有過風險，但在母親呂后的努力下，他還是很順利地登上了皇帝的寶座。

劉盈因為文靜，外表也顯得沒有劉邦那樣英武的所謂帝王之氣，所以劉邦不太喜歡他，而是喜歡他寵愛的戚夫人所生的兒子如意，想把劉盈廢掉，立如意做太子。但在眾人的反對下，劉邦只好作罷，但是劉盈的太子地位卻時刻受到了威脅。

劉盈當時還是個孩子，對此不會有什麼感覺。他的母親呂后卻不是一般的人物，為了以後的權勢，他開始行動了。這時，有人建議他找足智多謀的張良討個主意。張良建議他找劉邦極為尊敬的「四皓」，他們肯定會幫助她說服劉邦的。

呂后依計行事，「四皓」果然發揮了重要的作用。在平定淮南王英布反叛時，是「四皓」設法讓劉邦收回成命，不再讓劉盈領兵去鎮壓。等劉邦平定英布的叛亂回來後，因為傷痛病倒了，這使他又動了更換太子的意念。張良的勸諫沒有產生作用，其他的人也沒有讓劉邦改變主意，最後還是「四皓」以行動說服了劉邦，也就是剛才我們在上一節裡所講的那個故事：在一次宴會時，已經有八十高齡的「四皓」陪同著太子劉盈入席，這

使劉邦很驚訝，覺得太子已經成熟了，再重立太子恐怕會導致政局混亂。此後，劉盈的太子地位基本穩定了。

做了皇帝，為了皇權的鞏固，皇帝老爸劉邦可謂是費盡心機。本來他年齡就大，在平定英布叛亂時又中了箭傷，到了長安病情加重。呂后找來名醫，劉邦問他病情，醫生說能治，劉邦一聽口氣，就知道不會好了，氣得大罵醫生：「朕原來只是一個百姓，手提三尺劍得到天下，此乃天命。現在天要我死，就是神醫扁鵲來了也沒有用！」說完賞賜給醫生五十金打發他走了。

呂后看著彌留中的劉邦，問他死後人事的安排：「蕭相國死後，由誰來接替呢？」劉邦說曹參。呂后問曹參之後是誰，劉邦說：「王陵可以在曹參之後接任，但王陵智謀不足，可以由陳平輔佐。陳平雖然有智謀，但不能決斷大事。周勃雖然不擅言談，但為人忠厚，日後安定劉氏江山為國立功的肯定是他，用他做太尉吧。」呂后又追問以後怎麼辦，劉邦有氣無力地說：「以後的事你不會知道了。」

劉邦死於西元前 195 年，即高祖十二年的四月二十五日。死時六十二歲（虛歲），葬於長陵，諡號為高皇帝，廟號是高祖。一般都稱為漢高祖劉邦。

皇帝老爸劉邦病死之後，太子劉盈順利地繼承了皇位，這時他才剛滿十六歲。劉盈繼承皇位後，基本上繼承了父親的政策，而且有父親的一批有經驗的大臣輔佐，他在位期間沒有什麼大的波折，可惜的是在皇位上僅僅坐了七年。

惠帝的措施可以從經濟、文化等方面展現出來。

首先，在經濟方面，惠帝繼續推行劉邦時的與民休息政策，在他剛即位時，便下詔書恢復了原來實行過的十五稅一的政策。因為劉邦在位時，

為了對內平定叛亂，對外迎擊匈奴，所以增加了一些賦稅，等惠帝時，內亂已經平定，匈奴也因為和親政策不再騷擾邊境，所以，惠帝便取消了增加的賦稅，重新恢復了十五稅一。

後來，惠帝又鼓勵農民努力耕作，對於有成績的農民還免除其徭役。為了促使人口增加，惠帝還下令督促民間女子及早出嫁。如果女子到了十五歲還不出嫁，就要徵收五倍的算賦。算賦是一種成人的人頭稅，每人交一百二十錢，即為一算。對於原來限制商人的政策，惠帝也大大放鬆，以促進商業的發展，增加國家收入。

惠帝的這些措施使西漢初年的經濟繼續健康地向前發展。

其次，在文化方面，惠帝也進行了有益的改革。他在西元前 191 年，將「挾書律」廢除。「挾書律」是在秦始皇在進行焚書時實行的一項法令，除了允許官府有關部門可以藏書外，民間一律禁止私自藏書。西漢王朝初期，制度基本上是繼承秦朝，「挾書律」也不例外。惠帝很有魄力地廢除了這一法令，這使得長期受到壓抑的儒家思想和其他思想都開始活躍起來，為儒家被漢武帝確定為國家的統治思想提供了前提條件。

惠帝在很短的皇帝生涯中，還完成了長安城的全面整修。劉邦在位時僅修了長樂宮和未央宮，城牆沒有修成。當時西漢和外界的交往日益增多，長安城的國都形象急需完善。於是惠帝決定整修長安城，在西元前 194 年正式開工，到前 190 年完工。整修後的長安城在當時的世界上也是很有名的，除了羅馬城外，沒有再和長安相媲美的城市了。長安城共十二座城門，每面城牆有三座，每個城門又分成了三個門道，右邊的為入城道，左邊的是出城道，中間的則是專門供皇帝用的。

不過，漢惠帝本來應該和後來的文帝和景帝一樣應該有更大的作為，但因為母親呂后，他還是過早地去世了。

一是皇后的選定。惠帝在做太子時因為年紀太小，所以沒有娶太子妃。等他做了皇帝，便由母親呂后選了張氏為皇后，但張氏是惠帝的親外甥女，按照現在的觀念和法律，是典型的近親結婚，但當時還是流行這種親上加親式的婚姻的。後來，因為張氏長時間沒有生育，呂后便又自作主張，叫張氏對外說自己已經懷孕，然後將一個宮中美人生的兒子據為己有，並立為太子，其生身母親卻被呂后殺死了。

惠帝的早死最重要的原因是母親呂后的殘忍。在劉邦活著的時候，因為寵幸很多的後宮姬妾，冷落了呂后。這使呂后非常嫉恨，等劉邦死了，自己當了太后，便對以前的姬妾們進行迫害，有時竟達到了喪心病狂的地步。對於原來曾威脅惠帝太子地位的戚夫人，呂后的報復讓她自己進入了遺臭萬年的行列：先是讓人拔光戚夫人的頭髮（當時男子剃掉頭髮都是一種侮辱的刑罰，對女子就更是一種極重的侮辱了），然後戴著枷做舂米的重體力勞動。這還不夠，呂后又殘忍地將戚夫人的四肢砍斷，挖去眼睛，熏聾雙耳，灌藥使她變成了啞巴，最後扔到了茅房，叫作「人彘」（即像豬的人）。為除掉後患，呂后還將戚夫人的兒子趙王如意騙到長安用毒酒殺死。呂后的歹毒聽來都讓人長時間難以消除那種恐怖的感覺。

生性仁慈、心地善良的惠帝，在看到那個「人彘」並知道是戚夫人後，受到極大刺激，痛哭不止，此後便生病了，長達一年之久。惠帝也不再上朝處理政務，每天就是飲酒作樂，迷戀後宮。其實，他是在用這種方式來驅散心中那種無法驅散的恐怖。

在西元前 188 年，即漢惠帝七年，年僅二十三的惠帝去世，諡號「孝惠」，「孝」意即孝子善於繼承父親的事業。此後，漢朝皇帝的諡號中都有一個「孝」字，只有東漢的光武帝劉秀因為是中興之主而例外。漢惠帝死後葬在安陵，在現在西安附近。

六、無心插柳，幸運皇子

　　不過遺憾的就是這位太子劉盈在他當上大漢的皇帝第七年就不幸去世了，當然世界上的事情也都是會「有人歡喜有人愁」的。這不，去了一個以前「很幸運」的皇帝兒子，就又來了一位「更幸運」的幸運皇子。

　　漢文帝的名字在中國歷史上是很有名的，「文景之治」就是對他政績的充分肯定。文帝名劉恆，是劉邦的第四個兒子，母親是薄姬。

　　在漢楚相爭的當兒，漢劉邦的一個兒子降生了，他被劉邦取名為劉恆。這是劉邦的第四個兒子，在嫡系兒子中排行第三。劉邦對這個兒子早已經沒有初為人父那樣的喜悅了。他平平常常地迎接了這個孩子的誕生。當然，這也不能怪劉邦無情，因為這個時候漢楚間的滎陽大戰正如火如荼呢。劉邦下定決心要把奪取江山的恆心貫徹下去，所以他就給這個兒子取名為恆。

　　這個劉恆在漢劉邦的幾個兒子中可是最孝順的一個。在他懂事的時候，項羽已經被打敗，劉邦做了天下的皇帝，但是這個時候的漢朝可以說是百廢待興、一片蕭條。皇帝自己連一色的馬匹也湊不齊四匹，那些王侯將相在上朝的時候就連馬匹也沒有，他們為了保持自己的一點容顏，只好或是雇傭或是購買退役下來的老牛做代步的工具。這時節的長安城可真光怪陸離啊，滿世界走的不是高頭駿馬而是耕田犁地的牛。

　　其實，漢朝也不是真的窮困到皇帝王公都沒有馬用的地步，那是因為劉邦要把好的馬用去裝備部隊，那些次一點的馬匹用來解決農業的耕作，於是只好委屈自己和自己的那些功臣宿將了。

　　在這樣的大環境下，劉恆很是配合他父皇的做派，他主動把配給自己的一匹馬捐獻給了朝廷，而自己就乘坐一頭羊拉的小車。有時候，他甚至

拋棄皇子的身分，步行著去皇宮向他老爹老媽請安。劉恆的母親是薄氏，是劉邦的第三個夫人。不過，薄氏很聰明，她早早地就把自己的兒子安在了呂雉，也就是皇后的名下，做了皇后的乾兒子。自己給劉恆當娘，而讓呂雉給自己的兒子做母親。這個薄氏還很知趣地不往正在受寵的皇帝的第二個夫人，受封為貴妃的戚氏那裡套近乎，甚至在明裡暗裡都在向大家表明她是站在呂雉，也就是皇后那條線上的。

不過，她又沒有什麼實際的要幫助皇后呂雉的行為，具體說，就是在呂雉的兒子劉盈的太子位置不保的時候，她薄氏並沒有什麼具體的幫助太子的行動。所以，儘管聽到許多不好的消息，戚氏也沒有往心裡去，而呂雉知道她是自己這邊的人，只是礙於現在貴妃戚氏的權威她不能具體做什麼而已，她也就體諒了這個排行第三的貴妃了。何況，皇后的這個乾兒子對她很是孝順的，有時候，皇后覺得劉恆這個孩子比自己的孩子劉盈更加善解人意。

當然，劉恆再怎麼善解人意，呂雉還是會覺得她的劉盈才是天底下最乖的兒子的，因為大凡母親都會覺得自己兒子最乖，呂雉雖然貴為皇后也不能免俗的。

劉恆在劉邦的眾多兒子中是很幸運的。劉邦共有八個兒子，呂后僅生了一個，即惠帝劉盈。在惠帝去世後，呂后為了使自己長期掌握政權，對劉邦其他的兒子們大開殺戒，呂后共害死了四個。劉邦的大兒子劉肥最後未被陷害，得以善終。呂后最後死時，劉邦的八個兒子只剩下了劉恆和劉長。

在劉邦的眾子中，劉恆是最不引人注目的一個，這和他的母親有關。母親薄姬原是項羽所封魏國王宮的宮女，在劉邦打敗魏國後，將許多宮女選進自己的後宮，後來便和薄姬生了文帝劉恆。但劉恆出生後，薄姬卻遭

到劉邦的冷落，地位一直是「姬」，沒有升到「夫人」，所以，文帝劉恆從小就做事小心，從不惹是生非，給大家留下了很好的印象。在劉恆七歲時，三十多位大臣共同保舉他做了代王。雖然地位沒其他王子那樣顯赫，但這恰好幫文帝躲過了呂后的迫害，幸運地活下來，後來又幸運地登上了皇位。

皇帝老爸劉邦的身子骨在戰爭的那陣子就受過很重的箭傷，現在又上了年紀了，那傷啊病啊就都全找上門來了。眼看著皇帝陛下的身體是越來越不中用，可是就在這個節骨眼上，燕王盧綰謀反了。大臣諸將都說，這個盧綰驍勇善戰，天下除開韓信之外就只有當今天子可以擒得住他。而韓信早就被呂后用蕭何之計烹於未央宮了。沒有辦法，劉邦只好親自去征討。諸子都前往長亭去送行，每個兒子都說盼望父親旗開得勝、馬到成功，只有老四劉恆淚眼朦朧地說要他父皇平平安安地回來，只要父皇可以平安回來，什麼都是次要的。這讓劉邦覺得能夠關心自己的人不過此子而已，其他人都是在把自己的老骨頭在熬油，他們只考慮天下，只考慮漢朝，就沒有人考慮他這個皇帝有傷病還已經老邁了。劉邦的心裡不由產生了幾分失落。

而就在劉邦在平定了盧綰之後，他在回來的路上就病倒了。消息傳來，劉邦的大兒子劉肥最先趕來，他抱住劉邦一個勁地哭。接著，太監說劉恆也來了，可是大家都奇怪他為什麼不進去，只是在大帳外徘徊。就在這個時候，太子劉盈才姍姍來到。劉邦很不喜歡這個太子，這個太子其實排行老二，因為他是嫡系的，所以才當上了太子。

而劉邦的大兒子乃是劉邦當年和一個歌舞坊的歌女生育的兒子，這個歌女後來就從一而終，但是她到底是誰，史書上可是諱莫如深的，一點消息也沒有，想來是劉邦的這個兒子的來路不是很正吧。不過，劉邦對這個

兒子的喜愛是在感情上超過了他所有的兒子的。

太子進來了，劉邦想把臉扭過去，但是太子身後又跟了一個劉恆，劉邦只好把眼睛看著這個老四，不去看太子，這讓太子很難堪。劉恆見這個情景，連忙把自己的身子藏在太子的後面，這個舉動讓呂雉呂皇后非常的高興。真是一個懂事的乖孩子，乾媽一定不會虧待你。果然，以後的劉恆就一路平平順順，沒有遭遇到齊王、趙王那樣的厄運。這是後話，暫時不提也罷。

在見完了家人後，一代皇帝老爸劉邦也就駕崩了。順理成章，呂后的兒子劉盈做了皇帝，可是他是一個傀儡，大權全都掌控在他母親太后之手。而這個時候的呂后已經不需要夾著尾巴做人了，她要大肆地清洗自己不滿意的人和那些與自己有仇的人。

很快，呂太后的第一號宿敵戚氏就被呂太后給弄成了「人彘」。而這個戚氏的兒子，也就是劉邦最寵愛的趙王如意也被呂太后悄悄地給毒殺了。甚至連那個比較老實的齊王劉肥也差點被清洗，幸虧他的謀士聰明，拿兩個郡貢獻給呂后的女兒做「湯沐邑」（這個詞語源於周代的制度，是指諸侯朝見天子，天子賜以王畿以內的、供住宿和齋戒沐浴的封邑），這才免掉殺頭的困厄。

而在這個時候，劉恆和他母親一臉誠惶誠恐地跑到了呂太后的住處，懇求太后讓他們母子倆回到他們的封國去了卻終生。這個舉動很明白地告訴了呂雉，他們不會威脅到劉盈的皇位的，不會在朝廷中干涉太后的任何決定的。他們只會安安生生在他們小小的代國當他們的藩王的。這令呂太后很是滿意。

不過，天下在這個時候又發生了變化。太后呂雉駕崩了，朱虛侯劉章奉命去征討齊王卻一路逶迤不思進程。而齊王又派來人勸劉恆也出兵去討

伐諸呂，就是呂太后的子侄，那些把持劉家天下的各路僭稱的王爺。劉恆沒有出兵，但是他出了錢糧，還是不少的錢糧。代國雖然貧瘠，但是修養幾年下來錢糧還是很多的。這在天下各國也是少見的富庶的王國。

而且劉邦的舊臣陳平和周勃在呂后死後，攜手誅滅了呂氏勢力，然後商議由誰來繼承皇位，代替當時呂后立的小皇帝劉弘，他們覺得劉弘不是惠帝的後代，不符合皇位繼承的法統。最後，他們相中了寬厚仁慈名聲較好的代王劉恆。於是派出使者去接劉恆赴長安繼承皇位。

諸呂被平定了，這在劉恆意料中。一天，劉恆在自家花園散步，突然有人說外面來了天子的儀仗。劉恆很奇怪，他知道現在天下沒有天子，哪裡來的天子儀仗，難道又有誰被冊立了不成？但是就算是冊立了新君，也不需要到他這個小小的代國來巡幸啊。哪裡有剛即位的新君就到一個諸侯王那裡來串門子的呢？何況，要是真的冊立新君，哪裡又不會通知我們這些嫡系的諸侯王呢？

劉恆滿腹狐疑，快步來到了簡陋的王府的正門。原來，這是朝中的大臣祕密的行為，他們要擁立劉恆做天子。劉恆趕緊找了一個藉口，回到了自己的後堂，他現在到了一個關口，他要找他的母親和最貼近的謀士策劃未來了。這一群人議論來議論去，卻沒有任何的結果……

劉恆見到使者，開始並不是很高興，相反，這使他起了疑心，他的屬臣們也意見不同，有的認為是一個陰謀，有的則分析說不會有假。劉恆決定用占卜來決定吉凶。結果達到一個「大橫」的占卜結果，這個結果的意思是：大橫所裂的紋路很是正當，我不久要即位天王，將父親的偉業光大發揚，就像啟延續禹的那樣。占卜的人向他解釋天王即是做天子，比現在一般的王要高一級。

為了以防萬一，劉恆在向長安進發的過程中一步步小心從事，深怕又

中了計，喪命黃泉路。一是派舅舅薄昭先到長安探聽虛實，二是離長安城五十里的時候，又派屬下宋昌先進城探路。最後，小心的劉恆終於在陳平等眾大臣的擁戴下平安地繼承了皇位，住進了未央宮。

因為得到皇位不易，文帝即位後首先任命自己的心腹負責守衛皇宮、京城，從根本上保證自己的人身安全。然後，對於擁立他做皇帝的功臣們一一賞賜、封官晉爵，對於被呂后貶斥的劉姓王也恢復了稱號和封地，同時，對於跟隨父親劉邦開國的功臣們也分別賞賜、分封。這些措施使文帝的帝位得到鞏固。

除了用拉攏的手段鞏固權勢外，打擊重臣也是一項很有效的措施。這方面主要是對大功臣周勃的處理。周勃因為擁立文帝有功，所以每次上朝結束後，出來時總是很驕橫的樣子，似乎也不把文帝放在眼裡。而文帝對他更加有禮，經常目送他離去。

有大臣勸說文帝，不該對周勃這樣重禮，有失君主的身分。從此，文帝的神色變得越來越嚴肅，而周勃則越來越敬畏。周勃的屬下及時提醒他：小心功高蓋主，引火焚身。周勃如醍醐灌頂，猛然醒悟了。於是辭去了右丞相（漢時以右為上，陳平當時是左丞相，相當於副職）的職務，文帝很快也答應了。一年後，因為陳平謝世，文帝又任命他做丞相，但僅十個月後，文帝又以列侯歸封國為藉口免除了他的相職。

當時，很多的列侯都住在長安，這給京城的糧食供應增加了負擔，所以，文帝就下詔命列侯到自己的封國去生活，即使朝廷恩准留在京城，也要將自己的兒子派到封國去。但很多人找各式各樣的藉口留在京城，這使文帝很生氣，便讓丞相周勃帶頭做表率，免了他的丞相職務。

在後來有人舉報周勃在家常身披盔甲，有謀反之心時，文帝馬上把他抓捕。周勃趕忙透過文帝的舅舅薄昭向文帝說明實情：被罷免丞相職務後

害怕被抓，所以家中有些防備，但卻沒有反叛之心。文帝在重新調查後，沒有發現周勃謀反的事實，便釋放了他。這和封建時代很多皇帝相比，文帝做得確實很寬容。

漢文帝在位共二十三年，他開創的穩定局面為此後景帝時的經濟繁榮奠定了堅實的基礎，他自己也成為一代名君載入史冊。

皇帝老爸劉邦生前重點教育和培養兩個兒子，既太子劉盈和戚夫人所生的兒子劉如意，不過結果卻是這位沒有很多機會被皇帝老爸栽培的兒子，他能夠繼承和發揚光大大漢帝國的事業，估計劉邦做夢也沒有想到過的呢。

當然，歷史是會有自己的選擇的，歷史最終選擇了劉恆做漢朝的實際上的第四任皇帝，他就是死後被諡號為孝文帝的那個皇帝。我們的新任皇帝還在赴京的路上，他想到：我現在就要當皇帝，皇帝管的人和事情可比小小代國多了去了，我可要好好地、兢兢業業地把活幹好啊，我要天下都變成代國……漢文帝劉恆是這樣想的，也是這樣做的，在他當政的二十三年裡，漢朝變得欣欣向榮、繁榮鼎盛，這就是史家所稱的文景之治的文帝時期。

七、皇帝老爸的戰鬥力評估

自反秦以來，劉邦的餘生基本上都在戰爭中度過，其作戰能力究竟如何，好像沒有說法。從他與項羽對抗百戰百敗來看，估計後世對此評價不高。劉邦得天下後，曾與群臣探討劉勝項敗的原因，推出了漢初三傑論，在作戰能力上首推韓信。而韓信在與劉邦探討帶兵能力時，也只說劉邦不過能帶十萬兵，而自己則多多益善。

　　從這個記載來看，韓信應該還有所保留，也就是他的真實想法裡，劉邦可能連十萬人也帶不了。之所以要說這個數字，無非是要給劉邦留足面子。劉邦對此並不服氣，他說：「多多益善，何為為我禽？」韓信答曰：「陛下不能將兵，而善將將，此乃信之所以為陛下禽也。且陛下所謂天授，非人力也。」歷史沒有記錄下劉邦對此有什麼回應，或者認可了這個評價，或者他對這個問題不想較真了。於是造成了這樣一個後果，即在後人看來，劉邦的強項就是會駕馭人，其作戰能力則不值一提。

　　但這不是事實，事實是其實際作戰能力或者大大超出後人的估計。

　　其實有關劉邦的作戰紀錄還是相當多的，其作戰之頻、作戰對象之多恐怕也是有史以來屈指可數的。但在人們的印象裡，最容易記住的就是他常常被項羽打得落荒而逃，連子女及部隊都顧不上，只顧一個人逃命了。確實，比起劉邦取得的勝利來說，這些敗仗場面在司馬遷的筆下既精彩又傳神，讓人看過一次，就牢牢記住。

　　但在整個秦楚之際，劉邦也就敗給項羽一人，其他人則均敗在劉邦手下。如在反秦戰事中，劉邦於起兵之初就在戰鬥中擊殺泗水太守，這是見之於史的秦軍陣亡的最高軍事長官。在秦三十六郡中，被劉邦戰鬥征服的至少有三分之一。

　　在劉邦加入項梁陣營前，項梁對秦作戰還沒有取勝的紀錄，只有項羽有攻克襄城的勝果。而劉邦的加入，使得項梁部取得對秦作戰的連續勝利。〈留侯世家〉記張良以《太公兵法》告劉邦，被劉邦用得很好，說明劉邦很有用兵的天分。在最後的滅秦作戰中，劉邦以不足萬人的部隊（酈食其語）完成了策應援趙、拱衛楚都、西進滅秦一連串繁重的任務，沒有非常的軍事才幹是不可想像的。

　　有關劉邦的戰力或可從平定天下後的幾次作戰中反映出來。在劉邦死

前，先後有擊燕王臧荼、擊韓王信之叛、擊陳豨之叛、擊黥布之叛，每次均由劉邦掛帥出戰，說明在漢陣營中，其他的人（韓信除外，因其過早被廢王為侯不受重用）的能力均不能讓劉邦放心。

〈高祖本紀〉記其擊陳豨時分析道：「豨不南據邯鄲而阻漳水，吾知其無能為也。」後果如其言。黥布反時的心態也能說明問題。黥布以為：「上（指劉邦）老矣，厭兵，必不能來。使諸將，諸將獨患淮陰、彭越，今皆已死，餘不足畏也。」在黥布看來，漢陣營的將領除韓信、彭越外，均不在話下。只有劉邦的本事值得顧忌，但他又太老，估計不會親自帶兵作戰。所以黥布反了。

可以肯定，在當時人的眼裡，劉邦的作戰能力是被相當推崇的。但為何會留下與項羽作戰百戰百敗的紀錄呢，原因只能是項羽的作戰能力更高，劉與項不在同一個等級，所以劉邦長期處在項羽陰影下，其作戰能力根本顯不出來。

關於韓信以為劉邦不能將兵的說法，〈韓信盧綰列傳〉有一條反證，擊陳豨時，劉邦先於全國軍隊到達時抵趙，問趙相周昌趙地有無可用之人，周昌推舉了四人，劉邦面試後罵道：「豎子能為將乎？」四人慚伏。上封之各千戶，以為將。左右諫曰：「從入蜀、漢，伐楚，功未遍行，今此何功而封？」上曰：「非汝所知！陳豨反，邯鄲以北皆豨有，吾以羽檄徵天下兵，未有至者，今計唯獨邯鄲中兵耳。吾何愛四千戶，不以慰趙子弟！」表明劉邦能在無兵可用的情況下，充分利用權威手段調動當地士兵的積極性，可能也因此抵擋住了陳豨的凶猛攻勢。劉邦每每在力量不夠強大的情況下不斷取得勝利，應該與他善於激勵士氣有關。僅此一條證據，就使得不善將兵說不那麼可靠。

八、皇帝老爸亂殺無辜的暴力傾向

　　後世總結楚漢成敗時，總不會忘記說殘暴是造成項羽失敗的重要因素。而項羽殘暴的重要證據之一便是殺降。其坑秦降卒、坑齊降卒，殺秦王子嬰及秦國宗室，盡失人心。但劉邦的殺降殺俘就很少作為一個問題提出來。其實這個問題不僅存在，而且還在一定程度上相當嚴重。

　　早在反秦戰爭期間，劉邦與項羽共同作戰時，就有過共同屠城的紀錄。如屠城陽。因為當時有項羽在，或可將此罪行記到項羽的賬上。但劉邦入秦時的屠武關（〈秦始皇本紀〉），就不能由項羽本分擔了。眾所周知，當時戰爭的酷烈，使得獲勝一方在經過艱苦拚殺後，往往做出極其殘暴的舉動，即屠城。〈項羽本紀〉在漢四年，欲屠外黃事上，為後世留下了這方面的紀錄。估計劉邦的屠武關及楚漢戰爭時樊噲的屠煮棗，性質與此相類。但劉邦的問題不出在屠城上，而是在有計畫地殺害降將方面。

　　整個楚漢戰爭期間，為漢軍俘獲的一方勢力人物為數相當不少。如魏王豹、趙王歇、代王陳餘、代相國夏說、雍王章邯、齊王田廣、塞王司馬欣、韓王鄭昌、殷王司馬卬均屬被俘。然而除鄭昌不詳其所終外，其餘均留下死於非命的記載。

　　首先，明確記為擒，又記為斬或死者。如代相國夏說被擒（〈淮陰侯列傳〉、〈酈生陸賈列傳〉），〈曹相國世家〉記為斬；齊王田廣為漢將曹參所虜，而〈田儋列傳〉言田橫「聞齊王廣死，自立為王」。至於其何故而死則不可知。類似情況還有：章邯分明為都昌侯朱軫所虜（〈高祖功臣侯者年表〉），〈高祖本紀〉言其自殺；陳餘分明為張蒼所虜（〈張丞相列傳〉），〈曹相國世家〉等均言其為斬。趙王歇為擒（〈淮陰侯列傳〉），〈張耳陳餘列傳〉則明言「追殺趙王歇襄國」。兩種記載之差異究竟其如何，今已不可考。但筆者傾向於，這些人都是先被俘後被殺。因為死是不可改

變的最後結局，而被俘可能是死前的某種狀態，如章邯的被擒，就是上了功臣表這樣的檔案材料，應該最可靠；而〈曹相國世家〉記曹參之功為得王二，即俘虜了兩個王，應該分別是魏王豹和齊王廣。那麼，上述人等皆有先俘後殺的嫌疑。這些人都是一方領袖，殺掉他們可以減少敵對勢力的凝聚力。

其次，明確被俘，又在相當一段時間後被處死，或死因不詳者。如魏王豹明確被俘，卻未立即就死，只是在日後找理由將其殺害。漢三年，楚圍滎陽，劉邦與陳平等人棄軍出逃，留投降的魏王豹與周苛等守城。周苛即以「反國之王，難與守城」為名，將其殺害。此等手段類似於秦二世以出巡期間誅殺大臣事，劉邦亦不想讓這類殺降事與自己沾上邊，所以殺魏豹的周苛或因此而立功，其子周成或也因周苛之功而封侯，除此之外，周苛確實沒有值得稱道的功勞，所謂的守城被俘不屈，可能傳說成分大於事實成分，畢竟周苛不是守城的最高甚至重要的漢軍首領，項羽未必肯開出那麼高的條件來收買他。在〈功臣表〉裡有堂陽侯孫赤就是以惠侯的身分在滎陽被楚軍俘虜並投降了，楚要封高官也輪不到周苛。與此同類，故塞王司馬欣之死亦屬可疑。史稱其因漢勝楚於成皋，與曹咎同自剄於汜水上。

實際上，曹咎並非自殺，而是被斬。〈高祖功臣侯者年表〉則以曹咎為龍侯陳署所斬，這是陳署功勞薄上的紀錄，恐其斬曹咎事屬實。因此，〈項羽本紀〉言曹咎及司馬欣之自剄，皆不可信。再連繫到日後漢王受傷入關，梟故塞王欣首之事，距其戰敗戰「死」時間更已達數月之久。很難想像，在當時的條件下，可以將一個死者首級或屍體完好保存。如果不能保存，或就是能保存，梟其首於櫟陽又有何意義呢。一種更大的可能是，故塞王司馬欣當時只是被俘，後被處死。也只有在示眾後的斬首，才能顯

出漢之武功，也可以平當地之民憤，順當地之民心。

司馬欣之死，當為《史記》中隱而微之事，卻仍屬有蛛絲馬跡可尋者。而殷王司馬卬之死，就毫無跡象留存。自漢二年司馬卬降漢後（實則為灌嬰所虜），就在《史記》中失了記載。而《漢書·高帝紀》卻明確記其死於漢二年、漢從彭城敗退後。此事不見於《史記》，班固或另有所見。如果班固所見不假，則司馬卬之死與司馬欣之死似有相通之處，即二者都死得不明不白。

儘管劉邦的殺降屬於微而隱，但事實俱在，不容置疑。問題是，為何在放棄或失去抵抗後，這些人卻遭到殺戮了呢？這個問題確實耐人尋味。連繫到漢定天下後，韓信、彭越之死，或可對理解這個現象有所幫助。即，殺降是為了避免出現混亂局面，如果這不是全部理由，至少是一部分人如此結局的原因。

魏王豹、代王陳餘、趙王歇、齊王田廣還有司馬卬雖然不是什麼厲害角色，但也都曾是領袖一方的人物。尤其前二人，都具有一定的開拓能力，有一定的凝聚力，可以登高一呼，從者雲集。這樣的人之存在，總是讓志在天下的劉邦心存忌諱。

而司馬卬亦非泛泛之輩，在趙王武臣失敗後，司馬卬曾一度變成了一支獨立作戰武裝，其在秦之腹地作戰，不僅沒有被消滅，反而得到發展壯大。更有甚者，其先反叛項羽，後因力不能敵，與項羽派來進攻的陳平媾和罷兵。這等能屈能伸的功夫，與劉邦極為相似，劉邦容他不下，亦是情理之中的事。

至於章邯和司馬欣，此二人是秦將，雙手沾滿了反秦武裝的鮮血，劉邦對他們不僅在感情上不相容，在理智上也不能允許他們繼續存在。故在俘虜二人不久，即將其處死，滿足了劉邦及其部下感情和理智的需求。還

應該考慮到，趙地與齊地的平定，並非一帆風順，如果讓趙、齊二國之王留下來，對於二地的敵對勢力來說，是留下了精神支柱。故處死二人，或可使兩地的平定得以順利進行。

因此，劉邦的殺降將，是有其政治上的考慮的。不能簡單地歸結於劉邦的本性殘忍，而要與天下大勢相連繫來考慮，才能見其深意。

鑑於上述考慮，劉邦的殺降，或可包括臨江王共尉。據〈荊燕世家〉，「漢王因使劉賈將九江兵，與太尉盧綰西南擊臨江王共尉。共尉已死，以臨江為南郡。」而〈傅靳蒯成列傳〉則另有說曰：「（靳歙）別定江陵，降江陵柱國、大司馬以下八人，身得江陵王，生致之洛陽，因定南郡。」江陵王，即臨江王，江陵為臨江國都。則共尉並非戰死，而是被生擒，〈高祖本紀〉明言，共尉是被「殺之雒陽」。其實漢擊共尉一事，本來就不合情理。

據〈高祖本紀〉，漢令盧綰、劉賈擊共尉在漢五年正月後，其罪名是「故臨江王驩為項羽，叛漢」。而〈秦楚之際月表〉記漢五年十二月，「漢虜驩」，表明，漢擊臨江之事是緊接著項羽之死、楚地大定之後就進行的。《史記》以一事之始的時間記其最終結果的現象經常發生，此為其一例。故臨江之定或非此時的事，其始則可確定為此時的事。

〈韓信盧綰列傳〉稱：「漢五年冬，以破項籍，乃使盧綰別將，與劉賈擊臨江王共尉，破之。」漢初以十月為歲首，十二月在正月前，漢擊臨江時間的不統一，表明了罪名的不成立。沒有任何資料表明，臨江在楚漢戰爭中的立場。儘管臨江與漢、九江、衡山一樣均為舊楚將而封王，但其沒有在戰爭中幫楚是有一定根據的。據〈黥布列傳〉：「項王方北憂齊、趙，西患漢，所與者獨九江王，又多布材，欲親用之，以故未擊。」則與項羽交好的楚軍舊將唯黥布一人，其餘三人，漢王劉邦已叛，臨江王共敖與衡

山王吳芮不執行項羽殺義帝的密令，估計也與項羽關係疏遠。而吳芮因與黥布的姻親關係，在黥布歸漢後，可能也有助漢的傾向。

據《漢書·高帝紀》，漢五年正月，勸劉邦即皇帝位的諸侯中有衡山王吳芮，而劉邦的答謝詔稱：「故衡山王吳芮，與子二人，兄子一人，從百粵之兵，以佐諸侯誅暴秦，有大功。諸侯立以為王。項羽侵奪之地，謂之番君。」則吳芮與項羽有積怨，並肯定至少在楚漢戰爭後期，加入到漢陣營。而臨江國可能在整個楚漢戰爭中都處於兩不相幫的境地，〈高祖本紀〉稱其叛漢，只是欲加之罪的說法，不足為信。何況此前臨江沒有助漢之舉，就談不上什麼叛與不叛的問題。事實可能是先發起對臨江的攻擊，然後再安上罪名，因此，戰爭的性質是統一而非平叛。

根據共尉一事的隱祕因素，或者燕王臧荼的反叛也存在問題。〈高祖本紀〉稱：漢五年「十月（實際上應該是七月），燕王臧荼反，攻下代地。高祖自將擊之，得燕王臧荼。即立太尉盧綰為燕王。使丞相樊噲將兵攻代」。從這個記載來看，臧荼是反了。但臧荼反的理由並不充分。首先，臧荼之燕在楚漢戰爭中是幫助漢陣營的，此年正月的勸進諸侯中也有臧荼的名字。在前一年楚漢相持滎陽時，燕出兵助漢擊滅楚大司馬曹咎。在劉項勝負未定時助漢，到天下歸漢時叛漢，情理上不通。應該考慮漢欲加之罪的情況。代地的情況當時是怎麼樣的呢。

自漢三年韓信等漢將擊滅代相國夏說後，代地就落入了漢的掌握，主事者是張蒼，其職位是代相，即在沒有代王的情況下，代漢行使權力，署理代地事務。而漢定天下時，張蒼又從趙相的位子上，回到代相之位，而漢擊燕時，張蒼以「代相從擊臧荼有功」，看不出燕有攻下代地的痕跡。而從張蒼事蹟來看，這一段的歷史有點亂。〈張丞相列傳〉記張蒼相代王在臧荼反前，而當時代地無王，至漢七年才由劉邦兄劉仲為代王。

另有陳豨在戰爭中曾以遊擊將軍別定代，漢擊燕時，或者陳豨仍在代地，由張蒼扶佐也未可知。〈樊酈滕灌列傳〉記樊噲擊燕，未記攻代一事，與張蒼事蹟合。〈高祖本紀〉記樊噲攻代可能是誤記，因為漢七年，劉邦從白城敗退下來，就讓樊噲定代地，或許有將二事搞混了的可能。

所以，在臧荼問題上不能排除捏造罪名的可能。為什麼要為臧荼捏造罪名，這就要從楚漢戰爭結束時諸王的情況來分析了。項羽分封立十八王，三秦王、三齊王、代王趙歇都死於戰事，遼東王韓廣為臧荼所殺，韓王成為項羽所殺，河南王申陽降漢失地，項羽自立之韓王鄭昌也被漢俘虜，魏王被漢誅死，殷王死得不明不白。

剩下的漢王稱帝，九江王黥布被項羽殺了全家，死心塌地歸漢；常山王張耳被陳餘擊敗失國歸漢，得漢助而為趙王；衡山王吳芮受封四郡之地，雖然實領一郡，應該比項羽時多。剩下的臨江國共敖傳子共尉，已安了個罪名剿滅。而臧荼之燕，實則是合併了項羽分封時燕與遼東之地，相當於戰國燕的全境，疆域相當大。而燕國在戰爭中沒受什麼損失，也沒得漢什麼好處，要籠絡住也頗為不易。這樣一個與漢關係不甚密切的大國，總是讓人不放心。所以，就不能排除漢為取得長治久安而給燕安個罪名的可能性。

從韓信、黥布事件來看，漢為求得安定是願意付出一定代價的。比如告發韓信造反的欒說，與告發黥布造反的賁赫，就分別被封為慎陽侯與期思侯，並各受封二千戶。而很多在戰爭中出生入死、立下赫赫戰功的人，受封戶數遠不及這二人。韓信之叛，始終存在著不足以取信於人的問題，漢室也因此沒有把韓信的功勞化解於無形，反而把一些不是他的功勞說成是他的，比如定魏、定代、定齊就有呂澤、陳豨等人的功勞，基本上都劃歸了韓信。從這個意義上來看，劉邦為了消除不安定因素，是會採用捏造

罪名的辦法。臨江與燕的情況應該歸於這一類。

總而言之，劉邦的殺降看似亂殺無辜，實則更像是一種出於為了江山社稷安定的深謀遠慮，而項羽的殺降則很具有濫殺無辜的施暴狂意味。於是，劉邦的殺降常常消除了後患，而項羽的殺降，則激起了更大的反抗。

九、皇帝老爸任人唯親傾向

如果以劉邦與項羽相比較，在用人之道上兩人恰成相對的兩極。項羽以任人唯親、嫉賢妒能為當世詬病，劉邦則以知人善任著稱。兩者的用人之道在楚漢相爭時就已有定論。陳平曰：「項王不能信人，其所任愛，非諸項即妻之昆弟，雖有奇士不能用。」韓信曰：「項王暗惡叱吒，千人皆廢，然不能任屬賢將，此特匹夫之勇耳。項王見人恭敬慈愛，言語嘔嘔，人有疾病，涕泣分食飲。至使人有功當封爵者，印刓弊，忍不能予。此所謂婦人之仁也。」酈生曰：項王「於人之功無所記，於人之罪無所忘；戰勝而不得其賞，拔城而不得其封；非項氏莫得用事；為人刻印，刓而不能授；攻城得賂，積而不能賞；天下叛之，賢才怨之，而莫為之用。故天下之士歸於漢王，可坐而策也。」高起、王陵答劉邦問其何以得天下曰：「陛下慢而侮人，項羽仁而愛人。然陛下使人攻城掠地，所降下者，因以予之，與天下同利也。項羽妒賢嫉能，有功者害之，賢者疑之，戰勝而不予人功，得地而不予人利，此所以失天下也。」此等言語，皆為劉、項之對照，凡項受指責處，皆是劉得分處。然而，事物總不會是絕對化的。劉邦亦有任人唯親的時候。試論如下。

劉邦任人唯親之最典型者，當數對盧綰的任用。據〈韓信盧綰列傳〉，盧綰與劉邦同里同日生，兩家素相親相愛，這就奠定了二人關係的基礎。及長大後，又是同學，關係特別好。而到了劉邦逃亡後，盧綰與之

相伴、追隨左右，兩個人的關係特別鐵。但劉邦起兵後，盧綰基本上無所作為。但這並不影響他在劉邦的庇護下飛黃騰達，躍居眾將相地位之上。從盧綰日後的表現來看，他並沒有作戰才能。而在劉邦入漢後，他卻被封為將軍，進而為太尉、拜長安侯。眾所周知，在秦漢時期，太尉是武官之首，以盧綰之才具，任此高官，顯然是劉邦的偏袒的結果。因為在整個楚漢戰爭中，盧綰常與劉邦同出入，其見劉邦無任何約束，隨到隨見 。這是其他在努力工作的蕭何、曹參等人無法望其項背之處。

盧綰在楚漢戰爭中的唯一作戰，或就是〈高祖本紀〉記載的漢四年，其與劉賈擊楚後方。就是這個功勞，可信度也不高，如果有的話，主要還是劉賈取得的。只要看記錄劉賈戰功的〈荊燕世家〉就可以得出結論。〈項羽本紀〉提及此事，就只出劉賈一人，而不及盧綰。則盧綰的作用，可想而知。待項羽覆滅後，分封天下之前，盧綰實在沒有戰功，為了給盧綰加官進爵，劉邦就給了他平定反叛的臨江王的機會，並讓劉賈陪他前往。可惜，盧綰確實不是作戰的材料，連續幾個月，也沒能攻下臨江，最後，還得靠劉邦的得力幹將靳歙出馬，立刻就將小小的臨江平定。臨江之戰的結果，本來應該使劉邦對盧綰的才具有個正確估計，但到了封王時，劉邦還是想封盧綰為王。並且他的這種心思早已為眾部下所洞悉。

眾人順從劉邦之意曰：「太尉長安侯盧綰常從平定天下，功最多，可王燕。」於是，劉邦順水推舟地立盧綰為燕王。然而大家所說的「功最多」，恰好透露了極大的諷刺意味。不僅如此，盧綰受寵幸的程度更大大超過其他諸侯王。但劉邦對盧綰的這種無理偏袒，並沒有得到好報，最終盧綰以背叛而報答。這是劉邦始料未及的。

盧綰之外，劉邦對夏侯嬰與周緤的事蹟也脫不了任人唯親的痕跡。只不過此兩人多少還有戰功，又不可與盧綰同日而語。夏侯嬰與劉邦的關係

可以追溯到秦末，劉邦為官場小吏，夏侯嬰亦是地方小官，其對劉邦始終是言聽計從，恭敬得很。劉邦曾失手將人毆傷，他為劉邦掩飾，並為此而坐牢。在楚漢戰爭中又救了太子劉盈與魯元公主。故其功勞雖不及樊噲、灌嬰，但其受封戶數則大大過之。

從記載看，周緤對劉邦的關係屬於緊跟型，其早期戰功已不可考，但其又與傅寬與靳歙同傳，而戰功大大不及前二者。然而，他在劉邦至霸上時，便已為列侯。之後，其受封戶數又超過了傅寬。其傳記資料表明，無論劉邦作戰利與不利，其始終無離上之心。故司馬遷評論曰：「蒯成侯周緤，操心堅正，身不見疑，上欲有所之，未嘗不垂涕，此有傷心者然，可謂篤厚君子矣。」以此等事蹟，卻要與戰功顯赫、從未吃過敗仗的傅、靳二人同傳，司馬遷的用心或許是相當無奈，或許是別有用心，即出生入死之人，其最終的犒勞，未必多過唯唯諾諾之人。司馬遷將夏侯嬰與樊、酈、灌同傳的用心，或也與此相似。因為夏侯嬰始終沒有如其他三人那樣，在楚漢戰爭中獨當一面，基本上屬於因人成事者。

劉邦任人唯親的其他受益者還應當有任敖、審食其、戴侯彭祖。任敖的情況與夏侯嬰有類似處，他早年也是沛縣小吏，與劉邦關係較好，劉邦逃亡後，呂后繫獄，任敖即動手打傷對呂后不恭的執法人員。反秦戰事中，其為劉邦守豐；楚漢戰爭時，他為上黨太守；基本上都在遠離戰場的地方，亦不見其對前線的貢獻。可就是這種履歷，亦使他受封達一千八百戶，為許多出生入死者所不及。審食其的情況就更不值得一提了。他基本上是劉邦的家臣，其所有的履歷，只是在反秦與反楚戰事中侍候劉邦的父親和妻子。

只有一件與眾不同處，即，他與太公、呂后一同做了幾年項羽的俘虜。戴侯彭祖的功勞有與審食其相類處，即其在反秦與反楚戰事中，也是

以侍候太公為主要事蹟，但其尚有一突出處，即在劉邦初起攻沛時，由他為起義軍開城門，此事或為一殊榮，值得稱道。上二人的封侯，皆足讓功臣齒冷。但在家天下時期，為人主者就這樣辦了，其他人也無可奈何。

至於呂氏兄弟的封侯，因為其或有不小之戰功，不得簡單視之為任人唯親現象。而營陵侯劉澤之封，則可勉強視作此等行徑。因為劉澤與劉邦非至親，當為疏族，不得與劉邦之兄相比。其加入劉邦陣營的時間亦晚，為漢三年。其功勞無足稱道，但其受封數卻驚人地多，為一萬二千戶，位列功臣的曹參的受封戶數也不過萬六百，而蕭何、張良、周勃、樊酈滕灌傅靳蒯成就更不在話下了。其受惠最多，然而在定論功位次時，其功勞是排不上號的。漢初十八功臣中，有任人唯親嫌疑者，或只有夏侯嬰一人，而且其畢竟在反秦時有過不小之功勞。

其實，在劉邦的任人唯親中，還可以加上陳豨和張良，原因是這兩個人與劉邦特別投緣。陳豨與劉邦投緣是因為共同的愛好 —— 兩人都是魏公子信陵君的崇拜者，所以天下大定之後，陳豨被委以趙代兩國武裝力量的總指揮。而張良在戰爭中沒什麼功勞，且有離開劉邦隨韓王成到項羽楚都彭城的說不清的歷史，但劉邦在封侯時任其自擇三萬戶。須知，經過長年的戰亂，即使是大縣，人戶也不過五千，三萬戶，差不多要抵一個小王了。

當初項羽立吳芮為衡山王，也不過六縣之地，而且相當僻遠，可能遠不足三萬戶。至於劉邦所說的運籌帷幄、決勝千里云云，在史料中得不到證實，但張良對劉邦立下的功勞決不是什麼運籌帷幄、決勝千里可以替代的，在項羽分封時，張良為劉邦討得整整一個漢中郡，憑這一條，就足以封萬戶侯。

但張良比較識趣，只擇與劉邦結識的留為封地，其地肯定不足萬戶。

但此二人對劉邦事業的貢獻肯定大於上述諸人，所以任人唯親的痕跡不明顯。

總之，人以一己之好惡予人功予人利，基本上可以算作為人之天性，並非只是項羽的專利。在劉邦一方，也無法戒絕。只不過劉邦的任人唯親並未影響到劉漢陣營的對敵戰爭。在戰場上，基本上還是做到了人盡其材，物盡其用。對於自己喜歡的人，不是用委以重任，而是用賞以厚爵的方式來落實這種偏愛。不像項羽用諸項，如項它（漢二年為曹參所破，漢四年為灌嬰所擒），項冠、項悍（二者於漢三四年為靳歙所破），項聲（漢三年為彭越所破，漢四年為灌嬰所破）等，全是失敗的紀錄。

因此，劉邦的任人唯親，還沒有如項羽般到了感情用事的地步。這就是劉勝項敗的另一種深層次根據。

十、皇帝老爸愛罵人

愛罵人的皇帝，罵得最粗俗也最有味道的恐怕要屬劉邦了。太史公在《史記》裡寫劉邦的罵人，為的是突出劉邦的人物性格。因此，劉邦罵人的話 —— 它的傳神處，不同的理解，留給人的「劉邦形象」自然就會有所不同。

漢高祖十年九月，劉邦手下的大將陳豨造反，掠奪了趙、代等地，劉邦親自征討。到了邯鄲後，劉邦問手下的周昌：「趙地有壯士可以派任將領的嗎？」周昌回答道：「有四個人可以擔任將領。」等到這四個人來謁見劉邦的時候，可能是他們的外貌給劉邦的印象太糟糕了吧，劉邦不僅破口大罵：

「豎子能為將乎？」（見《史記·韓信盧綰列傳第三十三》）

你看，這話罵的，隨口而出，不假思索。看來，這位地痞出身的皇帝老爸劉邦儘管地位變了，但乾坤易改，本性難移，素養並沒有多大提高。

劉邦的這句罵人話，最能反映劉邦性格的，關鍵是「豎子」一詞。有不少人認為「豎子」就是「小子」的意思；《辭源》就是這樣解釋的：對人的鄙稱，猶謂「小子」。所以，有的人（有的書）順理成章地就把劉邦這句話翻譯成了：

「這些小子也能當將領嗎？」

這樣的翻譯，表面看好像很符合「規範」，但顯然不符合劉邦的口吻，因為這樣的語氣太軟綿綿了，十足的書生氣，以劉邦的性格和當時的心境，他不可能這麼文雅地罵人。

固然，「豎子」一詞是對人的蔑稱，幾乎成為古人罵人的通用語，這沒錯。關鍵的是，對人的蔑稱，蔑稱到了什麼程度，這就要依據罵人者當時的語境，加以理解和掌握。具體到劉邦的這句罵人話，按我的理解，似乎就應該這樣翻譯：

「這些犢子也能當將領嗎？」或：「這些飯桶也能當將領嗎？」或：「這些蠢貨也能當將領嗎？」

只有這樣的罵，也只能這樣的罵，趙地的這四個人聽了才會「懾服」，也才符合劉邦豪放不羈，成大事不拘小節的風度。

同樣的，劉邦還有一句罵人話，也很有意思。漢高祖三年，楚漢戰爭相持階段，項羽把劉邦圍住了，劉邦既著急又害怕。他的手下有個叫酈食其的給他出了個主意，叫劉邦分封六國的後代，說這樣會獲得老百姓的擁戴。也許有病亂投醫的緣故吧，劉邦聽後就同意了。

哪想到呢，張良聽後認為不可行，並高屋建瓴地從八個方面闡述了這個主意不可行的道理，其中有一條說道，你封了六國的後代，各方的謀士說客都回去侍奉他們的主子了，誰還追隨您？劉邦聽後，如醉方醒，大罵酈事其：

「豎儒，幾敗而公事！「（見《史記·留侯世家第二十五》）

這句話，有的把「豎儒」也套成「小子」，不確切，道理上面已經說了。按我的理解，劉邦的這句罵人話，其實很粗，說白了簡直就是街頭巷尾老百姓說的粗話，所以，似乎這樣譯（理解）才最傳神：

「這混蛋書生，幾乎把你老子的大事給搞砸了！」或：「這傻逼書生，幾乎把你老子的大事給搞砸了！」

但無論怎麼譯（理解），有一點可以肯定，「豎子」、「豎儒」絕不是「小子」，起碼出自劉邦嘴裡的「豎子」、「豎儒」，不是「小子」的意思。古人說「小子」——含輕微的蔑視，或帶有自謙的語意，都直接用「小子」。在這裡，不妨試舉兩例。

據《舊唐書·白居易傳》載：白居易做左拾遺的時候，經常對朝政的弊端提出意見。有一次，唐憲宗生氣地說到：

「白居易小子，是朕拔擢致名位，而無禮於朕，朕實難奈。」（大意是：白居易這小子，是我把他提拔起來做的官，卻對我不尊重，我真受不了他。）

還有，據《商書·湯誓》載：商國君主湯討伐夏桀，湯的軍民不願戰爭，湯於是就做了一次戰前動員，他這樣說道：

「格爾眾庶，悉聽朕言。非臺小子敢行稱亂！有夏多罪，天命殛之。」（大意是：來吧，你們眾位，都聽我說。不是我小子敢行作亂！因為夏國犯下許多罪行，天帝命我去討伐它。）

這兩處說的「小子」，它的意思，才等同於我們現在的人所說的「你小子怎麼怎麼樣……」的「小子」。顯而易見，劉邦的罵人話，罵的絕不是「小子」，他罵人的語氣，無疑地，要比這個「小子」所表達的味道粗多了，這一點，史上出了名的唐憲宗和商湯的話就是很好的佐證。

十一、皇帝老爸劉邦的人格魅力

歷代的政治家、史學家,都對劉邦的成功原因進行探祕,但角度各有不同,結論自然也有差異。本篇只談劉邦的人格魅力。他縱然是高高在上的皇帝,但也是人,是人就有人格問題。

劉邦的人格魅力大致有以下幾點:

一、善交朋友,人緣很好。

劉邦起義之前,在沛縣結交了許多朋友。他的朋友按職業分有三類:一類是城鄉中的能人,包括殺狗的、編席的、練武的、吹簫的、趕車的,都有一技之長,腦子比較靈活,其中有:樊噲、灌嬰、周勃、夏侯嬰。

他的第二類朋友是政府官員。一個是蕭何,此人在縣令手下任職,主管總務、人事、文祕,很有些實權,消息也靈通。還有一個是曹參,此人在沛縣監獄當差,與三教九流關係密切,也有些實權。

盧綰、王陵是劉邦的第三類朋友,他們是劉邦的同學和鄰居。劉邦結交的這些朋友,被人視為「酒肉朋友」,連他的老爹也訓示說他不務正業。但後來的事實證明,這些朋友都成為劉邦的「左膀右臂」。

二、有自知之明,胸懷坦蕩。

劉邦在洛陽南宮舉行酒宴時,他問部下:我為什麼能得天下?王陵等人回答之後,劉邦說:你只知其一,不知其二。講到運籌策劃於帷帳之中,決定勝利於千里之外,我不如張良;鎮定國家,安撫百姓,供應糧餉,使運輸道路暢通無阻,我不如蕭何;統帥百萬大兵,戰而必勝,攻而必克,我不如韓信。這三位都是人中之傑,而我卻能夠任用他們,這就是我之所以取得天下的緣故。

這段話,是劉邦當了皇帝,在大庭廣眾之下說的,足見劉邦有自知之

明，胸懷坦蕩，能夠客觀地實事求是地評價自己，當然也能表現出他的帥才。

三、從諫如流，知錯就改。

劉邦率軍路過高陽時，看管城門的酈其食請求進見。這時劉邦正坐在床上，又開兩腿，讓兩個女子給他洗腳。酈其食見到劉邦，並不下跪，只作揖說：「你如果下決心要討滅暴虐無道的秦朝，就不該用這種不禮貌的態度接見別人。」劉邦一聽，馬上站起來，提起衣服，向他道歉，還請他坐在上首。酈其食這才給劉邦出了個主意。劉邦又封酈其食為廣野君，任命他弟弟酈商為將軍。

劉邦率軍攻下咸陽的秦宮時，見宮女如雲，宮殿豪華，馬上就暈了，想住下不走了，一時忘了統一大業。後受到樊噲等人的提醒和批評，便撤了出來。

簽訂鴻溝協定後，項羽東撤，劉邦打算西去。張良、陳平勸劉邦乘勢追擊，劉邦採納。劉邦稱帝後，將首都最後定在長安，也是聽了婁敬、張良等人的建議。

劉邦身為「一把手」，能如此虛心聽取部下意見，並馬上認真落實，馬上改正，難得可貴。

四、鄉情濃醇，知恩圖報。

劉邦衣錦還鄉時，設盛宴招待家鄉父老，並對沛縣父老含淚說道：「遠行外地的遊子，總是懷念故鄉的。我雖然定都關中，但百年之後，我的魂魄還是想回故鄉的。我自從被立為沛公以來，討伐暴君逆賊，如今終於取得天下。現在就以沛縣作為我的湯沐邑，世世代代免除沛縣的賦稅徭役吧！」

劉邦在沛縣住了十多天後，決定離開。父老鄉親一再挽留。劉邦說：「我的隨從人員多，總留在這裡你們供不起啊。」他為家鄉人著想，盡量減少負擔。身為封建皇帝和政治家的劉邦，對家鄉表現出的這份感情，是人性的光輝。

五、孝敬父母，講究倫理。

劉邦當皇帝後，把他父親劉煓封為太上皇，接到長安享福。但父親在豐縣住慣了，不習關中水土，要求回去。劉邦便「克隆」豐邑，在長安附近的驪邑，建了一座新豐城。父親提出，要讓街坊鄰居一起來，劉邦也答應了。

劉邦封賞時，因忌恨大嫂，不肯封他的侄子劉信。劉煓便提示劉邦注意，劉邦聽父親的話，也把劉信封了侯，雖然是暗含譏諷的羹頡侯。

有一件事上，劉邦被人罵為「不孝」。那是項羽與劉邦對陣時，項羽以劉邦的父親為人質，要脅劉邦說：「你再不趕快投降，我就要烹太公了！」劉邦說：「我們曾相約為兄弟，我的父親就是你的父親。你要烹煮你的父親，那就分我一杯肉湯吧。」

這事怎麼看呢？應該說，這是劉邦的一種黑色幽默，一段笑中含哭的話。其結果是：讓項羽感到尷尬，沒有殺太公。如果劉邦與項羽對罵，激怒了項羽，太公還有命嗎？從這個角度講，劉邦盡了孝。

劉邦以柔克剛，化險為夷，不也是一種人格魅力嗎？

綜上所述，可見劉邦人格魅力無限，但人無完人，劉邦亦是，他還有許多人格缺陷。當他的人格魅力與人格缺陷複合在一起的時候，才是一個完整真實的劉邦。

十二、皇帝老爸威風八面，皇帝兒子均好男色

中國皇帝寵愛男色不過是他們縱慾生活中更富於刺激性的一部分內容，是他們性生活中的業餘愛好。能充當皇帝同性戀者的男寵主要包括兩類人：

一類是宮內的美貌侍從，包括皇帝的近侍和宦官；一類是宮外的美男子，包括朝臣和京師美少年。

而有些男寵則是皇帝少年的夥伴，是皇帝少年時感情傾慕的伴侶，等到皇帝成年執政，占有當年的夥伴，以圓少年時的玫瑰美夢。

在漢代，有不少的皇帝在享樂女色的同時，對男色也充滿興趣，而且置身其中，親嘗箇中的美味，其樂陶陶，滋味無窮。當然，皇帝好男色，將美貌可人的男人變為感情遊戲的寵物和玩物，不過是滿足自己對於色的慾望，是出於自己對於性的縱樂，絕不是因為真摯的感情。

且看威風八面、雄才大略的皇帝老爸劉邦的兩個兒子竟然卻都是好這一口的主。

劉盈是漢高祖劉邦的嫡長子，母親是心狠手辣的鐵娘子呂雉。劉邦去世後，劉盈 16 歲即皇帝位，為漢惠帝。惠帝劉盈在性格上謙卑仁厚，性情柔弱。

仁孝寬厚的劉盈何以沉迷於聲色？原來有苦不堪言的個中原因，可以說，是他的母親呂雉逼的。呂雉以太后身分臨政，第一件大事便是將劉邦寵愛的戚夫人變成人彘，放在廁所中，讓其要生生不得，要死死不成，被臭氣熏著，沒有人形。

惠帝劉盈剛即大位，在廁所中看到了這番不堪入目的慘狀，難以置信。當他得知這是自己一直很喜愛的父皇的寵妃戚夫人時，不禁悲痛得大哭，從此一病不起，竟至一年有餘。劉盈憤然地說：「這不是人做的事情，

太后卻做了！我身為太后的兒子，還有什麼面目治理天下！」哀莫大於心死，如此慘狀使劉盈看到了人生的醜惡。從此以後，惠帝劉盈不問政務，沉湎於後宮美色之中，終日嗜酒縱慾。這樣的結果是，少年皇帝劉盈在位僅僅七年，便死於長安未央宮，年僅二十三歲。

還有一層痛苦的原因，就是劉盈的皇后張氏。出於鞏固權位的考慮，呂后硬是將劉盈的親外甥女立為皇后。劉盈的心中豈不痛苦萬分？能不從太后到皇后，對女人有一種本能的抗拒？但血肉之軀的惠帝一腔情愫向誰傾泄？這樣，就有了男寵閎孺。

閎孺是劉盈深愛著的男人，是惠帝那顆孤獨的皇帝心的感情寄託。閎孺長得端莊秀雅，柔媚多情，深得惠帝劉盈的喜愛。劉盈將閎孺留在身邊，侍從左右，同起同臥，簡直如同夫妻。劉盈寵愛男寵閎孺，毫不避諱，朝野上下幾乎無人不知。大臣們沒有人進章反對，認為這不過是皇帝的個人愛好，是皇帝的私生活，無關乎軍國大事，都表示默認。而一些人則奔走於閎孺門庭，趨奉巴結，以求取一官半職，或求仕途通達，平步青雲。

閎孺在惠帝劉盈的生活中的確非同一般，閎孺的進言也確實是舉足輕重。在對待呂后的情人辟陽侯這件事上，可以見出惠帝劉盈對男寵閎孺非同一般的恩寵。辟陽侯儒雅清秀，風儀出眾，呂后看上了他，便把他收容在石榴裙下，隨時召幸縱慾。惠帝一天天大了，有人將這一醜行告訴了惠帝。惠帝怎麼能容忍？自己君臨天下的母親，竟然跟大臣私通？

惠帝劉盈對母后當然毫無辦法，他總不能將這難以啟齒的穢行當面興師問罪。惠帝便將一腔怒火轉向與母后私通的辟陽侯，對他恨之入骨。雷霆震怒的惠帝便決意要殺死辟陽侯。辟陽侯得訊，十分惶恐，哭訴於呂后。呂后再怎樣果斷，在這件事上自覺理虧，愧對自己的兒子，又有何面

目向兒子求情？寬宥和自己通姦的情人？

漢惠帝安陵，位於陝西省咸陽市東北約 17.5 公里的韓家灣鄉白廟村南，西鄰漢哀帝義陵，東距漢高祖長陵 3,300 公尺。辟陽侯覺得呂后為難，更知道事態的嚴重。求生心切的辟陽侯倒也臨危不懼，能冷靜地面對困境。經過細細考慮，辟陽侯想到了惠帝的男寵閎孺。可辟陽侯和閎孺不熟，怎麼辦？辟陽侯就求助於交誼甚厚的平原君，由平原君引薦其好友閎孺。閎孺出面，替辟陽侯求情，惠帝劉盈竟真的給閎孺面子，寬宥了辟陽侯。

惠帝劉盈對於閎孺的寵愛是無以復加的。宮裡有什麼好吃的美味，劉盈總要賜賞閎孺，或給他留一份。惠帝風華年少，正是多情的年齡，皇后令他敬而遠之，女子令他卻步，他只有將自己的情懷傾泄給男寵。惠帝不只施情於閎孺，而是對所有的近侍都極為寬愛。因此，惠帝的近侍以至內臣都知道惠帝仁厚，喜愛男色，便爭相美飾自己，打扮得風儀過人，有的在冠帽上裝飾美麗繽紛的羽毛，有的用漂亮的海貝裝飾衣帶，而更多的則在小臉上下功夫，塗脂抹粉，顧盼生情。

而皇帝老爸劉邦的另一個皇帝兒子也是如此。文帝劉恆是漢高祖劉邦的第五個兒子，即位時年方二十二歲，正是風華正茂、多情好色的年紀。文帝喜好美色，女色當然是多多益善，在男色的喜好上文帝比起漢惠帝劉盈毫不遜色。文帝最鍾情的男寵主要有三個：士人鄧通、宦官趙同、北宮伯子。

趙同本名趙談，長身玉立，風儀秀偉。做了宦官以後，趙同白面無鬚，皮膚細嫩，越發的楚楚動人。趙同長於星象，善觀天機，能從星象雲氣中預測吉凶，使他俊美的容顏更添幾分仙氣。相信命運天數的文帝劉恆自然離不了趙同，隨時召幸，共食共寐。北宮伯子也是亭亭玉立，如同仙

女的人物。文帝劉恆十分喜愛北宮伯子，常令北宮伯子和趙同侍駕左右，同車出遊。

文帝最寵幸的三個男人中，最喜歡的要算士人鄧通，這有一段特殊而迷人的因由。鄧通是蜀地人，當時屬於蜀郡南安人氏。鄧通長得清秀，但出身貧寒，沒能讀書走上仕途。鄧通長大以後，只以搖船度日，做了一個擺渡的黃頭郎。

何謂黃頭郎？是說土能克水，土質是黃色的，取安寧的意思，搖船的人都頭戴黃帽，時人稱為黃頭郎。鄧通一無所長，唯有過人之處的便是美色。可鄧通再美，也不過是個搖船的黃頭郎，如何能讓天子看見？天子即便要擺渡，也不會用他這個沒有名分的黃頭郎！天子見不到，美色自然無人賞識，又如何會和天子有什麼瓜葛？

奇怪的是，鄧通卻被皇帝漢文帝看上了，而且一步登天。文帝如何就看上了鄧通？是由人引見嗎？不是。也許是天意，是因為文帝做了一個夢，夢中文帝老想上天，可怎麼努力也上不去，這時，來了一個文靜秀氣的黃頭郎，輕輕地，將文帝推上了天。文帝十分高興，舉目細看，只見黃頭郎衣著樸素，衣帶從身後穿過，面如滿月，美色如玉。文帝怦然心動。文帝為黃頭郎的美色所震動，戀戀不捨，不覺夢醒。文帝醒來以後，趕忙起床，直奔漸臺，去尋找自己夢中的那位推自己上天的美貌少年黃頭郎。文帝走近漸臺，一見到鄧通，便整個人都呆了：這不是夢中的那個黃頭郎嗎！衣著、面容、髮式完全相同，再看衣帶，果真也是從身後穿過！

文帝相信天意，認為這是上天賜福，賜這麼一個美貌少年，輔助他，治理天下，侍奉他上天。文帝問他，叫什麼名字，回答說，叫鄧通。文帝更是大喜：鄧不就是登嗎？幫助登天的不是他還會是誰！文帝高興得無以復加，便將鄧通留在身邊，隨侍左右，朝夕同食同寢。

鄧通沒什麼長處，但人很清秀，又極聰明，侍候文帝生活起居可謂無微不至。文帝有點離不了鄧通，怎麼辦呢？文帝有的是錢，也有的是官職，文帝為了表達自己對鄧通的愛慕，破例賜鄧通錢數十萬，還授給上大夫的高官。鄧通真是做夢也想不到，夢中他助文帝上天，而真實的生活中文帝讓他富甲王侯，一步登天。

鄧通因夢而得寵、因美色而固寵，朝野官員自然奔走其行，奉承趨附。鄧通小人得志，自然十分得意。文帝看鄧通是越看越喜歡，越看也越中意。有一天，文帝派心腹召來一位道法高深的相士，特地給鄧通看相。文帝想，像鄧通這樣的面相，當然是屬貴人之相，能得皇帝的寵愛就是實例。鄧通確實合乎相法上的貴人之相。相士心中驚異，難怪這個黃頭郎有如此的造化，平步青雲。但相士畢竟造詣很深，他從鄧通的面相中看出了鄧通淒慘的末日。相士只淡淡地告訴文帝，鄧通日後會飢餓而死。

文帝不敢相信，堂堂天子喜愛的人日後會飢餓而死？文帝像是跟自己賭氣，便一不做，二不休，特地下旨，賜鄧通蜀郡嚴道銅山，允許他自己鑄錢。這無異於將天下的財富賜給了鄧通，鄧通富甲天下，甚至於不遜於天子，他最終還會飢餓而死？文帝不信這一說。鄧通擁有了鑄錢的特權，自然召集人馬，大規模鑄錢。鄧氏錢自此流行天下。

與鄧通富甲天下形成鮮明對照的是文帝劉恆非同尋常的儉樸，由此更可以看出文帝對於鄧通不同一般的寵愛。文帝在中國歷史上是以勤儉節約而著稱於世的。文帝親耕籍田，以供粢祭；文帝讓皇后親事蠶桑，以此奉制祭祀。文帝對寵愛的慎夫人也從無饋贈，並要求她不許奢侈，衣著日用定當樸素，連帷帳等女子喜好之物也統統不加文繡。文帝對於鄧通的寵愛看來有些變態，同性戀何至於勝過異性？更何至於勝過愛惜自己？

天下人對文帝讓鄧通鑄錢豪富而自己連墳墓都只用瓦器感到百思不

解。其實，這對於富有天下的天子來說，只要打開他的感情世界，就不難發現其中的奧祕，這也實在是不算什麼。文帝和鄧通的相愛相戀是異乎尋常的。文帝愛鄧通的美色、聰明、善解人意；鄧通痴情、忠誠、盡心盡力回報文帝，兩人簡直是以心相許。

有一次，文帝病了，病勢凶猛，病情很重，而且身上長了氣味難聞的瘡皰，瘡裡流出了膿。鄧通侍候文帝，鼻子也不皺一下，更不用說嫌病體的氣味。等瘡熟了，流出了膿，鄧通不聲不響地伏下身子，一口一口地吮淨了膿血，然後讓御醫換上藥，瘡口自然很快就痊癒。文帝感動不已。文帝便問鄧通：「這普天之下，誰最愛我？」聰明的鄧通想想後回答：「最愛陛下的當然是太子。」文帝點頭。太子探視文帝。文帝指著自己身上的一處瘡對太子說：「這兒有膿，你把它吸乾淨。」太子看著那令人噁心的膿瘡，險些吐了出來，哪能再俯下身去吮吸？太子站在那裡，面現難色，不願意吸膿。

這件事後，太子心中憂懼，不明白父皇用意何在。太子派心腹打探，從皇帝的近侍那裡得知，近侍鄧通天天替皇帝吸膿，並還有那一番「天下誰最愛我」的對話。太子自然覺得慚愧，但從此以後，心裡就恨上了鄧通，恨不能將獻媚父皇的鄧通千刀萬剮。西元前 157 年六月，文帝在長安未央宮去世，終年四十六歲。

文帝的兒子劉啟太子即皇帝位，為漢景帝。景帝即位以後，著手鞏固政權，接著便收拾自己痛恨的父皇的近侍鄧通。鄧通先被遣送回鄉，廢為庶民。接著，派人告發鄧通私鑄錢幣。鄧通被抄家。最後，文帝心愛的鄧通竟真的飢餓而死。

第二皇位帝老爸
漢高祖 —— 劉邦

十三、劉邦是個好爸爸，呂后絕不是個好媽媽

呂雉，呂文之女，漢高祖劉邦之皇后，史稱呂后。

楚漢戰爭時，呂后與劉邦之父曾為項羽所擒，直到項羽與劉邦講和時才被釋放。西元前 202 年，劉邦稱帝，立呂雉為皇后。呂雉很有謀慮，但性情非常殘酷。她在未央宮害死了韓信，又使人誣告彭越謀反，滅其宗族。

劉邦十分寵愛戚夫人，並打算立戚夫人生的趙王如意為太子。劉邦死後，呂后在諸大臣的幫助下立自己生的劉盈為太子，就是漢惠帝。但呂后仍不放心，將其戚夫人砍去四肢，挖去雙眼，熏聾雙耳，藥啞嗓子後扔入廁內，叫作「人彘」。有派人毒殺了如意。

呂后將自己的外孫女張嫣嫁給兒子為後，結成了一對怪異的夫妻。西元前 188 年，漢惠帝憂鬱而終。呂后先後立了兩個少帝：先是少帝劉恭，冒稱是劉盈之子，四年後，眼看祕密洩露，將其殺害。又立常山王劉義，自己臨朝稱制，排斥老臣，任用親信，分封呂姓諸王，違背了劉邦與眾大臣公立的「非劉氏不王」的約定，開始了八年的專制統治。

西元前 188 年，呂后病逝於未央宮，終年六十二歲。她死後，呂姓諸王謀反，被周勃、陳平剿滅，殺其宗室三千餘人，消滅了呂氏之禍。

呂后在歷史上算是個出了名的人，至今仍有許多人一提到呂后的狠毒和權變就心悸。然而早年的呂后並不如此，還稱得上賢慧的女人，她為了劉邦歷盡艱辛，九死一生。

她嫁給劉邦的時候，劉邦只是沛縣的一個泗水亭長，亭長也就相當今天的派出所長。呂后的父親過生日，呂后的父親是沛縣縣令的好朋友，劉邦拍馬屁，當然要去祝壽，劉邦沒有什麼錢，但他臉皮厚，膽子大，居然虛報一筆禮品就堂而皇之入席。這事是少見的，呂后父親知道後，本是帶

些怒氣出來瞧瞧，一見卻大吃一驚，因為呂后的父親精於相人之術，劉邦隆準龍顏，有天日之表，他一眼就看出來了，當機立斷，不顧妻子的反對，把愛女嫁給了芝麻綠豆般的小官劉邦。

這也是皇帝老爸劉邦最為值得開心的事：吃了一頓酒席撿了一個老婆。

劉邦將呂后娶過來之後，時常為了公務以及與朋友們周旋，三天兩頭不見人影，織布耕田，燒飯洗衣，孝順父母及養育兒女的責任，都一股腦地落在呂后一人身上。

早年的劉邦可說有些無賴，常戴一頂自製的竹帽到處閒逛，騙吃騙喝，一次押解囚犯，因自己酒醉而使囚犯逃跑，自己也只好亡命芒蕩山下的沼澤地區。賢慧的呂后除獨立支撐家庭外，還不時長途跋涉，為丈夫饋送衣物及食品。據說劉邦匿居的地方，時常有一片雲氣籠罩，呂后追蹤而至，便一定能夠找到劉邦。

秦末天下大亂，劉邦率眾進入沛縣被擁立為沛公，呂后當時也水漲船高，被尊稱為呂夫人，等到劉邦攻入咸陽，被西楚霸王項羽立為漢王，呂后又晉級成了王妃。

但呂后並沒有因此過上舒適的日子，在接下來劉邦和項羽打得天昏地暗的楚漢戰爭中，呂后成了項羽的俘虜，甚至在項羽把呂后押到兩軍陣前，以烹殺呂后威脅劉邦時，劉邦居然笑嘻嘻地說，你愛殺就殺，悉聽尊便。我想當時的呂后一定是心寒如冰，透骨冰涼。在四年的楚漢戰爭中，呂后一直被囚在楚軍之中作人質，受盡了折磨和凌辱，掙扎在生死邊緣，使其心理和精神受到了嚴重打擊，也造成了以後多疑與缺乏安全感的後遺症，變成心地狹隘，緊張恐怖，陰狠毒辣，以及凡事先下手為強的性情和辦事手法。

及至楚、漢罷兵言和，以鴻溝為界平分天下，項羽才將呂后歸還劉邦，對呂后來講，真是恍如隔世。

後來劉邦毀約，重挑釁端，最終在垓下之戰中打敗項羽，統一宇內，劉邦當上皇帝，呂后就順理成章地當上了皇后。

漢高祖劉邦長年在外征戰，隨軍帳幕中自然不乏紅粉佳人，這也是他與項羽的一點不同之處，項羽是只鍾情於虞姬。在這些紅粉佳人中，共有薄姬，戚姬，曹姬等多人。一個人既然貴為天子，富有四海，多幾個女人侍候，似乎也是理所當然的事，呂后也明白這個道理。那麼是什麼使呂后變成一個陰險狠毒的人呢？除了前面提到的戰俘生活外，主要還是權勢害人，在最高權力中心 —— 皇宮，權力之爭常常是你死我活的，你即使不想做，形勢也逼迫你做，更何況呂后本身就是一個權力欲十分強烈的女人。

一切都好說，但一旦發生實質的利害衝突，甚至影響到未來的安全問題時，呂后便感到如坐針氈，日夜不安。

最大的問題出在戚姬身上，戚姬身材修長，氣質高華，在定陶與劉邦相遇，自此兩人情投意合，成了一對誓同生死的烽火鴛鴦。戚姬的兒子叫如意，言談舉止都有劉邦的風範，劉邦對他十分鍾愛，加上戚姬的枕邊進言，呂后兒子劉盈的怯懦不討劉邦喜歡，劉邦大有廢掉劉盈的太子頭銜，另立劉如意來繼承自己衣缽的可能。這件事的態勢在不斷發展，呂后整天膽顫心驚，眼看戚姬先是奪走丈夫的愛，如今又要攫取太子的位置，一個是情仇，一個是政敵，她必須反擊，但也必須小心翼翼。

漢代定鼎以來，千方百計想要羅致德高望重的「商山四皓」，來為治理國家出謀劃策，但「商山四皓」聽說劉邦不太重視儒生，言語之間又喜歡不乾不淨地罵人，所以始終不肯答應。

所謂「商山四皓」就是商山之中的四位隱士，名叫東園公，綺里季，夏黃公，甪里。這四位飽學之士先後為避秦亂而結茅山林。商山在今陝西商縣東南，林壑幽美，雲蒸霞蔚，地勢險峻，是一個隱居的好地方。

　　為了鞏固兒子的太子地位，呂后求計於張良。經過張良的穿針引線，劉邦都沒有請動的「商山四皓」被太子劉盈和呂后的誠心感動，答應出山，作太子的賓客。經過這四位長者的教導及潛移默化，劉盈的修養和見識大有長進。

　　一天，宮中大排筵席，四位鬚髮皆白的長者，肅立在太子劉盈身後，等到漢高祖得知他們就是「商山四皓」時，便知道太子已不可廢。他知道連自己都請不動的「商山四皓」都已成為太子的賓客，看來太子羽翼已成，當劉邦回到後宮把這一消息告訴戚姬時，戚姬立即淚流滿面，戚姬為排遣心中的悲痛和不安，悲歌一曲，希望能在今後的生活中得到保證，劉邦無言以對，也只能用一曲悲歌訴說無奈。

　　這次呂后在張良的幫助下，取得意外的勝利，連雄才大略的劉邦也一籌莫展。

　　鞏固了太子的地位，呂后接著就是要樹立自己的威望，呂后在樹立威望中做得最出名的一件事就是殺了韓信，把自己的威望建立在韓信的人頭上，使群臣懾服。

　　漢初三傑，運籌帷幄之中，決勝千里之外的張良，在漢朝建立後就過上半隱居生活，已不構成威脅；撫百姓，致稼稻使國富民強的蕭何不是那種爭天下的人，而且在政權建立後是急需的發展生產的人才。只有領兵多多益善，攻城奪隘，出奇制勝的韓信，始終是劉邦放心不下的，更何況韓信當年在楚漢之爭中，在劉邦最危急的時刻，要脅過劉邦封王。

　　漢高祖劉邦登上皇帝寶座之後，一班與他一同打天下的功臣，仍然舉

止粗豪，不顧禮法，甚至醉後拔劍起舞，砍去殿柱，鬧得不成體統，直到經過叔孫通訂定朝儀，朝廷之上才算有了規矩，據說漢高祖劉邦當時由衷地說道：今天才知道當皇帝的滋味。但一班自恃功高蓋世的將帥仍有不臣之心，漢高祖厲行打擊，首當其衝的便是令劉邦深感不安的韓信，他首先把韓信由齊王改封為楚王，又由楚王貶為淮陰侯，又用陳平的計謀捉住韓信，廢為平民，但漢高祖劉邦一直沒有殺韓信，因為高祖曾與韓信有約：見天不殺，見地不殺，見鐵器不殺。

呂后就偏偏把劉邦都不殺的韓信，用布兜起來，用竹簽刺死，殺他不見天，不見地，不見鐵器。司馬遷寫《史記》，記載漢高祖聽到韓信被呂后殺後的心情是：「且喜且哀之」，這話道出了多少背後的故事，自己不忍殺戮功臣，而自己的妻子卻剛毅果敢地了結自己心中的疙瘩，自然不免思潮起伏，感慨萬千。

呂后這招確實收到了殺雞儆猴的作用，朝中大臣看到她連韓信這樣的人都敢殺，不免都對她畏懼幾分。

淮南王黥布反叛的消息傳到長安時，漢高祖正在病中，原本是要派遣太子劉盈率兵討代，卻硬是被呂后一把鼻涕，一把眼淚地逼上了戰場，說什麼「黥布是天下猛將，很不容易對付，太子去豈不是羊入虎口！而諸將又多是太子的叔伯輩，只怕難以心甘情願地俯首聽命。」說來說去還是心痛親生兒子，不顧丈夫的死活。

劉邦扶病出征，雖然很快就平定了叛亂，但也不幸身中流矢，傷口潰爛，拖了三個月而駕崩，只活了六十三歲，據載劉邦重病時，呂后曾試探過政權的繼承問題，問病中的劉邦，蕭何之後誰為宰相，劉邦告訴她用曹參，她又問曹參之後又誰為宰相，劉邦告訴她，用周勃、陳平，呂后還要問時，劉邦不耐煩地說。那已不關你什麼事了。劉邦死前特地殺白馬為

盟，遍告天下，非劉氏不能封王。看來劉邦對呂后也有所防備，不知是不是巧合，就在陳平、周勃為相時，合力結束了呂后的統治，看來雄才大略的人就是與眾不同。

太子劉盈即位，還只十七歲，天性仁慈柔弱，一切權柄都操在皇后媽媽呂后手中，呂后恨透了戚姬與趙王如意，於是一幕驚心動魄的大血案迅速在宮中展開，首先幽禁了戚姬，再遣使把趙王如意從邯鄲召進京內，縱然劉盈極力祖護這個異母弟弟，結果仍是被呂后毒殺。對於眼中釘，肉中刺的戚姬，呂后砍掉她的手足，挖眼燒耳，灌上啞藥，丟進廁所裡，讓她輾轉哀號，稱為「人彘」，慘不忍睹。呂后還特地要她的兒子皇帝去看，劉盈得知「人彘」就是戚姬時，大驚失色，淚流滿面，喃喃說道：「太殘忍啦！那裡是人做的事，太后如此，我還憑什麼治理天下！」他受不住驚嚇，從此大病經年，天天借酒澆愁，不理朝政。

呂后一方面用血淋淋的手段對付劉氏子孫，一方面使呂氏昆仲位居要津，還用笑盈盈的方法拉攏皇親國戚，夢想一步一步篡奪劉家天下。

呂后的親生兒子劉盈尸位素餐，病病歪歪地當了七年傀儡皇帝便死去了，後宮美人所生的兒子劉恭繼位為少帝，因童稚口無遮攔，觸犯了呂后的忌諱，四年後被幽殺，另立劉弘為帝。又過了四年，呂后病篤，仍然不肯放棄權柄。但這時劉家子孫和一班元老重臣已容不得她放肆，朱虛侯劉璋和周勃、陳平等先發致人，發動兵變，這是呂后不曾料到的結果，她的兄弟，侄子呂祿、呂產等人手握重兵，都不堪一擊，呂后在驚嚇中死去。

呂后是個剛毅陰狠，不甘雌伏的角色，高祖死後，她獨立掌政十五年，是個厲害角色，雖然滿手血腥，但是她也有一些為人稱道的政績，先是輔助高祖劃謀定策，爭奪天下，後來又減輕百姓負擔，導正社會風氣，廢除許多繁苛的法令，尤以廢除「三族罪」和「妖言令」為百姓所稱道。

《史記》和《漢書》都稱讚她:「高后女主,制政不出閨閣,而天下晏然,刑法罕用,罪人是希,民務稼穡,衣食滋殖。」

呂后最大的缺點是嫉妒心太重,私心太重,手段過於殘酷,竟然想以呂氏來代替劉氏千辛萬苦得來的江山,終至敗亡,呂后死後,薄姬的兒子代王劉恆被迎立為帝,即歷史上有名的漢文帝,從此歷史上有了「文景之治」的盛世。

十四、皇帝老爸劉邦的八個兒子們

漢高祖皇帝劉邦原配夫人為皇后呂雉,此外還有夫人戚氏、薄氏等眾多的妃嬪。劉邦與她們共生育了8個兒子:庶長子劉肥(封齊王)、二子劉盈(即孝惠帝)、三子劉如意(封趙王)、四子劉恆(即文帝)、五子劉恢(封梁王)、六子劉友(封淮陽王)、七子劉長(封淮南王)、八子劉建(封燕王)。

其中劉盈是其次子,生於秦始皇帝三十六年(西元前211),屬虎,其母呂雉是劉邦的原配夫人。高祖十二年(西元前195)四月,劉邦病死,五月,17歲的劉盈即位,是為惠帝。「惠」有「仁慈、柔順」的意思,這個諡號可謂概括了劉盈的一生。從惠帝開始,漢朝皇帝的諡號都加一個「孝」字,如「孝文帝」、「孝武帝」,這是因為漢朝統治者推崇孝道,「以孝治天下」的原故。

不過漢惠帝只做了7年有名無實的皇帝,在24歲的時候就過早地死去。惠帝死後,呂后又執政八年。這前後15年,是漢王朝從建國到文景之治的過渡時期、奠基時期,在歷史上占有重要地位。

齊悼惠王劉肥,是漢高祖劉邦最大的庶子。他的母親是高祖從前的情婦,姓曹氏。高祖六年(西元前201),劉邦立劉肥為齊王,封地七十座

城，百姓凡是說齊語的都歸屬齊王。

齊王是孝惠帝的哥哥。孝惠帝二年（西元前 193），劉肥入京朝見皇帝。惠帝與齊王飲宴，二人行平等禮節如同家人兄弟的禮節一樣。呂太后為此發怒，將要誅殺齊王。齊王害怕不能免禍，就用他的內史勳的計策，把城陽郡獻出，做為魯元公主的封地。呂太后很高興，齊王才得以辭朝歸國。

悼惠王即位十三年，在惠帝六年去世。他的兒子劉襄即位，這就是哀王。哀王元年（西元前 188），孝惠帝去世，呂太后行使皇權，天下事都由呂后決斷。二年，呂后把她哥哥的兒子酈侯呂台封為呂王，分出齊國的濟南郡做為呂王的封地。

哀王三年，他的弟弟劉章進入漢宮值宿護衛，呂太后封他為朱虛侯，把呂祿的女兒嫁給他為妻。四年之後，封劉章的弟弟興居為東牟侯，都在長安宮中值宿護衛。

哀王八年，呂后分割齊國的琅邪郡把營陵侯劉澤封為琅邪王。

第二年，趙王劉友入朝，在他的府邸被幽禁而死。三個趙王都被廢黜。呂后封呂氏子為燕王、趙王、梁王，獨攬大權，專斷朝政。

朱虛侯二十歲時，很有氣力，因劉氏得不到職位而忿忿不平。他曾侍奉呂后宴，呂后令朱虛侯劉章當酒史。劉章親自請求說：「臣是武將的後代，請允許我按軍法行酒令。」呂后說：「可以。」到酒興正濃的時候，劉章獻上助興的歌舞。然後又說：「請讓我為太后唱耕田歌。」呂后把他當作孩子看待，笑著說：「想來你的父親知道種田的事，如果你生下來就是王子，怎麼知道種田的事呢？」劉章說：「臣知道。」太后說：「試著給我說說種田的事。」劉章說：「深耕密種，留苗稀疏，不是同類，堅決鏟鋤。」呂后聽了默默不語。過了一會兒，呂氏族人中有一人喝醉了，逃離

了酒席，劉章追過去，拔劍把他斬殺了，然後回來稟報說：「有一個人逃離酒席，臣謹按軍法把他斬了。」太后和左右都大為吃驚，既然已經准許他按軍法行事，也就無法治他的罪。飲宴也因而結束。從此以後，呂氏家族的人都懼怕朱虛侯，即使是大臣也都依從朱虛侯。劉氏的聲勢又漸漸強盛起來。

第二年，呂后去世。趙王呂祿任上將軍，呂王呂產任相國，都住在長安城裡，聚集軍隊威脅大臣，想發動叛亂。朱虛侯劉章由於妻子是呂祿的女兒，所以知道了他們的陰謀，於是派人偷出長安報告他的哥哥齊王，想讓他發兵西征，朱虛侯、東牟侯做內應，以便誅殺呂氏族人，趁機立齊王為皇帝。

齊王聽到這個計策之後，就和他的舅父駟鈞、郎中令祝午、中尉魏勃暗中謀劃出兵。齊國相召平聽到了這件事，就發兵護衛王宮。魏勃騙召平說：「大王想發兵，可是並沒有朝廷的虎符驗證。相君您圍住了王宮，這本來就是好事。我請求替您領兵護衛齊王。」召平相信了他的話，就讓魏勃領兵圍住王宮。魏勃領兵以後，竟派兵包圍了相府。召平說：「唉！道家的話『當斷不斷，反受其亂』，正是如此呀。」終於自殺而死。

當時齊王讓駟君做國相，魏勃任將軍，祝午任內史，把國中的兵力全部發出。派祝午到東邊去詐騙琅邪王說：「呂氏族人叛亂，齊王發兵想西進誅殺他們。齊王把自己當作小孩子，年紀也小，不熟悉征戰之事，願把整個封國託付給大王。大王從高帝那時起就是將軍，熟悉戰事。齊王不敢離開軍隊，就派臣請大王到臨淄去會見齊王商議大事，一起領兵西進平定關中之亂。」琅邪王相信了，認為不錯，就飛馳去見齊王。齊王與魏勃等趁機扣留了琅邪王。派祝午把琅邪國的軍隊全部發出並且統領這些軍隊。

琅邪王劉澤被騙之後，不能返回封國，於是就哄勸齊王說：「齊悼惠

王是高皇帝的長子，推求本源來說，大王正是高皇帝的嫡長孫，繼承皇位。如今大臣們還在猶不定，而我在劉氏中是最年長的，大臣來是等待我去決定大計的。如今大王把我扣留在這裡，我也就不能有什麼作為了，不如讓我入關計議大事。」齊王認為很對，就準備了許多車送琅邪王入朝。

琅邪王走了以後，齊王就起兵向西進攻呂國的濟南。這時劉哀王給諸侯王發出書信說：「高祖平定天下之後，封子弟們為王，悼惠王封在齊國。」

十五、皇帝老爸劉邦的〈手敕太子〉以及漢代的家庭教育

劉邦基本上是個大老粗兒，而《古文苑》收錄他的〈手敕太子〉卻寫得相當漂亮，這是臨終前囑咐太子劉盈的遺言。他檢討自己文化水準低，並提醒兒子多下功夫學習：「堯舜不以天下與子而與他人，此非為不惜天下，但子不中立耳。人有好牛馬尚惜，況天下耶？」「吾生不學書，但讀書問字而遂知耳。以此故不大工，然亦足自辭解。今視汝書，猶不如吾。汝可勤學習，每上疏宜自書，勿使人也。」

把此文翻譯過來是這樣說的：

我（劉邦）遭逢動亂不安的時代，正趕上秦皇焚書坑儒，禁止求學，我很高興，認為讀書沒有什麼用處。直到登基，我才明白了讀書的重要，於是讓別人講解，了解作者的意思。回想以前的所作所為，實在有很多不對的地方。

古代堯舜不把天下傳給自己的兒子，卻讓給別人，並不是不珍視天下，而是因為他們的兒子不足以擔當大任。人們有品種良好的牛馬，還都很珍惜，況且是天下呢？你是我的嫡傳長子，我早就有意確立你為我的繼

129

承人。大臣們都稱讚你的朋友商山四皓，我曾經想邀請他們沒有成功，今天卻為了你而來，由此看來你可以承擔重任。現在我決定你為我的繼承人。

我平生沒有學書，不過在讀書問字時知道一些而已。因此文詞寫得不大工整，但還算能夠表達自己的意思。現在看你作的書，還不如我。你應當勤奮地學習，每次獻上的奏議應該自己寫，不要讓別人代筆。

你見到蕭何、曹參、張良、陳平，還有和我同輩的公侯，歲數比你大一倍的長者，都要依禮下拜。也要把這些話告訴你的弟弟們。

我現在重病纏身，使我擔心牽掛的是如意母子，其他的兒子都可以自立了，憐憫這個孩子太小了。

以上就是這位皇帝老爸給兒子的遺言〈手敕太子〉，其中可以看出皇帝老爸劉邦的用心不可謂不良苦，期望不可謂不殷切啊！

我們再來略微了解一下當時整個漢朝的有關家庭教育的知識。

漢繼秦興，兩漢興盛時間延綿達 400 餘年，有大量家訓問世。僅列名家名作就有：劉邦〈手敕太子〉、孔藏的〈誡子書〉、司馬談的〈遺訓〉、劉向的〈誡子歆〉、〈胎教〉、張奐的〈戒兄子書〉、鄭玄的〈戒子益恩書〉、蔡邕的〈女訓〉等等。這些名家名作博涉人生世事的方方面面，極大地豐富了中國古代家訓的內容。

論治學，以劉邦〈手敕太子〉、司馬談的〈遺訓〉最為著名。漢高祖劉邦是一位足智多謀的封建帝王，〈手敕太子〉是他臨終前對兒子劉盈說的最貼心的體己話。據《史記》記載，劉邦生逢亂世，早年不好讀書，不學無術，尤其不喜歡儒學，卑劣頑皮，曾經拿博通經史的儒者之冠撒尿。秦始皇「焚書坑儒」、大禁私學倒正中其下懷，他「沾沾自喜，謂讀書無益」，但長達五年的楚漢戰爭和勝利後鞏固政權的重任迫使他不得不改變輕儒賤學的陋習，尤其是陸賈「馬上得天下不能馬上治之」的忠告，更使

他意識到修學設教的重要，他不僅請人講書論道，而且認真閱讀陸賈所進的《新語》。

在〈手敕太子〉中，劉邦認真反思自己淺薄無知的過去，用自己的切身體驗告誡兒子劉盈一定要勤奮學習，擔當起治國安邦的重任。正是由於開國皇帝劉邦的良好家教，才為「路不拾遺，夜不閉戶」的文景之治的出現打下了基礎，才為雄才大略的漢武帝實施「獨尊儒術」的文教政策找到依據，以致於出現了「興太學，置名師，以養天下之士」這樣蔚為壯觀的文化教育大發展的局面。

可以說，劉邦的〈手敕太子〉是用一種最坦誠、最親切的方式實現了教子讀書的熱望。最令我們欽佩的是，一代開國之君在兒子面前毫不掩飾自己不光彩的過去，毫不粉飾自己的淺陋和無知，反映出劉邦所具有的超人的膽識與博大的襟懷。

司馬談是西漢史學家、思想家，他的臨終〈遺訓〉在教子治學上取得的成就是一座不朽的歷史豐碑。司馬談是司馬遷之父，他在臨終之時，灑淚囑子，告誡兒子司馬遷一定要完成續寫《史記》的歷史重任。後來司馬遷在〈報任少卿書〉中，詳盡地敘述了自己蒙冤受屈慘遭酷刑的經過，同時也衷心傾吐忍辱苟活、著述《史記》的內在動力。

正是由於父親家訓的無情鞭策和巨大激勵，正是父輩對歷史、對現實、對未來高度負責的敬業精神的感召，才使司馬遷雖蒙受世間最大的恥辱與不幸，卻能置個人榮辱、生死於度外，出色地完成了續寫《史記》的宏圖偉業，為中華民族、也為全人類留下了一份最珍貴的精神財富。

論處世之道，以疏廣的〈告兒子言〉和樊宏的〈戒子言〉為代表。

論為人之道，以馬援的〈誡兄子嚴、敦書〉和張奐的〈戒兄子書〉為代表。

論胎教，則以劉向的《胎教》最為著名。劉向在《列女傳·周室三母》裡，以托古改制的方式闡述了胎教的意義和方法，他說：古者婦人妊子，寢不側，坐不邊，立不蹕，不食邪味，割不正不食，席不正不坐，目不視於邪色，耳不聽於淫聲，夜則吟瞽誦詩。正事如此，則生子形容端正，才德過人矣。

劉向提倡胎教，主張婦女懷孕時不僅要注意睡姿、坐姿、站姿，避免邪味、邪色、淫聲的不良影響，而且每天晚上都要聽音樂、朗誦歌詩，進行智育和美育教育，他認為只有這樣才能生出「形容端正，才德過人」的孩子，這是有一定道理的。

從總體上看，秦漢之際的家訓，尤其是兩漢時期的家訓在數量上大大超過了前代，其內容也較為豐富，但其形式依然率由舊章，沒有大的突破。

第三位皇帝老爸

漢武帝 —— 劉徹

第三位皇帝老爸
漢武帝 —— 劉徹

一個「用劍猶如用情，用情猶如用兵」的偉大皇帝，一個說「何世無才，患主人不能識耳，苟能識之，何患無才」的皇帝老爸。

中國歷史上偉大的政治家、戰略家、詩人。漢武帝 4 歲被冊立為膠東王，7 歲時被冊立為太子，16 歲登基，在位五十四年（西元前 141 年 —— 西元前 87 年），建立了西漢王朝最輝煌的功業之一。曾用年號：建元、元朔、元光、元封、元狩、元鼎、征和、後元、太始。諡號「孝武」，後葬於茂陵。《諡法》說「威強睿德曰武」，就是說威嚴，堅強，明智，仁德叫武。他的雄才大略、文治武功使漢朝成為當時世界上最強大的國家，他也因此成為了中國歷史上偉大的皇帝。

漢武帝創造了六個「第一」；第一：第一個用儒家學說統一思想的皇帝。第二：第一個創立太學培養人才的皇帝。第三：第一個大力拓展中國疆土的皇帝。第四：第一個開通西域的皇帝。第五：第一個用皇帝年號來紀元的皇帝。第六：第一個用罪己詔形式進行自我批評的皇帝。

皇帝老爸漢武帝劉徹的個人檔案

姓名：劉徹

曾用名：劉彘

出生：西元前 156 年七月初七生於猗蘭殿

生卒：西元前 156 年～西元前 87 年

血型：未知

身高：漢武帝身高體胖，估計約 180 公分左右

生肖：雞

星座：獅子座

性格：較活潑、較天真、重感情

愛好：除了喜歡窮兵黷武以外，還喜歡遊歷，喜歡音樂，喜歡文學，喜歡神仙

卒年：武帝後元二年（西元前 87 年）二月

享年：70 歲

諡號：孝武皇帝

廟號：世宗

陵寢：茂陵

父親：劉啟

母親：王娡，後封為皇后

初婚：16 歲

配偶：8 人

皇后：2 人（陳阿嬌、衛子夫）

子女：6 子，5 女

繼位人：劉弗陵（漢昭帝）

最得意的事：漠北之戰大捷

最尷尬的事：一次，他在終南山打獵，到處追逐飛禽走獸，結果踐踏了大片農田。看到自己辛苦種植的禾苗被毀，田主破口大罵，並向官府報了案。地方官聞訊前來抓捕，才發現是當朝皇帝。

最失意的事：求仙落空

最不幸的事：嫁女於欒大（被騙）

最痛心的事：巫蠱之禍

最擅長的事：開疆拓土

最喜歡吃的菜：五侯鯖

一、未來皇帝的雄心 —— 金屋藏嬌

在漢朝除了高祖劉邦，最有名的就是武帝劉徹了。但就成就而言，武帝又超過了劉邦。西漢在武帝時達到了鼎盛時期。

漢武帝劉徹出生於西元前 156 年，父親就是漢景帝劉啟，碰巧這年又是漢景帝登基之年。等他出生時就已經是皇子了。漢武帝的母親是王美人，美人是嬪妃的一種等級。後來傳說在武帝母親懷孕時夢見了太陽鑽入懷中，漢景帝聽說了，很高興，認為是個吉利的夢，預示著小孩子將來會有大作為。

但劉徹的母親因為不是皇后，所以她生的兒子按照封建時期的規定不能繼承皇位，不過，後來他終於如願地當上了太子，最終登上了皇位。

在武帝四歲時，景帝封他為膠東王，做太子的是他的哥哥劉榮。後來，武帝的命運轉折靠了景帝的姐姐長公主的幫助。長公主有個女兒叫陳阿嬌，開始長公主是想把自己的女兒許給太子劉榮，將來太子一即位，女兒就是皇后了。但是太子的母親栗姬卻不領情，這使長公主非常生氣，從此與栗姬作對。這使漢武帝劉徹最後成了獲利的「漁翁」。

長公主將目光轉向了平時也很喜歡的武帝，但劉徹的父親景帝不太支持。長公主便想辦法促成了此事：有一次，她在漢景帝的面前故意問劉徹願不願意要阿嬌做他的妻子？劉徹也很喜歡阿嬌，見姑姑問，便很大方地說：「以後如果能娶阿嬌做妻子，我就要親自建造一棟金屋子送給她。」父親漢景帝見劉徹和阿嬌也很般配，便同意了這門親事。

不過，在風雲突變、暗藏玄機的宮廷爭鬥的背後，「金屋藏嬌」再也不是一句浪漫的情話，而成了一場政治陰謀。

長公主並不是一般的公主，她在漢景帝時也算得上是個很有地位的人物，她對景帝的影響不容忽視。由於她的極力策劃和幫助，加上劉徹自己

的表現，漢景帝最終選擇了劉徹這個才華出眾的兒子做了太子，同時，劉徹的母親王美人也被升為皇后。此時的未來的漢武帝剛剛滿 7 歲。

劉徹做了太子後，更加勤奮學習，父親漢景帝還給他請了很有學識的衛綰做他的老師。劉徹的學習範圍也很廣，包括了騎馬、射箭和經學與文學等等。

二、漢武帝有個好爸爸

兩漢 400 多年，出了 30 多位皇帝，平均在位時間都不長，最短的劉賀只有 27 天，而武帝劉徹，從 16 歲登極到 70 歲去世，一共在位 54 年，只有清朝的乾隆和康熙皇帝超過他。後人評價漢武帝是雄才大略，有好事者趕時髦，評選過一個「中國最有作為皇帝排行榜」，武帝名列第五，排在高祖劉邦之後，當選理由是：在位 54 年，大破匈奴，加強中心集權，使西漢空前強大。

中國歷史上的皇帝，除去開國之君，繼續祖宗家業的皇子皇孫中，像劉徹這樣能幹的還真是不多，翻開他的檔案，工作業績一欄寫得滿滿的：開疆拓土，交通西域；宣導教育，創設樂府；興修水利，發展農耕；重用人才，打擊匈奴……漢朝在武帝時代如日中天，也讓後人揚眉吐氣，索性把他和秦始皇並稱為秦皇漢武。但是劉徹比嬴政幸運得多，從小沒吃過那麼多苦，還有一個工於心計的母親、一個飛揚跋扈能量極大的姑媽助他登上帝位，但他能在皇帝崗位上表現優異，還因為他有一個好爸爸 —— 漢景帝劉啟。

漢景帝與漢武帝都是屬於一種思維模式的人，但是在歷史上，漢景帝無論名氣還是人氣比起兒子都差得很遠。很多人也只記得歷史課本上寫過「文景之治」，卻根本不清楚漢景帝都做過什麼。

第三位皇帝老爸
漢武帝 —— 劉徹

劉啟和劉徹兩父子同樣都是「最好的團隊領袖」型思維類型的人，結果卻大相庭徑，這是為什麼呢？還是要從這種思維類型人的特徵說起。最好的團隊領袖型思維類型的人，他們長於用人，長於謀略，也善於累積資源，他們會根據所掌握的資源情況決定做多大的事，在資源不充分的時候，不會貿然行事，第一步踩穩了再邁出第二步，看似保守，實則穩健；當資源充足條件成熟的時候，他們就會全力出擊，一飛沖天，取得令人矚目的成就。

因為歷史原因，漢景帝注定要做一個資源累積者。他即位時，距離高祖劉邦開創漢朝不到半個世紀，國力還不夠強大，所以他繼續了文帝休養生息、輕徭薄稅、減輕刑罰的政策，讓百姓先富起來再說，為了安撫匈奴，還把南宮公主送去和親。

其實這一時期國家在經濟和軍事上已經比漢初好了許多，真要和匈奴打仗也不是不可以，但他還是忍了。同時他改變了當時不准百姓遷移的政策，答應百姓從土地少的地區遷移到土地多的地區，開墾荒地也增加國庫收入，同時他自身也很節省，在位時極少興建宮殿樓閣。

漢景帝在位只有 16 年時間，表面上看，除了削奪藩王封地、平定七國之亂，沒經歷過驚天動地的大事，但是他的一系列舉措加強了中心集權，使得漢朝的國力繼續得到增強，終於給劉徹留下了一個富庶繁榮安定平穩的國家。此外，他還不動聲色地搬掉了一個又一個可能不利於劉徹的人，從資金、人才兩方面提供保障，使劉徹這個 CEO 一上任就能集中精力對付匈奴。

漢景帝對太子劉徹的教育，有他特殊的想法。為了把太子劉徹培養成一個合格的皇帝，給他特意選配了一位儒學大師衛綰。本來漢初至今，在道家黃老思想的影響下，幾代君主都無一例外地提倡黃帝、老子之學，主

張清靜無為，因循守成。但是，景帝面對紛亂的國內外現狀，隱隱感到無為而治的黃老之學已不能適應國家發展的需求。他很有遠見地開始寄希望於儒家學說。為此，他決定把對儒家學說有著深湛修養的、為人行為端正的衛綰，選作太子劉徹的老師。以後的實踐證明，這一決定是非常正確的。

劉徹是個好學上進的皇太子。他的興趣十分廣泛。他學黃老，習儒術，調絲竹，作辭賦和舞刀劍。他胸襟開闊，廣結良友。他身為皇太子，平時學習父皇如何理政，也注意觀察大臣的舉止言行。為將來順利接班，他作著全面的準備。

西元前 141 年，他 16 歲，漢景帝為他舉行了隆重的冠禮。加冠典禮的舉行，說明皇太子可以有資格有能力獨立掌權了。不料，在冠禮之後，景帝突患重病死去。當日，皇太子劉徹即位，君臨天下，是為漢武帝。

可見，漢武帝在歷史上取得的驕人成就，很大程度上歸功於景帝所打下的基礎，所謂前人栽樹後人乘涼，劉徹是個有遠大抱負的人，前人的累積給了他一展宏圖的基礎，他所做的事，應該是景帝想做卻沒有資源、沒有條件做的事。在這段歷史畫卷上，漢景帝打下草稿，漢武帝再施以濃墨重彩，才有我們所看到的威風八面的大漢朝。

不過，任何一項事業的成功，僅靠一代人的努力都是不夠的，善於累積，也樂於累積，這是「最好的團隊領袖」型人最大的優勢之一，歷史上大成功者，很多都是此類型的人。但事物都有兩面性，這一類型的人，也不乏功虧一簣讓人唏噓不已的例子。

漢武帝的一生用波瀾壯闊來比喻確實有過之而無不及。他開邊拓土、尊儒興學、知人信佞、奢侈酷暴、悔悟改過，好事壞事，他統統做了一遍。但是，漢武帝這位皇帝老爸到後來也不例外，他也做過不少荒唐事。

司馬遷在〈孝武本紀〉裡記載的卻都是漢武帝求仙求藥意圖不老的荒唐事。不知情的人看了還以為漢武帝原來是個糊塗蟲。事實上，漢武帝五十多年來的統治，雖然功過兼有，但是終究是功大於過。他的雄才大略足以讓他尊為帝王中的 NO.1。

三、漢武帝繼位，五個女人角逐的結果

漢景帝元年（西元前 156 年），他的第十個兒子出生，取名為「彘」。隨著薄皇后被廢，太子劉榮被廢，竇太后力挺梁王繼位失敗，這個毫不起眼的「彘兒」，後來竟成為中國歷史上叱吒風雲的一代君王漢武帝劉徹。劉徹受好運眷顧，既是吉人天相，又是景帝後宮中五個地位不等的女人多年角逐的結果。

第一個女人，是薄皇后。她是漢景帝的第一個皇后。漢景帝還是太子的時候，祖母就給他指定了這個皇后。這個太子妃在漢景帝即位以後，就是薄皇后。同樣姓薄，薄太后命超硬，而薄皇后卻實在命太薄。

薄皇后一生始終沒有生孩子。這在「母以子貴」的帝王之家是致命傷！漢景帝有 14 個兒子，分別出自六個妃嬪，唯獨這個正牌皇后沒兒子，的確匪夷所思。漢景帝的生育能力沒問題，他有 14 個兒子為證。莫非薄皇后有問題，不具備生育能力？

還有一種可能，就是漢景帝不喜歡薄皇后，導致皇后無子。呂后也曾為她的兒子漢惠帝選了自己一個親外甥女做惠帝的皇后。漢惠帝和後宮的妃嬪生了六個兒子，和這個張皇后卻一個孩子也沒有。一場宮闈角逐，就因為薄皇后無子、無寵而引發了。

正因為「皇后無子」，所以漢景帝的 14 個兒子都有了被立為太子的可能。這樣，劉彘突破了自古以來皇帝「立嫡」的第一關。但是我們不要忘

記，還有第二關 ——「立長」。排行第十的劉徹距離太子之位依然遙遙無期。這時，劉徹生命中第二個重要的女人出現了。

這第二個女人就是王娡（同音，志）。王娡就是被封為「王美人」的漢景帝的妃子，也就是漢武帝的親生母親。

王娡早年由母親臧兒做主，嫁入金王孫家，生下一個女兒。女兒嫁了金龜婿，臧兒本已志得意滿。算命先生突然向臧兒洩露天機：你的兩個女兒將來都能大福大貴。王娡已經嫁得很不錯了啊！但是，臧兒不滿足，於是再次決定，把王娡從金王孫家裡奪回來，重新嫁人！

很快，王娡和妹妹王兒姁先後被臧兒送入太子的宮中。把一個已婚並育有一女的女兒送入太子宮中，今天看來都不可思議！王娡一定是隱瞞了婚史。王娡被送到太子宮以後，生了一個皇子，三個公主，一龍三鳳。她妹妹王兒姁更了不得，生了四個皇子。

在漢景帝四年（西元前 153 年），四歲的劉徹被立為膠東王。同年，漢景帝又封他的長子，也就是栗姬的大兒子劉榮做了皇太子。王娡拋夫棄女，投身太子後宮，生了龍子，封地封王，首戰告捷。但是，她的野心並沒有到此終止，畢竟膠東王距離皇太子之位相差甚遠，王娡不會就此偃旗息鼓。

第三個影響少年劉徹命運的人是長公主劉嫖。長公主也稱館陶公主、竇太主，她是竇太后的第一個女兒。長公主的女兒很有名 —— 陳阿嬌，就是那個「金屋藏嬌」的阿嬌，「長門鎖阿嬌」的阿嬌。長公主的眼光相當高，正所謂「嫁人不要嫁別人，一定要嫁皇帝接班人」。只有當朝太子才配得上她家的金枝玉葉。

劉嫖下手很快，即刻向新立的太子劉榮拋去橄欖枝。但是，劉嫖十拿九穩的這門親事告吹了。被太子劉榮的母親拒絕了，讓劉嫖碰了一鼻子

灰。這個節骨眼上，王娡 —— 皇十子劉徹的母親出現了。

你想想，求親遭拒，正是長公主心理最脆弱的時候，王美人任何一個親近的表示，都足以讓她感激涕零。這可能形成什麼局面？就是長公主劉嫖和王美人王娡聯手，獨霸後宮。

我們一再提到，皇位的繼承講究「立嫡立長」。太子劉榮雖是長子，卻不是嫡子。還有一個無寵無子的薄皇后橫在那裡。這說明了什麼？考驗太子，試探栗姬，抑或礙於薄皇后？不管怎樣，王美人沒有死心。長公主和王美人的如意算盤無非是這樣打的：先將長公主的女兒阿嬌嫁與王美人的兒子劉徹，再擁立劉徹為太子。

栗姬是漢景帝長子劉榮的生身母親，為景帝一共生了三個兒子。景帝四年（西元前 153 年），栗姬的大兒子劉榮被冊封為太子，栗姬卻意外地沒有被封后。在兒子劉榮立為太子後，她遭遇的第一件事，就是長公主代女兒向她提親，然而栗姬斷然拒絕。

不過栗姬的拒絕實在是令人費解。據分析，原因有二：首先是妒忌。一直以來，長公主在漢景帝後宮扮演婚介所牽線人的角色。栗姬覺得，自己之所以受到冷遇，都是這個長公主在搞鬼。其次是幼稚。栗姬有嫉妒心，這很正常。但是，嫉妒歸嫉妒，她不應該表露出來。所以，栗姬最大的弱點，就是幼稚。

我們替栗姬想一下，她這個時候一心盯著哪兒？兒子已經立為太子，自己差一步就可以當皇后。在什麼時候，用什麼辦法，能讓這個薄皇后把位子騰出來？她冥思苦想，卻萬萬沒有想到，後面還有一雙眼睛在盯著自己。誰？王美人。王美人的種種行為，就是以取代栗姬為近期目標。

長公主「倒栗挺王，廢榮立徹」的第一步，就是利用與景帝的姐弟關係，攻訐栗姬。長公主對景帝說，栗姬派她的侍者在長公主背後詛咒和唾

罵她。漢景帝的城府極深，當時並未發作，但他對栗姬的好感指數從此一路暴跌。

竇太后，這也是一個鼎鼎大名的人物。竇後初入宮時，名叫竇猗房，只是呂后身邊的一個宮女。一天，呂太后突然決定，把身邊的一批宮女遣送出宮，賜給各劉姓諸侯王，竇猗房恰好也在被遣之列。名單公布後，她被分到代國。讓竇猗房沒有想到的是，和她一起的五個宮女，偏偏只有自己最得代王劉恆的喜愛。這是第一個幸運 —— 得寵。

得寵的竇猗房為代王劉恆生了一女、二子。女兒就是後來的長公主劉嫖，長子劉啟就是後來的漢景帝，次子劉武就是後來的梁孝王。這是第二個幸運 —— 得子。

後來，代王劉恆平定呂氏家族，出乎意料地被推舉為皇帝，就是後來的漢文帝。這是第三個幸運 —— 夫貴。

最後，竇猗房雖然受到劉恆的寵幸，但是劉恆有一個嫡妻，嫡妻生下四個兒子，有史書記載是三個兒子。非常奇怪的是，漢文帝被立為皇帝以前，他的這個王后死了；漢文帝稱帝之後，王后生的四個兒子又都死了。這成全了竇猗房的第四個幸運 —— 專寵。

竇猗房很快被漢文帝封為皇后，到了景帝年間，她就成了竇太后。我們知道，中國帝王史上，「太后現象」不容小視。所以，做了太后的竇猗房，在皇子的繼承權上，是很有發言權的，而與王美人一條心的長公主正是竇太后的親生女兒。

四、皇帝老爸漢武帝的成功

所以說，漢武帝能當上太子離不開他奶奶為他打下的基礎，自然也得感謝王美人生下他，但他最最要感謝的一個人當然是陳阿嬌。陳阿嬌是長公主的女兒，漢武帝的第一任皇后。

到了西元前 140 年，十六歲的漢武帝正式繼承了皇位，他雄心勃勃地想將文景之治的盛世繼續下去，但在初期卻遇到了阻力。因為分封的諸侯王們對抗中央，所以迫切要求加強中央的權力來壓制地方勢力。這也是漢武帝和他的奶奶竇氏太皇太后的思想分歧。

漢武帝即位後便開始實行自己的政治方略：安排自己信任的人掌管朝中大權，如讓舅舅田蚡做太尉，掌握軍權。同時，許多的儒生也被他重用。為了更多地選拔人才，武帝還下詔命令全國官吏向中央推薦人才，當時叫作「賢良方正」。有名的董仲舒就是在這次推薦考試中得了第一名。武帝召見他，探詢治國的良策。董仲舒便將自己的一整套經過發展的儒家治國思想說給武帝聽，漢武帝非常讚賞。

但漢武帝此時還沒有力量和自己的奶奶竇氏較量，在他任命的重臣趙綰提出竇氏不應在干涉朝政時，惹惱了竇氏。竇氏逼迫武帝廢除了剛剛實行的一系列的改革措施，自己任命的丞相和太尉也被迫罷免，有的大臣被逼死獄中。然後，竇氏寵信的人接替了這些重要職位，聽從竇氏的命令。這對武帝是一個打擊，但武帝有年齡的優勢，他沒有從此消沉，而是養精蓄銳，等待著時機。

四年之後，即西元前 135 年，竇氏去世，時機終於來了，漢武帝馬上將竇氏的人一律罷免，將田蚡重新重用，做了丞相。治國思想也採用了儒家的主張，開始加強中央集權，對付地方的豪強勢力。

漢武帝的驕人政績主要包括了加強中央集權、官僚制度改革，以及經

濟制度和對外關係上的建樹。

　　董仲舒的儒家思想對原來孔子的思想有了很大的發展，融進了法家和陰陽家等其他學派的思想。首先是思想上的統一，即獨尊儒家的學說。其他有宣揚君主權力來自上天的賜予，使皇權神化，以及實施仁政，強調法制，即「德主刑輔」，先對百姓進行教育，教育無效時再用刑罰來鎮壓，這是一種剛柔相濟的治國方針，在被武帝採用之後，成為此後漢朝的法制指導思想。

　　漢武帝對外採取軟硬兼施的手段，一方面自前 133 年馬邑之戰起結束前朝對匈奴的和親政策，開始對匈作戰，派衛青、霍去病征伐，解除匈奴威脅，保障了北方經濟文化的發展，並消滅了夜郎、南越政權，在西南先後建立了七個郡，使今天的兩廣地區自秦朝後重歸中國版圖；同時他派張騫出使西域，打通了絲綢之路，加強了對西域的統治，並發展了中西經濟文化的交流。在東方，他派兵滅衛氏朝鮮（今朝鮮北部），置為樂浪、玄菟、臨屯、真番四郡。

　　漢武帝晚期由於連年對匈奴和西域用兵，並由於舉行封禪，祀神求仙，揮霍無度，加以徭役加重，捐稅增高，致使農民大量破產流亡。天漢二年（前 99 年），齊、楚、燕、趙和南陽等地均爆發了農民起義。漢武帝曾在輪臺頒下〈輪臺罪己詔〉「朕即位以來，所為狂悖，使天下愁苦，不可追悔。自今事有傷害百姓，靡費天下者，悉罷之！」以表示承認自己的錯誤。

　　漢武帝的成功源自於他的探索精神，當然漢武帝絕不「武斷」，他也樂意接受別人的建議。懂得思考。比如據《資治通鑑》中記載：漢武帝喜歡親自出擊殺熊和野豬，策馬追捕野獸。司馬相如上疏勸諫說：「我聽說，有的東西類型相同而才能不同，所以力量大數得著烏獲，行動敏捷要說慶忌，勇猛無敵應歸於孟賁和夏育。依我的愚見，人確實有這樣的情形，野

獸也是這樣。現在陛下喜愛攀登險要的地方，射殺猛獸，萬一突然遇到力大凶猛的野獸，牠在無路可逃的絕境，拚死冒犯陛下的隨從車輛，陛下的車輛來不及調轉方向，人來不及施展應變的巧計，即便是有烏獲、逢蒙的超群技藝，也來不及使用，那麼枯樹朽木也會成為禍害了。

這種情況，相當於胡人和越人突然出現在京城，而羌人和夷人接近了陛下的車輛，怎麼能不危險萬分呢！即便是萬無一失而沒有禍害，然而這種環境本來就不是陛下應該接近的啊。更何況陛下都要在清道戒嚴之後才出發，車輛要在道路的正中間奔馳，即便如此謹慎，還經常遇到控馭馬匹的鐵勒折斷，或是車輪脫出等意外變故，更何況穿過茂密的荒草，馳過丘陵廢墟，前面有即將捕獲獵物的誘惑，而心中沒有預防意外的準備，野獸要對陛下形成危害恐怕是不可避免的了。看輕皇帝的萬乘尊位，不注意自身的安全，反則樂於行進在潛伏著危險的道路上尋求刺激和娛樂，我私下覺得陛下不該如此。

大概聰明的人能預見到尚未萌芽的問題，有智慧的人能提前避開還沒有完全形成的災禍，災禍本來大多隱藏在不易被察覺的細微之處，而發生在容易被人忽略的環節上。所以俗語說：『家中累積有千金的家產，就不能坐在堂屋的邊緣。』這句話雖然說的是小事，卻可以比喻大事。」武帝認為他說得很好。

之後，漢武帝透過連年的戰爭開闢西域、東征朝鮮、將閩越、蜀及百越等蠻族融入中華民族中。漢武帝也非常注重人才的開發，他確立了察舉制度，是中國有系統選拔人才制度之濫觴，對後世影響很大。漢武帝還進行了人類歷史上第一次人口統計。

漢武帝從 7 歲時被冊立為太子，到 16 歲登基，在位五十四年，建立了漢族王朝最輝煌的功業之一。他的雄才大略、文治武功使漢朝成為當時

世界上最強大的國家之一。

五、皇帝老爸漢武帝的文化水準

漢武帝「內興制度，外事四夷」，成為千古名帝。後世人們大多知道他的雄才大略，還有好大喜功、殘酷無情的一方面，孰不知，漢武帝雖尊為皇帝，在威嚴冷面的背後，也有著一顆生動活潑、多情善感的心。他喜辭賦、愛歌舞、好遊歷，其豐富的內心世界，不是表現在政事上，也不僅僅表現在生活上，而且也表現在寫詩上。

《漢書·藝文志》云：「『詩言志，歌詠言。』故哀樂之心感，而歌詠之聲發。誦其言謂之詩，詠其聲謂之歌。故古有采詩之官，王者所以觀風俗，知得失，自考正也。」而漢武帝學詩、讀詩、品詩、作詩，一方面是多少有點附庸風雅，另一方面則也是舒志怡情。

漢武帝愛詩，所以他也比較親近一些詩賦之士，從而影響到政治制度的改易。漢武帝即位之初，就集文學賦士於周邊，和他們交流，從而在皇宮內形成「文學內朝」。看看漢武帝身邊都有哪些人物：司馬相如不必說，是漢賦大家；嚴助「留侍中，有奇異，輒使為文，及作賦頌數十篇」（見《漢書·嚴助傳》）；朱買臣被「召見，說《春秋》，言《楚辭》（《見漢書·朱買臣傳》）；終軍「少好學，以辯博能屬文聞於郡中」（見《漢書·終軍傳》）；李延年「性知音，善歌舞，武帝愛之」（見《漢書·外戚傳》）；至於枚乘，「梁客皆善屬辭賦，（枚）乘猶高。武帝自為太子聞乘名，及即位，乃以安車蒲輪征乘，道死……乃得其孽子（枚）皋」（見《漢書·枚乘傳》）；枚皋則「為賦頌，好嫚戲」（見《漢書·枚皋傳》），所以被漢武帝大加寵信。

另外，跟據《漢書·藝文志》裡記載：枚乘有歌賦九篇，司馬相如有歌賦二十九篇，吾丘壽王有歌賦十五篇，嚴助有歌賦三十五篇，朱買臣有三篇，兒寬有二篇，枚皋的歌賦就更多了，有一百二十篇，莊蔥奇有十一篇。所以在漢武帝的內朝官中有很多文化大家。

漢武帝愛詩賦，也不算是附庸風雅，漢武帝常讀詩，而且懂詩，「上讀《子虛賦》而善之，曰：『朕獨不得與此人同時哉。』」（見《漢書·司馬相如傳》）枚皋「上書北闕，自言枚乘之子。上得之大喜，召入見待詔，皋因賦殿中。詔使賦平樂館，善之」（見《漢書·枚皋傳》）。可見，漢武帝對詩賦有較好的鑑賞能力，能判斷詩賦的高下。

不僅如此，他對詩也有極強的感知力，李延年嘗「侍上起舞，歌曰：『北方有佳人，絕世而獨立，一顧傾人城，再顧傾人國。寧不知傾城與傾國，佳人難再得。』上嘆息曰：『善。世豈有此人乎？』」（見《漢書·外戚傳》）司馬相如「既奏〈大人賦〉，天子大說，飄飄有凌雲氣遊天地之閒意」（見《漢書·司馬相如傳》）。能與詩賦的境界如此感同身受，漢武帝的文學造詣當然就不用說了，幾乎就可以稱他為文學家了。

身為「文學家」的漢武帝，不僅止於讀詩、識詩和品詩，還樂於詩賦創作的實踐。看看《漢書·武帝紀》以及其他的古書傳記，都可以知道漢武帝比較喜歡遊歷，而且都有詩詞歌賦留下來做紀念。

瞧瞧漢武帝可以列出的部分他的作品單：

元狩元年冬十月，行幸雍，祠五時。獲白麟，作〈白麟之歌〉。

（元鼎四年）六月，得寶鼎後土祠旁。秋，馬生渥窪水中。作〈寶鼎〉、〈天馬之歌〉。

（元封）二年冬十月，行幸雍，祠五時。春，幸緱氏，遂至東萊。夏四月，還祠泰山。至瓠子，臨決河，命從臣將軍以下皆負薪塞河堤，作

〈瓠子之歌〉：瓠子決兮將奈何？浩浩洋洋，慮殫為河。殫為河兮地不得寧，功無已時兮吾山平。吾山平兮鉅野溢，魚弗郁兮柏冬日。正道絕兮離常流，蛟龍騁兮放遠遊。歸舊川兮神哉沛，不封禪兮安知外。皇謂河公兮何不仁，氾濫不止兮愁吾人。齧桑浮兮淮、泗滿，久不反兮水維緩。（見《漢書·溝洫志》）

　　（元封二年）六月，詔曰：「甘泉宮內中產芝，九莖連葉。上帝博臨，不異下房，賜朕弘休。其赦天下，賜雲陽都百戶牛酒。」作〈芝房之歌〉。

　　（元封五年）五年冬，行南巡狩，至於盛唐，望祀虞舜於九嶷。登灊天柱山自尋陽浮江，親射蛟江中，獲之。舳艫千里，薄樅陽而出，作〈盛唐樅陽之歌〉。

　　（太初）四年春，貳師將軍廣利斬大宛王首，獲汗血馬來。作〈西極天馬之歌〉。

　　（太始三年）二月……行幸東海，獲赤雁，作〈朱雁之歌〉。幸琅邪，禮日成山登之罘。

　　（太始）四年夏四月……幸不其，作〈交門之歌〉。

　　漢武帝詩自來受到後代詩論家的重視，比如後人有「壯麗鴻奇」之論（見徐禎卿《談藝錄》）。漢武帝不僅自作歌頌，每次碰到大事小事還命隨從作賦用來紀念，頗有「君臣民相和之意」，其實有點像「草根文學家」。

　　漢武帝朝的宮廷「寫手」枚皋，「從行至甘泉、雍、河東，東巡狩，封泰山，塞決河宣房，遊觀三輔離宮館，臨山澤，弋獵射馭狗馬蹴鞠刻鏤，上有所感，輒使賦之。」（見《漢書·枚皋傳》）。「武帝春秋二十九乃得皇子，群臣喜，故皋與東方朔作〈皇太子生賦〉及〈立皇子禖祝〉，受詔所為，皆不從故事，重皇子也。」從這裡的記載我們可以看到漢武帝他告祝天地，紀新頌奇，充滿了盛世的豪氣和喜氣，他的遠大的抱負和恢宏

壯懷，都可以從他的歌賦中看到。

詩以言志。漢武帝的詩賦，固然有漢代歌賦的鋪張藻飾、踵事增華、恢闊廣大的特色，但也有舒其心曲的一面，可以說就是「言者，心之聲也；歌者，聲之文也。情動於中而形於言，言之不足故嗟嘆之，嗟嘆之不足故永歌之。歌之為言也，長言之也。」（見《樂府詩集》卷八三〈雜歌謠辭·序〉）尤其是在漢武帝的晚年，更加頗有悲涼之意。

比如在李夫人故後，漢武帝思之不已，「方士齊人少翁言能致其神。乃夜張燈燭，設帷帳，陳酒肉，而令上居他帳，遙望見好女如李夫人之貌，還幄坐而步。又不得就視，上愈益相思悲感，為作詩曰：『是邪，非邪？立而望之，偏何姍姍其來遲。』令樂府諸音家弦歌之。上又自為作賦，以傷悼夫人，其辭曰：美連娟以修嫭兮，命樔絕而不長；飾新宮以延貯兮，泯不歸乎故鄉……（見《漢書·外戚傳》）。

漢武帝之所以為「武帝」，雖然他一生制度興作堪稱英雄人物，雖然他一生向慕成仙，但終究是人，有普通人的七情六欲，有普通人的思想感情，他對李夫人的思悼，對李夫人的情感，後來人的那些多情騷客、風流才子的作品也不過如此。明人王世貞言此詩是在「長卿下、子雲上」（見《藝苑卮言》），漢武帝的歌賦情之所至，終能感動於人。

據《漢武故事》中說，他又曾作〈秋風辭〉，詩曰：秋風起兮白雲飛，草木黃落兮雁南歸。蘭有秀兮菊有芳，懷佳人兮不能忘。泛樓船兮濟汾河，橫中流兮揚素波。簫鼓鳴兮發棹歌，歡樂極兮哀情多，少壯幾時兮奈老何。

漢武帝雖然勇武一生，開疆拓士，揚大漢威名於異域，然而民生亦塗炭，後宮也不得安寧。到晚年他自己又求仙不得，老驥伏櫪，回首往昔，怎麼能不有英雄之嘆。

沈德潛以為此詩可稱「《離騷》遺響，文中子謂樂極哀來，其悔心之

萌乎？」（見《古詩源》卷二）可以說評得中肯。然而，漢武帝的天真、率情也在於此，他雖然貴為天子，卻不以假面目示人，敢坦心懷於臣下，剖露內心情感於世人，在這方面後世帝王沒有一個比得上。

六、皇帝老爸「嘗而後知其甘苦」的探索創新精神

漢武帝劉徹是一位極具探索、開拓和進取精神的偉大帝王，他在位半個多世紀，西漢朝一直處在充滿生機的改革和發展的大好時候，這與漢武帝本人所具有的探索開拓精神是分不開的。

他勇於大膽嘗試前人從未碰觸的事物，漢武帝第一個提出要游牧民族臣服，不但大膽地與匈奴的騎兵交手，而且還派出了張騫出使西域，他探索大漢朝之外的世界。他的探索精神不但深刻地影響了當時的社會，而且也給子孫留下了深刻的影響。

武帝是位富於創新、開拓、進取的人。他在位的半個多世紀中，中國又處在充滿生機活力的改革與發展時代。漢武帝本人也是個富於創新精神的人，所以那個時期有許多創設。漢武帝的 25 個首創：

1、漢武帝是第一位使用年號的皇帝，先是六年一個年號，後來四年一個年號。

2、漢武帝是第一位在統一的國家制定、頒布太初曆的皇帝，以正月為歲首這一點，一直用到現在。

3、漢武帝時期寫出了中國第一部紀傳體的史書《史記》，對後世的史學產生了巨大影響。

4、漢武帝時期出現了秦統一後中國見於史籍記載的《輿地圖》，元狩四年四月丙申，「太僕臣公孫賀行御史大夫事……奏輿地圖，請所立國

名。」《漢書·武帝紀》載元鼎六年秋「遣浮沮將軍公孫賀出九原」，注引臣瓚曰：「浮沮，井名，在匈奴中，去九原二千里，見漢輿地圖。」據顏師古說，臣瓚生活的時代「在晉初」。這說明漢代的輿地圖晉初臣瓚還見過。這也說明漢代已明確出現了關於國家的地域概念。這對後世自然地理研究有不可忽視的影響。

5、舉賢良方正直言極諫之士對策，武帝親自策問，選拔人才做官。後世科舉之制始此。

6、漢武帝尊儒術，以儒家思想作為國家的統治思想始於此。

7、元朔五年為五經博士置弟子五十人，復其身；地方郡國可按一定條件選送一些人，可受業如弟子。經考試，能通一藝以上，可用作官吏。從國立太學生中選拔官吏始於此。

8、漢武帝在尊儒術時，又「悉延（引）百端之學」，形成了在以儒家思想為統治思想的同時，又兼用百家的格局。這點對後世也影響巨大。

9、元封二年（西元前109），漢武帝親臨現場督察堵塞黃河瓠子決口。自秦統一後，皇帝親臨現場治理黃河，這是第一次。

10、漢武帝時推廣樓車（土法播種機）下種，此後這一方法在中國用了兩千多年。

11、漢武帝派張騫通西域，打通了絲綢之路，促進了中、西雙方的經濟、文化交流。這在中國史上屬首次。

12、漢武帝元封六年（西元前105）以宗世女細君為公主嫁烏孫和親。這是中國歷史上首次與西域國家和親。

13、在輪臺、渠犁屯田，並置使者、校尉。這是中國歷史上首次在今中國新疆地區屯田。

14、漢武帝時用井渠法作龍首渠，後傳入今中國新疆地區，並進而入

波斯等地。

15、從西域引進葡萄、苜蓿種植，從大宛引進了良種馬 —— 天馬，西域的樂曲、魔術傳至中國，中國的鑄鐵技術、絲織品、漆器傳至大宛等地。

16、漢武帝外施仁義，實行德治；同時又重視法治，用嚴刑峻法治理國家。這在歷史上也是首次。

17、元封五年（西元前 106），為加強對地方官吏和豪強的監察，置十三州部刺史，令六百石級別的刺史督察二千石級別的郡國守相。

18、為加強皇權，改革丞相制度，設立中朝（內朝），對後來的丞相制度演變發生了重大影響。

19、元鼎二年（西元前 115）禁郡國鑄錢，專令國家所屬上林三官鑄錢，非三官錢不得流通，郡國以前所鑄錢皆廢銷。從此國家壟斷了鑄造錢幣的權力，對後世影響重大。

20、漢武帝透過大量移民在西北邊郡屯田，這對反擊匈奴戰爭的勝利、經營西域產生了重大的作用。對後世也有重大影響，曹操在〈置屯田令〉中曾說「孝武以屯田定西域，此先代之良式也」，就說明了這一點。

21、漢武帝時任用官吏是多元化的。二千石以上官吏可透過任子制度使子孫當官；有錢人可透過「貲選」當官；先賢的後裔可以受照顧，如賈誼的兩個兒子就被關照當了郡守。然而，尤為突出的是武帝用人唯才是舉、不拘一格。

如皇后衛子夫是從奴婢中選拔出來的。衛青、霍去病分別是從奴僕和奴產子中選拔出來的。而丞相公孫弘、御史大夫兒寬，以及嚴助、朱買臣等人都是從貧苦平民中選拔上來的；御史大夫張湯、杜周和廷尉趙禹則是從小吏中選拔出來的。尤其值得注意的是漢武帝任用的一些將軍是越人、

匈奴人。而金日磾這樣一位匈奴的俘虜，在宮中養馬的奴隸，竟然與霍光、上官桀一齊被選拔為托孤的重臣。這些情況說明漢武帝選拔人才是不受階級出身與民族差別限制的。

然而，這不是說漢武帝用人沒有標準，標準還是有的，標準就是「博開藝能之路，悉延百端之學」，「州郡察吏民有茂材異者，可為將相及使絕國者」。這就是說，只要願為漢朝事業奮鬥，有藝能、有才幹的人，能為將相和可以出使遙遠國度的人都可任用。一句話，用人的標準是唯才是舉。正因如此，漢武帝時人才濟濟。班固就驚嘆地說：「漢之得人，於此為盛！」這種現象的出現是值得認真研究的。

22、漢武帝是中國歷史上第一位派大軍深入匈奴腹地進行決戰的皇帝。

23、漢武帝是中國歷史上第一位提出要北方游牧民族 —— 匈奴臣服於中原王朝的皇帝，為此又在今內蒙築受降城。武帝生前雖未達此目的，但在宣、元時期，匈奴歸服漢朝為藩臣。

24、李廣利伐大宛後，西域南道諸國多臣服於漢，宣帝神爵二年（西元前60），匈奴日逐王降漢，匈奴不敢爭西域，罷僮僕都尉。宣帝任命鄭吉為西域督護，管理西域南、北道諸國，西域諸國臣服於漢。這在中國歷史上是首次。

25、漢武帝平定南越後，首次在今海南島置設儋耳郡、珠崖郡。

漢武帝之所以偉大，除了他身上具有一種敢為天下先的精神外，他積極鼓勵皇子們探索未知的事物，從不加干擾阻撓，而且還用自己的言傳身教教會孩子們如何去探索外界事物，這對他身後的漢昭帝和漢宣帝都起到了極大的教育作用。

所以皇帝老爸漢武帝之後的兩個皇帝後代漢昭帝和漢宣帝也都是富有

探索精神的皇帝，尤其是漢宣帝，他進一步確立了漢武帝提倡的儒家思想的統治地位，他還多次下令減輕百姓負擔，史稱「孝宣之治，信賞必罰，可謂中興」。

漢昭帝雖然英年早逝，但也不失為一位有道明君，而漢宣帝思想開闊勇於探索進取，繼承了曾祖父漢武帝的遺風，他在位期間以開闊的心胸放鬆對人民的思想束縛，對大臣要求嚴格，特別是漢宣帝親政之後，漢朝的政治更加清明，社會經濟更加繁榮。

漢宣帝大膽的廢除了一些苛法，屢次減免田租、算賦，招撫流亡，對周邊少數民族，則軟硬兼施。他擊滅西羌，襲破車師。匈奴呼韓邪單于在甘露三年（西元前 51 年）親自到五原塞上請求入朝稱臣，成了大漢朝的藩屬國，漢宣帝得以完成了漢武帝傾全國之力用兵而未能實現的功業。

由此可見，漢宣帝的成功是跟漢武帝的言傳身教是分不開的，試想如果沒有漢武帝積極地探索精神的榜樣，後代也絕對不會成為一位施政大膽、勇於嘗試的一代帝王。

七、皇帝老爸「寇可往，我亦可往」的勇敢精神

有人在談到漢武帝的時候說，「漢武帝所有的事都『愣』，都過度，荷爾蒙旺盛，當一個人的人性得到最張揚的發揮時，肯定是他人的邊界被壓縮到最小的時候。漢武帝做事，除了他自己痛快，誰都不痛快。」這樣的評斷，不免有簡單化、絕對化之嫌。專制帝王「做事」，自然大都是「除了他自己痛快，誰都不痛快」。然而進行跨時代的歷史比較，以漢武帝和宋代以後的歷史時期對照，所謂「愣」，所謂「過度」，所謂「旺盛」以及「人性」、「張揚」等等，是漢武帝的個性特徵，同時可能也是當時社會的一種共同的特徵。

第三位皇帝老爸
漢武帝 ── 劉徹

漢武帝頗受爭議的還在於他的窮兵黷武，是勇敢還是自大？其實無論談論這四個字的正面負面影響與否，它的正面作用也是不可否認的。之所以說漢武帝是中國史上很特殊的帝王，就在於他不是後世那些深受儒家思想影響，以仁孝為主的帝王，反而是以「尚武」為主。

一個「武」字果然是對漢武帝最準確的形容，後世大多數皇帝都喜歡安居樂業，固守國土「人不犯我我不犯人」的生活狀態。而他是一個喜歡用武力打天下、血性治天下的皇帝。漢武帝是個很有氣節的人，在他以前漢朝皇帝都要和匈奴和親，匈奴年年騷擾邊境他們只不過是抵擋住罷了，而漢武帝偏偏不肯像匈奴屈膝低頭，不但廢除和親，還要攻打匈奴。直到打的他們滅國，方可實現報復心理而甘休。

他派衛青、霍去病打跑匈奴外，還幾次的出兵攻打他們，「犯強漢者雖遠必誅」，讓匈奴和周邊之國聞風喪膽。「好漢」、「漢子」從此傳廣開來成為讚嘆英雄的詞語，「大漢」的威信，也從此樹立開來，直到把他們遠遠趕出亞洲逼到了歐洲才甘休，也至此間接的導致了西羅馬帝國的瓦解。雖然後來不斷的用兵也使百姓痛苦不堪，但那個時代無疑成就了中國歷史上最偉大的英雄時代。

那個時代是個崇尚英雄的時代，是個有骨氣有血性有氣節有壯志的時代。年輕人都紛紛願為國出力，以征戰沙場，戰死沙場為榮，也使中國成為歷史上為數不多的軍事強國。漢代人的氣節是今人無法比擬的。使節蘇武是和李陵同等遭遇的人，被匈奴抓後，卻誓死不降，他想自殺殉國匈奴人不讓，活著折磨他，讓他吃草喝雪，可幾十年過去，他依然雙手不離使節仗，直到最後回國拿著乾癟成棍的使節仗奉還給漢昭帝才肯離手，可見那時侯的人把國家榮譽看的比生命還重要。李陵本不是自願投降匈奴，可他的不得已「失節」卻成了千夫所指，漢武帝罵他是「漢奸」，李陵於是

就成為了中國歷史上第一個有證可考，被正名的「漢奸」了。

漢武帝恨他為什麼不自殺殉國，可見當時人的精神面貌很大程度上受年輕皇帝的影響很大，但是這種「尚武」卻恰恰是日後中國人所缺的。自漢武以後，中國人中國皇帝很少再有這樣的精神面貌了，深受儒家思想薰陶的皇帝大多固守成本，以仁為主。南宋皇帝的偏安一方，漢奸輩出；唐太宗雖然威及天可汗卻仍是仁政；明成祖雖令鄭和下西洋，此壯舉目的卻僅僅是為了尋找失落的廢帝，而且大多限於物產品交流，很多關於科學、軍事上的機會就這樣白白錯過了；康熙雖然「盛世滋丁，永不加賦」，加大農業生產，使百姓安居樂業，卻過度的「不與世爭」，形成了日後閉關鎖國的局面。儒道的薰陶也使宋代以後的人們普遍從重武輕文轉向了重文輕武，中國人變的文明多了儒雅多了，卻失去了很多有血性的人才，因此漢武帝「尚武」的勇敢精神是不能被歷史否認的。

由於在漢武帝以前，漢朝的幾代皇帝一直都採用「和親」政策來柔化西漢跟匈奴之間的關係，致使在漢朝皇帝的心目中形成了這樣一種觀念：「匈奴是不可戰勝的。」如果不是漢武帝以極大的勇氣戰勝了不可一世的匈奴，恐怕這樣的錯誤觀念一直會影響後來的歷史。

史書記載，西元前 135 年，匈奴派人來向漢武帝請求和親，那時剛登基不久的漢武帝召集公卿大臣進行商議。朝廷老臣禦史韓安國說：「匈奴兵馬快人強，難以制服，我軍很難取勝。所以還是答應匈奴的和親為妙。」其他大臣也大多符合韓安國，可高瞻遠矚的漢武帝沒有聽從眾大臣的意見，他認為自己如果沒有勇氣和匈奴決戰，那麼「匈奴不可戰勝」的神話就會如同一個噩夢一般要一直伴隨著後代子孫，自己身後的未來子孫皇帝們也將變成一個缺乏勇氣的懦弱皇帝。於是漢武帝以一種令人吃驚的勇氣和膽識決定出兵征討匈奴。

西元前 133 年漢武帝任命李廣為驃騎將軍,率領各路大軍三十多萬討伐匈奴,從此揭開了西漢一朝大規模反擊匈奴的序幕,也最終取得了決定性的巨大勝利。

此後,漢武帝在教育兒子時總會以自己的親身經歷向他們闡明勇氣決心對於一個人的重要性。

八、兒子學爸爸,效果卻不好

《史記·魏其武安侯列傳》中記載,漢武帝元光四年,魏其侯竇嬰與當朝宰相武安侯田蚡發生衝突,鬧到了漢武帝面前。因為竇嬰是武帝奶奶的侄兒(應該是武帝的表叔),而田蚡是武帝的親舅舅,武帝都不想得罪。他想出一個辦法就是讓他們倆人「東朝廷辯之」,讓二人在眾大臣面前把道理講清楚。

廷辯之時,二人自然是互相攻擊。吵了一大通後,武帝讓大臣們發表意見。你看這群大臣是如何表現的。

御史大夫韓安國日:「魏其言灌夫父死事,身荷戟馳入不測之吳軍,身被數十創,名冠三軍,此天下壯士,非有大惡,爭杯酒,不足引他過以誅也。魏其言是也。丞相亦言灌夫通奸猾,侵細民,家累巨萬,橫恣潁川,轢轢宗室,侵犯骨肉,此所謂『枝大於本,脛大於股,不折必披』,丞相言亦是。唯明主裁之。」主爵都尉汲黯是魏其。內史鄭當時是魏其,後不敢堅對。餘皆莫敢對。

也就是有發言的,說的卻是竇嬰說得對,田蚡說得也對,還是請皇帝您來決定吧 —— 球又給踢回來了。有一個明確表態的,一個當場退縮的,其他都是不作聲。這可把武帝氣壞了,說了句「公平生數言魏其、武安長短,今日廷論,局趣效轅下駒,吾並斬若屬矣。」簡直是氣急敗壞。

這件事可以看到漢武帝的目的沒有達到。也讓我們這些後人幫著他生氣：這群大臣，淨是白吃飯，幫忙的一個也沒有。怎麼這麼沒有責任心？這個疑問直到把歷史往前翻才查找到答案。原來武帝用的這一招並不新鮮，他是向他爸爸學的。

漢景帝七年時把自己的太子廢了，又沒有馬上立新太子。這使得一直對太子之位很感興趣的他的同胞弟弟梁王劉武覺得機會來了，就聯合他的母親竇太后向景帝施壓，積極爭取太子之位。景帝心裡不想給，但也不想得罪自己的母親，就讓大臣們討論這件事。這時候的大臣還是很負責的，紛紛踴躍發言。有個叫袁盎的大臣還跑到竇太后面前當面陳詞，才終於把這件事給按了下來。但後來的結果怎樣？據梁孝王世家的記載是：「梁王怨袁盎及議臣……陰使人刺殺袁盎及他議臣十餘人」。因為工作需要說了幾句話，搞得十幾個人同時丟了性命。這個教訓不可謂不大。

難怪到了漢武帝的時候，遇上類似的事情，漢武帝再用這招時就不靈了。

說到皇帝老爸漢武帝的兒子，漢武帝劉徹與皇后衛子夫、妃嬪趙氏、王氏、李氏等共生六個兒子：長子劉據，初立為太子，後被江充誣陷，在「巫蠱」事件中被殺；次子劉閎，封齊王；三子劉旦，封燕王；四子劉胥，封廣陵王；五子劉髆，封昌邑王；六子劉弗陵，即漢昭帝。

漢武帝劉徹，16 歲登基，13 年等待後，西元前 128 年，皇太子劉據出世，皇帝老爸也終於盼來了自己的兒子，這也是漢武帝的第一個兒子。

據史書記載漢武帝在劉據出生後，漢武帝就大祭諸神還願，大赦天下祈福。這位個性張揚的皇帝老爸表達愛子方式的切切深情，也就可見一斑了。然而身為天之驕子的劉據後來卻背上了謀反的罪名，屈死在父親的嚴威之下。這是一個悲劇。

劉據就是這麼個含著金湯匙出生的人，他從小可以說生活在蜜罐中，享受了父親漢武帝的萬般寵愛，沒成想等到太子劉據長大以後，漢武帝的這顆慈父之心卻慢慢發生了變化了。

據《史記》記載，劉據是一個仁義的太子，也是很得人心的，那麼在這逐漸疏遠的父子關係之下，還有其他什麼原因嗎？難道只是劉據不像漢武帝那麼簡單嗎？皇后衛子夫由於年長色衰，愛屋及烏的漢武帝也就慢慢的不喜歡衛子夫的兒子劉據了，但是據《史記》記載，漢武帝還是很信任皇后衛子夫和太子劉據的，每次外出，他都把朝中之事託付給太子處理，宮中之事都託付給皇后處理，那麼太子劉據失寵的背後究竟有什麼隱祕呢？

太子劉據剛出生的時候，頭上充滿了光環，但是在他母親衛子夫和舅舅衛青失寵後，他這個太子的位置也受到了威脅，然而更重要的是，在對匈奴用兵的問題上，父子之間產生了重大分歧，進而在朝廷上也出現了支持太子的一派，這是大權獨攬的漢武帝最不願意看到的，恰恰在在太子倒楣的這個時候，又有人給太子劉據打起了小報告，那麼漢武帝會不會趁機向太子發難呢？

漢武帝此時對太子劉據已經產生了不信任，再加上父子二人沒有機會很好地溝通，於是父子二人的關係也是越行越遠。雪上加霜的是，太子劉據剛剛逃脫小太監們的群起進攻，又遇到了一個強勁的對手，那麼這個對手又是誰？

西元前 94 年，鉤弋夫人懷孕十四個月為漢武帝生下了一個皇子，老年得子的漢武帝很興奮，並把鉤弋夫人生子的地方命名為「堯母門」，等於說把鉤弋的兒子比作堯了，這不禁讓人浮想聯翩，堯是古代的聖人，這是不是暗示漢武帝此刻要廢掉太子劉據嗎？

劉據的太子之位會不會因此而失去呢？當然太子劉據以及劉據的黨人完全有理由擔心會發生這樣實在不願意看到的事情。

後來，漢武帝平日寵愛的王夫人也生一子名叫劉閎，李姬生二子劉旦、劉胥，李夫人生一子劉髆。皇后、太子因皇上對他們的寵愛逐漸減少，常常有不能自安的感覺。漢武帝察覺後，對大將軍衛青說：「我朝有很多事都還處於草創階段，再加上周圍的外族對我國的侵擾不斷，朕如不變更制度，後代就將失去準則依據；如不出師征伐，天下就不能安定，因此不能不使百姓們受些勞苦。但倘若後代也像朕這樣去做，就等於重蹈了秦朝滅亡的覆轍。太子性格穩重好靜，肯定能安定天下，不會讓朕憂慮。要找一個能夠以文治國的君主，還能有誰比太子更強呢！聽說皇后和太子有不安的感覺，難道真是如此嗎？你可以把朕的意思轉告他們。」衛青叩頭感謝。皇后聽說後，特意摘掉首飾向漢武帝請罪。

之後每當太子劉據勸阻皇帝老爸征伐四方時，漢武帝就笑著說：「由我來擔當艱苦重任，而將安逸留給你，不也很好嗎！」此時此刻還可見漢武帝的愛子之情。

漢武帝每次出外巡遊，經常將留下的事交付給太子，宮中事務交付給皇后。如果有所裁決，待漢武帝回來後就將其中最重要的向他報告，漢武帝也沒有不同意的，有時甚至不過問。漢武帝用法嚴厲，任用的多是嚴苛殘酷的官吏；而太子待人寬厚，經常將一些他認為處罰過重的事從輕發落。太子這樣做雖然得百姓之心，但那些執法大臣都不高興。皇后害怕長此下去會獲罪，經常告誡太子，應注意順從皇上的意思，不應擅自有所縱容寬赦。漢武帝聽說後，認為太子是對的，而皇后不對。群臣中，為人寬厚的都依附太子。而用法嚴苛的則都詆毀太子。由於奸邪的臣子大多結黨，所以為太子說好話的少，說壞話的多。衛青去世後，那些臣子認為太

子不再有母親娘家的靠山，便競相陷害太子。

　　漢武帝與兒子們很少在一起，與皇后也難得見面。一次，太子劉據進宮謁見皇后，太陽都轉過去半天了，才從宮中出來。黃門蘇文向漢武帝報告說：「太子調戲宮女。」於是漢武帝將太子宮中的宮女增加到二百人。後來太子知道了這件事，便對蘇文懷恨。蘇文與小黃門常融、王弼等經常暗中尋找太子的過失，然後再去添枝加葉地向漢武帝報告。

　　對此，皇后恨得咬牙切齒，讓太子稟明皇上殺死蘇文等人。太子說：「只要我不做錯事，又何必怕蘇文等人！皇上聖明，不會相信邪惡讒言，用不著憂慮。」有一次，漢武帝感到身體有點不舒服，派常融去召太子，常融回來後對漢武帝言道：「太子面帶喜色。」漢武帝默然無語。

　　直到至太子來到，漢武帝觀其神色，見他臉上有淚痕，卻強裝有說有笑，漢武帝感到很奇怪，再暗中查問，才得知事情真相，於是將常融處死。皇后自己也小心防備，遠避嫌疑，所以儘管已有很長時間不再得寵，卻仍能使漢武帝以禮相待。

九、晚年漢武帝獨裁迷信，逼死老婆兒子獨自哀傷

　　漢武帝早從年輕時起就有個很大的毛病，這就是迷信鬼神，希求長生不死。因此在他的身邊始終麇集著一大群騙子，給他建造樓臺、煉丹製藥、下海求仙等等，其愚蠢荒唐的程度，歷史上少有其比。《史記》中有一篇〈封禪書〉，專門寫漢武帝這方面的事情。隨著漢武帝的年歲越來越大，人也變得疑神疑鬼，總是懷疑有人要害他，於是一場慘絕人寰的悲劇大幕拉開了。

　　漢武帝的皇后是衛子夫，衛子夫生的兒子劉據早在二十多年前就被立為太子。到漢武帝晚年，太子劉據已經三十多歲。劉據為人慈和，對漢武

帝的征伐四夷屢有諫諍，對酷吏用法也多有平反，很得百姓的人心。

那時，方士和各類神巫多聚集在京師長安，大都是以左道旁門的奇幻邪術迷惑眾人，無所不為。一些女巫來宮中，教宮中美人躲避災難的辦法，在每間屋裡都埋上木頭人，進行祭祀。因相互妒忌爭吵時，就輪番告發對方詛咒皇上、大逆不道。

漢武帝大怒，將被告發的人處死，後宮妃嬪、宮女以及受牽連的大臣共殺了數百人。漢武帝產生疑心以後，有一次，在白天小睡，夢見有好幾千木頭人手持棍棒想要襲擊他，霍然驚醒，從此感到身體不舒服，精神恍惚，記憶力大減。

江充自以為與太子及皇后有嫌隙，見漢武帝年紀已老，害怕皇上去世後被太子誅殺，便定下奸謀，說皇上的病是因為有巫術蠱作崇造成的。於是漢武帝派江充為使者，負責查出巫蠱案。江充率領胡人巫師到各處掘地尋找木頭人，並逮捕了那些用巫術害人，夜間守禱祝及自稱能見到鬼魂的人，又命人事先在一些地方灑上血汙，然後對被捕之人進行審訊，將那些染上血汙的地方指為他們以邪術害人之處，並施以鐵鉗燒灼之刑，強迫他們認罪。於是百姓們相互誣指對方用巫蠱害人；官吏則每每參劾別人為大逆不道。從京師長安、三輔地區到各郡、國，因此而死的先後共有數萬人。

這時漢武帝住在長安西北方的甘泉宮，由於專制、迷信、多疑種種交集，使這個六十七歲還不算太老的人，居然已經老耄昏庸到了壞人怎麼說、他就怎麼信的程度。他派江充率兵到皇后宮、到太子宮拆房挖地，查找木偶、布偶一類的「罪證」。打著皇帝的旗號率眾有目的地到某處查找「罪證」，你想還能查找不出來嗎？氣得太子忍無可忍，把江充殺了。於是有人跑去向漢武帝報告，說太子造反了。

漢武帝一聽，就派丞相劉屈氂率兵討伐，太子則認為是皇帝被奸黨控制，存亡不可知，於是也調集京城裡的兵員進行抵抗，兩軍戰於長安城中，死者數萬人。太子下令讓北軍護軍使者任安發兵助己，任安口頭答應但按兵不動，坐觀成敗。最後，太子兵敗，皇后衛子夫自殺。太子逃出長安，向東逃到湖縣，最後自殺身死，一起被殺的還有太子的兩個小兒子。

當時的漢武帝已經昏了頭，他先是不察緣由，只顧憤恨太子的「造反」，因而把凡是與太子有關的人和不願為難太子、放太子逃走的人，如御史大夫暴勝之、丞相司直田仁等一群高官都被殺掉了。

後來漢武帝漸漸發覺所謂巫蠱害人根本不可信，發覺太子並無反心，於是他又尋找藉口強加罪名，把鎮壓太子的丞相劉屈氂下獄腰斬；把靠著與太子堅決作戰而提升為御史大夫的商丘成也予以處死；把圍攻太子、追殺太子的官兵也一律處死；將腳踩兩隻船、按兵不動的任安，也以「老奸巨猾、坐觀成敗」殺死。

漢武帝心裡想念兒子，同情兒子的被誣陷，他讓人在皇宮裡搭起一個高高的可以向遠方眺望的樓子，他站在樓子上望著兒子自殺的方向默默傷心；但他卻又始終堅持不給太子和因與太子有牽連而被殺的人們平反。直到他幾年後死去，也沒有做這件他應該做的事。

這場慘烈的橫禍是漢武帝自己一手造成的，它發生在漢武帝臨死前四年的征和二年（西元前 91 年），當時他六十七歲。

這場橫禍不僅殃及社會，殃及無辜的平民與下層士兵，也殃及漢武帝自己的家族、親人，而且對已是老年的漢武帝自己的身心也是一種莫大的摧殘。這樣一場荒唐、慘烈的政治悲劇居然發生在漢武帝這樣一個有輝煌功業、有驚世作為的偉大人物的身上，這是由漢武帝高度集權的專制主義造成的，歷史教訓極其深刻。

十、漢武帝第四兒子繼位，追封母親皇后鉤弋夫人

皇帝老爸漢武帝最小的兒子劉弗陵，就是後來的漢昭帝，母親趙婕妤，又稱鉤弋夫人。史書記載劉弗陵自幼聰明多知，又長得身高體壯，很受武帝寵愛。原太子劉據被殺，太子之位一直空缺。漢武帝想立劉弗陵為太子，為免呂氏之亂重演，便於西元前 88 年將其母趙婕妤賜死。第二年，漢武帝臨死之前下詔立劉弗陵為太子，任霍光為大司馬大將軍輔政。

西元前 87 年二月戊辰，在漢武帝死後第三天，劉弗陵繼位稱帝，明年改年號為「始元」，後又改用「元鳳」、「元平」等年號，前後在位共 13 年。

漢昭帝即位時，年僅 8 歲，朝政大權由霍光執掌。但據史書記載，少年的漢昭帝也頗具非常之才，熟知軍國大事。西元前 80 年，大臣上官桀和桑弘羊勾結燕王劉旦，誣陷輔政大臣霍光，結果被年僅 14 歲的漢昭帝識破陰謀。

不久，劉旦等陰謀政變，昭帝在霍光輔助下，誅殺了桑弘羊、上官桀，逼劉旦自殺，成功地避免了一場政變。皇帝老爸漢武帝是有眼光的，漢昭帝劉弗陵果然有乃父遺風，治理國家還是有聲有色的，在處理和輔政大臣霍光的關係上，可以稱得上君臣不相疑，是老臣和幼主成功合作的典範。史稱「漢昭帝年十四，能察霍光之忠，知燕王上書之詐，誅桑弘羊、上官桀，後世稱其明」、「高祖、文、景俱不如也。」

在霍光輔佐下，漢昭帝繼承武帝末年的富民政策，對內輕徭薄賦、與民休息，對外則與匈奴和親。因此，昭帝之世，「百姓充實，四夷賓服」。假如假以時日，漢昭帝必定將會大有一番作為。可惜，漢昭帝還沒來得及盡展其雄才大略，便於元平元年（西元前 74 年）病逝於長安，年僅 21 歲，葬於平陵（今陝西咸陽市西北 13 里處），尊諡孝昭皇帝。

　　當時，對父親留給自己的輔政大臣，劉弗陵是非常重視發揮他們的才能，遇事與他們商量，保持了大漢帝國的強盛。他曾經命令桑弘羊徵召賢良文學召開了著名的鹽鐵會議，詢問老百姓的疾苦。賢良文學力主罷鹽鐵、酒榷，均輸官，屬行節儉，劉弗陵聽從了他們的建議，推選了休養生息的政策，有效地緩和了漢武帝末年的社會矛盾，促進了社會經濟的發展。

　　不過劉弗陵畢竟年幼，即位之後，他的同父異母兄長燕王劉旦心裡很是不服氣，老是想著奪位自立，輔政大臣霍光自然成了他的眼中釘，意欲除之而後快。霍光的政治敵對勢力上官桀等人於是和燕王劉旦勾結起來，密謀策劃先除掉霍光，然後廢掉劉弗陵，擁立燕王為帝。

　　有一天，霍光出長安城去檢閱御林軍，並且調了一個校尉到大將軍府，應該說，這是霍光的正常工作。上官桀等人認為這是陷害霍光的好機會，於是乘機以燕王劉旦的名義給昭帝上書，狀告霍光。罪名主要有兩個，一是霍光檢閱御林軍的時候，一路上耀武揚威，乘坐的馬車與皇帝出巡時乘坐的一樣，嚴重違反了禮儀規定，不是人臣所為；第二個罪名是霍光擅自作主，私自調用校尉，有圖謀不軌的陰謀。同時還表示願交還燕王大印，回到宮裡來保衛皇上，查處奸臣作亂。劉弗陵看了上書之後，什麼話也沒有說，也沒有表示自己的態度。

　　第二天早朝時，霍光已知道被上官桀等人告到皇帝那裡去了，就不敢擅自上朝，而是留在偏殿裡等待劉弗陵的處置。劉弗陵一上朝，發現霍光沒有上朝，馬上就問：「霍大將軍怎麼沒來上朝啊？」上官桀立即回答道：「大將軍因被燕王告發，心裡有鬼，當然不敢進來了。」劉弗陵沒有說什麼，只是派人去叫霍光進來。霍光趕緊入朝，心裡自是緊張得很，他脫下帽子叩頭請罪：「臣罪該萬死！請皇上發落。」

劉弗陵說道：「大將軍不必緊張，戴上帽子，快請起來。朕很清楚上書是假的，你沒有什麼陰謀。」霍光聽了小皇帝的話後，真是又驚又喜，於是問道：「陛下怎麼知道上書是假的呢？」劉弗陵胸有成竹地答道：「你出京城去閱兵，也就是這兩天的事，選調校尉人府也不過十來天罷了，可是燕王遠在北方，怎麼這麼快就知道了呢？就算能夠知道，馬上就寫信過來，現在也趕不到京城啊。再說大將軍真的要作亂謀反，調一個校尉也沒有什麼大的作用。這件事明擺著是有人想陷害你。朕雖然年幼，但也不會上這種當，懷疑大將軍的。」

一席話說得大臣們驚訝不已，霍光也放下心來。聰明機智的劉弗陵接著下令追查冒名偽造上書的人。上官桀等人怕查下去會暴露自己，就勸劉弗陵：「這點小事不知道是誰惡作劇呢，就不值得再追查下去了。」劉弗陵一聽，嘴上雖然沒有堅持，但實際上已經開始懷疑上官桀等人了。

上官桀等人陷害霍光的目的沒有達到，並且實際上已經暴露了自己，但他們還是沒有收手，經常在劉弗陵跟前說霍光的壞話。劉弗陵已經不信他們所說的了，於是警告他們：「大將軍是先帝臨終前託付的忠臣，他輔佐朕治理國家，做了很多事情，天下百姓有目共睹，以後再有人譭謗他，朕一定從嚴處罰，絕不寬貸。」

可見，劉弗陵年齡雖然小，但是已經很是識人。上官桀等人密謀在長公主府刺殺霍光，發動宮廷政變，結果陰謀洩漏。劉弗陵在霍光的幫助下，粉碎了政變陰謀，把上官桀等人處死，燕王劉旦和長公主也畏罪自殺。劉弗陵和霍光君臣相互信任，在朝廷安危的關鍵時刻，平定了政變，保持了西漢王朝的穩定。

遺憾的是年輕聰明的劉弗陵 21 歲就死了。有人說他的死有值得懷疑的地方，但這不是我們所關注的。在他短短的一生當中，他還沒有來得及

發揮自己的才智，但是在用人方面就已經顯示出過人的一面，很多地方都是值得我們學習的。

班固在《漢書》中對他贊道：「昔周成以孺子繼統，而有管、蔡四國流言變。孝昭幼年即位，亦有燕、蓋、上官逆亂之謀。成王不疑周公，孝昭委任霍光，各因其時以成名，大矣哉！」

再說說漢昭帝的孝心，他的生母鉤弋夫人出身於河間。據說漢武帝巡狩經過河間的時候，望氣者說，雲氣顯示，此地有奇女子。漢武帝於是急令使者召見。面見皇帝時，這女子兩手握拳，漢武帝親自為她展開指掌。由是得幸，號曰「拳夫人」。

「拳夫人」進為婕妤（類似上卿，爵比列侯，第二十等爵。漢武帝置，為妃嬪之首），居於鉤弋宮，大受寵愛。太始三年（西元前 94）生了皇子劉弗陵。劉弗陵號「鉤弋子」，據說懷孕 14 個月才臨產。史書記載漢武帝說：聽說古時帝堯 14 個月才出生，今鉤弋子也是同樣。於是宣布將劉弗陵所出生宮殿的宮門改名為「堯母門」。

後來衛太子劉據敗亡，而燕王劉旦、廣陵王劉胥多有過失，寵姬王夫人的兒子齊懷王、李夫人的兒子昌邑哀王都過早去世，而鉤弋子年五六歲時，健康聰明，皇帝老爸漢武帝常說「這孩子像我」，又感念他的出生與眾不同，心中十分喜愛，有心立為太子，只是因為年幼，擔心即位後女主專恣擾亂國家政治，長期猶豫不決。

漢武帝臨終時，確定以少子劉弗陵為繼承人，這就是後來的漢昭帝。然而，劉弗陵的生母鉤弋夫人卻因此被逼身亡。帝位繼承問題，是漢武帝在他帝王生涯的最後時刻苦心思慮的政治難題。衛太子劉據被廢後，一直沒有再立太子。而燕王劉旦上書，願放棄其封國入長安在漢武帝身邊擔任宿衛。漢武帝明白其政治企圖，大怒，當時就在未央宮北闕將其使者處斬。

漢武帝居住在甘泉宮，召畫工圖畫周公背負少年周成王的畫面。於是左右群臣知道了漢武帝有意立少子為繼承人的心跡。此後不過數日，漢武帝所寵愛的鉤弋夫人即死於雲陽宮。鉤弋夫人之死，展現出漢武帝身為一位強有力的帝王，其謀慮之深遠和手段之毒辣。

據《史記·外戚世家》中褚少孫的補述，漢武帝在召畫工圖畫周公負成王之後數日，嚴厲斥責鉤弋夫人。夫人脫簪珥叩頭請罪，漢武帝仍然命令押送掖庭獄懲處。夫人回頭還顧，漢武帝則厲聲喝斥道：快走，你別想再活著了！

夫人死於雲陽宮，據說當時暴風揚塵，百姓感傷。鉤弋夫人在夜色中被草草安葬，墓上只作了簡單的標識。傳說「殯之而屍香一日」，殯殮之後，她的遺體整天散發著香氣。其後漢武帝閒居，問左右說，對這件事，人們有什麼議論嗎？左右答道：人們說，將立其子，為什麼要除去其母呢？漢武帝說：是啊，這確實是一般人不能明白的。往古國家所以變亂，往往是由於主少母壯。女主獨居驕蹇，淫亂自恣，沒有什麼力量可以制約。你們沒有聽說過呂后事件嗎？

歷史學者褚少孫於是感嘆道：漢武帝的這種做法，可以稱為「賢聖」，「昭然遠見，為後世計慮，固非淺聞愚儒之所及也」。後人定其謚號為「武」，豈能是沒有根據的！帝王心態，果然狠忍異常，所謂「昭然遠見，為後世計慮」，以致如此，足見政治人出於政治目的，可以表現出個人情感的嚴重異化。

有人批評漢武帝的這種做法「違天理而拂人情」（見〔金〕王若虛《君事實辨》），以為既不合天理，又背離人情。也有人說，「武帝此舉，殘忍不經，殊非正家裕後之義。」（見〔明〕張寧《讀史錄·武帝》）如此殘厲的作為，是無從為後世宗族樹立典範的。漢武帝對鉤弋夫人的手段，

固然對維護漢家天下的大局有利，但是對鉤弋夫人本人來說，實在是殘忍無情。

專制封建帝王薄情冷血的心性，因此暴露無疑。然而也有人站在維護漢王朝統治的立場上看待「武帝此舉」，竟有肯定的評論。如元代文名甚盛的張養浩，就有〈呂后〉詩：「婦人陰類狠淫俱，故德元勳半坐誅。鉤弋後來非命死，茂陵剛斷古今無。」作者自注：「惜高祖不誅此婦也。」以劉邦不誅呂后致使功臣多遇害，對比漢武帝的「剛斷」，也可以算是一種特別的歷史認識了。

據說漢武帝內心依然思念鉤弋夫人，為她專門在甘泉宮修築了一座通靈臺。經常有一隻青鳥往來臺上，一直持續到漢昭帝即位的時候。唐人張祜〈鉤弋夫人詞〉因此寫道：「惆悵雲陵事不回，萬金重更築仙臺。莫言天上無消息，猶是夫人作鳥來。」其中「惆悵」二字，似是詩人想像的帝王心態。也有人說，漢昭帝即位後，改葬其母，打開棺槨，只有絲製的鞋履依然存留。這樣的傳說，暗示鉤弋夫人已經仙化。

元人楊維楨〈詠女史‧鉤弋夫人〉有這樣的內容：「婕儀未換母儀尊，聞道君王已寡恩。太子宮中無木偶，可無鞠域到堯門。」詩句指責「君王」的「寡恩」。明人沈德符〈天啟宮詞八首〉其八寫道：「六宮拭淚但吞聲，後命何須罪有名。鉤弋競傳屍解去，聖人依舊戲昆明。」則表露出某種批判的意味了。所謂「鉤弋競傳屍解去」，這是說到了死後棺墓中鉤弋夫人「但存絲履」的傳說。

十一、漢武帝時期士人家庭教育以及《史記》之偉大

漢代是封建大一統和社會大發展時期，也是封建社會家庭教育創始並定型時期。漢武帝實行「罷黜百家，獨尊儒術」政策，確立了以儒學為主

導的統治思想，以儒家為主的文化知識受到普遍重視。

西漢武帝時期推行儒學教育，在長安興辦太學，還令天下郡國設立學校，初步建立起地方教育系統。

當時社會階層分「士農工商」，士人身為四民之首，在政治地位、經濟基礎、文化知識具有明顯的優勢，逐漸在家庭教育中占主導地位。士人是文化知識的主要承載者，深受儒家文化的影響，其家庭教育開始呈現出儒學化的特徵，「修身、齊家、治國、平天下」成為了其家庭教育的基本模式，中國重道德、傳知識、求仕進的家庭教育傳統逐漸形成。

漢代士人家庭教育無論在教育內容上，還是在教育形式上，均取得了巨大發展，其中不乏有精華之處，成為了中國文化寶庫中的珍貴財富，至今仍具有重要的參考價值和現實意義。

漢武帝時期確立了察舉制，推舉儒生作官，進一步提高和鞏固了儒學的地位。漢武帝以後，隋唐時期的科舉制以考試成績為選定官員的標準，考試內容主要是儒學經典。於是，儒生既是文化舞臺上的主角，也成為政治舞臺上的主角。

儒學因此全面影響了社會政治和文化生活。儒生的地位得以提升，儒學因科舉制而顯榮，同時也成為執政者奴化臣民的工具。

所以，漢武帝獨尊儒術，對中國社會的影響極其深遠。當然也影響了漢武帝時期另一位偉大的人物 —— 司馬遷。

司馬談是司馬遷的父親，他的父親是一位博學多聞的學者，司馬遷少年時代就受到了良好的家庭教育。司馬談讓兒子拜儒者為師，也是當時的風氣使然，適當為兒子考慮一下仕途。打個不一定恰當的比方，眼下都說應試教育不好，但是做父母的，卻又希望兒女考高分。形勢比人強，古今都是這個道理。不過，司馬談並未對兒子說：現在道家不吃香了，趕快扔

掉它，改學儒術！

司馬談不是趕時髦的投機分子，司馬遷更不是。父子二人秉性相似，都是西北漢子，有骨氣的知識份子。他們對儒家學說也並不反感。到後來，經過孔安國、董仲殊的調教，司馬遷對孔夫子畢恭畢敬。

司馬遷自己講，他「十歲誦古文」。這個天才少年的目光所見，幾乎包括當時所有能用文字記載的東西，《周易》、《尚書》，《春秋》、《左傳》、《國語》、《詩經》、《戰國策》、諸子著述，這些都不用說了，他還學習天文、地理、兵法、商業、域外風物⋯⋯想想他的書房，竹簡堆得有多高。一般的人，早就被茫茫書海淹沒了，司馬遷卻能戲水，甚至能夠踏浪，說他是天才好像還不夠，他簡直是神奇。

有一個詞：「學究天人」。司馬遷就是這種人。今天的學者，也許單攻一本書，就夠他一輩子嘔心瀝血了。司馬遷在茂陵生活了七八年，直到他二十歲開始行萬里路。天才少年很用功，但不會很辛苦。

如果他學得身心疲憊，像現在的中學生，那麼，他學的知識多半是假知識，是學的時候就打算將來要忘掉的敲門磚。只有學通了，能舉一反三了，從中獲得智性的樂趣了，那才叫學習。司馬遷閒時也到各處逛逛，小茂陵，大長安，滿眼都是驚奇。外部世界對他的吸引力，不下於書本，二者又形成互補。

司馬遷大約四十二歲開始寫《史記》。現在他年近半百，寫了七八年了。也許他以前的文章比較平和，自從受了宮刑，文風為之一變，充滿了戰鬥性。《史記》是一部紀傳體通史，涉及漢以前三千年的政治、經濟、軍事和文化。全書包括十二本紀，十表，八書，三十世家和七十列傳。「本紀」記帝王事。「表」記載歷代世系、列國關係與官職更迭。「書」記載典章制度；也講天文水利、經濟文化等，類似後來的科學專史。「世家」

寫各時期的王子諸侯。「列傳」最豐富，寫謀士、將相、俠客、刺客、巫師、商賈、文人、佞幸等，所占篇幅為全書之首。

一般歷史學家，能夠寫下真相就難能可貴了，而司馬遷道出真相之後還要評價，每篇文章的末尾都有「太史公曰」，立場很鮮明。認真讀《史記》，會明白什麼人才是大歷史學家，知識的後面是勇氣。所謂讀史明智，只說出了一半，大歷史學家是大智大勇。

然而《史記》決不是個人化的寫作，司馬遷長期的學養和歷練使他能夠站得更高，既有戰鬥性，又有公正性；既有鮮明的立場，又有冷靜而客觀的描述。他的一些篇章，不乏所謂「零度寫作」的要素。但冰點本身就是沸點，像魯迅所謂「火的冰」，表面不動聲色，底下岩漿奔騰。

《史記》所承載的中國傳統文化的內涵，是方方面面的。它是史學和文學巨著，又是古典意義上的百科全書。它書寫西漢以前的時光，卻遠遠越過了今天，直指我們可能擁有的未來。

第四位皇帝老爸

新朝皇帝 —— 王莽

第四位皇帝老爸
新朝皇帝 —— 王莽

　　王莽成了兩千年來中國歷史上爭議最多的人物之一。王莽，從一個默默無聞的黃門郎一步一步登上高位，最終成功奪取了漢家江山，但最後新建王朝又很快土崩瓦解。他的作為，卻並不能簡單地用篡國奸賊來解釋。

　　西漢哀帝死後，漢平帝即位，王莽以大司馬大將軍輔政，於初始元年代漢稱帝，改國號為新。王莽代漢後所得天下，是一個腐朽不堪的爛攤子，為了新朝的長治久安，為了緩和早已激化起來的階級矛盾，擺脫政治危機，他進行了全方位立體式的制度改革。歷史學家一般都認為是王莽篡漢立新朝，但也有史學家認為他是一個有遠見而無私的社會改革者。

皇帝老爸新朝皇帝王莽的個人檔案

姓名：王莽

字：巨君

籍貫：魏郡元城（今河北大名縣東）

民族：漢

生卒：西元前 45 年～西元 23 年

享年：68 歲

生日：不詳

容貌：巨口短頜，露眼赤睛

血型：未知

身高：約合 162 公分

生肖：鼠

星座：未知

性格：好學不倦，生活儉樸，可謂「勤身博學」

愛好：科學，改革

父親：王曼

母親：王氏

兄弟姐妹：不詳

配偶：王氏

皇后：王皇后

子女：長子王宇（因為呂寬之獄受到牽連而被王莽所殺），二子王獲（因為殺了一個奴婢而被欲博取名聲的王莽逼令自殺），三子王安（病死），四子王臨（因與王莽的侍妾私通，謀殺王莽，被逼令自殺），五子王興，六子王匡；長女（姓名不詳，封黃皇室主，為漢平帝皇后，農民起義軍攻破長安後自焚而死），次女王曄，三女王捷。

繼位人：無

最不幸的事：4個兒子被自己逼死

最痛心的事：改制失敗

一、西漢王朝虎頭蛇尾的開始

西漢時的王莽就其宗族而言，應該說是出身豪門：他父親雖然早死，但他的幾個伯父、叔父在漢成帝時代一個個出將入相、封侯受賞，王氏一門可謂顯赫之極。

但王莽本人的小家卻是寒微之極：父親早逝，接著哥哥也去世，王莽只能與母親相依為命，靠著親戚們的周濟過生活。於是王莽小時候起就擔起全家生活的負擔，王莽也極其孝順母親，這是出了名的，他也尊敬嫂子，照顧侄兒，雖然生活艱苦他卻也很愛讀書，可以說是博覽群書。

第四位皇帝老爸
新朝皇帝 —— 王莽

也正因此，王莽從小就養成、練就了一套為人處世的本領，少年老成之極。無論心中多麼難過或氣惱，但在親戚長輩或外人面前，他都表現出十分愉悅、平和的樣子，因此頗為宗族中眾人賞識。

不過在西元前 33 年，漢元帝病死，兒子劉驁（同音，熬）即位，這就是漢成帝。漢成帝尊生母王皇后為皇太后，這皇太后就是王莽的姑姑。此後，王氏家族開始顯赫朝野：國舅王鳳做了大司馬大將軍並領尚書事，為當朝第一權臣，他的其他兄弟，也就是王莽的伯伯叔叔都封了侯，但王莽的父親王曼因為早亡，沒能封侯，這使王莽和其他堂兄弟相比更加寒酸了許多。

但這並沒有使王莽灰心喪氣，相反倒激發了他出人頭地的欲望。他從小就謙遜有禮，而且節儉勤奮，拜名士為師，虛心學習，苦讀經書。回到家裡，也是很恭敬地孝順母親和寡居的嫂子，負責教育已亡兄長的孩子。他還廣交朋友，對待掌握朝政大權的叔叔伯伯們，他更是恭敬有加。

在西元前 22 年，即漢成帝陽朔三年，王莽的伯父、獨掌朝政的王鳳生病休養在家，王莽侍奉左右，基本上沒有離開，還自己親口嘗藥，以免燙著伯父，前後幾個月沒有解開衣帶好好休息，其孝道超過了伯父的兒子們。於是王莽簡直比病人還「病人」，比親兒子還「親兒子」的舉動使王鳳極其感動。對此，家族上下無不誇讚，王莽的幾位叔叔伯伯也紛紛上書，為他請求封賞。最終，王莽的辛苦沒有白白付出，王鳳在自己臨死時請求皇太后和成帝委任王莽官職，太后和成帝都答應了。

不久，王莽就做上了黃門郎，雖然官品很低，但這是皇帝身邊的官職，升遷的機會很多也很快。果然，沒多少時間成帝便升王莽做了射聲校尉，品秩二千石，相當於地方的郡守，官職已經很高了。這時的王莽僅僅24 歲，可謂前途無量。

這之前的王莽，我們還不能說他就是一個壞人，奸臣，因為他小時候對母親的孝順不可能是虛情假意的，小時的家境苦難使他對母親加倍關照，是人之常情，我們不能因為以後人做的壞事就將原來的事一概否定。實際上，人的欲望是一步步膨脹起來的，一點點變化的。王莽後來篡漢建立「新」朝，就是他出人頭地，以及對小時候寄人籬下、長期所受壓抑心理的一種消解。

在西元前 16 年，王莽的叔父成都侯王商請求成帝將自己的戶邑分封給王莽。同時，很多的名士也聯名上書，讚譽王莽的人品和才德。漢成帝便順水推舟，封王莽為新都侯，食邑 1,500 戶，晉升為騎都尉光祿大夫侍中。其中的騎都尉表示武官，而加上光祿大夫便可以參與朝政大事了，至於侍中更加重了他的權勢，因為侍中可以侍奉皇帝身邊。

三十來歲的王莽已是掌握大權的重臣了，但王莽並沒有顯露出一點驕橫之氣，相反，他更加謙恭了。不僅廣交名士，和眾大臣友好往來，還經常將家財分發救濟貧寒的賓客。這時的王莽確實有些做事給別人看的意味了。

王莽當時之所以不敢太放肆，是因為他還有一個強大的對手，這就是淳于長。這也是王氏的外戚之一，並且其官位和聲勢在王莽之上。當初，為了能日後高升，他極力說服了太后，將成帝寵愛的妃子趙飛燕立為皇后，這使漢成帝對淳于長感激不盡。很快便封他做了關內侯，然後又封定陵侯。

這個淳于長雖然有計謀，但沒有長久的大謀略，在得志之後便忘乎所以，不知道螳螂捕蟬黃雀在後，那個王莽正在盯著找他的短處。大權在握的淳于長驕橫過度，還和被廢的許皇后的寡居姐姐許嬢私通，後來又納為妾。淳于長為了討被廢許后的歡心，向成帝說情，使成帝又將許后升為婕

好,但是淳于長膽大包天,對許后也敢調戲。這事被王莽舉報,使淳于長喪失了所有的要職,回到了自己的封地,最後,成帝將他定為大逆之罪,這是古代封建社會「十惡不赦」的大罪之一,之後淳于長就死於獄中。

不久,任大司馬大將軍的叔叔王根推薦王莽代替自己攝政。在西元前8年,成帝升王莽為大司馬。這時的王莽不足四十歲。

高升後的王莽依然是那麼謙遜有禮,他找來賢德的人做官,皇帝賞賜給自己的錢都拿來分給大家,而他自己卻極其節儉。有一次,他的母親生病,大臣們紛紛讓自己的夫人來府上探視,王莽的夫人也到門外迎接,但眾夫人卻將她當作王府家的僕人了,因為王夫人的穿著太普通太節儉了。

王莽和後來的袁世凱有相似的地方,那就是罷職回鄉。王莽也是這樣,在西元前7年,成帝死去,但成帝沒有兒子,結果,元帝的孫子劉欣即位,就是漢哀帝,這樣就使其母親傳姓一系親屬成了外戚,與王氏勢力發生了權力之爭。王太后為了穩定朝政,讓王莽辭去官職。王莽在京城閒住兩年後,被漢哀帝趕回了南陽自己的封地。不過,太皇太后的存在給王莽的復職提供了條件。

回鄉後的王莽沒有消沉,他對名士更加禮遇。兒子殺死了一個奴隸,這在當時本來不是大事,因為法律有規定,主人對奴隸有生殺之權,即使是冤殺,受點處罰便可以了事,但王莽借題發揮,他讓兒子自殺償命。為了自己的政治前途不惜拿兒子性命為賭注,王莽確實殘忍了一些。

王莽的行為產生了作用,眾多大臣紛紛為他求情,要求恢復他的官職。恰好這年又發生了日食,這在封建社會是一種懲罰的徵兆,說明皇帝政事有錯誤的地方。這又成了為王莽說情的大臣們借題發揮的好藉口。漢哀帝只好下詔將王莽召回京城。

王莽回京一年之後,漢哀帝死去,他也沒有兒子,結果王莽在姑姑太

皇太后的支持下做了新帝漢平帝的輔政大臣。接著，王莽將傅姓外戚趕出了京城，而他自己卻當上了「安漢公」。

王莽又命手下人上書太皇太后，表面說她應該保重貴體，不該太勞累，不必親自處理小事。實際上是為了給王莽專權爭取機會。太皇太后果然答應了，將大權基本上給了王莽這個侄子。

這時的王莽開始顯露他殘暴的一面了。他的長子王宇看不慣父親的跋扈專權，便密謀勸諫。王莽得知後把王宇投入監獄，王宇最後服毒自盡。但王莽並沒有就此甘休，他透過制裁王宇的妻弟呂寬，將中央到地方的大小官員及其親屬牽連處死的達幾萬人之多。

為了鞏固自己的權勢，王莽又設法讓女兒做了平帝的皇后。然後，王莽得到了「宰衡」的稱號，位居上公。平帝逐漸對王莽不滿，但未等平帝採取措施，便被王莽毒死了。王莽又將剛兩歲的劉嬰扶上帝位，自己則當起了堂而皇之的「攝皇帝」。

這時的王莽其實已經有了篡位之心了，西漢王朝的虎頭蛇尾就此開始了。西漢王朝「虎頭」是漢高祖劉邦開創的，而西漢的「蛇尾」就是王莽篡漢。

在王莽出現的 200 多年前，有一個傳說在人世間流傳。說的就是漢高祖劉邦在起事時帶著他的追隨者往芒碭山一路狂奔，但是一條蟒蛇擋住了去路。這是一條宿命的蟒蛇，牠帶著歷史的玄機擋住了一個偉大人物的去路。傳說中的蟒蛇會說話，牠對劉邦說：「你是真龍天子，但我不能讓你過去。」

這條擋道的蟒蛇看起來不懷好意。但是劉邦還是過去了，他把牠攔腰砍斷，一分為二。

可歷史的玄機看上去並沒有被砍斷，因為那條宿命的蟒蛇在其後的歲

月裡也把大漢朝一分為二，西漢對東漢差不多一半對一半，西漢朝一共
209 年，後來的東漢一共歷時 195 年。而壽長只有 15 年的新莽朝就像一條
細細的腰帶橫亙其間。

當然，這只是傳說，是歷史的流言蜚語。但是王莽的出現卻讓這個傳
說變得有幾分真切，王莽怪異地在西漢與東漢間充當了一個可疑的第三者
—— 這是歷史的恐怖時刻，而王莽的「莽」字又給了當時的人們許多遐
想的空間：「莽」者，蟒也？真是匪夷所思，令人感嘆的歷史。

二、歷史上真實的王莽，獨一無二的民選皇帝

在西元 8 年，王莽終於宣布取代漢，改國號為「新」。

王莽歷來是個爭議很大的人物。他同曹操過去都在歷史上是屬於亂漢
的奸賊。曹操這些年在一些史學家和文人的努力下，除了在戲劇舞臺上仍
是白臉奸臣之外，基本上開始樹起了正面人物的形象。而王莽則不同，無
論是史學界、文學界，還是官方、民間，仍然基本上是否定占主流，肯定
只是少數人的意見。

曹操還只是「挾天子以令諸侯」，未敢自己坐上龍椅。而王莽則「篡
位」當了皇帝，這就大逆不道了。尤其是後來又被起義軍砍了腦袋，漢室
復辟。後人就更不敢從正面說他了。有關王莽的記載主要見於《漢書》，
卷九十九有一篇長長的傳記。漢書作者班固為東漢子民，以維護漢家正統
為己任，身為篡位者的王莽傳記真實性實在很可疑，評論更是一邊倒的口
誅筆伐，善舉既被定位「偽裝」、惡性劣跡更不用說，所以給後世的人們
分析判斷王莽這個人物造成很多的困難和誘導。

其實，王莽在歷史上也算是有作為，有貢獻的人物。讓時光倒回到西
元 8 年之前，我們先來看看王莽的所作所為：

西元前 1 年（哀帝元壽二年），正當青年的 25 歲的哀帝突然去世。此前他的祖母傅太后與母親丁皇后都已去世。王莽的親姑姑王政君就又成為整個國家最高權威，她立即恢復王莽的大司馬職務。在此之前，漢哀帝時，由於外戚丁、傅兩家輔政，王莽被迫告退，閉門自守。

這時王莽東山再起，他復職第一件事是罷免董賢，並選立中山孝王 9 歲的兒子即位，是為漢平帝。王莽命令平帝的親屬一律不許進入京城，以杜絕新的外戚之患。接著，他把傅、丁兩氏外戚全部趕出京城。王莽復出執政，得到全社會歡呼，臣民們覺得漢朝振興有望了。這一年，王政君封王莽為安漢公，實際總理國政。

西元 2 年（平帝元始二年），發生旱災蝗災。王莽帶頭捐款一百萬錢，捐地三十頃，救助窮人。二百三十個貴族跟進，捐出大批糧食、土地，分給弱勢群體。民眾捕蝗蟲，按多少給錢。全國無災地區凡是財產不滿兩萬錢、受災地區財產不滿一萬錢的貧民，免交租稅。發生病害的地方，騰出大房子給病人醫治。一家死六人以上給葬錢五千，四人以上給三千，兩人以上給兩千。

王莽廢去皇室的呼池苑，改設安民縣，遷移窮人去住。沿途飲食以及到達之後所需的田宅器具耕牛種子等，都由官府供給或借貸。王莽又下令在長安城中投資建設五個里共二百個「廉租房社區」，供貧民居住。權勢開始向民生傾斜。

王莽努力解決教育難題，擴大太學招生，太學生數量破紀錄超過一萬人。他還下令各地興建學校，讓更多的孩子讀書增長知識。

據《漢書·王莽傳》說，王莽在京城為學者蓋了一萬間房子，成立了不少研究所。凡是對古典文獻有所專長的，都召到京師做研究，前後來了千把人，每天討論儒家學問。

王莽還大搞意識形態建設，根據《周禮》精神，重定車服制度，分等級確定國人的著裝、住房、器用、婚喪式樣，接著又下令對老人、兒童不加刑罰，婦女非重罪不得逮捕。

一時之間，社會風氣大為好轉。逢到災害，王莽自動吃素，並赦免囚徒。這些改進或改革措施，大概就屬於王莽的「為民做官」吧。

漢平帝12歲時討論結婚，成千上萬的士人百姓湧向政府大門，不肯離去，要求漢平帝必須娶王莽的女兒，以王莽之女為國母，別的女子完全喪失競爭力。王莽女兒當然被選為皇后，漢平帝因娶王莽之女賜給王莽的兩萬五千六百頃土地，王莽都退回了。聘皇后的禮金兩億錢，王莽接受六千三百萬，其中四千三百萬周濟劉氏宗族中的沒落窮人，剩下的錢大部分孝敬王政君使用。

眾大臣感念至深，先是提議把新野、召陵、新息、黃郵聚等四個地方的土地賜給王莽（王莽退掉了新野、召陵、新息三個地方），接著又提議加封王莽為宰衡（高於所有諸侯王公之上的職務官名，為西漢末年新創），後又奏請加封王莽九錫（自古以來視為最尊貴的九種物品，如最高級的車馬、衣服、弓矢、樂器、儀仗隊、武裝衛隊、天子祭祀天地用的酒、朱紅大門、能罩住臺階的屋簷等，只有新皇帝登基才用）。既然加封九錫，那也就意味著地位離皇帝不遠了。

王莽不受新野田的消息傳出，朝廷收到四十八萬七千五百七十二人上書，懇請王莽接受封地。有人統計，當時全國人口五千萬左右，以明朝識字率不超過人口的百分之五計算（這是北京大學研究的成果），漢朝識字者最多兩百萬左右。長安及周邊地區能上書的知識份子也就是四十八萬多人，這裡幾乎所有能上書的人都參與了這個運動。

如果當時進行民調，王莽的支持率當在百分之九十九左右。高層官員

當中，支持加九錫的王公列侯及卿大夫九百零二人，幾乎百分之百。

西元 5 年（平帝元始五年），漢王朝為王莽加封九錫。一個推舉王莽代替劉氏當皇帝的運動開始興起。為什麼無能的劉氏後人永遠坐江山，而這樣的聖人卻不能當皇帝呢？當時絕大多數臣民一致認定，只有王莽才能讓奄奄一息的國家重新強壯起來。

當時的地球氣候也在幫助王莽。王莽執政之前的幾十年，夏天降霜，冬天打雷，地震隕石，日食月食，災異頻頻發生。老天爺弄神弄鬼，忙得不可開交。

時在遠古，每逢「詭異」，總不免有人添油加醋，口口相傳，鬧得氣氛十分緊張。可是王莽上臺之後，災異大為減少，人們舒了一口氣。與此同時，「祥瑞」、「神蹟」卻接二連三出現了。

早在西元 1 年（元始元年），就有南越人進貢一隻白雉、兩隻白雉。儒生們一查《尚書》的記載，周朝時候，越裳氏曾向周成王進貢白雉。此時白雉重現，顯然是「周成白雉之瑞」。

西元 5 年 12 月，年僅 14 歲的漢平帝去世。同月，長安附近一個井裡發現一塊白石，上面刻有紅色文字「告安漢公莽為皇帝」。王政君即刻下詔讓王莽攝政，朝臣稱之為攝皇帝（攝即代理之意，攝皇帝為代理國政），又有人稱他為「假皇帝」。西元 6 年（王莽居攝元年）3 月，王政君宣布，立漢宣帝玄孫、2 歲的劉嬰為皇太子。

王莽當了攝皇帝之後，一個最基層的官員 —— 臨淄縣昌興亭的亭長向朝廷報告說，他夢見了「天公」。「天公」在夢中告訴這個亭長，「攝皇帝當為真」。為了表示靈驗，「天公」還說，早上醒來，將會看見亭中有一口新井。亭長早上起來跑到亭中一看，原來的平地上果然出現了一口新的深井。

第四位皇帝老爸
新朝皇帝 ── 王莽

　　與此同時，全國各地絡繹不絕給京師送來載有「天命」訊息的奇石銅符。這些訊息的內容，都是王莽應該即位稱帝。在諸多「神蹟」面前，王莽卻是一個勁推辭。形勢演變到了非常迫人的地步：他越推辭，臣民就越急；他越展示出無私，臣民就越狂熱。

　　於是全國推舉他做皇帝的勢頭已經形成巨大聲浪，「祥瑞」和「神蹟」每天都大量出現。臣民們也每天都在引起議論和催促，不容王莽後退。歷史上甚至還出現了這樣的記載：王莽前往未央宮觀看各地送來的奇石時，突然天風大作，煙霧彌漫。霧散之後，石頭前面出現了帛圖 ──「天告帝符，獻者封侯。承天命，用神令。」

　　西元 8 年（王莽居攝三年）11 月，一個叫哀章的人向朝廷進獻了分別放在兩個銅盒裡的「天帝」和「赤帝」降下的「符命」，「符命」的內容就是王莽該當皇帝。

　　到了這個時候，王莽終於顧不得王政君的勸阻，在這個月即位當了真皇帝，改國號為「新」。王莽廢掉劉嬰的皇太子名號，封他為定安公，賜給他一塊方圓百里的地方，把漢朝的宗廟放在那裡。西漢二百多年的歷史就此畫上了句號。

　　有研究學者認為，王莽其實是那個時代的民選皇帝，此話有理。王莽當皇帝之後，當時的學界領袖揚雄寫了一篇〈劇秦美新〉獻給王莽，說王莽「配五帝、冠三王」，「奉若天命」。

　　有些學者認為，這些「祥瑞」不過是王莽自導自演的「勸進」丑劇罷了，益發暴露出王莽的「篡位」野心，諸多東漢學者就說這是王莽命令地方官搞的陰謀。這些「神蹟」當然是「演戲」的，這個毋庸置疑。

　　不過，就當時形勢來看，更大的可能是各地臣民主動所為。這裡既有拍馬屁成分，又有進獻者獲益的盤算，也有真心的期盼。不妨說，前者正

是利用了彌漫全社會的真心期盼。

這種期盼是哪裡來的呢？是長期以來王莽的所作所為激發的社會心理，這也是王莽的作為和臣民期盼之間的互動吧。整體來說，王莽新朝的出現也是順應歷史潮流的產物，王莽本人嘛，難免也要背上從「先進模範到亂臣賊子」的罪名了。

三、從先進模範到亂臣賊子

在漢元帝、漢成帝的時候，王氏家族輔政，史書記載：「子弟以輿馬聲色佚遊相高」，唯獨王莽是「折節為恭儉」，「勤身博學」，事母養孤，以德行著稱。王莽的伯父大將軍王鳳臨終向做皇后的妹妹王政君薦舉，於是王莽就「拜黃門郎」，官至光祿大夫侍中，爵新都侯。王莽「為人矯飾，曾傾資賑施賓客，招納名士，結交公卿大夫」；綏和元年（西元前 8 年）王莽繼王根為大司馬，愈為儉約。妻子「衣不曳地，布不蔽膝，訪客以為是使婢」。

而後，「哀帝立，重用自己的外戚丁、傅兩家，王莽奉政君命罷官就國。哀帝卒，無嗣，政君即以太皇太后臨朝稱制，召還莽，拜大司馬，迎立年僅九歲的中山王，是為平帝」。此時王莽已不再聽政君節制。從此，「附順者拔擢，忤恨者誅滅」，大吏進退皆任莽意之所欲。元始二年（西元前 1 年）莽進位太傅，號安漢公，再進宰衡。他奉公卿奏請政君歸政，政事由安漢公決定，權同皇帝。

為取得民眾支持，以奪取政權，王莽出錢百萬，獻田三十頃，交大司農賦給平民；還依古制起明堂：辟雍、靈臺，增加博士名額；網羅儒生數千人詣京師，令改正前人乖謬，統一異說。他辭讓新野田的封賞，吏民上

第四位皇帝老爸
新朝皇帝 —— 王莽

書頌德者近五十萬人。元始五年加九錫。是年平帝不明不白死去，王莽立兩歲的劉嬰為帝，臣民稱莽為「攝皇帝」。始初元年（西元8年）劉嬰「禪讓」於王莽，莽即皇帝位，次年改國號為「新」。

王莽是中國歷史上一個特殊的人物。他的一生是同兩漢之際的許多重大歷史事件緊緊連繫在一起的。是時，政治風雲瞬息萬變，制度改革以及農民起義遞嬗發生。這些撲朔迷離的歷史事件，使後世在王莽評價的問題上產生極大的分歧。從東漢的班固開始，王莽一直是封建史學家咒罵與譏諷的對象。

王莽在奪權之前，恪守德行，以期把自己塑造成賢明而又能幹的舜。首先是用利益攏絡人，把皇帝賜給的封邑和錢財全部分發給手下的屬員。同時，他的節儉也讓世間震驚：他母親病了，公卿列侯都各自派夫人去看望，王莽的妻子出來迎接，衣服的長度還拖不到地上（那時的講究是衣拖地），外衣的長度剛剛遮到膝蓋。起初，貴夫人們還以為王莽大失禮貌，「怎麼會讓一個僕人去來迎接我們呢？」一問才知這就是大司馬（相當於三軍總司令）的夫人。那幫貴夫人當然大為驚訝了。

為了把自己製造成更合乎標準的「舜」，王莽經歷了一次失敗（免去大司馬職務）後，隱忍了近十年。十年後，他又行大義滅親之舉。他的兒子王宇反對他因政治見解斷絕與皇帝的舅族衛氏的來往，還私下與平帝的舅舅之一衛寶保持通訊往來，並教皇帝的生母衛后上書，請求到京師團圓。

王莽力拒，兒子則與老師吳章串通起來，用裝神弄鬼的事來嚇唬自己的老爸王莽 —— 指使人去王莽門上潑血，不幸事情敗露。王莽毫不手軟，下令把親生兒子且是長子王宇投入監獄，讓他服毒而死，把衛后一家也全殺了。那個可憐的老師也被處以腰斬。

王莽後世評價實在不好，後人的態度很明確，幾乎無一不指其為謀逆篡位的亂臣賊子。有些評價還能些輔助點客觀的史實，有些則簡直就是一片辱罵。那些以正統自居以儒家為代表的評論家們大概忘了，王莽就是身體力行他們所標榜的黃帝、虞舜時代制度的施行者，依《周禮》、《王制》等聖王先道，夢想著建立儒家遠古理想中的太平盛世。

探究王莽一生，以個人的角度而言，並未犯過什麼嚴重的過錯，其品性行為還都比較正常甚或可稱得上優秀。身為皇帝，也並不比漢朝或是別的朝代的其他皇帝做得更差。其最後的倒臺和被殺是源於農民起義，而這些起義的原因後有學者說不是由於王莽的暴政造成，根本原因在於當時黃河的幾次氾濫和改道，造成了大量平民的流離失所和叛亂（見《劍橋中國秦漢史》）。

透過和平手段改朝換代的歷史上另有幾起，如唐的武則天情形就很類似，另外宋太祖趙匡胤也是搶了柴家幼兒寡母的天下而居之的，不同的是宋朝持續了幾百年，後世有足夠的一幫自命正統的文人來為祖上文飾篡逆的事實，王莽則缺乏這種好運氣。

設想如果王莽的新朝能持續 200 年或更久，王莽或許也會被歌頌成一個像唐宗宋祖之類的聖君明主也未可知呢。

王莽在歷史上的人緣歷來不好，兩千年來罵聲不絕。唐白居易的詩大體上代表了公眾的一般意見：「周公恐懼流言日，王莽謙恭未篡時，向使當初身便死，一生真偽復誰知？」為登皇帝位，王莽謙恭偽善幾十年，贏得公眾的讚譽，然後「一翻臉就變」，上臺後撕下溫情的面紗，露出原本猙獰面目，「巨口短頷，露眼赤睛，聲大而嘶啞」，簡直就是一頭怪獸了。

四、王莽「演技」可圈可點，新朝「影帝」非他莫屬

王莽的發跡得益於其姑媽，漢元帝的皇后王政君。漢元帝就是那個把宮女王昭君嫁給匈奴呼韓邪單于的皇帝，這麼個大美女嫁給了別人，估計後來腸子都悔青了，沒過多久就鬱悶死了。西元前 33 年，兒子漢成帝即位，漢成帝也喜歡美女（恰好這時代又出了兩個史上有名的大美女趙飛燕、趙合德姐妹），對權力興趣不大，任命母親王政君的哥哥王鳳（王莽的大伯）為大司馬、大將軍攝政。前 33 年至前 8 年，王家一脈的王音、王商、王根等母系外戚相繼掌權。王莽在這期間得了家族長輩們的佑護和青睞，職務飛升，到西元前 8 年王根死後，被任命為大司馬，時年三十八，可謂年輕有為。這段時間也就是王莽的「謙恭之時」，期間表現確實很優秀，在王氏下一輩當中可謂出類拔萃。史書記載：

「莽既拔出同列，繼四父而輔政，欲令名譽過前人，遂克己不倦。聘諸賢良以為掾、史，賞賜邑錢悉以享士，愈為儉約。」（見《資治通鑑》卷三十二）。

《漢書》云：「莽獨孤貧，因折節為恭儉。受《禮經》，師事沛郡陳參，勤身博學，被服如儒生。事母及寡嫂，養孤兄子，行甚敕備。又外交英俊，內事諸父，曲有禮意。」

又云：莽「宿衛謹敕，爵位益尊，節操愈謙。散輿馬衣裘，振施賓客，家無所餘。收贍名士，交結將相、卿、大夫甚眾。故在位更推薦之，遊者為之談說，虛譽隆洽，傾其諸父矣。」（卷九十九）。

另有：「母病，公卿列侯遣夫人問疾，莽妻迎之，衣不曳地，布蔽膝。見之者以為僮使，問知其夫人，皆驚。」

這是其成為大司馬以後的表現，以國家總理級的身分而把老婆打扮飾像奴僕丫鬟一樣。實話說，這種行為無論如何也是不常見的，以此見其

修身治家之一斑。這期間王莽的表現應是有目共睹，贏得了大多數人的交口讚譽，否則王氏子侄眾多，王根死後，太后王政君也不會挑出王莽來作輔政的大司馬執掌大權。

　　至於王莽其本質如此，還是偽裝成好人，實已不得而知。宋代蘇洵有〈辨奸論〉云：「凡事之不近人情者，鮮不為大奸慝」。《通鑑》的評論是「飾名如此」，似乎都在指責王莽在演戲邀虛名，一口咬定王莽是「一隻披著羊皮的狼」，是邪非邪，見仁見智，只有自己去分析判斷了。

　　西元前 7 年成帝忽然死了，成帝死的有點傳奇色彩，史書為尊者諱，對於其死含含糊糊，民間的傳說是因春藥服的過多，精盡人亡死在趙合德的床上。王莽奉命追查，趙昭儀因此而自殺。哀帝即位後，王莽經歷了一次仕途上的嚴重打擊，被迫辭職，在家裡隱居了一段時間。賦閒期間的王莽作了一件讓人瞠目結舌的事情：「莽杜門自守，其中子獲殺奴，莽切責獲，令自殺。」因兒子殺了一家奴，王莽把他親生兒子硬是給逼死了。縱觀王莽一生，其家庭景況不幸的讓人同情，四個兒子被他殺了兩個，逼死一個，還有一個有些弱智。老婆也「莽妻以莽數殺其子，涕泣失明」於西元 21 年死掉。

　　王莽以皇帝之尊，卻未寵幸多少後宮，老婆死後，在民間找了 120 個美女。數目雖說已不少，但比之東漢後宮動輒 6,000 佳麗比起來，實在算不上多，王莽當時已經 66 歲，想來也是心有餘而力不足了。王莽的個人生活在中國數百名皇帝當中，並不奢侈，算得上是艱苦樸素的一個，也並沒有當面一套背後一套耍兩面派，這點上，《漢書》和《通鑑》上都沒有什麼可指責的不良紀錄。

　　和漢成帝不同，漢哀帝不喜女色而好男寵，和近臣董賢大搞同性戀，不知是否患了愛滋，沒作幾年皇帝就死掉了。西元前 1 年，王莽在其姑媽

王政君的幫助下重掌朝綱，首先收拾了董賢，後找了劉家一位9歲的小孩子為皇帝，就是漢平帝。王莽自此「大司馬莽秉政，權日盛，百官總己以聽於莽」，不久又受太傅、安漢公號。

這時期王莽的聲譽依然不錯「郡國大旱、蝗，民流亡。莽上書出錢百萬，獻田三十頃，付大司農助給貧民」，「又起五里於長安城中，宅二百區，以居貧民」，又「為學者築舍萬區，制度甚盛。網羅天下異能之士，前後至者千數」。（見《資治通鑑》卷三十五）捐錢蓋房救助災民之類善事的作了不少。到西元5年，加九錫，九錫是車馬、衣服等等九種物什，皆「天子制度」，這時候王莽的地位已經和當時的皇帝差不多了。

在《三國演義》中也可看到魏武帝曹操也想搞「加九錫」之類的把戲，因漢臣多人反對好像就沒成功。王莽似乎是眾人擁戴，根本沒費什麼勁，反而惺惺作態的推辭了大半年。他女兒這時候也嫁給了皇帝成為皇后。

漢平帝當了五年皇帝，在其14歲的時候死了。《通鑑》說是王莽「上椒酒，置毒酒中」害死的小皇帝，西元7年東郡太守翟義造反時這種指責開始出現，但真實性很可疑。王莽當時已經是事實上的皇帝，號令皆由其出，毒殺皇帝這種大逆不道之事放到任何時代都是很嚴重的，王莽也沒把握漢室的宗親能夠完全聽命於他，弄不好就身敗名裂或死無葬身之地，同時也看不出他在毒殺皇帝前作了些什麼準備工作和應對措施，如調動軍隊、全城戒嚴等等周詳的計畫和部署，似乎沒有必要冒天下之大不韙做這種沒把握的事情。

但不管怎樣，漢平帝是真的死了，之後王莽開始了其居攝時代。兩年後（西元8年）正式登基稱帝，成立大新朝。從姑媽王政君那裡討要傳國玉璽，太后想不到侄子王莽會做出這種篡位逆天之事，「大驚」，不得已「乃出漢傳國玉璽投之於地」，據說還摔壞了一角，用金鑲邊修復。王政

君老太太活了 80 多歲，一手提拔的王莽，結果成這樣真不知作何感想。

王莽當上皇帝以後開始了很多改革措施，如改很多地名，創立西海郡（今青海地區）；恢復古代井田制度；禁止所有奴隸婢女買賣；改革幣制，幣值越鑄越大；實行專賣制度：酒專賣，鹽專賣，鐵器專賣；建立貸款制度：人民可向政府貸款，不收利息；掌控經濟：由政府控制物價，防止商人操縱市場，以消除貧富不均等等，似乎做了很多努力，像王安石變法，但改革的效果不得而知。王莽對外關係搞得有點緊張，把匈奴的「匈奴單于璽」更改為「新匈奴單于章」引起匈奴不滿，西南邊夷也發生幾起民變，另外還發動了幾次對高句麗等的戰爭。

漢代時候由於董仲舒的「天人感應學說」，對一些自然災異現象很是重視，認為是上天的警世。如地震、日食、月食、彗星等等一出現就把皇帝緊張的不行，不是「大赦」，就是免租等。《西遊記》裡佛祖壓孫悟空的五行山據說就是王莽篡漢時候從天而降的（見《西遊記》第 14 回），如此這般的話那估計一定把王莽嚇個半死了。

身為儒生代表，王莽就古典經籍、語文學等召開學術研究，同時他非常相信天命，劉邦斬莽起義建立的漢朝被認為是火德，作為報復，二百年後王莽則定其大新朝為土德以繼之。在位期間作了很多異想天開的事情，如令太醫研究解剖學，給人裝上翅膀飛了幾百步遠等等。

天鳳五年（西元 18 年），樊崇赤眉起義開始發難，後綠林等民變接連不斷，以及乘勢而起的南陽劉氏宗族的劉縯、劉秀兄弟。到西元 23 年，叛軍攻入長安，莽「旋席隨斗柄而坐」，曰「天生德予，漢兵其如予何？」逃至漸臺，「公卿從官尚千餘人隨之」，其下王邑、王巡、唐尊、王盛等為之戰死，王莽亦被殺，時年 68 歲。

五、「大奸」王莽也有孝道，進官場帶來新鮮空氣

　　新朝，是一個非常特殊的政權，它夾在西漢與東漢之間，默默無聞，在人們的印象中，似乎從來沒有存在過。這種「視而不見」的錯覺，大概出於兩個原因：第一，新朝僅僅維持了14年，壽命太短；第二，新朝皇帝王莽，臭名昭著，這位西漢外戚，也是中國歷史上第一個「竊國大盜」，他篡位自代，為儒家正統所不容。於是，天下群起而攻，歷代文人都往他身上潑髒水。

　　但是，這個竊國大盜，卻是個十足的「大孝子」。為什麼說，「大奸」王莽居然是「大孝」呢？且看他如何對待自家那些長輩。

　　隋唐科舉制度誕生以前，朝廷依靠什麼手段選拔人才呢？一是看名門望族的出身；二是憑各地「舉孝廉」。元朝人郭居敬，曾輯錄古代的24位孝子故事，編成著名的《二十四孝》。其中，那些誇張、乖戾，甚至有些瘋狂的做法，簡直是病態，聽著，叫人渾身起雞皮疙瘩。比如，老萊子「綵衣娛親」、王祥「臥冰求鯉」、郭巨「埋兒奉母」等等。

　　而在兩漢時代，如果一個人博得大孝之名，那就像現在榮獲了「全國五一勞動獎章」似的，完全可以靠這一點兒名譽，登堂入室，步入官場。

　　王莽出身於大家族，姑母王政君，嫁給了漢元帝劉奭，伯伯、叔叔，乃至同輩的叔伯兄弟，都「借光」做了大官。唯獨王莽這一支親族倒楣，還沒沾上姑母的便宜，父親便早早地死了。

　　正所謂，人窮志短，馬瘦毛稀，王莽只得折節讀書。除了愛學習，王莽還是個孝子。他不但父親死得早，連哥哥也死得早，不得已，王莽只得獨自贍養老母和嫂子，以及哥哥留下來的孩子們。王莽年輕，不得不站出來，頂立門戶。他既沒錢做資本，也不會其他手藝，有個最大愛好，就是博覽群書，鑽研儒術。但是，這怎麼能養家糊口呢？實在沒轍，全家老少

只能咬緊牙關，一起過苦日子。

王莽人生的轉機同樣來自於他的孝道，就連完全站在劉漢立場所編的《漢書》，也不得不如實稱道王莽。

班固在《漢書·王莽傳》中記載：「（王莽）事母及寡嫂，養孤兄子，行甚敕備。又外交英俊，內事諸父，曲有禮意。」雖然父親死了，王莽卻無微不至地照料著老娘、寡嫂和侄子。據史書記載，王莽的兒子和侄子是同一天結婚的——可謂是雙喜臨門了，自然要張燈結綵、大宴賓客。喜筵剛剛開始，就有人慌裡慌張地跑來，在他耳邊嘀咕道：「您母親不舒服，現在急等用藥呢！」王莽立刻臉色大變，拽起僕人，往外就跑。一場婚慶宴會，大概要持續兩個時辰，其間，王莽魂不守舍，出來進去了很多次。

王莽不但心疼老娘，對伯父、叔父等長輩，同樣俯首貼耳，非常孝敬。有一次，伯父王鳳病倒了，王莽二話不說，守在床前，小心翼翼地伺候。他一連幾個晝夜不脫衣服，熬得蓬頭垢面、兩眼通紅，卻毫無怨言，為伯父煎湯熬藥，端屎端尿……即便藥湯盛進了小碗兒，他也不放心，必須親口嘗一嘗冷熱濃淡……別說外人，就連王鳳的弟弟——王商，都對這個侄子高看一眼。王商特此上書朝廷，希望將自己封邑之下的民戶，轉至王莽名下。俗話說：「久病床前無孝子」，王莽善待親骨肉，的確是發自內心，出於至誠。他那時尚未發跡，根本用不著偽裝孝子，表演給誰看。

雖然受到忽視，王莽畢竟也是皇帝的至親，這一社會關係使他擁有普通人無法企及的潛在優勢，一旦機緣巧合，優勢就會轉化成巨大的現實利益。

就在伯父大司馬王鳳病重，王莽遵從孝道，趕到王鳳府上去照顧病人。王鳳所患大約是腦血栓後遺症，偏癱在床。王莽代替僕人，親自給王鳳端屎端尿，「親嘗藥，亂首垢面，不解衣帶連月」，「久病床前是孝子」的良好表現打動了人心。

第四位皇帝老爸
新朝皇帝 —— 王莽

　　疾病使王鳳感覺到了異常的虛弱和無助，他沒有想到是這個平時沒怎麼關照過的侄子給了自己最需要的親情。而自己平日裡提攜備至的子侄，從小嬌生慣養，誰能吃得了這樣的苦。不要說收拾穢物，就是探望一次都是待不一會兒就匆匆離去。相比之下，王鳳不禁為自己以前對王莽的忽視深感愧疚。彌留之際，王鳳鄭重地把王莽託付給太后，要求多加關照。

　　根據王鳳的遺願，朝廷任命王莽為黃門郎。以前，每次王氏子弟入仕後，經常能聽到各種風言風語，而任命王莽後，王政君聽到的卻是由衷的歡迎之聲。大家都覺得，這樣出眾的人才早就應該進入仕途了。太后對王莽不禁刮目相看，她沒想到這個幾乎被自己遺忘了的侄子居然擁有這樣的影響力。老謀深算的她立刻看到了王莽的價值：他有助於挽回王氏家族不佳的名聲。不久，又升王莽為射聲校尉，進入中級官員行列。

　　同時王莽給當時的官場帶來了一股新鮮空氣。王莽一點也不因身為外戚而有任何驕氣，對任何人都是和和氣氣，謙恭有禮。王氏子弟大都不學無術，而王莽卻精通典籍，學問出眾；王氏子弟爭相攬權納賄，王莽卻清廉自守，一塵不染；別人處理政務難免摻雜私心，王莽卻不偏不倚，處事至公。大家提起王莽，有口皆碑：對王莽不遺餘力的讚譽實際上就是對其他權貴行為的批判。

　　這一年王莽 24 歲，達到了心智完全成熟的成年。謙恭和氣的外表下隱藏著說出來會嚇任何人一跳的雄心：他要徹底改變這個不合理的社會，為天下立萬世太平之基，使自己躋身孔孟之列，被後世永遠景仰。

　　這是一個真誠的儒家式的雄心壯志。要達到這個目標，他首先要一步步攀登到權力的頂峰，成為王鳳那樣的人物。

　　從自己的晉升之路中，他已經切實體會到了聲譽的重要性。在以後的攀登過程中，他下意識重複自己的成功經驗，他的道德熱情被進一步激

發，行動也更加有力。

　　他俸祿不多，卻經常傾囊資助別人，特別是自己以前的同學。他傾其所有，把長兄的遺腹子的婚事辦得隆重盛大。侄子婚禮那天，正好王莽的母親身體不適，在婚筵上，王莽屢次離席，進入後堂。客人們不解其故，詢問僕人，才知道是王莽不放心母親的病體，去服侍母親用藥了。

　　他買了一個漂亮的女子，放在家中。此舉引起了人們的紛紛議論：王莽也這樣好色？在眾說紛紜之際，王莽對朋友公布了答案，原來，這個女子是他為朋友朱博買的。這位朱博，政績卓異，可惜一直沒有兒子，王莽此舉是為了幫助朋友延續後代。

　　王莽的行為收到了良好的效果。像所有亂世一樣，西漢末年也是個道德淪喪的年代。越是汙濁的空氣中人們越渴望清新。不知不覺，王莽入仕已經 6 年，可是由於潔身自好，不結交權貴，不請托送禮，官位升遷得很慢。

　　終於有人出來發言了。成帝永始元年（西元前 16 年），王莽的叔叔成都侯王商向漢成帝上書，要求把自己的封地分給王莽。這實際是為王莽討封。有人帶頭，眾多儒學名士也趁機上書，頌揚王莽的品行。於是，在 30 歲這年，王莽被封為新都侯，封邑一千五百戶，晉升為騎都尉光祿大夫侍中。

　　由此，王莽經常隨侍在皇帝和太后左右，成為一個頗有影響力和權勢的大臣。雖然如此，他的作風依然不改，居官恭謹有加，地位越高，為人越謙和。他把封地上的貢賦全部用來資助儒生和名士，自己依然簡樸度日。

　　王莽他是個工作狂，工作起來通宵達旦，把自己任內的事處理得井井有條，非常符合儒家標準。太后和皇帝都慶幸選對了人，不斷委以重任。又過了八年，深受輿論支持的他接替退休的叔叔王根，成為大司馬，社會輿論終於把他推上了權力的高峰。

六、虎毒不食子，王莽殺三子

　　王莽，他以外戚的身分專權，掌握漢室大權，並最終篡奪了劉氏的江山，自立國號為「新」，自己當起了皇帝。在他逐漸攀登上權力頂峰的過程中，竟殺害了自己的女婿漢平帝，毫無手軟，令人髮指。那麼，他的親兒子怎麼死的，是史書所記載的自殺，還是另有原因？

　　實際上，王莽為了他朝思暮想的皇位，可以說是「大義滅親」地逼迫自己的親兒子自殺了。這要從他擔任大司馬時說起。

　　西元前8年，王莽剛剛38歲，就被升為大司馬。他平時盡力表現出仁義禮孝、忠君愛國的樣子，希望博取皇帝和朝臣們的尊敬與信任。旁人也確實被他表面上做出來的樣子給騙了，認為他是一個正直誠實的君子。然而，信任他的漢成帝去世後，哀帝即位，任用了新外戚傅丁兩族，王莽的大司馬之職剛當了一年，就得不被迫讓位給丁氏，王莽於是回到自己的老家頁陽，積極結交地方上的士大夫，準備東山再起。

　　但就在他家居之時，他的家人卻又出了問題。他的二兒子王獲，意外之下殺死了一個奴隸。這種事在當時本來不是什麼大事。要知道那個時候，官宦世家都養著很多奴隸和婢女，儘管皇帝有嚴令，不允許任意殺害奴隸，但是在大家族裡死一兩個奴隸實在不是什麼大事。

　　但是王莽卻命令兒子王獲自殺給那個奴隸償命，王莽這樣「大義滅親」的舉動，在強大的輿論壓力下，漢哀帝只好恢復了王莽的官職。於是，他踏著親兒子的鮮血，重新登上了大司馬的高位。

　　西元前1年，漢哀帝駕崩，漢平帝繼位。漢平帝的皇后就是王莽的親生女兒。平帝年幼，王莽從此得以掌握了朝政大權。他還怕有其他人來爭奪自己手中的權力，就卑鄙地用計排擠了漢平帝的母親衛氏一族，不許漢平帝的親生母親和小皇帝見面，也不讓衛氏族人到京城來。他的大兒子王

宇很擔心漢平帝長大後怨恨王莽造成自己骨肉分離，從而遷怒於王氏一族，甚至到要王氏後代遭受滅門之禍，一直為此而憂心忡忡。

可他知道，父親是無論如何也不會聽從自己的勸說的，為了避免日後的災禍，他想出了一條「妙計」，卻絕對沒有想到，這條「妙計」一出，就搞掉了自己的性命。

為了這件事，王宇找到了自己的老師吳章和妻子的哥哥呂寬商議計策。吳章知道王莽迷信鬼神，就出主意說，把狗血灑在王家的大門上，讓他感到害怕，吳章再借機去說天神之意是讓王莽迎接漢平帝的母親衛姬入京，還政於衛氏一族。王宇也認為這個辦法行得通，就讓呂寬趕快去辦於。於是這三個人分頭行動，呂寬趁著夜黑人靜的時候，把狗血淋在王莽的府門上，隨後就慌謊張張的跑開了，不料王莽的門吏竟然看見了他，還認出這個黑影竟是呂寬，就稟告了王莽，正感覺毛骨悚然的王莽聽說此事，連夜審問呂寬，呂寬又供出了王宇。

王莽面對自己的親兒子王宇，氣得眉毛倒豎。他呵斥王宇，問是誰指使的，誰是主謀。王宇戰戰兢兢地供了老師吳章。他以為父親這一次大發雷霆，一定會重重處罰自己的，可他萬萬也沒想到，王莽問完就走開了。王宇實在想不到父親竟然如此絕情，失魂落魄地倒在地上，再也起不來了。

王莽逼著兩個兒子自殺後，王莽又殺掉了吳章，然後他決定一不作二不休，又將屠刀伸向了衛氏一族，殺盡了除漢平帝的親生母親以外的有衛氏親族，還把王氏一族內與自己人不和的親屬，全都扣上通謀衛氏作亂的罪名，誅殺了個乾乾淨淨。

朝中大臣也被他借此機會剷除異已，死掉了許多人。這一次，王莽的「大義滅親」又為他贏得了巨大的榮耀。王宇的鮮血讓他榮膺了「宰衡」的稱號，得到了「九錫」的待遇，榮耀顯貴，無可比擬。

第四位皇帝老爸
新朝皇帝 —— 王莽

王莽踏著兒子的鮮血，一步步登上日益升高的臺階。平步青雲。西元9年，他成功地篡奪了劉氏的漢室江山，坐上了自己所建立新朝的龍椅。

然而，因為是靠陰謀奪位，他也時時刻刻提防著別人篡奪他的寶座。王莽共有4個兒子，王宇、王獲被他逼死後，另外一個兒子被嚇瘋了，他只好剩的一個兒子王臨為皇太子。王莽連續誅殺了兩個兒子，妻子因而哭瞎了雙眼，王莽就讓王臨來侍奉親母。

王莽的妻子有個侍女叫原碧，曾經與王莽私通，王臨來到後宮後，也和原碧勾搭在一起。日子久了，王臨害怕自己的醜事被父親知道，就和妻子密謀殺害王莽篡位。可是在他還沒來得及發動前，王莽就發覺了這件事，廢掉了王臨的皇太子之位，並把他攆出京師。第二年，皇后病危，王臨寫信給母親，說皇上對子孫太苛刻，大哥、二哥都是30歲時被父逼著自殺了，自己今年也已經30歲了，就不知道能否保住這條性命。

正巧這是時王莽來探視病危的皇后，見到了這封信，頓時震怒異常。皇后一死，他就拷問原碧，問出了她和自己的兒子王臨私通的事。王莽怕家醜外揚，竟把參與審問的官吏一同處決，並勒令王臨自殺，王臨的妻子也被逼自盡。

為了皇位，王莽不惜殺死了自己的三個兒子，充分暴露了他性格中惡毒殘忍的本性。連親生兒子都可以殺，還有什麼是他不能做的呢？為了權力而不擇手段，這樣的人在歷史上也不是沒有。但像王莽這樣殺子殺婿的，倒真是不多見。俗話說：「虎毒不食子」。但像王莽這樣，這句話在他身上，是肯定不會合適的。

七、篡弒者王莽的女兒，同樣可以忠貞不渝

每一個篡弒者，都是處心積慮的人物。他們都將他們自己皇帝的寶座安排妥當，然後自己或叫兒子坐上去。篡奪政權雖然不值得讚揚，但它到底是一項長遠且艱難的工作，必須要首先樹立起自己的權力。

以婚姻作為政治手段攫取權勢，可以說是歷史上所有此類篡奪者行使過的「共通手段」，於是，篡奪者的女兒，也同樣地成了她們父親刻意安排中的政治犧牲品。古語云：「有其父必有其子」，若改用為「有其父必有其女」，則這類別人皇位的篡奪者的女兒，必然都會懷著她們父親相同的奸險品格。

但奇怪的是，從史傳詳細了解歷史上篡弒者女兒的行事與作為中，我們竟發覺她們與她們父親的品格迥異，換言之，她們反為是幾位有節氣，有道義的賢德女子，也都是不齒她們父親的所作所為但又無從反抗，終其一生，都在她們父親的安排下，痛苦的成為政治陰謀下的「政治工具」，也就此斷送了自己一生的幸福。

歷史上像王莽這樣的篡奪者不勝其數，比如後來的曹操曹丕、趙匡胤等等，但是人們卻都會對這樣幾位篡奪者，他們的「政治犧牲品」——女兒有所忽略。歷史上的王莽的女兒與其父親也有迴異不同的節操，有此也可窺見古代女子的婚姻，都是為父母所支配。而此支配或基於父母錯誤的私心決定，這往往構成了古代一個個傷心女人的故事，真可謂發人深省。

西元前 1 年，漢哀帝病逝，漢平帝即位，年僅 9 歲。當時是大司馬王莽掌權，王莽為了鞏固自己的權力，想讓自己的女兒當皇后。

《漢書·外戚傳》記載王莽女兒孝平皇后，有這樣詳細的論述：「孝平

第四位皇帝老爸
新朝皇帝 ── 王莽

王皇后，安漢公太傅大司馬莽女也，平帝即位，年九歲，成帝母太皇太后
稱制，而莽秉政，莽欲依霍光故事，以女配帝。太后意不欲也。莽設變
詐，令女必入，因以自重，事在莽傳。太后不得已而許之。遣長樂少府夏
侯藩，宗正劉宏，少府宗伯鳳，尚書令平晏納采。太師光，大司徒馬宮，
大司空甄豐，左將軍孫建，執金吾尹賞、行太常事太中大夫劉歆及太卜、
太史令以下四十九人賜皮弁素績，以禮雜卜筮，太牢祠宗廟，待吉月日。
明年春，遣大司徒官，大司空豐，左將軍建，右將軍甄邯，光祿大夫歆奉
乘輿法駕，迎皇后於安漢公第。宮、豐、歆授皇后璽紱，登車稱警蹕，便
時上林延壽門，入未央宮前殿，群臣就位行禮，大赦天下。」

　　當時的禮儀之盛，我們可以想見。但史書上所謂的「太后不欲」，則
王莽如何使他的女兒入宮呢？看《王莽傳》記載云：「莽既尊重，欲以女
配帝為皇后，以固其權。奏言：『皇帝即位三年，長秋宮未建，液廷媵未
充，乃者，國家之難，本從亡嗣，配取不正，請考論五經，定取禮，正
十二女之義，以廣繼嗣；博采二王后及周公孔子世列侯在長安者適子女。』
事下有司，上眾女名。王氏女多在選中者，莽恐其與己女爭，即上言『身
亡德，子才下，不宜與眾女並采。』太后以為至誠。乃下詔曰：『王氏女，
朕之外家，其勿采。』庶民、諸生、郎吏以上守闕上書者日千餘人，公
卿大夫或詣廷中，或伏省戶下，咸言：『明詔聖德巍巍如彼，安漢公盛勳
堂堂若此，今當立後，獨奈何廢公女？天下安所歸命！願得公女為天下
母。』莽遣長史以下分部曉止公卿及諸生，而上書者愈甚。太后不得已，
聽公卿采莽女。莽復自曰：『宜博選眾女。』公卿爭曰：『不宜采諸女以貳
正統。』莽曰：『願見女。』太后遣長樂少府、宗正、尚書令納采見女，還
奏言：『公女漸漬德化，有窈窕之容，宜承天序，奉祭祀。』有詔遣大司
徒、大司空策告宗廟，雜加卜筮，皆曰：『兆遇金水王相，卦遇父女得位，

所謂康強之占，逢吉之符也。』」自此經過一番歌頌王莽之功德及接納王莽的女兒入宮之後，於元始四年的春天二月，王莽的女兒正式立為皇后。

他建議在古聖賢和京師居住的列侯家選擇適齡女子，作為皇后的候選人。在上報的名單裡，很多都是王氏家族的。王莽怕本家族的女子和自己女兒競爭，就故作謙虛地說：「我本身沒有什麼美德，我女兒的才貌也不佳，不應該和其他女子一起參選。」太后被王莽的誠懇言辭所感動，就下詔說：「王家的女兒，是朕的親戚，一律不許參選。」

誰知這麼一來，每天圍在宮門前上書請願的庶民、太學生和郎官吏員，達上千人之多。公卿大夫們或進宮中，或跪伏議政殿前，都異口同聲說：「安漢公功勳若此卓著。今選立皇后，怎能不讓安漢公之女參選？請立安漢公女為天下母。」王莽裝模作樣地派人分頭去勸阻公卿及太學生。

然而上書請願的人越來越多。太后不得已，只好聽任公卿讓王莽的女兒參選皇后。王莽又親自提議：「應廣泛選擇眾家之女。」公卿們力爭說：「不宜選其他家的女子和安漢公女兒爭正統。」王莽這才假裝著無可奈何，讓自己的女兒亮相。太后派長樂少府、宗正和尚書令同去王莽府上送納親的彩禮，並觀察王莽女兒的品行和容貌。這些官員統統是王莽的黨羽，例行公事之後，回去稟報太后，自然又是一片頌揚之聲，就連卜筮也均呈吉兆。

於是就在漢平帝 12 歲時，王莽說服了太皇太后，將自己的女兒立為皇后以便鞏固權勢。緊接著，信鄉侯劉佟進言說，應褒賞皇后之父，增益安漢公的爵邑。事下有司，都說：「古者天子封皇后父親方圓百里的封國，尊而不臣，以重宗廟，孝之至也。請把新野田二萬五千六百頃，益封王莽的爵邑滿百里。」

王莽聞訊後上書謝恩，推辭不受益封之田。有司又奏請給王家送皇后

聘禮黃金二萬斤，折合錢二萬萬。王莽經再三辭讓，只接受四千萬，並把其中的三千三百萬分送給十一個媵嫁的女家，自家只留了七百萬。群臣再請給皇后追加聘金，補送了二千三百萬，合為三千萬。王莽又把其中一千萬分給親族的貧窮家庭。

透過這番精心導演的作秀鬧劇，王莽不僅如願以償，讓自己的女兒當上了皇后，還為自己贏得謙讓的美名。

那時漢平帝與王莽的女兒王皇后都是為 13 歲。王皇后立三月，以禮見高祖，尊王莽為宰衡，位在諸侯上。莽妻賜名功顯君，有食邑，王莽的兒子安亦賜為褒新侯，另一兒子臨為賞都侯。漢元始五年（西元 5 年）五月，王莽加九錫，十二月，漢平帝駕崩，王莽立兩歲大的孝宣帝玄孫嬰為孺子，而自攝帝位。於是 14 歲的王皇后被尊為皇太后。

可是婚禮後不到兩年，漢平帝與王莽的衝突越來越激烈，王莽不許漢平帝的母親衛姬與他團聚，還殺害了平帝的舅舅一家，以防止他們成為新一派的外戚，平帝懷恨在心。王莽一不做二不休，索性毒死了平帝，立兩歲的劉嬰為帝。所以王莽的女兒王皇后年僅 14 歲就當上了太后。

初始元年（西元 8 年）十二月王莽即皇帝位。以此年之十二月朔癸酉，改為建國元年正月朔。18 歲的王皇太后改為定安公太后。西元 8 年，王莽自立為帝，自己的女兒當然也就不是太后了，被封為「黃皇室主」。

當時已經改朝換代了，那麼王莽的女兒定安太后她又怎樣呢？史書稱她：「自劉氏廢，常稱疾不朝會。莽敬憚傷哀，欲嫁之，乃更號為『黃皇室主』，令立國將軍成新公孫建世子豫飾將醫往問疾。后大怒，笞鞭其旁侍禦。因發病，不肯起。新莽地皇四年（西元 23 年）九月，王莽被誅，史載：『及漢兵誅莽，燔燒未央宮，后曰：「何面目以見漢家？」自投火中而死。』至此可見，王莽辛苦擺布，攝政篡位，使自己的女兒為漢皇后，

但沒想道他的女兒竟是一個忠貞不渝的人，對父親的行為痛斥不已，並屢次拒絕了父親安排的改嫁他人。而王莽自己最終失敗伏誅，女兒則以為既為劉氏皇后，不齒父親篡位所為，既稱疾不朝會，又笞鞭公孫建侍卿，其終至於無面目以見漢家，自投火死，亦可謂算是古代忠烈女子的典範！

也就是西元 23 年，綠林軍攻入長安，殺死王莽，燒毀了宮殿。王皇后卻不肯逃走，毅然迎向火海，化為灰燼。後來晉長安縣令潘岳在〈西征賦〉中是這樣評價她的：「瞰康陵之孤墳，悲平後之專傑，央厥父之篡逆，蒙漢恥而不雪，激義成而引決，赴丹焰以明節，投宮火而焦糜，從灰熛而俱滅。」

八、成功男人背後的女人，失敗丈夫背後的妻子

古代的皇后通常都是不幸的，如果是守成之主的皇后，通常不得寵愛，因其只是政治婚姻強加於自己身上的，未必深愛；如果是創業之主的皇后，糟糠之情通常能延續，能得到皇帝的尊重，但為丈夫創世所付出的代價卻是不能言喻的。即使身居多高的位置，身穿多華麗的衣裳，每次半夜夢醒，發現枕邊的男人竟一次比一次陌生，那種悲涼肯定是刺骨的。

王息就是一個這樣的女子。她的丈夫就是王莽，一個最著名的陰謀家，或者如果不那麼偏激的說，是一個最進取的名利追逐者。她丈夫建立了一個新王朝，她順理成章地成為皇后，也備受萬民敬仰。

我們常說，一個成功的男人背後總有一個幸福的家庭，家庭是他的動力。但那是欺騙你的，成功的尤其是有權勢的男人背後總有一個不幸的家庭。當野心膨脹到沒有什麼可以犧牲時，家庭就是他拿來犧牲的東西了。

當垂垂老矣時，王皇后在冷冷清清的皇宮裡，兒女一個一個離她遠

去。在她那已經哭瞎的眼睛裡，在她殘破的心裡，或許總記掛著 50 多年前的那個晚上，紅燭花房，掀開她蓋頭的那一個英俊青年。

那時候的王莽讓她感覺幸福、感覺驕傲，儘管他無權無勢，只是一個落魄的男孩，幼年喪父，後又喪兄。但他孝母尊嫂，生活儉樸，飽讀詩書，結交賢士，聲名遠播。王息生了四個兒子和一個女兒，個個可愛孝順。有時候女人不像人們想像中那麼勢利，將華麗衣裳和貴重首飾看作幸福，當丈夫是個受人稱讚的好人、當丈夫足夠愛自己、當兒女成群的時候，那麼就比坐上后位還幸福了。

她覺得這樣已經足夠幸福，但王莽不是這樣想的。他的志向很大，男人胃口大，夢想大，這是好事。但她逐漸發現，他的志向大得很恐怖，是一個無底深淵。

丈夫一步一步往上爬，從一個小小的黃門侍郎到權傾朝野的大司馬，最後到至尊的新朝皇帝。他每一次飛躍，他的妻子王息就是一次的心悸，她發現丈夫越來越陌生，離自己越來越遙遠。

而丈夫的每一次飛躍，都用他和她的一個孩子作為墊腳石，這讓她心寒。

在漢哀帝繼位後其祖母傅太后、母親丁太后的外戚得勢，王莽退位隱居時，他們的兒子王獲殺死家奴，王莽為得世人好評，逼其兒子自殺。在這一件事上，王莽沒有做錯，王子犯法，與庶民同罪。但在當時看來，這是讓王息痛心的，因為大家族子弟殺死家奴的事情很尋常，沒有誰要因此而受死罪。

但王莽要立威信，王息是沒有阻擋的餘地的。王獲的自殺，讓王莽有了極高的名氣，為他回歸朝野奠定了基礎。

在王莽立傀儡漢平帝，跋扈專權時，他們的兒子王宇看不慣他的過分

行為，密謀勸諫。王莽得知後，剛建立起來的仁慈父親形象又一次撕裂，他把兒子投入監獄，百般折磨，最後這個兒子也服毒自殺。王莽借此清理了其他妄圖奪權的政敵，在朝野裡的權力進一步鞏固。

而她最喜愛的女兒年紀輕輕，尚沒有讓她很好地寵愛夠，就被送進了皇宮，做了皇后。不到兩年後，王莽就把皇帝殺掉，讓他們的女兒在不到15歲的時候就做了寡婦。皇帝被毒殺後不久，丈夫終於登上了至尊寶座，得到他從一開始就密謀的一切。

王莽在這一次次家庭悲劇裡嘗到了權力的甜味，而痛失孩子的悲劇卻一次次由王息獨自品嘗。

人最大的悲哀莫過於看著自己的孩子痛苦而無能為力。她不停地哭，想起王宇王獲，哭；想起年紀輕輕就做了寡婦的女兒，哭；想起獨存的兩個兒子即將步入悲劇，哭。終於有一天，她睜開眼睛，發現眼前一片黑暗。她明白過來，她已經哭瞎了，但她也因此鬆一口氣，瞎了也好，不必眼睜睜看著兒子死去、女兒痛苦。

那一年，她患上很重的病，幾乎要看到地下那對可愛的兒子時，她還活著的一個兒子王臨給了她一封信。那封信她剛拆了，讓宮女讀，王莽就來了。王莽看到了那封信，信上寫：「父親對自己的孩子至為嚴苛。大哥二哥不到三十就被殺了，如今我正好三十，恐怕命不能保全，不知道會死在哪裡？」王莽勃然變色，拂袖而去。王息得知後，空空的眼睛裡流出淚水：我害死了我的兒啊！但她已無能為力，只能在焦慮和無助裡靜候著死亡的到來。

但王莽在這個時候，開始不忍讓妻子再一次目睹兒子被殺，於是強忍住憤怒不發。在妻子死後，憤怒才開始爆發，王臨被迫自殺。

這時候，他和王息殘餘的兒子只剩下王安，王安是太子。他決心要好

好待這個兒子，以慰妻子在天之靈。但上天給他開了個玩笑，王安在母親死後不到半年，就病死了。

而他們唯一的寡婦女兒黃皇室主深為痛恨他，他怕女兒寂寞，細心為她挑選夫婿，誰知女兒只認被他毒殺的平帝，甘願一生守寡。這個女兒在他帝國覆滅、起義軍焚燒皇宮時，不肯跟隨他逃走，寧願投入火海自殺。

四個兒子一個女兒都死於自己面前，而自己處心積慮建立的王朝即將覆滅，王莽幾乎崩潰。而此時，臣子告訴他：變民在都城外把他妻子兒子的墳墓都掘開，焚燒屍體、棺木、祭廟。

當王莽開始懺悔、開始痛恨自己害死一個個兒子女兒、害死妻子，讓他們死後都不能安寧時，變民的亂刀、歷史的洪流也向他迎面砍來了。這就是歷史的殘酷，也是皇帝老爸王莽家庭的悲劇啊。

九、皇帝老爸王莽理想主義者的悲哀

一個有民權思想，虛心學習、節儉勤奮、恭敬孝順、謙虛謹慎、彬彬有禮，常將家財分發救濟貧寒的王莽。他的母親生病，大臣們紛紛讓自己的夫人來府上探視，王莽的夫人也到門外迎接，但眾夫人卻將她當作王府家的僕人了，因為王夫人的穿著太普通太節儉了。兒子殺死了一個奴隸，這在當時本來不是大事，因為法律有規定，主人對奴隸有生殺之權，即使是冤殺，受點處罰便可以了事，但他讓兒子自殺償命。

他當政後頒布實施了「五均」、「賒貸」、「六管」。所謂的「五均」，就是由國家來管理工商業和物價。而「賒貸」就是由官府向百姓發放貸款，但利息較少，而喪葬和祭祀貸款則不收利息。國家將鹽、鐵、酒收回專賣，國家壟斷鑄錢，國家管理山林水澤，統稱「六管」。

他向周圍四夷開戰以炫耀武力，朝令夕改、不算經濟帳，終使天下大

亂。最終開國之君也成了亡國之君而死於亂民之手。

「周公恐懼流言日，王莽謙恭下士時。假使當時身便死，一生真偽有誰知？」這是唐朝的大詩人白居易寫的〈放言〉裡的詩句。此詩大抵說人品有真有偽，須要惡而知其美，好而知其惡。

第一句說周公。那周公，姓姬，名旦，是周文王少子。有聖德，輔其兄武王伐商，定了周家八百年天下。武王病，周公為冊文告天，願以身代。藏其冊於金匱，無人知之。以後武王崩，太子成王年幼，周公抱成王於膝，以朝諸候。有庶兄管叔、蔡叔將謀不軌，心忌周公，反布散流言，說周公欺侮幼主，不久篡位。成王疑之。周公辭了相位，避居東國，心懷恐懼。一日，天降大風疾雷，擊開金匱，成王見了冊文，方知周公之忠，迎歸相位，誅了管叔、蔡叔，周室危而復安。假如管叔、蔡叔流言方起，說周公有反叛之心，周公一病而亡，金匱之文未開，成王之疑未釋，誰人與他分辨？後世不就會把好人當做惡人？

第二句說的就是王莽了。假如王莽早死了十八年，不就是一個完名全節賢宰相，垂之史冊？不把惡人當做好人麼？所以古人說：「日久見人心。」又道：「蓋棺論始定。」不可以一時之譽，斷其為君了；也不可以一時之謗，斷其為小人。

然而皇帝老爸王莽畢竟是政治上的野心家，道德上的偽君子，殘忍的瘋子，無能的蠢材。世人多這樣評價。這是有失偏頗的，至少有 30 年，王莽一直是天下君子的楷模。他謙虛禮讓、勤奮博學、生活儉樸、樂善好施，在忠孝仁義各方面都有值得稱道的事蹟。儒家學者在評判這段歷史時，總是強調王莽的「篡位」，彷彿這麼說就可以順當地推理出：王莽在 30 多年間的所作所為，完全是為了實現他稱帝的野心而假扮儒生，就算他是為收買人心作的偽裝，能裝到這個份上也足夠了。何況王莽他也並不是

全是做作「演戲」，他怎麼可能知道以後有機會當上皇帝？

王莽是中國歷史上從周文王以後唯一的以大學者的身分而成為皇帝的人，王莽幾乎是孔子的另外一個版本，像這樣書呆子式的「理想主義者」皇帝，中國歷史上也只此一例吧。

篡位是無疑的，只是當時確實得到了上上下下大多數人的支持。至於他的政策，說復古可以，說超前也未嘗不可。

歸根到底王莽是個理想主義者，一代大儒（他死的時候很多儒生和他一起殉難），只是政治上太幼稚，掌權前給人過高的希望，掌權後又給了人太大的失望，落差巨大也是他身敗名裂的原因之一。光有好的願望及理論上良好的政策，卻不考慮實行中可能遇到的問題，結果是比不實行這些政策更加糟糕。王莽的例子應該讓後世激進改革者引以為戒。

霧裡看花，水中望月，這恰恰是理想與現實的鮮明對比。每個人都有自己的理想，對未來的憧憬，可他不是我們所論及的。我們要說的理想是一個虛無縹緲的「大同」，「烏托邦」，他叫人喪心病狂，為此不惜白骨於野，血流成河，而讚歌不絕。

為了實現自己的美好理想，王莽也應該承受著巨大的痛苦。他處處被他的理想愚弄，反過來，他有處處拿這個理想去愚弄別人，身為一個理想主義者，他感受到為理想奮鬥的快樂，西漢帝國的亂攤子終於被他理出個眉目來，這不是理想的力量嗎？但是身為西漢的掌舵人，他卻又必須是個現實主義者，他時時感到現實總在迫使他用理想所不允許的手段去實現理想。理想讓他「仁」，他常常卻「不仁」，理想讓他「義」，他卻常常「不義」，理想讓他「禮」，他常常是「非禮」；理想讓他「智」，他常常把它變成「詐」；理想讓他「信義」，他卻常常「背信棄義」……

王莽的確是個了不起的人物，下野時竟有成千上萬的人為其請願訴

冤。他為西漢後期的積重難返的政局，注入了一針強心劑。那時他不得不面對現實，當他和平奪權，避免了「亡，百姓苦」的悲劇，榮登大寶之際，他便把自己的理想赴諸實施，無論在形式上還是在內容上都進行了重大的改革，憾的是王莽失敗了。王莽新朝的沒落，也摧毀了王莽一世的美名。

王莽起初絕沒有想做什麼皇帝，事實也正是如此，王莽直到 30 歲，才憑藉他是當朝王太后侄子的身分，被封為新都侯。此後，王莽發奮努力，步步高升。再是春風得意，他人生的最高目標也不過是想效法周公，做一個完美的道德楷模。

所以，在那個窮奢極欲、綱紀崩潰的時代裡，王莽就像一個高明的演員，給人們留下了動人的造型。他恭儉勤政，大義滅親，準確地俘虜了民眾之心。有人說王莽是在處心積慮地篡位，但實際上，他更像是被民眾一步步推到皇帝的寶座。

如果不是後來的朝政沒落，王莽注定是一世明君。然而，民可載舟亦可覆舟，民眾可以用最華麗的語言為你歌功為你頌德，民眾也可以用最惡毒的詞語來咒你來罵你，直至要你的頭顱。王莽成了後世唐太宗警世名言的最好印證。由於朝代的滅亡，王莽親政的所作所為，良苦用心，一概被曲解成另有圖謀，於是「篡逆」這個蓋世罪惡順理成章地戴到了王莽頭頂。

王莽的失敗，原因決不是後人評說的人格或道德問題，而在於他的理想主義，在於理論脫離實際的天真幼稚。而這，又歸因於他的書生意氣。在王莽身上，書生影子遠比政治家影子濃重得多。

你看，他坐上皇位後，竟是那樣的含辛茹苦，那樣的殫精竭慮，那樣的拚命奮鬥。他俯視天下，心中湧起的是滿腔慈愛。他要對得起可愛的子

第四位皇帝老爸
新朝皇帝 —— 王莽

民，於是熱情燃燒，日夜工作。他召來博學的大臣儒生，像一群考據學家，在語焉不詳的經書中艱苦跋涉。於是一項項措施出臺了。

皇帝老爸王莽出臺的措施不可謂不英明，請看：

一、恢復了上古的井田制，均分天下土地。

二、禁止奴隸買賣，讓三十六十萬奴隸獲得了解放。

三、政府壟斷經營鹽、酒、冶鐵和鑄鐵，防止富商操縱市場，勒索百姓。

四、從皇帝到百官，都實行浮動薪水制。百姓豐衣足食，薪水就高；百姓餓肚子，官員也要跟著餓。

五、改革了全國的官名。

六、嚴懲官史腐敗，建立舉報制度。

這確實是一套理想主義的施政綱領。

然而，王莽的理想很快到了爪窪國去了。聰明的王莽，此時已經在皇位上坐得糊塗到了極點。他把自己當作了凡夫俗子，把天下黎民視作了聖人。然而，民眾看到高高在上的王莽，卻是越看越恐怖。他首先得罪了富豪，因為他剝奪了他們的財產。他竟然連百姓也沒討好，因為老百姓雖然得取了土地使用權，但他們更想要土地所有權。就連無地的農民也並不領王莽的一番情意。

結果天下並沒有出現王莽腦子裡想像的大治，惹來的卻是一場天下大亂。固執的王莽，認准了的事九頭牛也拉不回的王莽，徹底地站在了民眾的對面，自然而然地步了商紂後塵。在對待農民起義上，王莽更像稚氣十足的小學生。

結果，他的頭顱被切下來，屍體被砍成了碎塊。頭顱先被懸掛於城樓，後又當作皮球被眾人踢得稀爛。有人把王莽的舌頭從口中剜出，剁碎

分著吃了。似乎只有這樣，才能解人們的心頭之恨。

　　這就是天真的王莽，就是書生做皇帝的悲慘下場。

　　中國的書生就是如此，中國的許多古書也教人如此。王莽是最典型的犧牲品。所以說，書生只能搖旗吶喊，不能親為開國皇帝，只能為完善的道德做些潛移默化的工作，不能直接發號施令。這就是書生的品格，書生的本色，一旦沒有了這個本色，丟掉了這一品格，他就不是書生，就變成了官僚或是政客。

十、王莽晚年為什麼忽然「好色」了

　　歷代史官，無不對王莽口誅筆伐，認為他是外戚篡位，是偽君子兼竊國大盜。中國文人要醜化誰，必定從道德、人格方面大做文章，尤其在女色方面，更要死死地揪住小尾巴。

　　如果來討論一下王莽的學識背景，王莽他是一直篤信儒家的，他做夢都想成為入世君子，並透過「修身、齊家、治國、平天下」，來實現自己的「復古」理想。儒家那些行為規範，事無巨細，婆婆媽媽，王莽一點兒都不介意，力圖身體力行，做到極致，正像《論語·雍也》所標榜的那樣：「文質彬彬，盡善盡美。」

　　儘管王莽權傾一時，他對女色，卻十分有分寸。據《漢書》交代：漢哀帝登基之初，王莽被貶回封地蟄居。閒得無聊，他曾姦淫過身邊三名小丫鬟，分別是：增秩、懷能和開明。三名丫環都懷孕分娩了，懷明生下兒子王興，增秩生下兒子王匡、女兒王曄，開明生下女兒王捷。這些女人、孩子，全部留在封地上，直到王莽那四個名正言順的兒子都死絕了，他才考慮提攜當年的「私生子」。

「姦淫丫鬟」，的確很噁心。問題是，「姦淫」這個詞，從何說起呀？莫非有人日夜跟隨王莽，一筆一筆作過「起居注」嗎？既然沒有真憑實據，又怎知那三個丫鬟，不肯和王莽同床共枕，不願為他生兒育女呢？

歷史，不能脫離具體環境，西漢，奴婢根本就沒有人身自由，他們只有依附豪強，混一口飽飯。當然，也不該奢望漢朝的女奴們自由戀愛，私定終身。不說她們的身體，即便生命，也死死地捏在主人的手心裡。如果說，王莽睡了三個小丫鬟，便定性為人面獸心，大逆不道，這或許對於當時的「道德觀」來說似乎有些小題大做。

強加於人的故事，還有呢。《漢書》寫道：王莽剛做「騎都尉兼光祿大夫侍中」那會兒，曾在市場上買回一個丫頭，叔伯兄弟們聽說之後，便紛紛跑來觀賞。王莽為了掩飾自己玩弄女性的劣跡，居然靈機一動，謊稱：「後將軍朱子元沒有後代，我早就惦記他了。有人告訴我，這個丫頭身體不錯，將來，肯定會生兒子。所以，我替給他買了下來。」當天，王莽就把丫頭送給了朱子元。

寫完這一段，史學家班固老先生居然冷冷地加了一句：「其匿情求名如此。」這話什麼意思啊？莫非春秋筆法，針砭王莽「矯情飾行」嗎？多少王侯將相、達官貴人，都可以妻妾成群，左擁右抱；唯獨王莽不行——無論動機如何，他買進了一名侍婢，就是打算「行淫」。

縱然將丫頭轉贈他人，也屬「匿情求名」。退一萬步說，王莽花錢「買春」又能怎樣？誰不是血肉之軀，誰沒有七情六欲？皇皇史冊，強詞奪理，甚至像小說家那樣「合理想像」，這恐怕難以服眾吧。

《漢書》記載王莽玩弄女性，僅有一處：「（更始元年，即西元 23 年）（王莽）進所征天下淑女，杜陵史氏女為皇后……備和嬪、美御、和人三，位視公；嬪人九，視卿；美人二十七，視大夫；御人八十一，視元士，

凡百二十人⋯⋯」「莽日與方士 —— 涿郡昭君等，於後宮考驗方術，縱淫樂焉。」此時，岸然道貌的新朝皇帝 —— 王莽，終於滾進了美人堆裡。

王莽，號稱正人君子，為什麼會沉湎女色，難以自拔呢？請不要忘記，他所處的特殊環境，其實，就是進退維谷的「絕境」：王莽新政，已經拐進了死胡同。天下敵兵四起，他眼前只剩下了一個風雨飄搖、江河日下的爛攤子。剛剛傳來消息，漢朝宗室劉玄，已大封百官，南面稱帝。他們的軍隊，將宛城圍困得水泄不通。

宛城與洛陽、邯鄲、臨淄、成都並稱為「五均」，所謂「均」，即指市場管理。可見，宛城是舉足輕重的經濟重鎮與軍事要塞，一旦此城失守，等於摘走了長安的大門。王莽驚出了一身冷汗，惶惶不可終日。

為了做出一種「外視自安」的政治姿態，他不得不「染其鬚髮」，和美麗的姑娘們廝混，努力扮演一個「風流天子」。迫不得已，才行此下策 —— 拿美人，當疑兵。看來，當時王莽的確是走投無路了。

十一、皇帝老爸王莽改革的是與非對與錯

中國歷史上出現過無數次改革，它們因時而異，因人而異，各不相同，形形色色。大體而言，既然稱為改革，必然是革故鼎新，革除舊的東西，創建新的東西，著眼於向前看，致力於創新。如果著眼於「向後看」，致力於「復舊」，那還叫改革嗎？你先別驚訝，歷史上真有這樣的改革，那就是王莽的「托古改制」，一場轟轟烈烈的「向後看」的「復舊」改革。

如果要按「好人壞人」模式來劃線的話，王莽實在算不上是一個「壞人」。但是在《漢書》裡面，他完全被醜化了、扭曲了，被描繪成一個亂

臣賊子，一個虛偽做作的偽君子。什麼道理？因為王莽建立的新朝，介於西漢與東漢之間，東漢的君臣們，把他看作篡奪漢室政權的野心家，當然不會對他有什麼好評價。

然而，透過史官春秋筆法的字裡行間，人們依稀可以看到王莽的本來面貌。在當時貪汙成風的政界，他是清廉的，特立獨行的，甚至多次用自己的財產接濟下屬和貧民，自家過著清苦的生活，他的夫人穿著樸素得像個僕人模樣。他的兒子殺死了一個奴婢，他為了表示以身作則、法不阿貴，竟然勒令兒子自殺。《漢書》的編撰者以為這是在表演，在作假。人們要反問一句：「如果政治家都願意付出如此大的代價來作假，豈不很好？」至少政治一定會清明得多。當時的人民把他當作「聖人」、「周公」，當成「救世主」，看來還是出於真心誠意的。僅僅依靠御用喉舌、輿論高手，是造不出那麼大聲勢的。

我們為他講幾句好話，並不表示他一切皆好。對於他的「托古改制」，我們無論如何是不敢恭維的，因為他的改革雖然轟轟烈烈，卻是在「向後看」，是在「復舊」，或者說是在逆潮流而動。

王莽深受儒學薰陶，很注意「正心誠意」、「修身齊家」，處處以周公為榜樣。日本東洋史前輩內藤湖南說：「當時在學問上，是以古代周公所行的政治為模範。王莽最為致力於學周公，以至於打下篡奪帝位的基礎，都是模仿周公。」如果王莽的改革能夠成功，他所建立的新朝得以延續，那麼對他的評價也許會是另一個樣子。

王莽的悲劇在於，過分迷戀於風靡一時的儒家經學，企圖用儒家經學重建一個理想世界。前朝遺留下來的社會問題實在太多，西漢末年，元帝、成帝、哀帝、平帝，一代不如一代，擺在他面前的是一個爛攤子。為了擺脫困境，必須改革。問題是怎麼改，沉迷於經學的王莽，選擇了按照

儒家經典《周禮》的教條來進行改革，被史家稱為「托古改制」。

王莽本身就是一個經學家，對經學十分痴迷，言必稱三代，事必據《周禮》。為他出謀劃策的是西漢末年的經學大師劉向的兒子劉歆，就是新朝「國師公」。劉歆以「國師公」的身分，用古文經學為新朝建立一套理論，用來「托古改制」。為什麼叫作「托古改制」呢？因為改革的每一項舉措都要從《周禮》中尋找理論根據。

《周禮》這本書，顧名思義是周朝制度的彙編，古文經學家認為是周公親自編定的作品。以王莽對於古文經學的迷信程度，以及對周公的崇拜，他當然相信《周禮》展現的是周公的思想。何況他的首席顧問兼智囊人物劉歆是著名的古文經學家，在一旁推波助瀾，更加堅定了「托古改制」的步伐。於是，他事事處處學習周公，把周公視為政治楷模，亦步亦趨，忘記了因時制宜，顯得迂腐不堪。他顯然忘記了，漢宣帝當年對太子（即後來的漢元帝）的教訓：「我們漢朝有自己的制度，那就是法家霸道與儒家王道同時並用，怎麼可以單純使用儒家的德政，沿用周朝的那一套？」這應該是一句至理名言。幾百年過去了，時代不同了，即使周公多麼偉大，把周公治理周朝的德政用來解決新時代的新問題，未免迂腐、背時！

王莽首先要解決的問題是長期困擾社會的土地問題和農民問題，也就是土地兼併所帶來的貧富兩極分化問題。

早在漢武帝時代，今文經學大師董仲舒就把當時出現的「富者田連阡陌，貧者無立錐之地」的狀況，歸結為商鞅變法，廢除井田制度，土地私有化的結果。因而他的解決方案就是恢復西周的井田制度。但是，井田由於不合時宜，早已退出歷史舞臺，要恢復它無異於痴人說夢。董仲舒退而求其次，提出一個折中方案：「限民名田」——限制人民占田超過一定數

量。在土地私有化，可以自由買賣的時代，企圖「限民名田」，不過是經學家按照《周禮》教條炮製的平均主義空想而已，化作泡影是必然的。

王莽的改革比董仲舒更加雄心勃勃，不僅要「限田」，而且要恢復西周的井田制度。他鄭重其事的以詔令的形式向全國宣布：把全國的私有土地收歸國有，實行土地國有化，按照《周禮》記載的井田模式，實行土地改革，按人口平均分配，人均不得超過一百畝。

這純粹是經學家閉門造車的空想。且不說按照人均一百畝的標準，全國的耕地根本不夠分配；更何況土地的私有和買賣，早已成為蓬勃發展的小農經濟的基礎，不是一個命令就可以改變的。這種倒行逆施得不到任何社會階層，包括農民的支援。三年後，王莽不得不承認土地國有化改革的失敗，承認原有的土地制度是合理的。

王莽的其他改革莫不如此，都是按照《周禮》進行的，無論經濟改革還是政治改革，搞得一團糟，社會趨於崩潰。持續幾年的「托古改制」，完全是一班腐儒在上演一齣又一出鬧劇。王莽的新朝僅僅存在了十幾年，就壽終正寢，根本原因就在於此。

王莽企圖按照儒家經典重建一個「大同」世界，一勞永逸地解決社會問題，其初衷似乎無可厚非，關鍵在於是向前看還是向後看，要解決社會問題，倒退是沒有出路的。

第五位皇帝老爸

漢光武帝 —— 劉秀

　　劉秀在位三十二年，每日清晨即起、臨朝處理朝政，直至日暮，入夜還秉燭誦讀，直到更闌夜深。太子曾勸說道：「陛下有禹湯之明，而失黃老養生之福，願頤養精神，優遊自寧。」劉秀微笑說道：「吾自樂此不疲！」

　　漢光武帝劉秀，他是中國歷史上著名的封建皇帝之一。史稱其才兼文武，豁達有大度。他長於用兵，善於以少勝多，出奇制勝。他重新統一天下，定都洛陽，重新恢復漢室政權，為漢朝中興之主。政治措施皆以清淨儉約為原則，興建太學，提倡儒術，尊崇節義，為一賢明的君王。

皇帝老爸漢光武帝劉秀的個人檔案

姓名：劉秀

籍貫：南陽郡蔡陽白水（今湖北省襄樊棗陽縣吳店）

民族：漢

生卒：西元前 6 年～西元 57 年

享年：63 歲

生日：1 月 15 日

血型：未知

身高：七尺三寸（約 175 公分）

生肖：兔

星座：未知

性格：內斂謹慎

學歷：太學生

愛好：經學，經術

諡號：光武帝

廟號：世祖

陵寢：原陵（今河南孟津）

父親：劉欽

母親：樊嫻都

兄弟姐妹：長兄齊武王劉縯，次兄劉仲；長姐湖陽公主劉黃，二姐新野公主劉元，妹妹寧平公主劉伯姬

初婚：29 歲

配偶：郭聖通，陰麗華，許美人等

皇后：陰麗華

子女：兒子 11 人，女兒 5 人

繼位人：劉莊（漢明帝）

最得意的事：「娶妻當得陰麗華」

最自豪的事：昆陽之戰

最失意的事：薊城之亡

最不幸的事：父親早逝

最痛心的事：哥哥劉縯被殺

最擅長的事：善於掌握戰機以及謀略

最喜歡吃的菜：麥仁湯（後稱「劉秀羹」）

最喜歡吃的水果：蜜桃

一、少年時代努力的劉秀，牛背上的開國皇帝

據《東觀漢記》的記載，漢哀帝建平元年 12 月甲子夜，也就是西元前 5 年 1 月 15 日的夜裡，後來的一代帝王漢光武帝劉秀就出生在洛陽縣

城，也就是今天的蘭考縣境的一座行宮裡。這座行宮原是接待皇帝用的，自從當年漢武帝去世後就一直被封閉著，因為妻子臨產沒有合適的地方，劉欽也就顧不得許多，讓妻子住進了行宮。

這時候，劉秀的父親劉欽是洛陽縣令。劉秀他的身上流著西漢皇家的血液 ── 是漢高祖劉邦的九世孫，定居南陽的原因則是由於他的六世祖：景帝之子長沙定王劉發。不過到劉秀這一代的時候，封爵的傳承已經結束，他的父親劉欽也只是南頓令而已。

劉欽娶了一個姓樊的湖陽巨富之女 ── 也就是未來的漢光武帝之母，閨名叫作樊嫻都。

西元前 6 年，劉家的稻穀豐收，田地間甚至出現了一莖九穗的現象。就在這一年，劉秀出生了。劉欽夫妻對小兒子降生在這樣的好年成非常高興，特地為他取名為「秀」，意思就是莊稼出好穗。

雖然劉秀已經離皇家宗枝很遠，但他出生時，家境還是相當不錯的。劉欽樊氏夫妻很恩愛，生了很多孩子：劉秀有兩個哥哥：劉伯升（劉縯）、劉仲，還有兩個姐姐：劉黃（後來的湖陽公主）、劉元和一個妹妹劉伯姬。劉秀的童年跟隨他父親先後在洛陽、南頓縣城度過。

劉秀 9 歲這年，他的父親劉欽去世了。劉秀和哥哥劉縯、劉仲及姐姐去到叔父劉良任縣令的蕭縣生活，長到 20 歲才回到故鄉南陽蔡陽，也就是今天的湖北省棗陽縣吳店鎮皇村，又名白水村。劉秀兄弟三人從此寄居叔父劉良家中，幾個姐妹則繼續跟隨母親生活。劉秀就在故鄉務農，並於西元 14 年到 19 年進入首都長安的太學學習，學成返鄉後繼續經營田業。

劉秀的哥哥劉伯升喜歡到處結交好友，與鄉間豪紳子弟到處行俠仗義，對田園生活毫無興趣，而弟弟劉秀卻喜歡農桑稼穡，與村裡的農夫一起幹得熱火朝天，這估計也是讓「秀」這個名字影響的關係。

此時的劉秀，雖然仍然過著耕種讀書的田園生活，心裡卻已經立下了宏圖大志。

話說有一次，劉秀和二姐夫鄧晨一起去拜訪名士蔡少公。由於他們都是後生晚輩，所以只能陪坐末席。這位蔡少公，喜歡研究圖讖預言之學，這天的聚會也不例外。聚會中途，他忍不住講出自己的研究心得：「以某對圖讖的參詳，將來的天子將是劉秀。」

此話一出口，滿座中諸賓客頓時紛紛議論起來，最後有人想到了一個高高在上的大人物：篡漢的王莽國師劉歆 —— 他也喜歡研究圖讖，而且事有湊巧，劉歆還剛剛改名為「劉秀」，看來他是想應這個預言啊！

這位賓客一想到這裡，就連忙站起身來，問蔡少公：「莫非預言所指的，就是國師劉秀？」

蔡少公還沒有來得及回答，「叨陪末座」的劉秀就忍不住反駁道：「為什麼非要是那些有權有勢的人物？怎麼見得就不是我呢？」

不用說，劉秀這句話頓時引來了滿堂的嘲笑。所有的人都覺得，這個文質彬彬的少年竟然敢跟國師相比，真是可笑之極。劉秀對這些所謂名士對自己的輕視很不滿，起身揚長而去。鄧晨也連忙告退，跟著小舅子出了門。

然而喜好讖文預言的絕不止蔡少公一人。宛地有一個名叫李守的人，也有這個愛好，他研究的結果比蔡少公更進一步：「劉氏不久復興，李氏必將為輔。」李守與兒子李通討論後，認為這說的正是西漢王室後人劉縯、劉秀兄弟。

不久後，劉秀推著小車，到宛地來賣收穫的穀物，正好遇到了李通李軼兄弟。李氏兄弟一見劉秀，頓時如獲至寶，大力遊說他趁天下大亂的時機，匡復漢室江山。

第五位皇帝老爸
漢光武帝 —— 劉秀

劉秀賣完穀物，回鄉將李通兄弟的話轉告了大哥劉縯。李通兄弟的話正中了劉縯的心意，他將自己素來結交的百餘名好漢召集起來，決定就此興兵造反。劉秀身為親弟弟，又滿懷復興祖業的心願，當然更不會推辭。

劉縯平日裡在鄉間呼朋喚友，來往的盡是強梁子弟，時不時地還關上門來神神祕祕商議，整個一幫派老大的樣範，看來風評並不是很好。所以他一宣布自己要起事，同鄉同族的子弟們便大驚失色，紛紛逃跑，拒絕徵召，說：「劉伯升（劉縯的字）造反，那是要我們去送死的。」

正在傷腦筋的時候，劉秀第一個回應哥哥的倡議，穿上了紅袍高冠的戎裝。

劉秀的舉動在當地引起了很大的反響。原來紛紛出逃保命的鄉親們都改變了主意，說：「劉秀可是出名的穩重厚道人，他都從軍了，那肯定此事是有道理的，跟著他準沒錯。」

劉秀的人格魅力，使人們竟然忘卻了殺伐的慘烈，已經外逃的人又都跑了回來，主動應徵入伍。很快，劉秀就幫助哥哥召集到了八千子弟兵。

由於西漢末年王莽篡漢的復古改制，大大激化了階級矛盾，引發了遍及全國的反抗浪潮，為劉秀的雄才大略，提供了最好的契機。這年，劉秀剛滿 28 歲。

然而，這支剛剛組建的起義軍毫無經驗，尤其是最初的倡議者李通。他原本是作為劉縯劉秀兄弟的內應在宛城謀事的，結果消息走漏，他全家六十四口都被誅殺，只有李通他自己一人逃走。

宛城是打不了了，劉縯只好另想辦法，聯絡上湖北大洪山（即綠林山）出來的，一支以王鳳為首的綠林軍，壯大聲威之後再作打算。很快，這支隊伍連連得勝，攻下了周圍唐子鄉等地，得到了大量財物。

得到了財物之後，匪氣濃重的王鳳便對著掠奪來的財物眼紅起來，為

了多搶些，他甚至還要跟劉縯率領的劉家軍分道揚鑣、大打出手。在這個節骨眼上，劉秀站了出來，向劉氏宗族百般勸說，讓他們將搶到手的財物都讓出來，全部送給綠林軍隊。

王鳳是土匪本色，拿到了全部錢物，自然又講起兄弟情誼來。一場可能誘發內訌、使大家都死於非命的災難就此被劉秀制止。

劉秀身上，有一種非常典型的超然氣質，金銀財寶和美色對他都沒有任何作用。最初起兵的時候，軍中戰馬不足，很多軍官為了爭搶坐騎抬高身分而發生爭執。而劉秀卻對此毫不在乎，他是首領的弟弟，照理來說，再缺也要給他一匹馬，他卻主動將馬讓給其他軍官，自己一直騎著起兵前賣穀所用的一頭牛。直到後來棘陽大捷，他才有了第一匹很不起眼的戰馬。

因此，劉秀也就可以說是中國歷史上唯一一個在「牛背」上，而不是「馬背」上開國的皇帝。由於劉秀的忍讓，一場危機安然度過，兩軍繼續精誠合作，又攻下了棘陽。

在第一場戰役中，劉秀目睹了士兵搶掠百姓、濫取財物的惡行，給了他很深的觸動，也讓他對百姓的苦難非常痛心。從棘陽之戰開始，劉秀嚴格要求自己的下屬部隊，絕對不可以借著起義殺敵的名義，擄掠無辜百姓。

正是這項由同情心產生的紀律，在後來為劉秀爭取了無數的支持和民望。

棘陽大勝使得劉縯過於自信，認為自己無堅不摧，以至於在隨後的宛城之戰中，竟然帶著一家老小一起出發了。就在去往宛城的路上，劉氏兄弟的子弟步兵與王莽的正規騎兵正面遭遇。結果全軍潰敗。

在逃難的路上，劉秀得到了一匹馬，載著妹妹劉伯姬一起逃命。半路

上，他遇到了大姐劉元和三個外甥女。劉秀叫姐姐和外甥女一起逃跑，劉元拒絕了：「只有一匹馬，如果我和女兒們也上去，能逃多遠呢？你們快逃吧，不要管我，免得大家死在一起。」劉秀還沒來得及再次開口勸說，追兵就到了。劉元和三個女兒以及劉秀二哥劉仲等幾十個劉氏族人，都被追殺喪命。劉秀和劉伯姬僥倖逃生。

這是劉秀一生中第一場、也是最慘烈的敗仗。

二、有志者事竟成也

從起兵到推翻王莽新政，再到建立東漢政權，再到消滅割據勢力，統一全國，劉秀身經百戰。其中對劉秀一生產生重大影響的主要有三次舉動。

昆陽之戰發生在西元 23 年 2 月，即農民起義聯軍建立了「更始」政權後的一個月，劉秀與諸將分兵而進，攻下了昆陽（今河南葉縣）、定陵（今河南舞陽縣）、郾城（今河南郾城縣），包圍了宛城（今河南南陽市）。綠林軍的節節勝利，引起王莽的極大恐慌。他派王邑、王尋兩員大將徵調了全國兵力 42 萬人，號稱百萬大軍，向宛城進發。

隊伍路過昆陽，發現駐有義軍，王邑、王尋下令圍困昆陽。面對王莽軍隊的進攻，對於是否能守住昆陽城，起義軍將領意見頗不統一。外有敵軍壓境，內部軍心浮動，形勢十分危急。

在這種嚴峻的情況下，劉秀表現出大智大勇的軍事才能。他力排眾議，冷靜分析，主張集中兵力堅守昆陽，爭取其他外援夾擊敵軍。趁著敵軍尚未合圍，劉秀只帶 13 名騎兵從南門突圍，到郾城和定陵去調集援軍。這年的 6 月，劉秀帶領援兵來到昆陽城外，他親自率領步兵、騎兵一千餘人，在距敵軍四五裡的地方擺下陣來。王邑、王尋派數千人前來交戰，劉秀身先士卒，率軍衝入敵陣，大敗敵軍，首戰告捷。

這時，綠林軍已攻下宛城，但消息還沒有傳到昆陽，劉秀並不知道。為了鼓舞士氣，瓦解敵軍，劉秀故意派人拿著他親筆寫的「宛下兵到」的書信送往昆陽城中，又故意把這封信丟在路上。王尋、王邑揀到信看後，真的以為宛城的增兵已到，心中十分恐懼。昆陽內外的起義軍形成夾擊之勢，劉秀親自率領 3,000 人敢死隊，從城西渡水，直撲敵人的指揮中心，消滅敵軍的中堅。

昆陽大戰，無論在軍事上，還是在政治上，都給王莽致命的打擊。這年的 9 月，起義軍攻入長安，殺掉王莽，推翻新政。在整個戰爭中，面對號稱百萬的莽軍，劉秀有勇有謀，指揮若定，表現出智勇雙全、凜然不可侵犯的大將風度，也大大提高了劉秀在起義軍中的威望。

隨著劉家軍在宛城和昆陽功勳的建樹，隨著王莽政權的即將滅亡，農民起義軍內部爭權的矛盾便顯露無遺了。劉玄擔憂劉氏兄弟影響他在「更始」政權中的地位，於是與農民將領「遂共謀誅伯升（劉縯字伯升）」。劉縯就與其部下被以「莫須有」的罪名一同被殺。

劉縯的死，對劉秀來說無疑是一個沉重的打擊。面對巨大的壓力，劉秀表現出遇大事而沉著冷靜的胸懷與氣度。一方面，他為失去一起舉兵、一齊奮戰、同生死共患難的親哥哥，充滿悲痛，充滿怨憤，史書記載他「獨居輒不禦酒肉，枕席有涕泣處」（見《東觀漢紀·光武皇帝紀》）；另一方面，他卻立即從前線返回宛城，向更始帝謝罪，不談昆陽之功，不為劉縯服喪，不與劉縯舊屬往來，飲食談笑一如既往。

但他深知，儘管一時消除了劉玄等人的猜忌與疑慮，卻無法從根本上解決問題。為了避開種種矛盾，尋求更大的發展，劉秀一方面隱忍韜晦，另一方面也在暗中擴大勢力和影響，並利用各種機會為擺脫更始政權進而統一天下做準備。

第五位皇帝老爸
漢光武帝 —— 劉秀

劉秀能知人善任、揚長避短，使用得當。做到了「用人不疑，疑人不用」，使將帥能在不違背總戰略企圖下見機行事，以最大限度地發揮他們的正面作用。馬援稱他「恢廓大度」，「開心見誠，無所隱伏，闊達多大節」。

耿弇在劉秀的手下「雲臺二十八將」之中年紀最小，劉秀到河北的時候他才二十出頭，但耿作戰勇猛，兵法嫻熟。耿弇曾在河北時救過劉秀的命，劉秀常常把他比作韓信，頗為欣賞。曾經親昵地說他：「小兒曹乃有大意哉！」

有一次，劉秀派耿弇去攻打占據山東青州十二郡的豪強張步。張步兵強馬壯，是耿弇的一個勁敵。張步聽說耿弇率兵來攻。就派大將軍費邑等分兵把守曆下、祝阿、臨淄，準備迎擊。耿弇先攻下祝阿，以後用計相繼攻下曆下和臨淄。

張步著急起來，親自帶兵反攻臨淄，於是在臨淄城外進行了一場生死搏鬥的大血戰。在戰鬥中，耿弇大腿中了一箭，可是他勇敢地用佩刀砍斷箭杆，帶傷仍堅持戰鬥。劉秀聞訊。親自帶兵前來支援。在援兵還未到達的時候，部將陳俊認為張步兵力強大，建議暫時休戰，等到援兵來後再發動進攻。可是耿弇卻認為不能把困難留給別人，經過一場激烈的戰鬥，耿弇終於把張步打得大敗。

幾天後，劉秀來到臨淄，慰勞軍隊。他在許多將官面前誇獎耿弇說：「過去韓信破曆下開創基業，現在將軍攻克祝阿，連戰連捷，兩功相仿，從前你在南陽曾建議請求平定張步，我當時以為你口氣太大，恐怕難以成功，如今才知道，有志者事竟成啊！」

遂得出了流傳後世的定論：「有志者事竟成也！」這對耿弇來說，是何等欣慰的評價！

這句話說明，一個人無論做多麼艱難的事，只要有雄心壯志，不懈努

力，就能夠成功。反之，若一個人胸無大志，就是做再簡單的事也會不盡如人意。「志者事竟成」就是劉秀的一句千古名言，他的一生從起兵反抗到稱王稱帝經歷無數的困難和危險，劉秀都可以說就是做到了這一點。

西元 24 年秋天，劉秀調集各郡兵力，先後在館陶等地擊敗並收編了銅馬、高湖、重連等地的農民起義軍，大大加強了自己的軍事實力。劉秀帶領一支軍隊回到冀中、冀北一帶的時候，一路上，將領們紛紛給劉秀建議，要他稱皇帝。劉秀故作拒絕，有時還驚訝地說：「你們怎敢說這種話？當心招來殺身之禍！」到了南平棘，將領們又一再勸說，劉秀還是拒絕。

乘身邊無人的時候，將軍耿純說：「人們拋開親人和家鄉，跟從大王出生入死，為的就是想攀龍附鳳，實現封官拜爵的願望。現在大王不願稱帝，違背了眾兄弟的願望，我擔心他們會感到失望，產生離你而去的想法，況且，人心是不容易收攏的。」劉秀仔細思考之後，明白了將領們要他當皇帝是出於個人利益，並非虛讓，於是表示說：「我會考慮這個問題。」

到了河北高縣，劉秀把將軍馮異從洛陽前線召回，向他詢問天下形勢。馮異是當時劉秀最親密的人，自從劉秀任司隸校尉以來，他一直跟在劉秀身邊，陪同劉秀度過了最艱難的時刻，他經常勸劉秀要有爭奪天下的心理準備。他不爭功名，每次論功行賞他總是跑得遠遠的，不參與其中。他對劉秀忠心耿耿，他擔任洛陽前線的軍事首領，了解戰爭的形勢，分析的情況非常可靠，故此劉秀才召他來詢問。

馮異對劉秀說：「更始皇帝的敗局已定，宗廟社稷的問題就在大王你了。你應當聽從眾人的主張。」於是劉秀在王莽新朝地皇三年，即西元 22 年起兵反莽開始，經過短短幾年時間的艱苦奮鬥，劉秀在鄗城（今河北省柏鄉縣北）築起壇臺，於西元 25 年六月初六登臺祭告天地眾神，當了皇帝，改元建武。

三、仕宦當作執金吾，娶妻當得陰麗華

　　漢光武帝劉秀未發跡前就具有了「有志者事竟成」的優良性格，他當時有兩大願望：「做官要做執金吾，娶妻當娶陰麗華。」後來他都說到做到了，不但「執金吾」了，還當上了皇帝；不但娶了當時的美女陰麗華，還立為了皇后。

　　東漢開國之君光武帝劉秀，堪稱中國帝王中的頂峰人物。文才武略相貌人品，無人能出其右。他的身上流著西漢皇家的血液，是漢高祖劉邦的九世孫。西元前 6 年，劉家的稻穀豐收，田地間甚至出現了一莖九穗的現象。就在這一年，劉秀出生了。父母親劉欽與樊嫺都夫妻對小兒子降生在這樣的好年成非常高興，特地為他取名為「秀」，意思就是莊稼出好穗。

　　「王莽亂政」廢漢立新朝，結束了劉姓皇族封爵的優厚待遇，失去了所有的特權和財富，沒落的劉氏一族只不過比平常百姓多幾畝農田而已。劉秀自幼就性情溫和，喜歡在田野間和佃農們一起耕作田園。而他的哥哥劉縯則專喜交朋結友、弄俠使氣，養著不少鄉間豪悍的少年，堪比他們劉家的先帝劉邦。他對弟弟與世無爭的生活態度很看不慣，常笑劉秀只知道稼穡農田，胸無大志。

　　20 歲的劉秀，長得高大挺拔，風神俊朗，已是當世數一數二的帥哥了。雖然仍然過著耕種讀書的田園生活，心裡卻已經立下了鴻圖大志。於是他放下了鋤頭，西去長安，師承許子威，學習了《尚書》等當時最經典深奧的學問。

　　不久，劉秀的盤費用盡，返回了家鄉。返鄉後，劉秀在親友中找到了自己的知己：姐姐劉元之夫新野人鄧晨。劉秀經常前往新野拜訪姐夫，且常常留宿。在此情形下，劉秀遇見了他這一生最喜愛的女子，未來的光武皇后陰麗華。

要不是後來劉秀碰見了陰麗華，他還真有可能就當農民了，多打點糧食，攢點錢，娶個媳婦，再生幾個娃，繼續種田。但是劉秀後來卻成了皇帝，再次用事實表明一個成功的男人身後必定有一個偉大的女人在支持他。

　　陰麗華的母親姓鄧，與劉秀姐夫鄧晨有親緣關係。陰麗華的祖宗也嚇死人，也不知道是她家的多少代祖宗了，反正就是輔佐齊桓公「九合諸侯，一匡天下」的管仲。管仲的後面幾代孫子就沒人知道了，直到第七代孫管修，當了個醫生，才被人記起了原來他們還是管仲的後代呢。管修當然是高手中的高手，不然也沒人理他。後來管家從齊國搬家到了楚國，被封為陰大夫，於是就以「陰」為姓。

　　當時陰麗華雖然年紀尚幼，但其美麗和孝順，在新野一帶非常聞名。陰麗華不但漂亮，更是知書達理，又孝順，儘管當時還是個少女，遠沒有到出嫁的年紀，但是已經震動了整個家鄉。估計她就是新野這個地方上名副其實的「縣花」，或者說是南陽的「郡花」了。

　　劉秀活了二十多年，還從未有哪個女人上過心，可不知道為何，一聽到陰麗華的名字，他就思慕不已。劉秀想起當初在長安太學求學時看到的「執金吾」出行盛況，「執金吾」是因為帶有吉祥的意思，所以西漢時代的漢武帝才把「中尉」改為「執金吾」。執金吾的職位與九卿同等地位，屬於高官。在這時他劉秀看到陰麗華又想起「執金吾」，他很能想也很敢想，於是就在心中不禁立下宏願：「仕宦當做執金吾，娶妻當得陰麗華。」

　　劉秀見到陰麗華後回到家，就向大家鄭重宣布，他有人生理想和生活目標了。大夥問他是什麼，劉秀說出了兩句名言：「仕宦當做執金吾，娶妻當娶陰麗華。」可以構想，估計當時在家裡除了他大哥這個有點兒像劉邦的人物之外，其他的家人聽說後大概不是全部暈倒，也要昏厥過去幾個。

劉秀雖然熟知陰麗華貌美，想娶陰麗華為妻，但真正能把她娶過來當自己的妻子，還是一件希望渺茫的事，當時只是心裡想想而已。因為貌似在當時對劉秀來說，那根本就是不可能完成的任務！

不過世事無常，時勢造英雄，正像是他劉秀本人說得「有志者事竟成」。我們可以想像，倘若美慧秀麗的陰麗華過早地嫁給了劉秀，而且劉秀又能在王莽政權中謀得一官半職，在如花美眷的拖累下，或躊躇滿志的狀況下，劉秀也許就此安於現狀，不求進取，不再有拚命謀求發展的鬥志與浩氣了。這期間，多少豪族少年向陰家求親，無奈都嘗到婉轉拒絕的滋味。劉秀更是不敢貿然行動。再說想要在王莽新朝獲得立足之地，更是談何容易，為了完成他的兩個心願，時勢迫使他不惜一切代價地另謀發展。

劉秀 28 歲時，追隨哥哥劉縯起義；結盟王鳳為首的綠林軍以壯大聲勢；義軍的財務狀況一直捉襟見肘，劉秀連匹像樣的戰馬都沒有，作戰時一直依靠一頭更田的老牛；綠林軍立了一個名叫劉玄的人做皇帝；劉縯、劉秀兄弟到手的皇冠飛了；劉秀進入了人生中最辛酸坎坷，最不堪回首的時期……

時光飛逝，白駒過隙，一晃兒，可憐的劉秀已經 20 銀鑞歲了，在古代算是個「大齡青年」了，卻一直孤身一人。他是中國皇帝中最晚婚的一個。雖說是生活所迫，但同齡的少年兒郎哪個不早已娶妻納妾？不得不佩服，在這一點上，劉秀可以說得上是比現代人更加「忠貞」，他一直沒有聲色之好、也未曾納妾寵婢，或許在他的潛意識裡，一直在靜靜等待著那個心目中的少女陰麗華吧。

不過在西元 23 年 6 月，劉秀終於達成了他多年的心願，在宛城，他迎娶了陰麗華為妻。這年，劉秀 29 歲，陰麗華 19 歲。可惜亂世沒有留給這對新婚燕爾的新人多少甜蜜時光。不久，新婚中的劉秀陷入了綠林軍玄

漢王朝的內亂之中。土皇帝「更始帝」劉玄，趁著劉秀帶兵在外，與綠林軍密謀，把劉秀的哥哥劉縯殺了。千里之外的劉秀得聞噩耗，傷心欲絕，但也馬上就揣測出其中端倪。

為了不引起劉玄更深一步的殺心，保全劉家的眷屬子弟，劉秀不但沒有為哥哥申辯，反而向劉玄悔過認錯，不敢為哥哥服喪，甚至不接受親信友人的弔唁。情勢所逼，將自己兄弟沐血奮戰的功勞全部歸到綠林將領頭上。此時唯一陪伴在劉秀身邊撫慰他的，只有他的新婚妻子陰麗華。

正好劉玄這時候進了洛陽，給了劉秀一個特使的頭銜，要他去招降北方的割據勢力。至於人馬嘛，對不起，沒有。為了避免更始帝劉玄再做出更缺德的事情來，劉秀決定孤注一擲前往洛陽。在前途渺茫的情況下，他不顧陰麗華的反對，強令將她送回了新野的娘家。即使自己死在劉玄的手上，陰麗華也必能在陰家的庇佑下逃生甚至改嫁。

劉秀本來是好意，但夫妻相處尚不足三個月，陰麗華沒能為劉秀生下一男半女，就要分別了。兩人剛結婚不久就要分離，這對於兩個深愛著的人來說實在是痛苦的。

劉秀在去河北的路上安撫流民，廢除了許多苛政，贏得了百姓的支持，河北不少郡縣都前來歸順。當時河北有兩大割據勢力，一路是銅馬等農民起義軍，人數雖多，但沒組織，只是烏合之眾。還有一路是王郎，王郎是劉秀平定河北的主要競爭對手。

其實王郎本來是個算命的，但是對於當時的老百姓來說，算命就是真理了，大夥對算命的信賴程度可比對現在的科學預測還要高得多了。王郎見大家對自己的信任那麼高，也就順水推舟，也給自己認了個皇帝當遠房祖宗。他認的爸爸是漢成帝，王郎有了個莫名其妙的「好爸爸」以後也造反了，並且迅速的發展起來。所以王郎就成為了河北最大的勢力。

王郎這時的實力很強大，就憑劉秀那點人要想消滅王郎無異與痴人說夢，土皇帝劉玄派劉秀去河北當「特使」，估計就是讓他去「送死」的。但是這時事情又有了一個轉機。

因為王郎的手下有個自稱「真定王」的劉揚，擁兵十多萬，他也看中了劉秀這個具有巨大潛力的年輕人，他表示願意和劉秀合併，他只有一個條件，就是要劉秀娶他的侄女郭聖通。

對劉秀的部下來說這可是天大的好事，大夥就可以喝喜酒了，而且還能化敵為友沒有生命危險了。再說這郭聖通可是個大美人，不管從哪方面來說劉秀都沒有拒絕的理由。

對別人來說簡單的問題對劉秀來說卻是天大的難題，因為以郭聖通的地位她不可能當劉秀的妾，只能當妻子。古代雖然說是可以「妻妾成群」，可是其實「成群」的那都是妾，而妻只能有一個。要是讓郭聖通當了妻子，陰麗華就得當妾，這是劉秀絕對不願意的，他不願陰麗華受到一點的委屈。

但最終劉秀還是不得不屈服，形勢比人強，劉秀就算不為自己著想他也得為追隨他的人著想，說得大一點，他得為天下的老百姓著想啊。於是劉秀娶了郭聖通為妻，劉秀從親家劉揚處借得十萬人馬，一舉殲滅王郎勢力。接著，劉秀借助劉玄的名義，將銅馬的幾十萬起義軍收編，控制了整個河北地區。劉秀的勢力就此大大增強了，直到順利的登上東漢王朝的開國皇帝的寶座。

劉秀稱帝後先是立了他的妻郭聖通為皇后，順理成章就立郭皇后所生子為皇太子，但是他對最愛的妻子陰氏愧疚於心。陰麗華深知君心，謙恭禮讓，牢牢抓住丈夫之心，郭氏母子終被廢，不僅后冠落入陰麗華，更成為光武帝唯一的妻子，光武帝再未有其他姬妾，忠於這個女人直到死亡。

陰麗華一生謙德可風，相夫教子，主理後宮，不曾干預朝政，更能約束家人，使劉秀無後顧之憂，專心國事，才出現了與「文景之治」並稱的「光武中興」時代。劉秀死後，陰麗華的兒子即位，就是東漢王朝的第二位皇帝漢明帝，也可稱明君。

　　皇帝的婚姻，鮮有幸福圓滿的結果，而劉秀、陰麗華卻和諧得令人羨慕，這固然是由於劉秀的寬仁厚德，惜念舊情，而陰麗華的貌美德高與安分守己，更是最重要的因素。陰麗華相夫教子如此，可算一個幸福的女人，比較前面的漢高祖劉邦之呂雉皇后，後來的唐太宗之長孫皇后等等，身為女人，陰麗華不知要幸福多少倍了。

四、天地之性人為貴

　　皇帝老爸劉秀，不僅是中國歷史上會打仗的「皇帝」，也不只是「會用人的皇帝」，他還是在官方文書中明確提出「人為貴」思想的一位皇帝。

　　東漢開國後，正當全國統一戰爭處於如火如荼之時，歷史記載劉秀於建武十一年（西元 35 年）春二月己卯日詔令天下說：「天地之性人為貴。其殺奴婢，不得減罪。」事實上，從他舉義起兵之時起，就身體力行實踐了「人為貴」的思想。

　　這「人為貴」的思想，估計也是現在人們常說的「以人為本」的老祖先吧。縱觀劉秀的一生，他有一個行事的潛規則，即可打可不打的仗，盡量不打；可殺可不殺的人，盡量不殺。皇帝老爸劉秀興的是仁者之師，以「仁心」待人，不濫殺無辜。

　　更始元年十月（西元 23 年），他奉「更始皇帝」劉玄之命，持節行巡

河北，進至邯鄲時，已有故趙繆王的兒子劉林勸劉秀說：赤眉軍現在河東地區，只要決開黃河大堤放水淹灌，百萬之眾的赤眉軍就可成為水中之魚。結果是，劉秀對此不理不睬，而逕自離開邯鄲到了真定縣。

在全國統一戰爭中，劉秀北戰南征，進行了不得已的用兵。他曾明確要求下屬，用兵的目的，不在攻城掠地，而在於安集地方。建武二年，劉秀命馮異率兵征討關中時，命令馮異說：「三輔遭王莽、更始之亂，重以赤眉、延岑之酷，元元塗炭，無所依訴。今日之征伐，非必略地屠城，要在平定安集之耳（關鍵在於平定動亂、安撫百姓）。諸將非不健鬥，然好虜掠。卿本能禦士，念自修敕，無為郡縣所苦。」（見《後漢書·馮異傳》）

建武十二年 11 月，「吳漢率軍攻破成都，盡滅公孫氏，並族延岑。遂放兵大掠，焚述宮室。（劉）秀聞之怒，以遣漢。」「又讓（責備）漢副將劉尚曰：『城降三日，吏人從服，孫兒老母，口以萬數，一旦放兵縱火，聞之可為酸鼻！尚宗室子孫，嘗更吏職，何忍行此？』」最後他質問劉尚（《東觀記》中此人作「劉禹」）說：「仰視天，俯視地，觀放麑啜羹，二者孰仁？良失斬將吊人之義也。」（見《後漢書·公孫傳》）這即是說：你抬頭看看天，低頭看看地，看放生小鹿和喝用兒子熬的湯，兩個中哪個仁慈一些？你確實不懂得斬殺將領與悲憫老百姓的意義！

還有就是奴隸問題，是西漢後期所存在的兩大痼疾之一，劉秀為醫治這一社會頑症，極盡了心力。光武帝劉秀承認奴婢是「人」，不「卑者」而鄙之，並致力於提高他們的待遇。

從建武二年開始，除開篇所述者外，他另外又下達了八次詔令，反覆強調改變奴隸地位，恢復其平民身分：「民有嫁妻賣子欲歸父母者，恣聽之。敢拘執，論如律」；「王莽時吏人沒入為奴婢不應舊法者（不合原先法

律規定的），皆免為庶人」；廢除「奴婢謝傷人要處死示眾」的法律；詔隴、蜀民被掠為奴婢自訟者，及獄官未報，一切免為庶人；益州民自八年以來被掠為奴婢者，皆一切免為庶人；或依託為人下妻，欲去者，恣聽之；敢拘留，比青、徐二州以掠人法從事。

劉秀登基後，十分注重議省刑罰，「解王莽之繁密，還漢世（指前漢）之輕法」。也就是說，他實行：議省刑罰，寬馳刑律，不依峻法而揚威。

建武二年3月，他大赦天下囚徒，同時詔曰：「頃獄多冤人，用刑深刻，朕甚湣之。孔子云：『刑罰不中，則民無所措手足。其與中二千石，諸大夫、博士、議郎議省刑法。』」

建武三年7月庚辰，光武帝又詔曰：「吏不滿六百石，下至墨綬長、相，有罪先請（小官吏犯了法，先要請示朝廷，上司不能任意處決）。男子八十歲以上，十歲以下，及婦人從坐者，自非不道，詔所名捕，皆不得繫。當驗問者即就驗。女徒雇山，歸家（女子犯罪，可以讓她回家，出錢雇人入山伐木抵罪）。」

建武二十二年9月戊辰日，發地震，南陽郡尤為嚴重，他制詔曰：「遣謁者案行，其死罪繫囚在戊辰以前，減死罪一等，徒皆可用馳解鉗（解除腳鐐），衣絲絮（允許他們穿上絲絮衣服）。」建武二十八年冬時月癸酉日，劉秀「詔死罪繫囚皆一切募下蠶室」，這即是說，對死罪囚犯都一律集中投進蠶室（能防風保暖）受腐刑。這是對死刑犯採用的一種人道方法。

另外，鑑於王莽當政時期窮兵黷武大興干戈，致使全國國力耗盡，吏民苦不堪言的歷史教訓，漢光武帝劉秀，從休養生息的總方針出發，確定了自己的一套對內對外政策，從而為漢朝經濟的恢復和發展創造了一個和平環境。

第五位皇帝老爸
漢光武帝 —— 劉秀

　　東漢初年，當劉秀開始進行國內統一戰爭時，北方匈奴的勢力有所發展。建武二年（西元 26 年），漁陽太守反叛劉秀，曾結交匈奴為援。割據三水（今寧夏境內）的盧芳，在匈奴的支援下，占據北邊諸郡，和匈奴一起經常向南寇擾。劉秀也曾遣使與匈奴修好，但是沒有取得結果，以後又派吳漢率軍抗擊，也經歲無功而返。統一戰爭結束後，盧芳於建武十四年逃入匈奴。

　　匈奴頑固的與東漢為敵，按一般帝王的做法，即一旦騰出手來，必興大兵以問罪，可劉秀卻沒有這樣做，而是盡量地避免邊境上的軍事衝突。為此，他曾罷省定襄郡（治山西右玉南），徙其於西河（治今山西離石），徙雁門（治今山西朔州東南），代（治今山西大同市之陽高縣），上谷（治今河北懷來縣東南）等郡吏民六萬餘口於居庸、常山以東。這樣，匈奴左部就得以轉居塞內。

　　建武二十年（西元 44 年），匈奴一度進至天水、扶風、上黨。次年，又侵犯上谷、中山。正在這時，匈奴卻遭到連年的旱蝗，「赤地數千里，人畜死耗大半」。東面的烏桓乘機進擊，迫使匈奴北徙。接著匈奴貴族中又發生了爭奪統治權的內訌。此時，東漢政府，本可以大舉進攻以求全勝，可是劉秀卻放棄了這個機會，其出發點是與民休息，息事安邊。

　　建武二十七年（西元 51 年），當時任左中郎將的臧宮與楊虛侯馬武聯合上書，諫請兵伐（北）匈奴時，劉秀則認為，如今國家剛剛安定，百姓尚未喘過氣來，不能夠興師遠征，應該實行逸政。他說：「苟非其時，不如息人」「有德之君，以所樂樂人，無德之君，以所樂樂身。樂人者其樂長，樂身者不久而亡」。由此證明，劉秀十分注重德政的推廣，並把「與民休息」作為實施「德政」的一個重要舉措。

　　晚年的劉秀，依然十分注重愛惜民力和國家財力。建武二十六年，光

武帝開始興建壽陵，將作大匠竇融上奏稟報計畫的園陵面積寬闊，不計慮花費。劉秀批示曰：「今所制地不過二、三頃，無為山陵、陂池裁令流水而已。」這即是說，現今所建墓地不要超過二、三頃，不要堆土起陵，陂池只要能流水就可以了。這與秦始皇不顧人民死活，大興土木興建皇陵，不正好形成鮮明的對照嗎？

因此上行下效，在他的宣導下一些地方官也學著「省愛民役」。如南陽太守杜詩、武都太守孔奮等皆如此。

劉秀的「人為貴」思想及其治國實踐，昭示後人：要想使社會穩定，必須首先改善人與人之間的關係，盡量地使之趨向和諧。而構建和諧人際關係的關鍵，在於養民，養民的重點在於安撫弱勢群體。

劉秀是一個成功的改革家，對「人為貴」思想的踐行過程中所反映出來的功德觀，為今人乃至後人提供了一個正確處理個人政績與為民謀利關係的歷史鏡鑑。國家所進行的一切改革，須著眼於「人」真正地為「人」為「民」，而改革發展的成果，應由全體社會成員共用。

五、吾理天下，亦欲以柔道行之

「以柔道治天下」是劉秀治理國家的基本策略，史有明文。

劉秀建國後，有一次與家人歡宴，宗室諸親異常高興，酣飲之中，大家說道：「文叔（劉秀，字文叔）少時謹信，與眾人不款曲，惟以柔直處世待人，故能踐九五之尊。」光武帝聽後，大笑著說：「吾理天下，亦欲以柔道行之。」（見《後漢書・光武帝紀下》）。以柔道奪取天下，以柔道治理天下，這可以說是光武帝一生政治的基本特點，也是他帝王之道的突出之處。

　　從劉秀的政治實踐看，他處理各項事務的方式，多數時間裡是較為平和的。比如，建武十年前後，大司農江馮上言宜令司隸校尉督察三公，事下三府。司空掾陳元從經史中尋找理論根據，主張「宜修文武之聖典，襲祖宗之遺德，勞心下士，屈節侍賢，誠不宜使有司察公卿之名」（見《後漢書》卷三六《陳元傳》）。劉秀「從之，宣下其議」。

　　建武十四年，太中大夫梁統認為「憲律輕薄，故奸軌不勝，宜增科禁，以防其源」。詔下公卿，光祿卿杜林奏稱：「夫人情挫辱，則義節之風損；法防繁多，則苟免之行興。」（見《後漢書》卷二七《杜林傳》）他主張法簡網疏。劉秀權衡利弊，聽從了杜林的建議。這也反映出他是善於以柔道治國的。

　　然而，劉秀治國安邦並非僅用柔道，有時也採用嚴猛的手段。實行「度田」時，他考實二千石長吏阿枉不平者，一下就殺了河南尹張伋等守、相十餘人，並對功大罪輕的南郡太守劉隆等人予以嚴厲處罰。執行阿附蕃王法時，王侯賓客坐死者竟達數千人。這就不僅不能說是柔道，而簡直可說是過於嚴苛了。嚴苛的行為，並非僅此幾例。當地方上發生反抗朝廷的暴動時，他馬上採用的總是武力手段。

　　事實說明，劉秀治理天下之道，是有柔有剛，有寬有猛的，上升到政治哲學的高度，他奉行的是文武交用、剛柔相濟之道。

　　推究劉秀不能獨行柔道的原因，首先應注意當時的社會政治條件，這是毋庸置疑的。此外，也與他的學術素養有關。他本是儒生出身，骨子裡滲透的是儒家學說，而高度強調以柔克剛，是典型的道家之論。對於君主來說，要以柔克剛，必須雍容垂拱，無為而治，這是劉秀所不願為的。

　　史稱他「聽朝至於日昃，講經至於夜分或與君臣論政事，或說古今言行，鄉黨舊故，及忠臣孝子義夫節婦，侍對之臣，莫不悽愴激揚，欣然自

得。雖非大政，進止之宜，必遣問焉，所以勸群能也」。皇太子對他說：「陛下有禹湯之明，而失黃老養性之道，今天下自安，願省思慮，養精神，優遊以自寬。」他卻回答：「吾自以為樂矣。」（見《後漢紀》卷八）對於勤於政事的君主來說，具有進取精神的儒家學說才是最適合他的。

孔子說過：「政寬則民慢，慢則糾之以猛；猛則民殘，殘則施之以寬。寬以濟猛，猛以濟寬，政是以和。」（見《左傳》昭公十二年）意思是剛而能柔，柔而能剛，寬猛相濟，才能成治立功。這才真正是劉秀治國之道的思想淵源。他本人所說「亦欲以柔道行之」，不過是順著宗室諸母口氣而言，表達一時願望而已。能否實行，何時實行，還得具體條件而定。

如果說劉邦是一位豁達大度、不拘小節，甚至還有點流氓氣的草莽皇帝的話，那麼建立東漢王朝的劉秀則是一位仁慈厚道、溫文爾雅、具有儒者氣象的開國君主。兩人奪取政權創建王朝的時代背景不同，個人氣質和文化素養也各不相同，因而其奪取政權治國平天下的謀略和權術也大不一樣。

早在起義時期，劉秀就在延攬人才方面有所展現這種「吾理天下，亦欲以柔道行之」，其中最值得稱道的，就是以誠信待人，從而贏得了各方人士的支持和擁戴。劉秀在河北打敗王郎後，漢軍按劉秀命令搜查王郎的宮室，意外地搜查出許多漢軍將領寫給王郎的信，其中多有誹謗劉秀、獻媚王郎之辭。此事向劉秀報告後，那些寫過信的將領萬分恐懼，一時間人心浮動，全軍不安。

劉秀當然考慮到，一方面，如今天下未定，戰事方酣，鹿死誰手，尚難預料，一些將士暗通王郎，為自己留一條後路也可以理解；另一方面，寫信者眾多，法不責眾，決不能輕易懲處。於是，劉秀對這些搜來的信函一封也不看，就命令部下把這些信函當眾焚毀，並說道：「讓那些輾轉反

側的人得以安眠吧。」這一舉措大大出乎眾人的意料，特別是那些寫過信的人更是萬分感動，劉秀的超人度量贏得了人心，使將士們願意為他效命，就是赴湯蹈火，也在所不辭。

更值得稱道的是，劉秀能團結各方面的人才，特別是對那些曾經反對過自己的人，劉秀也能捐棄前嫌，信任有加。劉秀稱帝後，想攻取洛陽作為首都。洛陽守將是更始大將軍朱鮪，此人曾參與殺害劉縯的陰謀，後來又力勸更始帝不要讓劉秀渡河北上。他自知深深得罪了劉秀，因此當漢軍來攻打洛陽時竭力防守，漢軍攻打了幾個月也沒能如願以償。劉秀派昔日朱鮪的部將岑彭前去勸降，朱鮪在城頭對岑彭說：「我自知罪孽深重，哪敢投降？」岑彭回來向劉秀如實報告。劉秀請岑彭向朱鮪轉告：「成大事者不記小怨。他如果投降，朕不僅不殺他，而且還保留他原來的官爵。朕對黃河起誓，決不食言。」

岑彭再到洛陽城下，向朱鮪轉告了劉秀的話。朱鮪將信將疑，他從城頭放下一條繩索，對岑彭說：「如果你講的是真話，請你順著繩索爬上來。」岑彭抓住繩索就爬。朱鮪見狀，乃知是真情，立即同意投降。他把岑彭迎接進城，叫人用繩索把自己綁起來，與岑彭一起前往劉秀處聽候發落。

劉秀見朱鮪自縛前來投降，急忙下座，親自為他鬆綁，向他表示慰問，隨後即叫岑彭連夜把朱鮪送回洛陽城。光武帝對殺兄之仇人竟然如此寬厚，使朱鮪極為感動，翌日清晨，朱鮪就舉城投降，迎納光武帝。光武帝立刻就拜朱鮪為平狄將軍，後來朱鮪又官至少府。

劉秀的誠信還表現在用人不疑之上。他深知方面之任，權不重則事不專，事不專則功難立。所以他盡可能放手任用臣下，使他們無後顧之憂，或攻或守，或進或退，都可以相機權變，從容制敵，取得勝利。

「以誠信延攬英雄」，可以說是光武帝能夠奪取政權的最重要的謀略。他曾這樣說過：「今天下散亂，兵革並興，得士者昌，失士者亡。夢想賢士，共成功業。」劉秀之所以最後取得勝利，建立東漢王朝，這可以說是他政治謀略中最重要的一條經驗。

統一全國以後，為了鞏固東漢政權，劉秀仍然注意「量時度力」，處理軍事、政治鬥爭中的各種矛盾。建武二十七年，臧宮、馬武上書劉秀，主張乘匈奴「人畜疫死，旱蝗赤地，疲困無力」的時候，對匈奴用兵，劉秀不准。

他說：「黃石公記曰：『柔能勝剛，弱能治強。舍近謀遠者，勞而無功，舍遠謀近者，逸而有功。故曰：務廣地者荒，務廣德者強，有其有者安，貪人有者殘。殘滅之政，雖成必敗。』今國無善政，災變不息，百姓驚惶，人不自保，而復欲遠事邊外乎……苟非其時，不如息民。」

這種表述可以說是劉秀對自己的軍事、政治鬥爭策略思想的一種概括與總結。劉秀曾說自己「在兵中十歲，厭浮語虛辭」，長期的現實的軍事戰爭和政治鬥爭，需要他客觀地分析各種矛盾，正確地處理這些矛盾，這使得劉秀的策略思想中實際上包含了不少辨證思維的因素。

後世學人認為劉秀行「柔道」的實質是「順人心以不犯陰陽之忌」，所謂「不犯陰陽之忌」，用今天的語言來說即是不違背矛盾規律。因此，我們不宜把劉秀的「柔道」簡單地看作「權術」之類，而應當肯定其「柔道」掌握了事物的某些真實連繫，反映了事物發展中本來的辯證法。

六、中興漢朝，皇帝老爸柔術治國

　　劉秀雖然出身於皇族，但由於他長期生活在平民中間，使他深深體會到人民的疾苦。他分析從秦始皇以來中國的動亂原因，懂得要想把國家治理好，要用柔順、緩靜的統治手段，以便穩定社會秩序，鞏固漢室統治。

　　中興皇帝劉秀個頭不高，只有七尺三寸，相對於他那個時代八尺以上的高大標準，只能算個「一般般」。但是他卻有著「超級」的人格魅力。在中國歷史上，他是一位無可爭議的治國平天下的高手，而他的成功在一定程度上正是得益於他獨特的人格魅力。

　　他說：「吾理天下，亦欲以柔道行之。」後又說：「柔能制剛，弱能制強，柔者德也，剛者賊也，弱者仁之助也，強者怨之歸也。……苟非其時，不如息人。」在「柔弱勝剛強」的思想指導下，他廢掉王莽時代的苛而繁的律令，榜樣的力量是無窮的，他又學習他劉家的先祖劉邦的做法，寬簡天下，即所謂「解王莽之繁密，還漢世之輕法」，並由此制定出一系列的政策和措施，為東漢的繁榮奠定了基礎。

　　東漢初年，在大規模的戰爭結束之後，劉秀開始建立一套能加強中央集權的領導班子，「退功臣而進文吏」就是其中一條重要手段。

　　劉秀透過多年浴血奮戰才取得政權，在他的手下，有一大批立過不少戰功的將領。這些人擅長打仗，但並不懂得如何治理國家，不少人還往往自恃功高，不聽命令，不遵法紀，為所欲為，如果繼續受到重用，他們身居高位，對東漢政權是一大威脅。

　　因此，劉秀決定採取穩妥方式，一方面給他們加官晉爵，另一方面剝奪他們的實際權力。為了達到目的，劉秀開始大封功臣，他讓郎中馮勤專管此事。馮勤精明能幹，他規定按照功臣功勞的大小，決定其封地大小、遠近和土質肥瘠，並且制定了一個周密的方案。劉秀根據這個方案，一次

就封了 360 多人為列侯，給予他們崇高的地位。

這些列侯的食封數量，最大的有四個縣，小的只有數百戶，比西漢時少得多。除了大將李通、鄧禹、賈復三人參與議論軍國大事之外，其他大多數列侯成為閒員。經過削權封侯，漢光武帝有效地控制了這些將領的軍事力量。

封完功臣之後，劉秀又特地下了一道詔書說：希望大家「在上不驕，高而不危；制節謹度，滿而不溢。敬之戒之！傳爾子孫，長為漢藩」。就是說，希望大家不要恃寵而驕，對自己要求要嚴謹，節制自己的行為，這樣就不會有什麼危險，並能把爵位傳給子孫。光武帝就這樣連哄帶嚇地威懾眾臣。

退功臣的同時重用大批文吏。光武帝認為文吏們熟悉封建典章制度，懂得治理國家且情操高尚。建武六年、七年，劉秀連續兩次下詔，命令各地官吏推舉賢良，到京城參加選官考試。實行「征辟」制度，即下詔特「征」用某人為官，公卿和各地郡守也可自行「辟」用他人做幕僚。

在詔書中，劉秀嚴格規定了選官的條件：第一，品德高尚，身世清白；第二，要有知識，是通經的博士；第三，熟悉各種法令，能熟練地依法辦事；第四，具有魄力才幹，遇事不惑，能獨當一面。各地官吏在選擇人才時，必須嚴格按照這四條標準，如有違者，必將依法治罪。

光武帝為了得到一批有高度文化修養的文吏，多次親自訪求名賢。在劉秀的同學中，有一位叫嚴光的人，此人很有才學。劉秀做皇帝後，他隱姓埋名，隱居山林。光武帝非常希望能和這位才德高尚的同學共謀國事，於是他叫人畫了嚴光的畫像，到嚴光的家鄉去尋找，找到之後，劉秀立即將他接到京城。不料嚴光不願做官，劉秀幾次光顧他的住所，有時談得晚了，倆人就睡在一張床上。

　　據說，嚴光睡覺不老實，還曾把兩隻腳放在劉秀的肚子上，劉秀也任他如此，並不挪開。還有一個南陽宛城人卓茂，是當時著名的儒生，精通《詩》、《書》、《曆法》等，待人寬厚，深受眾人敬仰。劉秀即帝位不久，就派人訪求這位大名鼎鼎的名士，並且任命七十多歲的卓茂作為太傅，封褒德侯。幾年之後，卓茂老死，光武帝駕車素服，親自送葬。

　　光武帝禮賢下士，求賢若渴，確實網羅了一大批品行端正、廉潔奉公的有用人才。如陳留人董宣，為官清正，執法嚴明，不畏權貴。有一次，劉秀的姐姐湖陽公主劉黃的家奴仗勢殺人，董宣帶領士兵，當著湖陽公主的面將這個家奴打死。湖陽公主氣得渾身發抖，向劉秀哭訴。劉秀要殺董宣，董宣說：「陛下聖德，中興漢朝，而現在竟縱容親屬家奴殺害平民百姓，如此何以治天下？臣不需鞭殺，請讓我自殺！」說著把頭向柱子撞去。

　　光武帝被剛正不阿的董宣感動，於是不再治其罪。但為了給姐姐一個下臺的面子，劉秀讓人扶董宣給湖陽公主叩頭謝罪。董宣硬是不從，劉秀命人按董宣的頭，董宣兩手按地，就是不肯俯首。劉秀非常感動，任命他為「強項令」，賜錢30萬。

　　為了加強中央集權，光武帝在政治制度上採取了「雖置三公，事歸臺閣」的統治措施。光武帝採取了西漢時加強尚書臺權力的措施。東漢初年，中央的最高官職是三公，即司徒、司空和太尉。司徒是由丞相改稱的，管民政，權力比丞相小得多；司空是由御史大夫改稱的，不再管監察，而是管重大水土工程；太尉管軍事。三公職位雖高，卻徒有虛名，並無實權。

　　劉秀為了把權力集中到自己手中，設置了尚書臺機構，並加強尚書的職權，擴大機構，增設官吏。尚書臺設尚書令一人，尚書僕射一人，尚書

六人，合稱「八座」。他們直接聽命於皇帝，分掌全國政事。尚書的官位不高，尚書令每年的俸祿只有一千石，副職尚書僕射和 6 名尚書，每年的俸祿也只有六百石，他們的地位和待遇遠不能和每年俸祿為萬石的三公相比，但實際權力遠在三公之上。尚書臺是最重要的行政決策機構。

光武帝除了透過尚書臺獨攬大權外，還在宮廷內設置中常侍、黃門侍郎、小黃門、中黃門等宦官職務，由他們負責傳達皇帝的旨令和詔書，閱覽尚書進呈的文書。光武帝認為這些宦官們地位更低，他們不可能取得傾國大權，就更保證了他的集權統治。

劉秀以柔術治國，寬民眾，而對官吏極嚴。東漢初年，他恢復了西漢時曾設置過的三套監察機構，還進一步予以加強。這三套監察機構是：(1) 禦史臺——有侍御史 15 人，負責察舉官吏違法事件，接受公卿、郡史奏事和解釋法律條文。(2) 司隸校尉——有從事史 12 人，主管察舉中央百官犯法者和各部各郡違法官吏。他們既是京官，又是地方官，監察權力很大，「無所不糾，唯三公不察」。(3) 州刺史——全國分 12 州，每州設刺史一人，他們遵照皇帝命令，代表中央，乘坐驛車，巡行全國各地。他們每年 8 月出巡，調查各地有無冤獄，同時考察各郡縣官吏政績，並根據政績好壞，決定升遷罷免。他們在年底或翌年初回到京城，向中央彙報。劉秀對巡察制度非常重視，也授予他們很大的權力。

朝中無論官員職位高低，一律嚴格按照法律辦事。若有不遵守法律者，必會如實量刑定罪。曾任汝南太守的歐陽歙，世授《尚書》，八世都是博士，德高望重，劉秀十分器重他，但在他度田不實、貪贓枉法的罪行被查出來之後，他立即被捕入獄。當時朝廷有上千名儒生守候在大殿門口，請求寬赦他，甚至有人情願替他犧牲，但劉秀堅決對其繩之以法，予以處死。

由於劉秀加強了監察制度，對違法官吏要求甚嚴，從而保證了皇帝的權力和意志能夠得以實現，這對中央集權制的鞏固，產生了非常重要的作用。

劉秀對於臣下的歌功頌德、阿諛奉承，常能持一種清醒的、有時甚至是厭惡的態度。他更願意多表揚一些剛正不阿的官吏。在他的詔書中，經常說自己「德薄」，要上書者不要稱他聖明。

各郡縣經常報告一些所謂「嘉瑞」事物，群臣要求史官將這些「嘉瑞」記載撰寫成書，以傳後世，劉秀一律不許。有一次，劉秀外出打獵深夜方歸，要從洛陽城的東北門進城，掌管這個門的官吏郅惲拒不開門。劉秀讓人點起火把，並告訴說皇帝回來了，郅惲說：「火光閃爍，又遠遠的，看不清楚。」就是不開。劉秀沒法，只好轉到東城門進了城。第二天，郅惲上書批評了劉秀一頓，說他遊獵山林，夜以繼日，帶領出一種不良風氣，危害國家。劉秀不但沒有治罪於他，反而賞了郅惲 100 匹布，把掌管東城門的官吏貶為登封縣尉。

劉秀對官吏要求嚴格，以致以粗暴方式對待，對貪贓枉法的行為更是嚴厲懲罰。他在執政初期，內外群官，多由他自己選任；如做不完他交辦的事，尚書一類的近臣常被拉到面前棍打鞭抽，以致「群臣莫敢正言」不敢說實話。

劉秀對貴戚的過分行為一般能夠理智對待。司隸校尉鮑永、都事從官鮑恢性格剛直，不避豪強，勇於彈劾貴戚的恣縱行為。他們曾彈劾劉秀的叔父趙王劉良仗勢呵斥京官為「大不敬」，劉秀借此告誡貴戚們應當約束自己，「以避二鮑」。

劉良臨死時，劉秀去看他，問他還有什麼要說的話。劉良說他沒有別的話了，只有一件事，他的朋友李子春犯了罪，縣令趙熹要判李子春死

刑，他希望能保住李子春的命。劉秀說：「官吏公正執法，我不能徇情枉法。另說別的願望吧。」

劉秀的明君風範，使劉氏漢家天下走向繁榮，實現了「光武中興」。25 年的皇帝生涯，勵精圖治，結束了長達百年的分裂局面。統一全國，經濟繁榮，開創太康盛世。

七、我自樂此，不為疲也

「樂此不疲」這個成語出自《後漢書·光武帝紀》，原文為：「我自樂此，不為疲也！」經過長期軍旅生活，劉秀對帶兵打仗逐漸厭煩。百姓由於多年戰亂，急需休養生息。因此平定陝西、四川之後，在沒有特別緊急情況下，他很少談論軍隊事情，每天從早到晚與大臣們講經論理，很晚才休息。

太子劉莊見父皇經常熬夜秉燭誦讀，處理朝政，很是心疼。他的兒子勸他不必如此辛勞，保重身體要緊。就找了個機會勸說劉秀：「陛下有禹湯之明，而失黃老養性之福。」提醒父親注意勞逸結合，以免累壞龍體。

兒子的孝心叫皇帝老爸劉秀感動不已，他坦然道：「我自樂此，不為疲也。」一句不經意間的話，卻道出了這位開國皇帝對江山社稷天下蒼生的厚愛之情。劉秀說的「我自樂此，不為疲也！」意思是說：我喜歡做這些事，一直做下去也不覺疲勞！

人們把「我自樂此，不為疲也！」簡化為「樂此不疲」這 4 個字，意思是：喜歡做某件事，一直做下去也不感到疲倦。從此，世上多了一個「樂此不疲」的成語。而做皇上做到這個境界，除了劉秀，史上估計也沒有第二個人了。

第五位皇帝老爸
漢光武帝 —— 劉秀

　　劉秀辛勞一生，活了 63 歲，這在帝王中也算是少有的高壽了。這與他「我自樂此，不為疲也」有直接關係。他想做什麼就做什麼，不受傳統約束。人的興趣很重要。劉秀愛管朝廷的事，而且能夠得心應手，就不知道疲倦，管理國家反而成了他的養生之道。他願意做的事，你硬是不讓他做，想叫他延年益壽，反而讓他生活感到乏味，還會減他的壽。

　　同時皇帝老爸的「我自樂此，不為疲」—— 就這份工作、一種學習的態度，恐怕我們今天也沒幾個人能做到，可見劉秀的成功絕非僥倖。事實上，他的勤奮為後漢設定了基本的政治、軍事和文化框架，這個框架就是儒學立國。

　　同樣是劉家的先祖劉家的榜樣，西漢的漢武帝雖然也崇儒，但也好法家的學說，漢宣帝更是明言「霸王之道雜之」，但劉秀雖然也在用「霸王之道」，卻從不言說，反而對儒學進行了大力推廣，使後漢成了儒學發展的黃金時代。

　　皇帝老爸雖然做過農民，東漢的江山也是他騎在「牛背」上打下的，不過劉他早年去京師求學，自然受其薰陶。再則，跟隨劉秀打天下的將領們絕大多數也是飽讀經書的，趙翼在《廿二史劄記》中就說：「西漢開國，功臣多出於亡命無賴，至東漢中興，則諸將皆有儒者氣象。」可見，當時的興儒，有前漢政策慣性的因素，而劉秀的努力，則使儒學再次獲得了發展動力。

　　皇帝老爸劉秀的崇儒，為他的子孫們也樹立了榜樣，使東漢的後世皇帝基本上都承續了儒學治國的方針，西漢百家並存的局面終於一去不復返，而儒學則對東漢也造成了幾個比較大的影響。

　　其一是重血親關係。

　　重血親表現在兩個方面，一個是兄弟和睦。東漢皇子之間的兄弟友愛

在其他時期是比較少見的，甚至於太子被廢都能保全善終。趙翼在《廿二史劄記》中說：「隋唐以後，太子被廢，未有善終者，唯東漢皆保全」，「蓋自光武及明、章二帝，皆崇儒重道，子弟皆於孝友之訓深，故無骨肉之變也」。其實，趙翼只說了其一，未說其二。

根據《後漢書·百官志》記載，東漢的諸侯國，其官署制度延續了前漢自成帝以後的辦法，只設相和傅，相管理民政，傅則導王以善。相、傅都由中央任命，而他們的權力也非常之大，比如公沙穆做繒相時，竟能沒收繒侯劉敞所侵官民田地，廢其庶子，收考繒侯犯法的奴僕，弄得劉敞流涕認罪，可見東漢的諸王已經完全不可能具備對抗中央的力量。

這樣，由於制度的約束，兄弟之間沒有了直接的利益衝突，再加上儒家的教導，使東漢時代極少見到兄弟之間反目的事情。

第二是皇帝老爸劉秀重師道輕爵賞。

東漢從劉秀開始就相當重視對皇子的教育，在儒家「尊師重道」教導下，皇帝的老師享有別人沒有的特殊禮敬。比如後來漢明帝的老師桓榮，年逾 80，皇帝仍多「親幸其府」親自趕去，「會諸王將軍以下及門生數百，皇帝親自執業，每言輒曰『大師在是』」。桓榮若有疾病，「帝輒遣使者存問，『太官、太醫相望於道』。」於是在這種恩寵之下，身為皇帝老師的桓家到五代孫仍有聲名。

對師道的重視也導致了家學淵源的興起，不同的派別經常會出現相互交鋒，甚至會為哪種經可立博士而爭論不休，所以，東漢的學問尤其崇尚家傳正宗，子承父業很常見。

而另一方面，東漢對爵賞從來就沒有吝嗇過。就賞賜來說，由於東漢的諸王和功臣們都沒有多少政治權力，皇帝為了彌補，給他們極高的秩祿，讓他們享有別人沒有的殊禮，金錢物質賞賜也很優渥，多有上千萬

的，也常會連及一兩代。就爵位而言，皇帝常招德高望重的大臣子弟為郎官侍衛，待成年後任以重職，使他們的爵位能得以承續。

還有就是皇帝老爸劉秀重文輕武。

東漢是一個十分重學的時代，從劉秀和他的開國功臣開始，崇尚學問漸成風氣，而其中的經學更是興旺。儘管劉秀受成長環境的影響也信讖學，甚至以讖語定過官職，也宣布過「圖讖於天下」，但當時普遍是把讖學當作經學之一的。

桓譚敢當著劉秀的面說「讖之非經」，表明正統的儒家經學仍占據著絕對優勢。事實上，早在東漢立國之初，范升、陳元、鄭興、杜林、衛宏、劉困、桓榮等輩就開始雲集京師，在他們的傳授下，經學極度繁榮。當時《易》－施、孟、梁丘、京氏；《尚書》－歐陽、大小夏侯；《詩》－齊、魯、韓；《禮》－大小戴；《春秋》－嚴、顏，共十四類被朝廷立博士，其他未立的更是不勝數。後來的明帝還親自講經，觀聽者「蓋億萬計」。

在這種重視和推動之下，社會上的名士都是文人，他們的言談舉止，甚至衣裝服飾都成了百姓們爭相效仿的對象。所以後來的東漢還出現了一大批學者，類如馬融、鄭玄、許慎、盧植、王充、張衡、蔡邕、班固等，這些人的思想和著作，對後世影響巨大，真可謂文才濟濟。

對於一個對儒學有研究，白手起家的開國皇帝來說，對儒家思想可能會造成的一些問題，劉秀未必不清楚，但是他除了盡可能控制局面以外，根本沒有扭轉大勢的機會。

原因其實很簡單，因為他之所以能獲得稱帝的機會，靠的就是儒家崇尚正統的思想，而他之所以能夠取得勝利，也實有賴於親族、外戚和昔日同學的支持。這些人多是地方實力派，是他得以在事業上成功的根基，劉秀最多只能做到不讓他們影響宏觀局勢，但在微觀上，劉秀仍無力對抗他

們在地方上的影響。

比如劉秀曾經試過用「度田」來抑制地方勢力，但矛盾的激化使他不得不選擇不了了之，它說明，劉秀無法用單純的法令來摧毀地方大家族的力量，而如果他堅持打擊豪族右姓，恐怕沒多久也會面臨王莽同樣的難題。在這種情況下，劉秀只能寄希望於透過儒學的「仁德」教育來順勢利導，再輔以各類詔書，以使社會不至於貧富差距拉得太大、矛盾衝突不可收拾。

所以說，皇帝老爸劉秀可不僅僅是一位軍事家，他更是一個思想家。

身處的環境使他無法單靠個人的力量來扭轉整個社會崇儒的客觀狀況。他既然無力去堵，就只有想辦法去疏。實際上，在表面的寬柔後面，劉秀從來都沒有放棄過對執法的重視。祭遵斬殺劉秀犯紀的親兵、董宣將殺人的湖陽公主家奴就地正法，劉秀對他們都表現出了相當寬容的態度，這說明，劉秀明裡大興儒學，用儒學來引導大族貴戚謙抑，暗地裡也還在用法家思想來盡可能去堵住他們亂紀的可能性。

史稱漢明帝劉莊「善刑理，法令分明」，這很有可能是皇帝老爸劉秀所教。劉秀對自己的這位太子顯然是十分滿意的也寄予厚望，因為歷史記載，當年才 12 歲的皇帝兒子劉莊居然知道下面官吏欺下瞞上的伎倆。這自然會令皇帝老爸劉秀對將來東漢社會問題的最終解決抱有一絲成功的希望。

這也是每一位父親對自己兒子的期望啊。

八、光武大帝劉秀和兩位皇后

東漢開國之君光武帝劉秀，堪稱中國帝王中的頂峰人物。文才武略相貌人品，都達到了再無人企及的程度。他前後有過兩位皇后：郭聖通與陰麗華。

這兩個女人，雖然一廢一立，但是她們都是中國后妃群中最幸運的人。即使是被廢離異的郭聖通，也不例外：在同樣離異的后妃中，她是唯一沒有被囚入冷宮、沒有母子俱喪、過得最自由的一個。

而劉秀名如其人，是長得很俊秀的。中國古代的史家，一向惜墨如金，尤其在評論名人外表上面，已經達到了「色即是空」的地步。要想在他們的筆下得到帥哥美女的名聲，是難乎其難的，等閒的美色入不了他們的法眼，但是稍有個鼻塌嘴歪的，他們卻是絕不放過。對女子是如此，對男子也不例外。

然而，對於劉秀，所有寫歷史的古人都毫不吝惜地齊聲讚嘆他的風神俊朗，認為他是世上數一數二的帥哥 ——「美鬚眉」也。照正史上的說法，劉秀身高七尺三寸，（秦尺 23 公分，漢尺 24 公分略多。三國時諸葛亮身高八尺，按今天的說法是 193 公分）。換算一下，劉秀的身高至少在 175 公分以上。以當時人的平均身高來算，他隨便往哪裡一站，都是鶴立雞群的感覺。再加上他體形勻稱，更顯得修長。

然後來說他的相貌：劉秀不但個子高，而且鼻梁挺撥、額頭飽滿，皮膚白晰、眉目傳神。宛若溫柔秀美的女子。用現在的話來說，就是一個漂亮的奶油小生了。

也許可能是長得太秀氣了，劉秀給人的視覺衝擊過於強烈，以至於跟他對陣的敵人，都對他竟有戰術謀略表示難以相信。比如他後來的敵人嚴尤，別人向嚴尤提及劉秀的兵法，嚴尤的第一個反應竟然是：「你們說的

是那個小帥哥劉秀嗎？他居然也會這個？」

直到成為東漢開國皇帝，劉秀的身上都沒有一絲一毫的悍厲氣息。據說後來他成為皇帝，返回家鄉宴請鄰里，從小看著他長大的老太太們喊著他的小名指點說：你從小就厚道過頭，溫柔體貼，現在當了皇帝，還是沒有什麼改變，這可不行，要拿出點皇帝的威嚴架子來才行。

劉秀笑著說：「吾治天下，欲以柔道行之」溫柔有什麼不好呢？

帥哥配美女，那當然是天生的一對。光武帝劉秀和陰麗華的姻緣，開始於劉秀離家上京求學之際。當時他順路來到新野看望姐姐劉元，並與姐夫莫逆相交。就是在這時，他遇到了他鍾愛一生的另一半 —— 陰麗華。

此時陰麗華大約只有十幾歲，卻已經美名遠播，是當地無人不知的美女兼孝女。陰家是當地的望族，她的父親陰陸在她七歲的時候去世了，小麗華守孝哀痛，絕食多日，被族人譽為孝女。

陰麗華的母親姓鄧，是劉秀姐夫兼好友鄧晨的本家親戚。劉秀在姐姐家聽說了這個小女孩的美貌和孝行，或許見過一兩次面也不一定。劉秀也是幼年喪父的孩子，對這個品貌絕佳的女孩子產生了深深的好感。

不久後，劉秀到了長安太學進修，一次看見京城執金吾威風出行的樣子，於是說出了那一句流傳千古的名言：「仕宦當作執金吾，娶妻當得陰麗華」。

執金吾是京城負責治安的二千石的大官，通常都是帶著外貌威武雄壯、盔甲旗幟鮮明壯觀的京城衛隊巡遊皇城四周。只要他們出現，市面上的宵小惡徒就聞風而逃，是一個非常威風的職務。當時的劉秀還沒有天下大志，覺得自己的人生最高理想就是當「執金吾」，娶陰麗華。後來這兩個理想，陰麗華他是娶到了，執金吾他卻沒做到，因為他直接跳級做了皇帝。

隨後劉秀在起義之前的幾年裡曾經多次來到新野盤桓，除了和姐姐聚會，和姐夫暢談遊歷、結交名士之外，恐怕關注陰麗華的成長也是一項重要內容。這段時間正是陰麗華 12 到 17 歲的花季時光。

雖然史書上記載說劉秀是聞其名而愛慕之，念念不忘好多年，然後遣媒說合，娶其為妻的，但似乎並不能解釋才貌絕佳、美名遠揚的名門閨秀陰麗華為何到了 19 歲「大齡」還沒有嫁人，好像就是等著劉秀從「牛背」上打完江山再下來騎著白馬出現在她面前。

不妨這樣推測，劉秀對陰麗華的愛慕並不是單方面的，那個豆蔻年華的小美人早就在和劉帥哥幾年的交往中芳心暗寄、一往情深了，而且已經默許終生，定下了海誓山盟，也未可知。

就是這樣一個家世不俗、品貌一流的帥哥，在流行 13、4 歲就結婚的時代居然在 20 歲以前完全沒有留下一點緋聞韻事，就算他本人熱衷學問以及喜歡務農而不感興趣吧，難道他的母親、叔叔、兄姐都不為他操心？似乎只能用「緣分」兩個字來解釋了。

而且劉秀對陰麗華的初戀是如此純潔、浪漫而執著，以致他成為中國史上帝王晚婚晚育的先進代表。身為那個時代的一個世家子弟，在娶陰麗華之前完全沒有納妾收婢的紀錄，整個婚戀史清白得不可思議。

劉秀對陰麗華的感情是非常真摯的，此前他沒有上門求婚的原因並不難猜測。他和哥哥決心造反覆興漢室並為此準備了多年，考慮到自己隨時可能在這樣高風險的事業中獻身，他不能把這樣的風險帶給陰麗華。而且在他們之間穿針引線的人，最有可能性的就是劉秀的二姐劉元。

但是在昆陽之戰後，局勢似乎已經豁然開朗起來，新莽的滅亡為期不遠，劉秀也在戰爭中發現了自己無可限量的潛力，於是決定把深愛多年的美女娶來，共用光明前程。而在這些年頭，陰麗華也堅守著自己的陣地，

固執而痴情地等候著自己心中的白馬王子。

陰麗華的父親早逝，一家之主是哥哥陰識。陰識也積極參加了反新莽的戰爭，他對妹妹的選擇並不反對，也對劉秀非常敬重欣賞，因此媒人一到，一說即合，有情人終成眷屬。

後來人不難推測，當時的歷史記載者為什麼不好意思記載下完美的光武皇帝和光烈皇后在花樣年華曾經有這麼一段私定終生的旖旎情史。想想看，如果讓百姓後世知道了開國皇帝皇后曾有這麼一段不那麼符合禮法的愛情故事，會對社會風氣造成多麼不和諧的影響啊，所以這一段模糊混過就算完了。

劉秀和陰麗華之間的感情，是古代宮廷史上最美好浪漫、最感人肺腑的亮點，像劉秀這樣非常好的人兼非常好的皇帝在歷史上真是鳳毛麟角。陰麗華一生謙德，相夫教子，主理後宮，不曾干預朝政，更能約束家人。不像西漢的那些皇后，一人得道，雞犬升天，把朝綱弄得烏煙瘴氣。

劉秀一生信任陰麗華，全靠她的輔佐而無後顧之憂，專心國事，這才出現了「光武中興」的時代。可惜像他這樣的帝王、像他和陰麗華這樣少年盟誓、一生相守的皇家浪漫愛情故事，在中國幾千年的歷史上，也只有這麼一個而已。

當然劉秀是幸運的，少年時代碰到了自己心愛的女子，後來也實現了自己的理想之一取到這個女子為妻，而且他們倆的愛情故事被頌傳千古。劉秀的幸運不僅如此，他還娶了另一個女人 —— 郭聖通，但是這個女人卻大多數的時間都被陰麗華的光芒所掩蓋。

如果劉秀跟陰麗華的結合的基礎是美好愛情理想的話，那麼，劉秀與郭聖通的婚姻那就是很純粹地現實物質利益的結果了。

郭聖通她本來也能成為歷史上一位著名的賢后，可惜她偏偏遇到了另

第五位皇帝老爸
漢光武帝 —— 劉秀

一個女人，如果說她很優秀，那麼那個女人，也許比她更幸運吧。周瑜若不是碰上諸葛亮，會是瀟灑自如的一代名將，可是強中更有強中手 —— 不是你不夠好，是你運氣不好。

郭聖通本身已經足夠完美，她出身高貴，氣質高華，年輕漂亮，美麗溫柔，才藝兼通。史書記載她的家世是：「父昌，讓田宅財產數百萬與異母弟，國人義之。仕郡功曹。娶真定恭王女，號郭主，生後及子況。昌早卒。郭主雖王家女，而好禮節儉，有母儀之德。」

當劉秀的軍隊來到真定（今定縣）的時候，他遇到了一個強勁的對手：真定王劉揚和號稱十萬之眾的大軍。俗話說，滅敵一萬，自損八千。如果硬打，劉秀即使能夠以智取勝，也勢必傷損嚴重。但好在劉揚對劉秀的才幹非常欽佩，願意主動歸附。只是有個條件，要跟劉秀聯姻，所以為了避免流血與戰亂，劉秀答應娶劉揚的外甥女郭聖通為妻。

而在亂世之中，從郭聖通的角度來說，她認為遇到了自己的真命天子，劉秀不僅一代明君，而且「身長七尺三寸，美鬚眉，大口，隆準，日角（見《後漢書》），絕對是個歷史上名正言順的准帥哥。雖然劉秀對她的感覺完全出於政治的目的，但是郭聖通在丈夫劉秀隨後戎馬的生涯裡，和他生死相隨，為他生了長子劉疆。

郭聖通當時還是自信的。因為飽讀詩書，她知道人性是最不可靠的東西，最實際的還是權力與利益。雖然陰麗華比她早嫁給劉秀，但是自己為丈夫提供了豐厚的「嫁妝」，陰麗華沒有；自己為丈夫生了一個兒子，陰麗華也沒有，所以郭聖通當時還是自信的。

不過，事實證明她錯了，大大的錯了，這個女人才是正真的贏家，幾千年以後還傳說著她的盛德，「娶妻當娶陰麗華」。

陰麗華在劉秀剛起義的時候嫁給他，後來因事分別三年，三年以後劉

秀已經成就帝業，並且，娶了年輕美貌家世雄厚的郭聖通，還生了個兒子。但是郭聖通不久之後應該徹底知道了，在自己遇到那個男人之前，陰麗華早已經贏得那個男人的心。

劉秀稱帝後的第 2 年，議立皇后。他身邊有一個陰氏，又有個郭氏，於是在冊立皇后的問題上就出現了一個問題，是立郭氏為後呢，還是立陰麗華為後。一邊是郭氏 —— 與劉秀患難相隨的紅粉知己，在戎馬倥傯中，郭氏一直追隨左右，恩愛有加，並已身懷六甲，這時只得了一個貴人的稱號，顯然地位很低；一邊是陰麗華 —— 這個劉秀夢寐以求，終於如願以償的結髮妻子。

下定決心，劉秀一心一意要把皇后的位置留給他最心愛的人，星夜派侍中傅俊將她迎來洛陽。不料陰麗華卻說：「困厄之情不可忘，而況郭貴人已經生子。」堅持不肯接受皇后的冊封，光武帝迫不得已，只好立郭氏為后，封陰麗華為貴人。

劉秀冊封了郭聖通，他知道陰麗華為了他讓出了什麼，這種付出讓他感到愧疚和痛苦，於是他給予她除了名分以外的所有一切。只要出征，他總帶著她 —— 當初郭氏相從是因為你不在身邊；他讓她生了五個兒子 —— 當初讓郭氏生兒子是因為沒有你；他給郭聖通最珍貴的東西，因為她懂得為他犧牲；陰麗華為他讓出了后位，他則給了她所有的愛。

相比起來，郭聖通在愛情上就傻了很多，雖然這位郡主飽讀詩書，但是情商顯然不高，陰麗華讓正位，她大大方方接受了 —— 倒是擁有了后位，同時她卻失去了一個男人的心。

當初未必不賢良淑德，只是那次讓位，獲得了名分卻輸掉了愛情，那個男人把感情都放在了陰氏身上，讓她日日夜夜，寂寞相對，空擁有一個皇后之位，有什麼用？何況劉秀常常誇耀陰氏的兒子劉莊類己，嘉許之

意，地球人都知道 —— 郭聖通受不了了。

一個變成怨婦的女人是可怕的，她的怨氣無法衝不見她的劉秀撒，但是可以衝宮裡的下人，衝著宮裡的兒女們 —— 如果說她怨恨滿腹，劉秀還可以忍受，那麼她惡待非自己所出的兒女，則違反了劉秀的大忌。

老劉家從前出過的呂后的故事太可怕了，劉秀無論如何不能讓自己心愛的陰麗華變成第二個戚夫人 —— 況當時江山已穩，劉揚謀反也得到平復，他不用再怕什麼。於是在光武十七年，劉秀廢皇后郭氏而立貴人陰麗華為后。

郭聖通徹底失敗，但是她沒有像所有的廢后一樣打入冷宮，她的兄弟封爵，她也被封為「沛太后」看來似乎「很風光地」回娘家了。而同時「后在位恭儉，少嗜玩，不喜笑謔。性仁孝，多矜慈」，新任皇后陰麗華贏得了不僅僅是劉秀的心，也贏得宮內所有人的心，並且，她善待自己這個失敗者，這是一種非常可怕的自信。

即使在劉秀死後，她也繼續善待郭氏和郭氏的兒女們，並且切切囑咐自己的兒子孫子要善待他們的後人，中元三年，陰麗華的孫子漢章帝北巡路過真定時，特地按照陰麗華的叮囑和郭氏家族聚會，賞賜「萬斛粟米和五十萬錢」。

郭聖通這個時候才明白，自己的對手絕不是一個地主的女兒，而是個智慧地幾乎到了可怕地步的女人。只過了短短 1 年以後，廢皇后郭聖通的兒子劉疆讓出太子之位，而 7 年以後，廢皇后憂鬱而亡。

九、皇帝老爸的好兒子

劉秀可是不折不扣的天子，就算他自己不想娶「三宮六院」，大臣們都會給他弄出「七十二嬪妃」來，因為這不但是「符合制度」，更重要的

是和自己有關係的女孩們送到皇帝身邊，自己成為「皇親國戚」。

但是劉秀對於強行安到他頭上的嬪嬙並沒有什麼興趣，為了盡可能地減少後宮人數，所以他更改了西漢以來的宮廷制度，把多達十五級的後宮姬妾制度縮減為五級，除了「皇后」郭聖通和「貴人」陰麗華，其他的就是「美人」、「宮人」、「采女」。

由於他對後宮的鶯鶯燕燕沒有興趣，所以後頭這三級連俸祿他都沒給安排，不但姬妾的人數少，而且她們的寢宮，他也很少光顧。因此，其中只有許美人湊巧地為他生下了兒子劉英，後來被封為楚王。這是劉秀唯一一個並非由郭聖通和陰麗華生育的孩子。而且，楚王所得的封國，也是11個皇子中最差勁的。

在西元28年，就在劉秀征討彭寵的戰役中間，陰麗華在中軍帳裡，生下了她和劉秀的第一個孩子：未來的漢明帝劉莊。

劉秀也仍然沒有忘記郭聖通，他對郭聖通還有仍然有一定的感情。此後，郭聖通也陸續為劉秀生育了不少孩子，除了最早的長子劉彊之外，後來還有劉復、劉康、劉延、劉焉，一共5個兒子。

不過，即使在生兒育女方面，劉秀似乎也不情願讓自己最愛的人陰麗華輸給皇后郭聖通。陰麗華也同樣為劉秀生下了5個兒子：劉莊、劉蒼、劉荊、劉衡、劉京，以及若干個女兒。

比起皇帝老爸的兒子們，他的女兒則就更加不被人提起：劉義王，母陰麗華，建武十五年封舞陽長公主，適陵鄉侯太僕梁松。梁松坐誹謗被誅；劉中禮，母陰麗華，建武十五年封涅陽公主，適顯親侯大鴻臚竇固，肅宗尊為長公主；劉紅夫，母陰麗華，建武十五年封館陶公主，適駙馬都尉韓光。韓光坐與淮陽王延謀反被誅；劉禮劉，母郭聖通，建武十七年封淯陽公主，適陽安侯長樂少府郭璜。郭璜坐與竇憲謀反被誅；劉綬，母

陰麗華，建武二十一年封酈邑公主，嫁給新陽侯世子陰豐，後來被陰豐誅死。

可見皇帝老爸的女兒們沒有一個是落得好下場的，而他的兒子中也就只有一個劉莊名垂青史而已。劉莊是東漢開國皇帝老爸漢光武帝劉秀的第4個兒子，是劉秀和陰麗華的第1個兒子。

本來劉秀重建漢王朝後，立郭氏為皇后。光武在參加更始政權後，就迎娶了自己的心上人陰麗華。但奉更始命令出定河北後，就把陰麗華送回了河南老家。劉秀到河北後王郎叛亂，四處追捕劉秀。這時在河北只有漁陽，上谷兩個郡支持他。其餘的都支援王郎。有漁陽，上谷兩郡的軍隊支持，劉秀也僅能自保。這時候，雲臺28將之一的耿純說動真定王劉楊脫離王郎，支持劉秀。

劉秀就娶了劉楊的外孫女郭氏為妻，這個政治婚姻為劉秀換來了真定王的十幾萬軍隊。光武稱帝又定都洛陽後，東漢開國32功臣之一的王梁帶著包括陰麗華在內的光武家屬去投奔他。此時光武想立陰麗華為皇后，陰麗華卻以郭氏已有皇子堅決不同意。光武遂立郭氏為后，並立郭氏的長子劉疆為太子。

光武平定四方後，郭后因為恩寵漸衰，心壞怨恨。最後被廢，光武將后位給了原本就該當皇后的陰麗華。這時候，太子劉疆堅持要求辭去太子。光武開始不同意，後來因為他一再要求，才准許他。立東海王劉陽（後來改名劉莊）為太子，封劉疆為東海王。

劉莊在當皇子和太子時就已經表現出了過人的資質。他在10歲時就通曉了《春秋》，皇帝老爸統一中國後，發現墾田畝數和人口不對，於是開始重新清查田畝，就是歷史上有名的度田事件。各個州郡的官員進京彙報工作，光武看到陳留吏的牘上寫有，「潁川、弘農可問，河南、南陽不

可問」。於是他就問陳留吏這是什麼？陳留吏說不知道什麼意思，他是在洛陽的長壽街上得到的。

這時，帳幄後面只有 12 歲的兒子劉莊插話說，這是郡裡的官吏教他（陳留吏）怎麼核查土地。光武又問，那為什麼河南、南陽不能問呢？劉莊又說，河南是帝鄉，南陽是帝城，這兩個地方田畝和宅第肯定逾制，所以不能認真核查。光武於是讓虎賁將詰問陳留吏，陳留吏所言果然和兒子劉莊一樣。皇帝老爸也不得不對自己這個只有 12 歲的兒子另眼相看。

建武十九年，單臣、傅鎮等造反，占據原武城，劫持了該城的官吏。皇帝老爸劉秀派臧宮率兵圍剿，由於單臣、傅鎮他們糧草充足，所以臧宮雖然把他們困在城裡，又死傷了很多士兵，但就是攻不破城池。光武帝招集大臣們研究對策，大家多提議懸賞以攻城。只有被封東海王的劉莊主張不要圍城太緊、太急，讓賊人可以突圍，這樣一個亭長就能對付的了他們。結果真如劉莊所料，叛賊分散突圍後都被平定，消滅。

皇帝老爸劉秀重建漢朝後，因為國力的不足，一改武帝時對匈奴的戰略攻勢，轉為防禦。後來匈奴分為南北兩部分。南匈奴主動要求內附，光武冊封南匈奴，而且還和他們和親。北匈奴看到東漢和南匈奴和親，也要求和親。光武於是和公卿們商量，一時難以決定。

這時已是太子的劉莊說，北匈奴因為南匈奴內附、和親所以害怕我們，如果我們不攻擊北匈奴，又和他們和親。北匈奴不怕我們，南匈奴也會對我們有二心的。皇帝老爸於是決定不和北匈奴和親。

光武帝去世後，兒子劉莊即了皇位，漢明帝就開始了他的一系列治國方略。

光武帝時，對同姓宗室王限制比較嚴格。自己的 10 個兒子雖然都封王，但不讓他們就國。都集中到洛陽。而且封地都很小，較之西漢的同姓

王差得很多。而且在郡國內，沒有任何實際的權力。光武死後，劉莊即位，諸王才開始到自己的封地去。漢明帝的同母弟劉荊，是光武諸位皇子中比較有才能的一個，他給廢太子劉彊寫信，說他無罪被廢，應該從自己的封地東海起兵，像漢高祖那樣取天下，即皇位。劉彊接到書信後嚇壞了，馬上把信交給漢明帝。漢明帝沒有追究此事。

後來羌人和東漢作戰，劉荊又四處活動。漢明帝又讓他去封地。去了封地，他問相士，我長得像先帝，先帝 30 歲當皇帝，我今年也 30，可以起兵嗎？嚇得相士趕快告訴郡國的官員，劉荊害怕，自己把自己投進監獄。漢明帝又沒有追究。後來劉荊又使巫祭祀祝詛，被郡國的官吏報告，惶恐之下自殺了。

皇帝老爸與許美人所生的楚王劉英，在劉莊當太子時就和他關係不錯。劉英結交賓客，又在封國作金龜、玉鶴，刻文字為符瑞。積極準備造反。被一個叫燕廣的人告發，有司奏情要求誅殺他，明帝不忍，只是把他罷免流放，後來劉英自殺。明帝發現劉英結交士人官吏的名錄，為此興了大獄，株連了很多人。

郭皇后生的兩個兒子劉康和劉延也在封國結交賓客，圖謀不軌。但因為不像劉荊，劉英那麼嚴重，所以只是被削減封地。這些宗室王無法成功的最主要原因是，他們根本不掌握封地的兵權。所以不可能像前漢七國之亂那樣成氣候。

另外，封地的國相和官吏都是受皇帝委託監督他們的。其實每個朝代的前幾代皇位繼承人之間，競爭都很激烈，到了後期就不明顯。

光武中興後，鑑於王莽篡位的這個歷史教訓，所以對外戚還是有所限制，但同時他又利用外戚來防範宗室。在大司馬吳漢死後，光武帝想讓自己的小舅子陰興接任大司馬，因為大臣的反對才做罷。但死後仍然讓自己

的女婿梁松輔政。

到了皇帝兒子漢明帝即位後就一改皇帝老爸為政時的柔道，而大刀闊斧地代之以剛猛。漢明帝根據父親生前的意思，畫建立赫赫戰功的 28 將於雲臺，但對自己的岳父馬援卻不予收入，這就給大臣們一個信號，就是自己要限制和約束外戚。而且，他在位時，他自己的 3 個大舅子，小舅子馬廖，馬光，馬防都位不過九卿。

隨後他就開始處理外戚和豪強們。開國 32 功臣之一，納河西五郡給光武帝的竇融，為人不錯，但不善於約束自己的家人和子弟。結果子孫多不法。竇融從兒子竇林坐欺罔及臧罪，下獄死。竇融的長子也是光武的附馬竇穆，因為封地離六安國比較近，就想占據六安，於是假傳陰太后的旨意，讓六安侯劉旴休妻，而娶自己的女兒。

後來此事被漢明帝知道，竇穆被免官，竇氏人中，除了竇融留京，全被遷回故郡。竇融也被明帝斥責，嚇得竇融也辭職回家養病。竇穆等後來被赦免，允許回京城居住，但漢明帝派人嚴格監視他們。竇穆心懷不滿，口出怨言，又賄賂官吏。結果他和兩個兒子竇宣，竇勳都死在獄中。多說一點的就是，竇勳的兒子就是後來赫赫有名的外戚竇憲。

太后陰麗華的弟弟陰就的兒子附馬陰豐，殺了公主。雖然陰太后還在，但漢明帝也不徇私情，將陰豐殺死。陰就夫婦也自殺。漢明帝又殺了河西功臣梁統的兒子，同時也是自己姐夫的梁松，原因後漢書上說的是，松坐怨望、縣飛書誹謗。但需要說明的是，這個梁松就是當年構陷漢明帝岳父馬援的主凶，另外他還是皇帝老爸劉秀遺命輔政的大臣。

東漢 12 位皇帝，只有漢明帝劉莊朝對外戚和功臣的限制，打擊最嚴苛。如果後來東漢全是像漢明帝這樣的皇帝，就不會發生戚宦弄權的歷史事故了。

第五位皇帝老爸
漢光武帝 —— 劉秀

　　皇帝老爸劉秀在建武十二年統一全國後，致力於內部建設。對匈奴轉為戰略防禦，對西域各國要求重設都護和遣送質子入朝的要求予以拒絕。這在當時國力不足的情況下不失為一個正確的選擇。經過光武朝二十年和明帝朝十餘年的休養生息，東漢的國力大為恢復。

　　在漢明帝十五年，劉莊去世的前 3 年，漢明帝決定重新對匈奴採取強硬措施。派耿秉（東漢名將耿弇的侄子）竇固（東漢功臣竇融的侄子）率大軍進攻北匈奴。耿，竇各率一路，竇軍一直打到天山，耿軍攻到三木樓山。大獲全勝。兩年後，耿，竇又率兵出西域，進攻車師國。車師國後王和前王相繼投降。

　　在擊敗北匈奴後，派班超出使西域，這個班超後人多認為他是一個名將，其實他更是一個外交家。他帶著 36 個人縱橫於西域，著名的成語，「不入虎穴，焉得虎子」就是他在善鄯國，帶著 36 人，襲擊北匈奴使團。全殲了北匈奴的使團。

　　其實類似班超的這種強硬使者，在皇帝老爸的時代比比皆是，只不過都未留下名姓而已。班超在西域活動的結果是都護重建，班超動輒帶著西域的多國部隊，打擊那些不肯聽命的國家。漢明帝時對北匈奴和西域的策略，也為後來的漢章帝，漢和帝時徹底消滅北匈奴，控制住西域打下了堅實的基礎。

　　永平十八年，漢明帝劉莊去世，他在位 18 年，享年 48 歲，廟號顯宗。《後漢書》中說漢明帝劉莊「性褊察」，就是脾氣暴躁。他的性格根本不像父親皇帝老爸光武帝劉秀和母親陰麗華。但劉莊確實是一個非常勤政的皇帝，史載「乙更盡乃寐，先五更起，率常如此」。

　　他「駕馭下有術，大權不旁落」。即位後繼續執行了皇帝老爸劉秀的休養生息政策。他的為政風格和後世的清雍正皇帝很接近，都是對手下的

官吏非常苛切，對百姓卻恰好相反。漢明帝用王景治黃河，直到東漢末黃河也沒決口，有惠於民啊。在兩漢 24 帝中，漢明帝遜色於皇帝祖宗漢高祖，皇帝祖先漢文帝，皇帝老爸光武帝，但是他在中國歷史上也是一位有作為的皇帝。

十、失之東隅，收之桑榆

皇帝老爸劉秀建國後回老家南陽，請他的鄉親們吃飯。吃飯的時候劉秀很高興，當場就答應免掉當地一年的租賦。鄉親們得隴望蜀，要求一次免掉十年。劉秀說，我都不知道我明天還是不是皇帝呢，怎麼敢答應十年以後的事呢？

劉秀當了 30 年皇帝，其中有 10 多年是在戰亂裡度過的。不是河北造反，就是四川割據，要麼就是湖北有了強盜，一直在打仗。所以劉秀到後期的時候很討厭打仗，不願意跟別人討論打仗的事情。他兒子問他軍事上的事情，他就不願意講。他又很勤於政事，兒子勸他不要過度操勞，他就說「我自樂此，不為疲也」。

皇帝老爸劉秀早年說過跟多名言，其中還有一句就是：「失之東隅，收之桑榆。」

當年劉秀雖然當了皇帝，可這個皇帝僅僅占有河北、河南一部這麼一小塊地方。昔日大漢疆域遼闊，當時，赤眉擁兵百萬，占了漢都城長安；隴西大片被隗囂所占；巴蜀則由公孫述稱霸；東面的山東、安徽一帶則群雄割據；地處北方邊境的幽州仍在動盪之中。恢復漢室任重道遠，為此，劉秀開始了長達 12 年的統一戰爭。

劉秀皇帝寶座還未曾坐幾天，關中地區發生激變，赤眉軍百萬之眾攻

入長安，殺死更始帝，更始政權滅亡了。此時，劉秀先期派往關中地區的大將鄧禹也連連受挫。關中地區對劉秀政權非常重要，劉秀經過反覆斟酌，決定派馮異去接替鄧禹的重任。

馮異人稱大樹將軍。這是因為馮異打仗時衝峰在前，撤退時馮異在後，特別是馮異為人謙恭，辦事沉穩。平常走在路上，要是人多路窄，他定會站在路邊讓人先過，每回打完仗，其他將士為爭功勞，爭的面紅耳赤，他則常常一個跑到樹下坐著，從不為自己爭功，久而久之，人們對馮異很尊敬就送他大樹將軍的稱號。

劉秀封馮異為征西將軍，臨走時，親自把他送到河的南岸，送馮異一輛專車，一口寶劍，囑咐他說：「三輔連年受災，又受赤眉、更始兵災，田園荒蕪，老百姓困苦到了極點，你這次去，主要是安撫百姓恢復生產，而不是攻城掠地，如果敵人投降了，你只把他們主要頭領送到洛陽來，由朝廷處置，其他的人不要加罪，放他們回去種地就行了。

馮異點頭牢記，劉秀才依依不捨地回到洛陽。此時關中地區飢饉達到空前的程度，城郭皆空，白骨蔽野，以致到了人相食的地步。赤眉再無法立足，只好放棄長安，引軍東歸，這時候，他們的人馬仍有二、三十萬。

馮異於是在華陰、湖縣之間憑天險築成一道防線，想以逸待勞，逼迫赤眉投降。赤眉軍接連發動幾次進攻，馮異都堅守不出，赤眉軍還以為馮異膽小不敢來戰，紛紛嘲笑他。雙方相持五十多天，赤眉軍糧食快要耗光了，還不能突破馮異防線，不由焦急萬分。只想快快衝過去，回到東邊自己的家園。

赤眉軍離開長安東返時，鄧禹曾認為有機可乘，指揮軍隊向赤眉進攻，結果反被赤眉打的大敗。劉秀得知給鄧禹發詔說：「你現在速避開敵鋒，回到關中休整。赤眉軍沒有糧食吃，一定會退回關東，我這裡已做

好了部署，正等著他們哪！你不必為赤眉擔心，只要把隊伍帶回來就行了。」

但是鄧禹不聽，他要將功補過，雪沒入長安的恥辱，要馮異和他聯合起來進攻赤眉軍。馮異勸他：「赤眉現在還有幾十萬眾，這些人都是亡命之徒，正急著和我們打仗，我們可不能上他們的當，干擾了皇帝的安排。」

鄧禹執意要進攻赤眉軍，赤眉軍見鄧禹來了佯裝敗退，丟棄了許多運糧食的戰車。鄧禹軍中也缺糧食，士兵見了糧車就顧不上打仗而上去搶糧食，但等他們跑到糧車跟前一看，車上裝的只是泥土。知道上當了，這時，赤眉軍反殺過來，鄧禹被敵兵包圍。

馮異怕鄧禹吃虧，也帶了幾千人衝了上去。赤眉又假裝敗退，鄧禹又追，馮異制止不住，鄧禹追到一個小山谷中，再中敵兵包圍，急跟上來的馮異也被分割包圍，漢軍誰也顧不上誰了，各自拚死殺開血路，向外逃，鄧禹逃出時，身邊只剩下 24 個兵了，馮異則更慘，只他一個逃了出來，戰馬也被射死。

鄧禹知道自己犯下大錯，主動交出大司徒印綬，請求劉秀處分。劉秀寬宏大量，免了鄧禹職務，降為右將軍。馮異回營後重整士氣，精心部署了一陣，他向赤眉發去戰表說：「我們中了你們的計，才打了敗仗，如果你們真有本領，那就主力對主力，我們在崤底（河南洛寧縣北）決一雌雄。如果我們失敗了，就甘心情願送你們東歸。」

崤底這個地方四周是山，中間是平地，是打伏擊的有利地形。可赤眉軍剛獲得勝利，聽說有仗打，也不管崤底是個什麼地方就同意了。決戰這天，十幾萬赤眉軍彙集崤底，可馮異只帶了幾千人馬，戰了一會，就開始敗退，赤眉軍緊追不捨，追了十幾里，不覺進到一個大山坳裡，突然赤眉

隊伍裡卻殺聲驟起。

原來，作戰前，馮異就挑了一批精明強幹的士兵，穿上赤眉兵的服裝，塗紅眉毛，埋伏在路旁。赤眉軍追過來時，他們就混入其中。一進山坳，便舉起手中武器，猛擊身邊的赤眉兵，赤眉兵一時分不清敵我，只好見著就殺，一時相互殺成一團。

這時埋伏在四周山上的漢軍如同排山倒海般壓了過來，他們邊衝邊喊：「投降的不殺！」混進赤眉軍裡的漢軍順勢扔下刀，呼應說：「我們投降，我們不打了！」這一呼一應，赤眉兵的思想防線崩潰了，紛紛扔下武器，當了俘虜。崤底一役，赤眉被殲八萬多人，赤眉元氣大傷。

捷報傳到洛陽，皇帝老爸劉秀喜笑顏開，立即給馮異發了一封嘉獎令，嘉獎令說：「將軍你失之東隅，收之桑榆，立了大功，我很高興。」意思是說，將軍雖然在回溪阪受了挫，但後來在崤底卻振奮精神，用了腦子，取得大勝，真是早上在東邊丟失的東西，晚上從西邊又撿了回來呀！你勞苦功高，這一仗打的很漂亮啊！

後來人們常說的成語「失之東隅，收之桑榆」就是在這裡出自劉秀之口。

劉秀知道自己並不是歷史終結者，他既然能從別人手裡搶過來，就難保別人不從自己手裡奪走。秦始皇統一了六國，一時之間就覺得自己很了不得了，連天下的兵器都銷毀了，覺得以後再也用不著打仗了；他秦始皇的子孫以後就是永遠的皇帝了，連諡號也廢除了，就改叫二世、三世以至萬世；後來又發神經病，不想死，派人去找什麼不死藥，想著自己能成人精，永遠統治世界。

因為是馬上牛背上得的天下，所以劉秀知道創業的艱難，一直都是勤勤懇懇的。也因此他親歷了削平群雄的過程，他很清楚天下英雄不少，只

要自己稍微有些閃失，這天下就不是自己的了，所以兢兢業業。東漢的前三帝也基本上保持了他勤儉、謙虛的工作作風。

拿我們今天的話說，劉秀這種精神狀態就叫有歷史感，而秦始皇這樣的「愣頭青」就屬於沒有歷史感的那種。

西元57年2月初5，陰曆3月29日，62歲的光武帝劉秀病逝於洛陽南宮。臨終前遺詔葬禮「務從約省。刺史、二千石長吏皆無離都郭，無遣吏及因郵奏。」同年3月，劉秀葬於原陵，有司奏上尊廟日「世祖」。

光武帝劉秀的這個「中興」，和中國歷史上所有的「中興」都不同。別的「中興」都是在原有的王朝框架內中興，惟獨「光武中興」是原有的王朝已經不在了，再來「中興」，這在中國歷史上是絕無僅有的一次。南宋陳亮在《龍川文集·酌古論一》中就說：「自古中興之盛，無出於光武矣。」實際上，劉秀不僅僅是「中興之主」，還是一位「定鼎帝王」，後漢的江山能夠建立，實是他一刀一槍拚出來的，他的廟號稱為「世祖」。

漢孝景皇帝元年冬十月，詔：「古者祖有功而宗有德。」應劭日：「始取天下者為祖，高帝稱祖是也；始治天下者為宗，文帝稱太宗是也。顏師古日：『祖，始也，始受命也。宗，尊也，有德可尊。』」光武帝是開創的皇帝，所以被稱為「祖」，而前漢的文帝、武帝、宣帝時期，國勢蒸蒸日上，因此分別被尊為太宗、世宗、中宗，前漢其餘皇帝則無廟號。

皇帝老爸光武帝被稱作「世祖」，理所當然、名至實歸。

十一、〈光武帝選太子傅〉以及諸葛亮的〈論光武〉

在司馬光的歷史巨作《資治通鑑》中有一篇〈光武帝選太子傅〉，可見皇帝老爸劉秀不但是位成功的皇帝，而且還是一位成功的父親。

〈光武帝選太子傅〉中記載：（光武）皇上大會群臣，問：「誰可以做太子的老師？」大臣們猜測皇上的心意，都說太子的舅舅執金吾原鹿侯陰識可以。博士張佚嚴肅地說：「現在皇上立太子，為了陰家呢，還是為了天下呢？如果為了陰家，那麼陰侯可以當太子的老師；如果為了天下，那麼本應該用天下有才能的人！」皇上稱讚，說：「想設立老師，是為了輔佐太子；現在博士指正我都很容易，何況是太子呢？」馬上任命張佚為太子太傅，任命另一個博士桓榮為太子少傅，賞賜給他們輜車和四匹馬拉的車。

太子傅，又稱太傅，是古代「三公」之一，皇太子的老師。身為未來接班人的老師，可見太子傅的重要性，皇帝老爸劉秀對選太子老師的看重，也是源於他一貫在開國施政過程的同時把那套軍事政治理論滲透到了家教當中。在對待子孫的教育問題上，劉秀照樣貫穿了自己的這個理念。後來他還特地為子孫後代們下了一道詔書：「在上不驕，高而不危；制節謹度，滿而不溢。敬之戒之！傳爾子孫，長為漢藩。」意思是說，希望大家不要持寵而驕，對自己要求嚴謹，待人要寬厚，這樣就不會有神惡魔危險，並能把爵位傳為子孫後代。

漢光武帝劉秀從28歲起兵，到滅掉蜀中皇帝的那一年。已經43歲了。15年極為艱苦、殘酷的戎馬征戰，掃平大大小小的「土皇帝」，重新統一天下建立東漢王朝。在他施政的過程中常常顯示出一種寬宏大量、平易謙和的氣度，而且把自己的治國平天下這方面經驗用到了家教當中，也最終使劉氏漢家天下由中落走向繁榮，實現了「光武中興」。

劉秀的歷史功過自有評說，且來看看在東漢之後的三國時期的另一偉大人物諸葛亮對光武帝劉秀的評價。諸葛亮曾今寫過一篇〈論光武〉，原文如下：

　　曹子建論光武：將則難比於韓、周，謀臣則不敵良、平。時人談者，亦以為然。吾以此言誠欲美大光武之德，而有誣一代之俊異。何哉？追觀光武二十八將，下及馬援之徒，忠貞智勇，無所不有，篤而論之，非減曩時。所以張、陳特顯於前者，乃自高帝動多疏闊，故良、平得廣於忠信，彭、勃得橫行於外。語有「曲突徙薪為彼人，焦頭爛額為上客」，此言雖小，有似二祖之時也。光武神略計較，生於天心，故帷幄無他所思，六奇無他所出，於是以謀合議同，共成王業而已。光武稱鄧禹曰：「孔子有回，而門人益親。」嘆吳漢曰：「將軍差強吾意，其武力可及，而忠不可及。」與諸臣計事，常令馬援後言，以為援策每與諧合。此皆明君知臣之審也。光武上將非減於韓、周，謀臣非劣於良、平，原其光武策慮深遠，有杜漸曲突之明；高帝能疏，故陳、張、韓、周有焦爛之功耳。

　　大意是：曹植論漢光武帝：劉秀之將領難於和韓信、周勃相比，謀士則不能和張良、陳平相較。時人談論這件事，也深以為然。我以為此言誠欲讚美光武帝之德行，而曹植實在是誣衊一代之俊傑。為何？追溯觀察光武帝之雲臺二十八位將領，下至馬援之輩，忠誠貞信、智略勇武，無所不有，平心而論，不減高祖劉邦之時。之所以有張良、陳平特別顯著於前時，是因為漢高祖劉邦有容納百川之量，所以張良、陳平得以廣有忠誠信義之名，彭越、周勃得以橫行於外、征戰沙場。古語有「曲突徙薪為彼人，焦頭爛額為上客」，這句話雖然很短小，但可以比喻二位漢朝開國皇帝當時的情形。

　　光武帝劉秀神思智略之計較，生於天授之才明，所以帷幄無不出於他

所思考的範疇，奇計無不出於他的考量，於是集思廣益，一起成就王業而已。漢光武帝稱讚鄧禹說道：「孔子有顏回，則門人愈加親密。」他又嘆惜吳漢：「將軍總是差強人意，雖然武力可以達到標準，然而忠心不及有的人。」與諸人謀劃事情，經常讓馬援最後發言，認為馬援的計策總能達到他滿意的程度。這些都說明了明君有知人之明、審時度勢。漢光武帝的上將不遜色於韓信、周勃，謀士也不比張良、陳平的水準差，原因在於光武帝策略思慮深遠，能任才適用、曲突徙薪之明；漢高祖則憑藉其大度容納各種人才，才有陳平、張良、韓信、周勃各展其才的功績。

這是諸葛亮評論漢高祖劉邦和漢光武帝劉秀的文章，文章言簡意賅，識見卓遠，令人嘆服。從上文可以看出，諸葛亮對劉邦和劉秀的歷史評價，是公允而持平的，並沒有厚此薄彼之意。他從多方位分析對比劉邦、劉秀成功的因素，找出了劉邦有容人之量，才使人才的才能得以充分施展，最終成就一番事業；而劉秀則是透過自己的智慧，判斷屬下才能和忠誠，運用合理，揚長避短，甄別使用人才，使人人各盡其能，實現其中興的事業。

諸葛亮的這篇短論，反映了他的用人觀，事實上，正基於他對人才的正確認知和使用，才使得蜀漢中後期得以峙立曹魏，沒有過早亡國的原因正在於此。

總之，此論雖簡，但其中深意，不可輕忽。從人才的合理運用的方式，到如何分析、甄選人才，此文都給我們留下了寶貴的歷史經驗。我們要從古代先哲的智慧寶庫中，找到閃光點，這樣對我們的事業是大有裨益的。

第六位皇帝老爸

魏武帝 —— 曹操

曹操性格上的繁複多變，在他兒子們身上也得到了展現。他的兒子們不僅能力過人，而且才華橫溢。曹操的幾個兒子是曹操一手調教出來的，因為曹操出色，所以幾個兒子也都很出色。在中國五千年歷史範圍內如果評選最優秀的父親，曹操大概也能榮幸入圍。

曹操，東漢末年傑出的政治家、軍事家、文學家、詩人。在政治軍事方面，曹操消滅了眾多割據勢力，統一了中國北方大部分區域，並實行一系列政策恢復經濟生產和社會秩序，奠定了曹魏立國的基礎。文學方面，在曹操父子的推動下形成了以三曹（曹操、曹丕、曹植）為代表的建安文學，史稱建安風骨，在文學史上留下了光輝的一筆。

皇帝老爸魏武帝曹操的個人檔案

姓名：曹操

字：孟德

曾用名：曹阿瞞，曹吉利

籍貫：兗州沛國譙縣（今安徽亳州）

民族：漢

生卒：西元 155 年～西元 220 年

享年：66 歲

生日：西元 155 年 7 月 18 日（漢桓帝永壽元年）

血型：未知（估計是 O 型）

身高：七尺（約等於 168 公分）

生肖：羊

星座：巨蟹座

性格：有幾分可愛也有幾分奸詐的英雄，奸雄

愛好：軍事，文學

謚號：武王

陵寢：葬於高陵

父親：曹嵩

母親：鄒氏

兄弟姐妹：曹彬，曹德

配偶：卞氏，劉夫人，環夫人，杜夫人，秦夫人，尹夫人，王昭儀

皇后：卞皇后

子女：曹植，曹彰，曹昂，曹沖，曹熊，曹丕，曹宇等，兒女 25 個

繼位人：曹丕（魏文帝）

最得意的事：官渡之戰

最尷尬的事：跟兒子搶媳婦

最失意的事：華容道逃跑

最不幸的事：長子曹昂戰死

最痛心的事：兩個兒子的反目

最擅長的事：翻臉不認人

最喜歡吃的菜：藥膳烤雞

最喜歡吃的水果：青梅

最喜歡喝的酒：杜康酒

一、曹操小時候還真愛胡鬧，家教不好

曹操小時候不是傳統意義上的好孩子，《三國志》上說他「少機警，有權術，而任俠放蕩，不治行業」。不單是因為他聰明，不屑聽話，與他爸爸曹嵩是大官（先是司隸校尉，後是太尉，合法收入怎麼也應該是二千

石以上），比較有錢也有關係，不然他很可能「窮人的孩子早當家」去找條生財的路以養家。

不過，就曹操的性格來說當一個勤懇的農民的概率要比當一個有作為的強盜小得多，那樣他會是另外一種前途，因為亂世是「要當官，殺人放火受招安」的，而當時正是天下大亂的時候。

曹操出身不好，家教不好，小時候的表現也不好。喜歡什麼呢？飛鷹走狗，四處遊蕩，不務正業，遊手好閒，和一群紈褲子弟胡作非為。那他的紈褲子弟的朋友有袁紹，有張邈，都是些豪門子弟了，這些人當中就數曹操的壞主意和鬼點子最多。大概當時也是鬧得不太像話，於是曹操有個叔叔就跟他父親說，說你這個兒子實在是調皮搗蛋，不守規矩，管教管教。

曹操的父親就來管教他，曹操就對他叔叔有意見，他就想了一個歪主意，有一天他叔叔走過來以後，曹操馬上把嘴巴一歪，叔叔問：「你怎麼了？」曹操說「中風了。」叔叔一看很緊張，馬上向他父親報告說你兒子中風了，你快看看。曹操的父親過來以後，曹操非常正常：「他說你不是中風了嗎？」

曹操說：「誰中風了，誰說我中風了，沒中風啊，誰說的？」老爸說：「你叔叔說的啊，你叔叔說你中風了。」曹操心裡好笑，知道陰謀得逞了：「爸，我叔不喜歡我，看見我就煩，他說我中風爸你能相信嗎？」曹操的爸爸從此就不相信他的叔叔了。

曹嵩信了兒子的話，從此那位堂叔再說曹操什麼壞話是都被認為是別有用心的欺騙。應該說明曹操的巧妙謊言僅僅是造成這種結果的必要條件之一，另一個必要條件是曹嵩本來就對這位沒有血緣關係的堂弟不放心。

這裡可以先考證一下他的叔父，既然曹操的爸爸曹嵩的生身父母連

《魏略》的作者和陳壽都考證不了是誰，這個叔父不大會是曹嵩的親兄弟，很可能是曹騰的侄子也就是曹操的堂叔。曹騰是他們家的老四，上面有曹伯興、曹仲興、曹叔興三個哥哥，曹騰叫季興。他們老曹家的弟兄想來是按照字來排行的，曹操字孟德，他有個弟弟叫曹德，不知道是不是字仲德？

古人過繼優先還是選擇有血緣關係的孩子，就血緣而言曹嵩還沒有這位堂弟和曹騰近，後者要是早生幾年說不定曹騰的嗣子就輪不到曹嵩了。

說到權術，曹操小時候肯定比朱元璋小時候要強。朱元璋也就哄哄和自己年紀差不多的牧童，曹操是哄比他年紀大得多的叔父。原因是他正直的叔父對曹操的「飛鷹走狗」的行為看不慣多次向曹嵩告狀，曹操多半為這個會挨老爸的罵。

更離譜的是什麼呢？是有一天這幾個豪門子弟在那兒百無聊賴，說今天都沒有什麼好玩兒的，那個時候的確好玩的東西也不多，不像現在可以上網。我們都無聊啊，有什麼好玩的嗎？曹操說，有件好玩兒的事，今天有人結婚，我們去鬧一鬧。袁紹他們說，鬧什麼鬧？偷新娘子。袁紹說好，我們就去偷新娘子。

然後一夥人就跑到結婚的人家，到了晚上快要入洞房了，大家都在喝喜酒，曹操就大喊一聲：「有賊啊！」所有的賓客都跑出來抓賊，賊在哪兒？曹操就衝進洞房，把新娘子偷出來，偷出來往外跑，袁紹笨一點，一頭鑽進一個灌木叢，灌木把衣服都鉤住了，跑不脫。袁紹說：「曹操你快幫忙，我這個地方跑不出來了！」曹操又把手往袁紹那一指：「大家看，賊在這兒！」袁紹一聽著急，這麼一使勁蹦出來了。

所以曹操是一個從小就調皮搗蛋的傢伙，也很狡詐，這樣的孩子大概是不討人喜歡的。其實，這個男孩小時候也是要搗蛋一點，男孩小時候不

搗蛋長大了沒出息，可是大家都不喜歡他，史書上的說法是世人「未之奇也」，當時的人也沒把他當一回事。

不過雖然曹操和袁紹小時候是經常在一起玩的夥伴。但是兩人都是無賴，為了搶新娘的事，袁紹覺得曹操不講哥們義氣，後來袁紹懷恨在心，於是叫人夜裡持劍去刺殺曹操。第一次刺的低了點，沒刺中，曹操機警萬分，猜想殺手第二次一定會投的高些，於是就緊貼在床上不動，結果第二次來劍果然較高，曹操憑自己的機智終於避過大難。

可見曹操自小就機智多變，袁紹根本就不是他的對手，這恐怕也正預示著數十年後二人官渡爭鋒的結果。

曹操小時候受的教育也不好，曹操後來有一首詩回憶自己的童年，「既無三徙教，不聞過庭語」。「三徙教」就是大家都熟悉的孟母擇鄰的故事，孟子的母親為了給自己的兒子有一個好的教育環境，三次搬家，叫作三徙，所以孟子母親的這種教育叫作三徙教，曹操說這個事我們家是沒有的；「不聞過庭語」是孔子和他兒子孔鯉的故事，說有一天孔子站在庭院裡，他的兒子孔鯉「趨而過庭」，什麼叫「趨」呢，「趨」就是小步快走，是表示恭敬的動作，在上級面前、在長輩面前你走路要「趨」，低著頭，很快很快地這樣走過去，這叫「趨」。那麼孔鯉看見父親孔子站在庭院裡面，於是低著頭「趨」，孔子說站住：「學詩了嗎？」「沒有。」「不學詩何以言，你不學詩你怎麼會說話？」「是，退而學詩。」又一天，孔子又站在庭院裡，孔鯉又「趨而過庭」，孔子說：「站住，學禮了嗎？」「還沒有。」「不學禮何以立，不學禮你怎麼做人？」「是，退而學禮。」

這個故事就叫作「過庭語」，也叫「庭訓」，父親對兒子的教育在古代就叫「庭訓」。曹操說這個事情他們家也是沒有的。所以曹操小時候的家教是比較不好的。

二、少年曹操之煩惱

曹操小名阿瞞，此「瞞」是否有糊弄人的「鬼精靈」的意思已經無從考證，但縱觀少年曹操所作所為，也大致如此。正史對少年曹操描述較少，概括起來，就是智育發達、德育欠佳。

青少年時期的曹操，機警過人，有著一系列敏感的神經，隨機應變、權衡局面的能力超強，但他學業不精、任性好俠、放蕩不羈，不修品行。雖然缺少細節描述，但短短幾句概括，應該令一個「不規矩的小青年」形象躍然紙上、栩栩如生。

曹操本姓夏侯，因為他的父親曹嵩做了炙手可熱的宦官曹騰的養子，故改姓為曹。（見司馬彪《續漢書》、范曄《後漢書》）。所以，從出身而論，曹操乃「宦官養孫」，東漢名聲極差的「宦官之後」。

眾所周知，中國的宦官是個生理殘缺、心理也大都不正常的寄生群體。無論是否情願，曹操「宦官之後」的出身，不僅在名譽上，而且在實際生存哲學的形成上，其影響也是不言而喻的。

在魏晉那個等級森嚴的社會，出身乃是關係人的一生命運的大事。門閥世族掌握社會機器的運轉，妒賢嫉能，任人唯親，所謂「上品無寒士，下品無世族」。假使出身在一個白衣部族或中下階層，即使以後功名成就，功高蓋世，也洗滌不了家族所遺傳的血統，被當時的社會所鄙視。

在《世說新語》「方正門」第二篇中，記載了有身分的大家子弟對曹操的歧視，宗承對曹操的態度，是當世人們對血緣出身的一個側面折射。

在《世說》中引《楚國先賢傳》曰：「宗承字世林。」「父賢，有美譽。」亦見其也非出自門閥顯貴，只是一閒雅名士之後，只是「少而修德雅正，確然不群，征而不就」，在當時頗有盛名。少年曹操前去拜會這個

名士,「屢拜其門,不能得言」。敲門人家不應聲,逼得曹操做出無賴之勢,等人家起來,「往要之,捉手請交」而人家仍然「拒而不納」。

為了結交名士之後,曹操敲門把手低三下四,但人家對他就是不屑一顧。其原因不過是曹操的出身問題。宦官之後低微下賤,於是貴族子弟不屑與其為伍,便「而甚薄其為人」,死活不帶曹操玩。試想如果曹操出自名門顯貴世家,擁有所謂高貴血統,那些公子哥們還敢不接納嗎?這還不算,及至操作司空「總朝政時」,問宗「可以交未」,宗承猶日「松柏之志猶存」。可見當時的家庭出身對一個人事業及生活的影響是多麼的關鍵。

因出身不好而屢遭歧視,這種先天的屈辱在少年曹操心中打下了多麼深的烙印,應該可想而知。一個人不管天資多麼聰慧,但是無法改變自己的出身,因為他決定不了父母。然而,智育發達的曹操,能夠甘心被人歧視、對社會的心態能夠平衡嗎?

曹操後來的英雄奮鬥史,可以說全是一個由個人奮鬥出來的結果,他沒有劉備「漢室後裔」那樣的帝王血統,亦沒有孫權那樣「父兄三代基業」的深厚實力,亦沒有袁氏兄弟那樣祖傳殷實的家業。所有的只是一腔建功立業的熱血和高人一等的智謀。在當時漢末群雄並起並講求出身門第的等級社會裡,透過自身的不懈努力亦然出類拔萃的成為一代霸主梟雄。

在屢被罵為「閹人之後」的唾液中,摒棄家庭門第觀念,奮而力爭終達三足鼎立中舉足輕重的一角,從而可知,曹操的成功歷程,所遭受的挫折和困難要比同時代稱霸的孫權、劉備、袁氏兄弟等多人要大得多。

在摒棄了門第觀念之後,曹操在少年時便出落的出類拔萃,智勇雙全,才藝外溢,且有史記載。如《世說》「假譎」門首篇中,寫曹操少時與袁紹「好為遊俠」,就是小哥倆膽大妄為夥同去「搶新娘」的「事蹟」。

喬玄是當時一代儒家大師，又是知名評論家，能給曹操如此恰當的評價，一則顯示出玄的高超的學問和相人術；另一方面也展現出曹操在少年時便嶄露頭角、鋒芒漸露。曹操少時便英雄之氣外溢，才使喬玄在其事蹟及骨相學上對其有一個正確的認知和評價。

曹操自小受「黨人」的教育模式，向宦官、閹黨開刀，向手握大權炙手可熱的「十常侍」之首的張讓挑釁，小時即以「擊蛟」而盛名鄉里。並且曹操與喬玄身世極為相似，幾乎可以稱為一個由時代造就的兩個完全可以替換的人物，其自身成長經過和發展歷程也與喬玄極為相似。

比如喬玄少時治《禮》學，《嚴氏春秋》；曹操幼時明古學，18 歲居孝廉。喬玄是良史，以剛猛著稱於世；操打擊巫祠，抨擊宦官、閹黨。喬玄對對隱士進行批評，提倡入世為官；操亦反對隱逸宣導入世。玄鎮壓叛亂，鎮壓少數民族起義而成名；曹操以鎮壓黃巾軍起義而起家，受封洛陽北部尉。喬玄為人獨立，不懼時風，且「長於知人」；曹操亦是屢屢舉薦人才，發布「求賢令」，唯才是舉。喬玄性剛烈，無大體，然謙儉下士；曹操亦如此，甚至赤腳而迎接謀士邴原。

再說，曹操「雖姿貌短小，而神明英姿」。（見《世說》引《魏氏春秋》）從自身經歷，並從盛傳當時的骨相學出發，喬玄對操有一個「天下方亂，群雄虎爭，梳而理之，非君乎」的正確評價。喬玄又恐自己威望不足以把曹操推揚出名，建議曹操找當時的評議之士許邵、許靖二處士，二處士給曹操「治世之能臣，亂世之奸雄」的譽號。

少年曹操從被歧視、煩惱到經名人包裝隆重推出，此後曹操果然「搖身一變」，化煩惱為理想，把壓力做動力，開始了他「天下方亂，群雄虎爭，梳而理之，非君乎」的發家之路。

後來，曹操在行刺董卓不成後，和陳宮逃到一個朋友家裡。但曹操生

性多疑，在朋友出去買酒的時候，誤會朋友的家人要殺他去邀功。狠心將朋友全家殺了，才知道是誤會，但已經晚了，於是連夜逃走，沒想到在路上碰到自己的朋友買酒回來。趁他朋友不注意，曹操把他朋友也殺了，陳宮問他為甚麼這麼殘忍，於是他就說出這麼一句明顯是「奸雄」的話：「寧叫我負天下人，休叫天下人負我！」

由此可見，少年曹操的那些「煩惱」，已經深深影響到了曹操之後的性格中自私、陰沉、殘暴的一面。許邵、許靖二處士給曹操「治世之能臣，亂世之奸雄」的響號可謂真有先見之明。

《世說新語》披露，曹操第一次講「寧叫我負天下人，休叫天下人負我」，是在少年時。可見，是先天的歧視，後天的「黨人」之教，令年輕氣盛的曹操，奠定了「天下為己」及「只占便宜不吃虧」的真小人人生觀。

為什麼說曹操的「寧叫我負天下人，休叫天下人負我」是真小人哲學？小人前面要加個真呢？這就是曹操的價值所在。

曹操人雖不正，但有兩個優點世人不及。一是不認門第，不認血統，對人唯才是舉；二就是率真，我自私就是我自私，勇於將私心公布於眾。這兩點是一般的帝王所不具備的，也是曹操吸引人才之處。凡是人才，無論你生於什麼家庭，只要有才，在曹操這裡就能出人頭地。另外，大多數人心中都是利己的，哪個生下來就想吃虧的？曹操只不過把大多數人藏在心裡的欲望直接表白了。

三、曹操發跡之路 ——「駕六龍，乘風而行」

曹操雖然缺少良好的家教，不過他「少機警，有權術」啊，而且自幼博覽群書，善詩詞，通古學。

看看曹操的詩和文章就能知道曹操固然不是聽話的書蟲，但讀書的數量尤其是效率肯定要多於正宗的書蟲們。且不說「對酒當歌，人生幾何」膾炙人口，就是一句「白骨露於野，千里無雞鳴」也可以和李太白的名篇〈戰城南〉裡的「烏鳶啄人腸，銜飛上掛枯樹枝」相比，不幸的是曹操在政治軍事上的建樹使很多人忽略了他的文采。

可見「文章千古事」是有的，但未必仕途就是「一時榮」。翻開《孫子十家注》，第一注家就是曹操，而且是注解得最好的，順便說一句，要是真想讀《孫子》最好還是看《孫子十家注》。曹操在當官以後的歲月裡大多數是時間是想著如何殺人和如何不被別人殺，因此他後來的文字功底肯定是在 20 歲被舉孝廉前積下的。

曹操也有過人的武藝。曹操「任俠放蕩，不治行業」，未被時人所重，但素以知人名世的太尉橋玄一見曹操就大為驚奇，說：「天下將亂，非命世之才不能濟也，能安之者，其在君乎！」隨之，橋玄又讓曹操去拜訪當時漢末相當於時下流行的那類「選秀節目」的點評主持，名士許子將。許子將評價曹操說：「子治世之能臣，亂世之奸雄」。由此，曹操漸知名於世。

靈帝熹平三年（174 年），二十歲的曹操被舉為孝廉，入洛陽為郎。不久，被任命為洛陽北部尉。洛陽為東漢都城，是皇親貴勢聚居之地，很難治理。曹操一到職，就申明禁令、嚴肅法紀，造五色大棒十餘根，懸於衙門左右，「有犯禁者，皆棒殺之」。皇帝寵幸的宦官蹇碩的叔父違禁夜行，曹操毫不留情，立即處死。於是，「京師斂跡，無敢犯者」。

靈帝中平元年（184 年），黃巾農民起義爆發，曹操被拜為騎都尉，受命與盧植等人合軍進攻潁川黃巾軍，結果大破黃巾，斬首數萬級。隨之遷為濟南相。濟南相任內，曹操治事如初。濟南國（今山東濟南一帶）有

縣十餘個，各縣長吏多依附貴勢，貪贓枉法，無所顧忌。曹操之前歷任國相皆置之不問。曹操到職，大力整飭，一下奏免長吏八名，濟南震動，貪官汙吏紛紛逃竄。「政教大行，一郡清平」。當時正是東漢政治極度黑暗之時，曹操不肯迎合權貴，遂託病回歸鄉里，春夏讀書，秋冬弋獵，暫時隱居了。

中平五年（188 年），漢靈帝為鞏固統治，設置西園八校尉，曹操因其家世被任命為八校尉中的典軍校尉。

中平六年（189 年），董卓進入洛陽，廢少帝，立獻帝劉協，後又殺太后及少帝，自稱相國，專擅朝政。曹操見董卓倒行逆施，不願與其合作，遂改易姓名逃出京師洛陽（今河南洛陽東北）。

曹操到陳留後，「散家財，合義兵」。組建起一支五千人的軍隊，準備討伐董卓。

獻帝初平元年（190 年）正月，關東州郡牧守起兵討伐董卓，共推袁紹為盟主。曹操以奮武將軍的身分，參加討董軍。二月，董卓脅迫獻帝遷都長安（今陝西西安西北），自己留居洛陽抵禦關東軍。董卓之涼州軍驍勇善戰，關東軍十餘萬人駐酸棗（今河南延津北）一帶，無人敢向洛陽推進。曹操認為董卓「焚燒宮室，劫遷天子，海內震動」，應趁機與之決戰，遂獨自引軍西進。曹操行至滎陽汴水（今河南滎陽西南），與董卓軍遭遇，大敗，士卒死傷大半，自己也被流矢所傷。回至酸棗，曹操建議諸軍各據要地，再分兵西入武關（今陝西丹鳳東南），圍困董卓，關東諸將不肯從。

關東諸軍名為討董卓，實際各自心懷鬼胎，意在伺機發展自己勢力。不久，諸軍之間發生摩擦，相互火拚。初平三年，司徒王允與呂布在長安定計殺掉董卓，董卓部將李傕、郭汜等攻陷長安，殺王允，進攻呂布，關

中也陷入戰亂。是時，州郡牧守各據一方，形成諸侯割據的局面。

初平三年，青州黃巾軍大獲發展，連破兗州郡縣，陣斬兗州刺史劉岱。濟北相鮑信等迎曹操任兗州牧。曹操和鮑信合軍進攻黃巾。鮑信戰死。曹操「設奇伏，晝夜會戰」，終於將黃巾擊敗。獲降卒三十餘萬，人口百餘萬。曹操收其精銳，組成軍隊號「青州兵」。

漢獻帝初平四年（193 年）秋，曹操進兵徐州（治郯，今山東郯城），向東南擴展勢力。徐州牧陶謙退守郯縣。不久曹操軍糧將盡，撤圍回軍。次年夏，曹操再征徐州，略地至東海。曹操征徐州期間，所過大肆殺戮，一路上「雞犬亦盡，墟邑無復行人」。

曾參加討董卓之戰的陳留太守和曹操部將陳宮對曹操不滿，遂叛操，迎呂布為兗州牧。呂布為當時名將，先為董卓部將，曾與王允定計誅殺董卓。當時只有鄄城（今屬山東）和東郡的范（今山東范縣東南）、東阿（今山東陽谷東北）兩縣尚在曹操掌握之中，分別由司馬荀彧和壽張令程昱、東郡太守夏侯惇等堅守，形勢異常危急。曹操從徐州趕回，聽說呂布屯於濮陽，遂進軍圍攻濮陽。二軍相持百餘日，蝗災大起，雙方停戰，曹操軍還鄄城。

興平二年（195 年）夏，曹操整軍再戰呂布，於巨野（今山東巨野南）大破呂布軍，呂布逃往徐州投靠劉備。曹操從陳留起兵到興平二年將呂布、張邈趕出兗州，經過六年的經營，終於有了自己的一塊根據地。曹操起兵之初，僅有數千人，出任東郡太守前後，他陸續延攬一些擁有宗族、部曲等家兵的豪強地主歸附自己，後擊潰青州黃巾軍，又收其精銳組成「青州兵」。這樣，曹操又有了一支頗具戰鬥力的軍隊。根據地和軍隊，是曹操得以成事的基本條件。

而漢獻帝劉協自被董卓劫至長安後，一直處於顛沛流離之中。建安元

年七月，獻帝終於回到洛陽，洛陽經董卓之亂，已是一片廢墟。百官沒有地方居住，「披荊棘，依丘牆間」，洛陽也沒有糧食，「州郡各擁強兵，而委輸不至，群僚飢乏，尚書郎以下自出采稆，或飢死牆壁間」。

其實早在初平三年（192 年），曹操的謀士毛玠就向曹操提出了「奉天子以令不臣，修耕植，畜軍資」的戰略性建議，曹操深以為是。建安元年八月，曹操親至洛陽朝見獻帝。隨即挾持漢帝遷都許昌。從此，曹操取得了挾天子以令諸侯的優勢。這是曹操政治上的一大成功。

四、曹操幾個最出色的兒子，「日月之行，若出其中」

曹操是個多子的人，共有 25 個兒子，其中比較出名的是這幾位：後來的魏文帝曹丕、任城威王曹彰、陳思王曹植、豐湣王曹昂、鄧哀王曹沖。

曹彰為猛將，頗得曹操喜愛。曹昂最可憐，隨曹操南征張繡的時候，由於張繡降而復叛，危急時刻，曹昂讓馬於曹操而自己不幸被張繡所殺。此外還有，卞蕭懷王曹熊，劉夫人生豐湣王曹昂、相殤王曹鑠、彭城王曹據、燕王曹宇，杜夫人生沛穆王曹林、中山恭王曹袞，秦夫人生濟陽懷王曹鉉、陳留恭王曹峻，尹夫人生范陽閔王曹矩，王昭儀生趙王曹幹，孫姬生臨邑殤公子曹上、楚王曹彪、剛殤公子曹勤，李姬生谷城殤公曹乘、戴公曹子整、靈殤公曹子微，趙姬生樂陵王曹茂。

其中長子曹丕，曹操認為其篤厚恭謹，立為後繼，成為後來的魏文帝；次子曹彰，三國演義中提到他黃鬚，勇而無謀；三子曹植為曹操最喜歡的兒子，雖才華橫溢但個性怯懦，嗜酒放縱；四子曹熊體弱多病。曹操另有三女，長女曹節，次女曹憲，三女曹華，均嫁與漢獻帝為妻。

曹丕、曹植、曹沖各有特色，下面我就對他們做一個比較。

曹丕：在三個人裡面，人們一般都不喜歡曹丕，說他真可謂「陰險毒辣」，天生就喜歡鉤心鬥角是當政治家的好材料。其鉤心鬥角的水準就不說了，反正，曹植被他鬥下去了，其後曹丕又在著名的七步詩裡當了反面教材。

曹丕最讓人厭惡的地方還不在鉤心鬥角，而在他的心胸狹窄睚眥必報簡直到了令人髮指的程度。張繡殺曹昂後又再次投降曹操，連曹操都既往不咎了，曹丕卻不答應，幾次找到張繡破口大罵：「你殺了我的兄弟，還有臉面見我嗎？」終於把張繡逼得自殺。要知道此時曹丕還只是五官中郎將。

還有曾經救過曹操性命的名將曹洪，三國志記載：「洪家富而性吝嗇，文帝少時假求不稱，常恨之，遂以舍客犯法，下獄當死。」連曹洪這樣的名將功臣，只是因為當年雞毛蒜皮的小事，曹丕就敢下殺手，別人就更是不用提，後來司馬家篡曹之所以成功，跟曹丕的殘忍暴戾大肆誅殺忠臣有相當關係。

曹植：曹子建才華橫溢，留下頗多著名的詩賦，但他自由散漫得過分而且極為貪杯，做曹操的接班人的話完全不合格。看看他的行為就知道了，「植嘗乘車行馳道中，開司馬門出。太祖大怒，公車令坐死。」估計這位是當時開車開得高興，什麼規矩都不管了。此後曹操就開始漸漸不喜歡曹植了。

但是曹植也不是完全沒有機會，比如這次：建安二十四年，「曹仁為關羽所圍。太祖以植為南中郎將，行征虜將軍，欲遣救仁」，當時的形勢對曹魏而言相當危急：關羽圍攻樊城，天下振動，聲勢相當之大，曹操令曹植領兵救援，可以說，這是掌握軍權的大好機會，而且做得好了肯定能在爭奪繼承權上得到極大的加分，但是曹植受命之後做什麼去了？他不但

沒有小心翼翼的為大軍出兵做準備，反而喝得爛醉如泥，正是個典型的敗家浪子形象，曹操任命曹植後不放心，又叫曹植想告誡一下出兵事宜，結果發現這位可憐的公子哥正神志不清的在醉鄉裡。

曹植放蕩不羈不遵法令，而且在被任命為將領授以重兵身負國家安危這樣關鍵的時候，竟然敢喝得爛醉，要知道此時他上面還有曹操壓著，要是他當了繼承人，在曹操死後他豈不是要闖禍？看看曹植的放浪表現，我們不難理解曹操為何最終選擇了曹丕為繼承人，雖然曹丕無論才華人品都遠不如曹植，但如果曹植繼承了王位，或許會是另一個南唐後主。

至於曹沖，曹沖其實並不如曹植和曹丕那麼出名，但是曹沖卻是曹操兒子中最聰明的一個，「少聰察岐嶷，生五六歲，智意所及，有若成人之智」。其實稱其為神童或是天才一點都不過分，曹沖稱象的故事想必大家都聽過，史書記載：「時孫權曾致巨象，太祖欲知其斤重，訪之群下，咸莫能出其理。沖曰：『置象大船之上，而刻其水痕所至，稱物以載之，則校可知矣。』太祖大悅，即施行焉。」曹操手下人才極盛，但是他們都想不出如何稱象，曹沖一個小孩子居然能脫穎而出，這實在令人驚嘆。

曹沖不但聰敏過人，而且心地極好秉性善良，當時因為天下大亂，曹操制定的法度極為嚴厲。曹操的馬鞍放在倉庫裡被老鼠啃了，按當時的規定保管馬鞍的庫吏很可能被殺頭，庫吏心驚膽戰，想自己自首請罪，但還是極為擔心腦袋不保，此事不知怎地被曹沖聽說了，於是曹沖就拿小刀戳破自己的衣服，弄得跟被老鼠啃過一樣，然後在曹操面前裝出十分憂愁的樣子，曹操就問了：「倉舒（曹沖的字）啊，你怎麼不高興？」曹沖就回答了：「人們以為老鼠啃了人的衣裳，對衣裳的主人是不祥的兆頭，現在我衣服被老鼠啃了，所以我發愁啊。」曹操安慰道：「東西被老鼠啃那是正常現象，那些人是瞎說的，你別為這事擔心。」於是庫吏趁機前來報告說

馬鞍被啃了，曹操笑道：「我兒子衣服穿在身上還被老鼠啃了，更何況馬鞍是懸在柱子上的呢？」於是庫吏什麼責任都沒被曹操追究。

這件事本身反映出曹沖的聰明善良的天性，但是事情或許也沒那麼簡單：老鼠啃過的東西牙印頗為特殊，曹沖雖然天才但是畢竟年紀太小，拿小刀來刻老鼠牙印未必會刻的很像，曹操一世人傑，如何會看不出來？再加上庫吏非常「湊巧」的出現並報告，以曹操的智力如何會不知道是曹衝要為庫吏開脫？也難怪曹操會發笑了，不過看到兒子小小年紀就如此聰明善良，此時曹操想必笑得非常開心吧。

像這樣暗地裡幫人說話講理使人得到寬宥免死的事，曹沖經常做。曹操對曹沖越發喜愛，甚至多次向臣下表明了將來要讓曹沖接班的意思。從曹沖的表現來看，其天性寬厚善良，遠遠好過要後來即位的曹丕，其天分更非曹丕之流所能企及的，如果教育得當，長大後肯定是曹魏接班人的最佳人選，可惜或許真的是天妒英才吧，曹沖在建安十三年得病死了，死的時候年僅十三歲。

曹沖的死讓曹操極為難過，曹丕勸慰曹操的時候，曹操流著淚說：「此我之不幸，而汝曹之幸也。」顯然，如果曹沖活著，曹丕和曹植等人肯定是無法與其爭奪繼承人的位置的。

曹沖死後，曹丕和曹植開始爭奪繼承人的位置，最終曹丕勝了，不過曹丕政治能力實在一般（當然要比曹植強些），而且過分的陰狠毒辣，殺了太多本來不該殺的人，給後來司馬家「三馬同槽」埋下了伏筆，若曹沖不死，以曹沖寬厚善良的秉性，估計司馬連篡位的機會都沒有吧。要是這樣，天下的形勢會如何呢？

五、教子有方的曹操，「星漢燦爛，若出其裡」

在三國群雄中，教育子弟最有成效的，當首推曹操。他的幾個孩子，曹丕、曹植文武雙全，都是著名的詩人；曹彰剛毅威猛，是一員名將；曹沖雖然 13 歲就夭折了，卻是歷史上罕見的神童。如果沒有良好的家庭教育，能夠達到如此地步嗎？

不過，曹操是怎樣教育孩子的，無論是正史還是《三國演義》記敘都過於簡略，我們僅能從一些側面，略知一二而已。

曹丕在〈典論·自敘〉中說：「在我五歲時，父王看到世局擾亂，教我學射箭，六歲能開弓；又教我騎馬，八歲就能騎射了。」後來，曹操命他從少年時代起，就隨軍東征西討，練得一身精湛的武藝，而且還長於彈琴，精於詩賦，這說明曹操教育孩子是從童年的啟蒙教育就抓得很緊的。

至於曹植，十歲出頭就誦讀《詩經》、《論語》以及辭賦幾十萬字，而且下筆成文，倚馬可待。曹操不大相信他如此捷才，曹植要求面試，當鄴城銅臺剛建成時，曹操帶領兒子們登臺，命各人作賦，曹植第一個交卷，曹操不由得連聲稱讚子建的才氣了。這也同樣說明曹操的孩子幼年時代奠定的基礎是何等堅實。

所以，曹操非常注意給孩子們選良師，並要求他們尊敬老師。他給他的兒子們選拔屬吏時下令要選「德行堂堂」的人物。他還選被稱為「國之重寶」、「士之精藻」的邴原為曹丕的長史。曹操有次出征時，讓曹丕留守，派張範，邴原輔佐，嚴令曹丕有事必須尊重張、邴二人意見，並對張、邴二人「行子孫禮」。

曹操對兒子們的學習抓得很緊，在品德上要求尤其嚴格。西元 218年，他派曹彰帶兵討伐代郡烏桓的叛亂。臨出發前對曹彰說：「居家為父子，受事為君臣，動以王法從事。爾其戒之！」這是告訴他王法無私，犯

了過錯是不能指望依靠父子之情得到寬赦的。曹彰果然兢兢業業，奮力戰鬥，所向披靡，完全平定了北方。

後來回稟曹操時，卻並不居功，而把功勞歸於部下將領。曹操聽了十分高興，親切地握著曹彰下頜的黃鬍鬚說：「黃鬚兒竟大奇也！」

而對於曹植，本來雖然極其寵愛，很想立為世子。西元 213 年，曹操率軍南征孫權，命令曹植留守鄴城，臨行之前曹操說：「我二十三歲時做的事情，現在回想起來，也沒有什麼錯誤；你今年也二十三歲了，難道還不應該努力嗎？」言辭間寄託了多麼深切的期望。

可是，曹植由於恃寵而驕，放縱不羈，有一次乘車在「馳道」上走，又私自打開「司馬門」出去。而在這兩條路上行走是只有皇帝才能享受的特權，曹植這樣做，就觸犯了國家法律。曹操知道後，十分生氣，下令斬了守門官吏，並宣布說：「始者謂子建，兒中最可定大事。」「自臨淄侯植私出，開司馬門至金門，令吾異目視此兒矣。」後來就決定不立曹植而改立曹丕為世子，這種改變當然還有其他一些原因，但曹操對兒子的嚴格亦由此可見。

反映在曹沖故事裡的「大船稱象」早已膾炙人口。當曹操向部下徵詢稱象的辦法時，曹沖這五六歲的孩子，竟能直抒己見，毫不拘謹和畏懼，提出大船稱象的好辦法，曹操還高興地照辦了。這不也從側面反映出他雖為魏王，在家庭生活中和子女舐犢情深，關係親密融洽的嗎？所以在教育中常收潛移默化之效，兒子們個個都學有所長，也就不奇怪了。

由曹操教子的成功不由讓人想起劉備。劉備雖是一個堪與曹操齊名的卓越的政治家，可惜不會做父親，其子阿斗竟成為千古笑柄，「扶不起的阿斗」成為一切「孱頭」的別名，這原因是不難探究的。劉備飄蕩半生，四十多歲才得此一子，極其鍾愛，當陽一戰，為了救阿斗，幾乎斷送趙雲

的性命。後來孫夫人帶阿斗回吳，又是趙雲、張飛半路截下的。「千金之子，坐不垂堂」，正因為保全這孩子極其不易，劉備對他便會特別憐惜、嬌慣和溺愛了。英雄氣短，兒女情長，「憐子如何不丈夫」，劉備又如何能例外？事物發展到極端便走向反面，這就為阿斗之庸碌種下因數了。

六、曹操教子成功家教，言傳身教

從史書的記載看，曹操在以下幾個方面的做法對後世很有啟發意義：

一、勤奮好學。

曹操曾被魯迅先生稱為「改革文章的祖師」。據《魏書》記載，在統帥軍隊三十多年的時間裡，曹操始終「手不舍書」，常常白天裡忙著講論武略攻伐之事，夜晚則勤學經傳不倦。並且在戎馬倥傯之際，「登高必賦，及造新詩，被之管弦，皆成樂章。」

正是由於曹操身體力行的率先垂範和影響，次子曹丕「下筆成章，博聞強志」，除代漢建魏的政治功業外，文學方面還留下一百多篇詩作，所作的〈燕歌行〉是現存最早的七言詩；所做〈典論·論文〉成為中國探討文學問題最早的較具系統的文學批評論著，其中所作的「蓋文章，經國之大業，不朽之盛事」的論斷，則更是對後世的文學批評產生了深遠的影響。

三子曹植很小時就「誦讀詩、論及辭賦數十萬言，善屬文」，十幾歲時所寫的文章竟使得曹操不敢相信，當面測試多次後才不得不相信；後來，曹植雖然在政治上不如曹丕，但在文學上則與曹丕並駕齊驅，在後世的文名甚至高過曹丕。南朝宋謝靈運稱：「天下才有一石，曹子建（植）獨占八斗，我得一斗，天下共分一斗」，對曹植文才的評價雖不免誇張，但也足見曹植之才令後人敬仰程度之一斑。

二、激勵成才。

曹操提倡唯才是舉，對子弟也唯才是用。

曹操對兒子的激勵，一方面是現身說法。《三國志·魏書·陳思王植傳》載有一篇〈戒子植〉，很能看出曹操的一片殷殷愛子之意：

吾昔為頓丘令，年二十三。思此時所行，無悔於今。今汝年亦二十三矣，可不勉歟！

意思是說：

我二十三歲的時候，已經做頓丘（今河南浚縣北）縣令，如今回想起當年的所作所為也沒有什麼可後悔的。現在你也長到二十三歲了，能不努力嗎！

曹操激勵兒子努力成才的另一做法是激勵競爭。這一點，從他所下達的〈諸子令〉中可以看出來。

當時壽春（今安徽壽縣）、漢中（今陝西漢中市）和長安（陝西西安市）是軍事重鎮，曹操準備各派一個「慈孝、不違吾令」的兒子去守衛。於是他下了一道〈諸子令〉，公布了挑選的標準：

今壽春、漢中、長安，先欲使一兒各往督領之，欲擇慈孝不違吾令兒，亦未知用誰也。兒雖小時見愛，而長大能善，必用之。吾非有二言也，不但不私臣吏，兒子亦不欲有所私。

意思是說：兒子們現在都還小，個個都是可愛的。長大以後誰有賢能，誰有真本領，我就用誰。對下屬我從不講私誼，對兒子也不能講私情。

曹操此舉，無疑給兒子提供了公平競爭的成長環境。也正是這樣的競爭機制，使得諸子各展所長，曹丕、曹植盡展文才的同時，習武的曹昂則一直跟隨曹操征戰沙場，經受了戰火的鍛鍊和考驗，並隨曹操南征張繡，

在身負重傷、「不能騎」的情況下，把自己的戰馬送給曹操，自己為救父而死。另一個兒子曹彰則直到曹操死後，一直為國家屢立戰功。

三、愛好高雅。

據張華《博物志》載，與曹操同時的人中，安平的崔瑗、崔瑗的兒子崔寔、弘農張芝、張昶兄弟都擅長草書，而曹操的草書水準與他們相差不遠；另有桓譚、蔡邕等人擅長音樂，山子道、王九真、郭凱等人擅長圍棋，曹操在樂、棋方面則都能與這些人一較高低。

曹操的這些業餘愛好的不凡造詣，應該與自己平時的勤學苦練分不開的；而身為「家長」，這樣高雅的愛好，無疑在兒子們休閒娛樂方式的選擇上有所影響，並進而使兒子們的心靈和情操的陶冶方面受益匪淺。

三、躬行節儉。

史書記載，曹操「雅好節儉，不好華麗」。後宮的宮女們不穿衣錦繡做成的衣服，侍禦妃妾們穿的鞋子也多是單色，沒有多餘的彩飾；帷帳屏風之類的生活用品，用壞之後就反覆修補，取溫用的茵蓐坐墊之類物品，也從不做任何裝飾；甚至他為自己預備下喪衣，也只有春夏秋冬四季衣服，裝在四隻箱子裡；女兒出嫁時，陪嫁的帷帳，都是簡單的黑色布帳，而陪嫁的奴婢也不超過十人。

帝王之家，子弟們最易陷身於物質享樂而碌碌無為。曹操終身節儉的習慣，包含有在戰亂的社會環境中厲行節儉、為天下垂範的苦心，但客觀上也很好地薰陶和塑造了子女的優良品德。雖然在他身後，成帝成王的子孫們未能做到像他那樣，但在兒子早期的品德培養上，畢竟產生了好的影響。

曹操在家教方面的成功可以概括為一個詞，那就是言傳身教。「言傳」，則是適時的點拔、點化，是對父母行為的內涵的說明，也是再次強

調對子女的明確要求；而「身教」是不言而教的示範，也是對子女最有說服力的教育。

曹操的兒子們最終沒有辜負他的期望，同時也說明曹操的教子之道是科學的，對於今天的我們仍有一定的借鑑意義。

七、曹操的節儉與教子

曹操一生主張節儉，反對奢侈。《魏志·武帝紀》注引《魏書》說：曹操「雅性節儉，不好華麗；後宮衣不錦繡，侍禦履不二采，帷帳屏風，壞則補納，茵蓐取溫，無有像飾。」《傅子》也說：「太祖潛嫁娶之奢僭，公女適人，皆以阜帳，從婢不過十人。」

曹操的〈內誡令〉和〈遺令〉，真實地記載了曹操反對奢侈靡費，提倡儉樸節約的不懈努力。如〈內誡令〉中有如下幾條：

孤不好鮮飾嚴具，所用雜新皮韋笥，以黃韋緣中。遇亂無韋笥，乃作竹方嚴具，以帛衣之，粗布作裏，此孤之平常所用也。內中婦曾置嚴具，於時為之推壞。今方竹嚴具緣漆，甚華好。

吾衣被皆十歲也，歲歲解浣補納之耳。

吏民多制文繡之服，履絲不得過絳，紫金黃絲織履。前於江陵得雜彩絲履，以與家，約當著盡此履，不得效作也。

孤有逆氣病，常儲水臥頭。以銅器盛，臭惡。前以銀作小方器，人不解，謂孤喜銀物，今以木作。

昔天下初定，吾便禁家內不得熏香。後諸女國家為其香，因此得燒香。吾不燒香，恨不遂初禁。今復禁不得燒香，其以香藏衣，香著身亦不得。

上述五條的大意是：

我不喜歡裝飾美麗的箱子，所用的是摻雜新皮製成的皮箱。遇到亂世沒有皮箱，就用竹子做成方箱，用絲帛罩在外面，粗布做裏，這就是我平時所用的。王宮內婦人當時曾經置辦箱子，已經搞壞。現在的方竹箱加上漆很漂亮。

我的衣服棉被都已經使用十年了，年年把它拆洗縫補一下罷了。

官吏和百姓多製作刺繡衣服，鞋子的絲線顏色不能超過朱紅色，（要用）紫、金黃色的絲線織鞋子。從前，我在江陵得到過各種花色的絲鞋，把它給了家人。和他們約定，穿完這些鞋子，不准再仿作。

我有逆氣病，常常準備好水來浸頭。用銅器盛水，時間長了有難聞的氣味。從前用銀作成小方形器皿，人們不理解，說我喜愛銀制物品，現在就用木製作。

從前天下剛平定時，我便禁止家裡熏香。以後，三個女兒作了貴人，為他們熏香，因此才燒起香來。我不燒香，遺憾的是沒能實現當初的禁令。現在，再一次禁止熏香，把香放在內衣或者把香帶在身上也不行。

雖說曹操終其一生未能登上九五之尊，但自「挾天子以令諸侯」以來，牢牢抓往軍權不放，用畢生的努力統一了北部大半個中國，其威望聲譽不敢說天下獨尊，至少也是「一人之下，萬人之上。」然而看看他用的箱子，瞧瞧他的衣服鞋子與棉被，還有用於治病的盛水木器，再看點根香熏熏穢氣也覺奢侈的做法，大老百姓的我們，難道不覺汗顏嗎？

曹操的節儉，還可用他對待後事的態度來說明。他認為世俗喪葬之俗「繁而無益」，所以在生前便根據四季的不同各做了四季送終的衣服，盛放在四個箱子裡，並在箱子上分別寫了春夏秋冬四字以示區別，並遺言「有不違，隨時以斂。金珥珠玉銅鐵之物，一不得送。」

在建安二十五年臨終前留下的「遺令」中，他諄諄告誡他的臣子：天下還沒有安定，不能遵照古代喪葬的制度。我死後，穿的禮服要像活著時穿的一樣。文武百官應當來殿中哭吊的，只要哭上十五聲即可，安葬以後，便都脫掉孝服；那些駐守各地的將士，都不要離開駐地；官吏們要各守其職。他還再次重申死後「斂以時服，無藏金玉珍寶。」對葬地的選擇，在他死前一年多點的建安二十三年，便下〈終令〉申明：「古之葬者，必居瘠薄之地。其規西門豹祠西原上為壽陵」，並強調「因高為基，不封不樹」，即依照原來的高度作為壙基，不堆土，不植樹。從這些記載看，後人因曹操的「奸」而指責他死後營造了七十二疑塚，可以說真是「欲加之罪，何患無詞」了。

　　曹操的薄葬做法，也被魏文帝曹丕接受並效仿。《三國志·魏書·文帝紀》說：「（黃初三年）冬十月甲子，表首陽山東為壽陵，作〈終制〉。」曹丕在〈終制〉中說：安葬在山林，目的是要與山林合為一體。植樹的禮制不是上古就有的，我也不採取這種做法。我的壽陵要因山而成體，不要植樹，不建立寢殿，不造陵園，不修神道。安葬就是要將屍體隱藏起來，使他人不能發現。因此我在這不生長糧食的地方營建陵墓，是想使幾代以後的人不知道陵墓所在。不要填塞葦炭之灰，不要斂藏金屬器皿，隨葬用品一概用瓦器。內棺油漆只要三遍，含在口中的東西不要使用珠玉；不要放置珠襦玉匣，不要按照各種愚昧的習慣去做。

　　魏文帝曹丕之所以會這樣，跟曹操的教子有方是分不開的。

　　曹操有二十多個兒子，曹丕、曹植、曹沖的知名度很高，此處僅以少為人知的曹袞為例。《三國志·曹袞傳》說，曹袞「少好學、年十餘歲能屬文。每讀書，文學左右常恐以精力為病，數諫止之，然性所樂，不能廢也。」「每兄弟遊娛，袞獨覃經典。」但曹袞絕不是書呆子，他深知宮廷

鬥爭的殘酷。文學防輔相是「受詔」留在他身邊「察會舉措，有過當奏」的「暗探」、「間諜」，因為實在找不到曹袞的過錯，只好如實上奏，「稱陳袞美」，曹袞知道了，認為「如有善，無患不聞」，這樣做「是適所以增其負累」，「是非益我者」，其戒慎謙虛如此。

曹袞還繼承了曹操的崇尚約儉之風，史稱「尚約儉，教敕妃妾紡績織紝，習為家人之事。」對後事安排，他也態度明朗，敕令曰：「吾既好儉，而聖朝著終誥之制，為天下法。吾氣絕之日，自殮及葬，務奉詔書。」即他走的也是「不封不樹」、「斂以時服，無藏金玉珍寶」之路。

曹操的節儉與對兒子教育的思想方法，被他的後裔完好地繼承下來。特別是課子讀書，做得更為特出。如陳思王曹植的一支，於唐黃巢亂後遷至安徽歙縣雄村。延至明萬曆年間，有一位名演字文修的曹氏子孫，雖然其祖父觀、父禎，「遞以明經首舉於鄉」，但是因為「公幼孤，寡母王，珍之甚」，「公懼傷母心，遂舍儒而賈以為養。」然而曹文修「終不以賈故而絕於餘日，取故篋讀祖父書，通大旨。」「凡所稱引，不詭於先民，雅遊縣簿，高門引為上客，雖至貴倨，爭折節下公」，成為當地首屈一指的大名人。

曹文修也十分重視小輩的功課。「集家塾子弟，日省月試，程督不倦，一時髦士，蒸蒸備起。」他的兒子曹樓就學後，他「凡一日十至館，所稽勤隋，問燠寒，愛且勞之，不遺餘力。」後來曹樓榮升江西布政使、江西參政。而歷仕三朝，圖形紫光閣，死後諡「文正」的清道光軍機大臣曹振鏞，更是雄村曹氏的驕傲與楷模。這些人的叱吒風雲跟曹氏一脈的重教傳統應是密不可分的。

八、「翩若驚鴻」，曹操父子三人爭一婦

曹操雖然教子有方，但是俗話說「愛美之心人皆有之」，更何況是一代梟雄曹操。於是曹操曹丕曹植就演出了一幕父子三人爭一婦的鬧劇。當然也是一個悲劇。

「翩若驚鴻，婉若游龍……」在三國才子曹植的筆下，超塵脫俗的洛神呼之欲出。美國僑報報導，傳說洛神就是曹植思慕的嫂嫂甄氏，也就是魏文帝曹丕的妃子甄宓甄夫人。

甄氏是中山無極（今河北省無極縣）人，原名甄宓，父親是做過上蔡縣令的甄逸，母親是遠近聞名的美人張氏。甄逸夫婦育有三兒五女，生於漢靈帝光和五年十二月（西元 182 年）的甄氏排行最小，但是最為出色。相士劉良細看甄宓以後，對張氏悄聲說：「這個女孩貴不可言。」

甄氏美豔驚人。據說，她每次就寢，因膚白如玉，以至家人彷彿看到有人將玉蓋在她的身上，驚奇不解。令人驚異的是，美貌的甄氏博覽群書，通曉經史，是遠近聞名的大才女。甄氏才色雙絕，美名遠揚。時任冀州牧（中山無極正屬其管轄範圍）的袁紹得知後便替自己的二兒子袁熙娶了這個美貌的女子。甄洛便成了袁熙的夫人。

官渡大戰，袁紹慘敗。不久，曹操兵圍鄴城，鄴城副將蘇由投降。蘇由對鄴城的情況了若指掌。他告訴曹操，袁紹的夫人劉氏尚留在城中，極得劉氏喜愛的二媳婦甄氏也在她身邊。

曹操早聽說甄氏在袁氏父子的眾多美豔妻妾中是最為秀美、最具風情的，知道她還在鄴城，不禁怦然心動。曹操還想進一步證實甄氏的美麗，便故意問蘇由：「一直聽說袁紹的幾個媳婦都很美，這個甄氏究竟怎樣？」

蘇由也是察言觀色之人，知道曹操在想什麼。於是他回答道：「袁紹

的幾個兒媳確實個個貌若仙子，但在這幾個兒媳中，卻要數這二媳婦甄氏最美。甄氏不僅美豔絕倫，而且還知書達禮，善解人意。劉夫人在袁府中是以脾氣古怪聞名的，誰也侍候不好，只有這個二媳婦甄氏，合劉夫人的脾氣，劉夫人十分的喜愛。甄氏在袁府中調和上下，內外親融，府中人人都喜愛她。」一員守城武將說起這甄氏都頭頭是道、心馳神往，可見這位美人的美名實在是家喻戶曉，她的美貌也已經讓曹操神往。

曹兵進入鄴城後，一支精兵神速地奔赴袁府，將袁府團團包圍 —— 這支精兵是曹操之子曹丕的衛隊。原來，在蘇由告訴曹操鄴城的情況後，一直躲著偷聽的曹丕又單獨召見了蘇由，再次詳細地尋問了美人甄氏的詳情。曹丕也是被甄氏的美麗所迷醉，魂不守舍，心蕩神馳。於是他不顧父親的禁令，暗中策劃了這次「搶美行動」。

圍住了袁府以後，曹丕便直奔後室，只看見十分平靜的劉夫人（年紀較大）及其身邊一個滿臉汙濁的年輕女人。滿臉汙濁擋不住天姿國色，曹丕一眼便認定這個年輕女人就是甄氏無疑。他手持利劍走上前，劉夫人和甄氏顯得驚恐起來。

曹丕讓甄氏抬起頭來，甄氏拒絕了。旁邊的劉夫人捧起甄氏的臉來。甄氏的臉上掛滿了淚珠，曹丕用袖子為甄氏擦去眼淚，結果也擦淨了甄氏臉上的灰垢。看到真面目的曹丕驚呆了，這個女人的美哪是語言所能描述的，簡直比講述的要美豔千百倍。曹丕有點醉了，情不自禁地輕嘆：「好一個仙子！」

曹丕安慰了劉夫人幾句後，便起身辭別。劉夫人懸著的心總算放了下來，平靜地對甄宓說：「放心吧，我們不會死了。」曹操遣派心腹領衛隊守護袁府，把美人甄氏帶來。衛隊飛奔袁府，發現早有曹丕的衛隊把守。

近侍報知曹操，說曹丕已經去了，守住了袁府。曹操大怒，忿忿地

說：「這次攻打鄴城，就是為這甄氏！」曹操氣恨這樣的美人竟讓兒子搶了先！可是，兒子先占了，做父親的總不能大打出手，跟兒子公然爭奪一個女人吧。

之後曹丕拜見曹操，一見面便乖巧地請求父親把甄氏賜給他。曹操無奈，只好答應。甄氏便成了曹丕的夫人。曹丕這年 19 歲，而甄氏這年 24 歲，比曹丕大 5 歲。婚後，迫於命運，也是出於對曹丕深情的回報，甄氏也好好地對待曹丕。可是，後來事情卻陡轉直下。

有一天，曹操十分高興，吩咐設宴銅雀臺，大會文武百官。興致漸濃，曹操遂命諸子寫〈銅雀臺賦〉。曹丕、曹彰等握筆在手，謀篇布局，搜腸刮肚，久久不能成篇，而曹植從容自如，談笑間筆下生花，一揮而就，曹操擊節稱讚。

曹植的曠世之才令曹操驚服，在立繼承人上頗費躊躇。身為兄長的曹丕才華不及其弟，立嗣上處處被動，形勢十分不妙。他憂心忡忡，十分苦悶地向愛妻甄氏訴說。可是，甄氏不僅不參與謀劃，反而處處護著曹植，替曹植說話。她十分愛慕曹植的才華，欽佩曹植文人氣質和高貴風骨，相比之下，曹丕簡直如土雞瓦狗。

妻子不為丈夫說話，反而護著別人，做丈夫的自然不能容忍。曹丕大怒，便將一腔怒恨向甄氏發洩，從此夫妻冷漠，如同路人。曹丕得不到甄氏的關切和疼愛，便轉而向姬妾郭氏訴苦。郭氏善解人意，體貼入微，又工於心計，處處為曹丕著想，善為謀劃，曹丕由衷感激，並傾心寵愛。

在郭氏的幫助下，曹丕贏得了立嗣之爭，才子曹植及其同黨遭到慘敗。曹丕贏得了繼承江山社稷的世子地位，也獲得了智謀過人的愛姬郭氏，卻失去了甄氏。甄氏認為身為兄長的曹丕才華不如親弟，而且心胸狹窄，無容人之量和親弟過不去……

建安二十一年（西元216年），曹操統率大軍南下攻吳，準備一舉滅亡孫權，統一天下。曹操寵愛的卞夫人隨行。曹丕和甄氏以及甄氏生的一兒一女也隨駕南征。出征時，甄氏染病，不能隨同前行，只好獨自留在鄴城。到第二年九月，即建安二十二年（西元217年），曹操大軍班師回朝。

甄氏得訊以後出城迎接。卞夫人見到甄氏，簡直不敢相信：甄氏白皙細嫩，容光煥發，更加楚楚動人。這是只有在女人陶醉於愛河之中才會出現的情形。這哪裡像有了一兒一女的女人？更不像別離了丈夫、兒女長達數月之後應有的狀態。

後來，曹植在兄長的迫害下受盡苦難。由於不滿丈夫，心繫曹植，甄洛在苦悶的心境中度著時日。過不多久，甄洛突然死去。關於甄洛的死，《魏書》記載，曹丕冊封甄洛為皇后，璽書三次送到，甄洛都懇辭拒絕（女人拒絕當皇后，千古歷史就一遭，如果不是為了曹植，又是為了什麼？）。當時正值盛暑，曹丕就想到秋天涼爽以後，再冊封甄洛。時隔不久，甄洛突然染病，旋即在鄴城去世。

九、皇帝老爸求賢若渴，「我有嘉賓，鼓瑟吹笙」

國事家事天下事，上面說的算是曹操的家事了，接下來說說國事，說說皇帝老爸曹操值得肯定的在知人善用一方面的求賢若渴。

西元208年，孫權與劉備聯合在赤壁大敗曹操。這次戰爭是三國形成過程中的重大戰役。戰後，曹軍元氣大傷，曹操統一全國的計畫受到了挫折，他不得不接受失敗的教訓，集中力量經營北方；孫權在江東的地位得到了鞏固，後來發展為吳國；劉備也在荊州站住了腳，並向益州地區進軍，後來發展為蜀國。這樣三國鼎立的局面便逐漸形成了。

赤壁之戰後，曹操退回北方。當時身為勝利者的孫、劉兩家也在積極

鞏固和發展自己的勢力範圍。曹操清楚地看到，若要再和孫、劉重新開戰，必須在政治上、軍事上、經濟上做好充分準備才行，這絕不是短時間內所能辦到的。

為了加強和鞏固自己的權力，他與同時代的其他政治家一樣，十分重視嚴明刑賞，舉賢任能。赤壁之戰使他軍事上遭到挫折，感到前途多艱，壯志難酬，更需要獎功懲過，提拔英才，勵精圖治。在他有生之年，身當紛爭之世，只有盡自己最大的努力，才能爭取實現一統天下的大業。

東漢時用人，實際上存在著「任子」制度。漢安帝時下了一個命令，讓公、卿、校尉、尚書的兒子做官。這樣，做了大官的世家豪族，就有世代做官的權力。那時公開選拔的辦法，是察舉征辟。所謂察舉，也是要經過地方上有勢力的豪強的評議，他們認為符合儒家名節、孝義標準的人，才能被推舉出來擔任要職。然而操縱察舉的那些豪強，以錢多為賢，以勢大為上。有錢的可以出錢買爵，有勢的可以仗勢做官。這樣挑選出來的人，只會空發議論，沒有一點治國的才能。

曹操為了選拔更多的人才，打破了依據封建德行和門弟高低任用官吏的標準，提出了「唯才是舉」的用人方針。於西元 210 年春天下了一道〈求賢令〉。

曹操在令中一開始就總結歷史經驗，認為自古以來的開國皇帝和中興之君，沒有一個不是得到賢才和他共同來治理好天下的，而所得的賢才，又往往不出里巷，這絕不是機遇，而是當政的人求、訪得來的。有鑑於此，曹操立足現實，指出現在天下未定，正是求賢最迫切的時刻。

曹操還舉出具體事例來說明他自己對賢才的認知和使用。他引用了孔子的話，說春秋時魯大夫孟公綽是個廉士，要是讓他做晉國趙、魏兩家的家臣，其才幹是綽綽有餘的，但卻不能勝任像滕、薛那樣小國的大夫。原

因很簡單,適合做大國貴族家臣的,不一定適合做小國的大夫。因為小國的大夫位高權重,非有應付大國的才能不可。這說明因才授任,廉士不一定就有應變之才。

曹操針對當時在選用人才上崇尚「節儉」而走向極端的現象,提出如果必須首先是廉士而後可用,那麼齊桓公當年就不能建立霸業。因為輔佐桓公創建霸業的管仲,就是一位富商大賈,而不是個廉士。

曹操進而指出,現在天下豈能沒有像姜子牙當年那樣懷才不遇的人才?又怎麼會沒有像陳平當年那樣蒙受與嫂子私通的汙名而沒有遇到像魏無知那樣舉薦的人呢?他希望在左右的人不要考慮出身,幫他把那些出身貧賤而被埋沒的賢才發現和推舉出來,只要有才能就予以重用。

後來,曹操在西元214年和217年又下了兩道〈求賢令〉,反覆強調他在用人上「唯才是舉」的方針。他要求人事主管部門和各級地方官吏在選拔人才上,力誡求全責備,即使有這樣那樣的缺點也沒有關係,只要真有才能就行。他在這兩道令中,又再次提到陳平,雖然陳平並沒有較好的品行,但他卻能和蕭何、曹參及韓信等人輔佐漢高祖成就功業,留名千古。

除陳平外,曹操還提到戰國時的吳起、蘇秦。說吳起貪圖為將,竟殺死他的齊國妻子而取信魯君;又說他曾為求官而散盡千金,母親死了也不回家。可是他在魏國為將,使秦國不敢東侵;他在楚國為相,使韓、趙、魏三國不敢南犯。說到戰國時期的縱橫家蘇秦,曹操認為他雖然反覆無信,但卻能扶持弱小的燕國,合縱六國以抗秦。做出一番非同尋常的事業。因此,曹操再次希望把那些哪怕是有汙點的,或是不仁不孝的,但是卻有治國用兵才能的,統統舉薦出來,這充分反映了曹操為謀求統一大業而急求人才的迫切心情。

經過一番努力，曹魏集中了大量人才，當時各地投奔到曹操門下的人很多，形成猛將如雲，謀臣如雨的盛況。

　　曹操起用了大量出身微賤而有才幹的人，把他們放在重要的崗位上。他手下第一位謀士荀彧（ㄩˋ），祖父、父親、叔父原來都是一般百姓，妻子也是宦官的女兒，西元 191 年，荀彧投靠曹操時，只是個縣令，曹操卻馬上把他提為司馬。建都許昌後，曹操自己出征時：就把中央大權都交給荀彧。漢末的官制，祕書監是掌管機密的，歷代都是用最受信任的人充任這個職務。但曹操卻用了不是名門大族的劉放、孫資。曹操身邊的其他文武大員，如荀攸、郭嘉、滿寵、張遼、倉慈、徐晃、龐惠（德）、張既，都是出身寒族地主或一般官吏，因為有功，被曹操提拔起來的。

　　建安初年，曹操經過荀彧的介紹，起用了寒族地主杜襲做西鄂長。那時，經過豪強長期侵擾，土地荒蕪，糧食都吃光了。杜襲就動員人民分散到田裡去耕種。後來，荊州的劉表出動步騎一萬人來攻城，城裡有的官吏嚇得躲在家裡鎖上了門，還用被子蒙住頭。而杜襲卻帶領了幾十個人去守城，自己也帶箭參加戰鬥。

　　因為力量懸殊，城被攻破。杜襲又帶了少數人衝出城來，再召集城外的人民，繼續戰鬥。曹操很賞識他，魏國一建立，就把他提拔到中央。當曹操要挑選人鎮守長安時，負責安排的人挑了半天也不知選誰合適。曹操說：「你們把好馬放掉了不乘，還亂挑亂找什麼？」於是親自任命杜襲擔任了這個要職。

　　曹操也不是一概排斥豪強出身的人，如果能為統一事業出力，曹操也能重用他們。他手下有好多大將，如許褚、李典等，原來都是豪強。但許褚投靠曹操後，把自己門下船一批俠客，都給了曹操作衛士，成了有名的「虎士」。李典投靠曹操後，也放棄了在家鄉的地盤，把家族都遷到了許

都來。他們在戰爭中，都立下了很多戰功。曹操也很信任他們。

曹操選用人才，首先是那些有治國用兵才能的人，其次就是一些有才華的文人。當時文壇上最有名望的「建安七子」中，除孔融外，王粲、徐幹、陳琳、阮瑀、應瑒和劉楨，都是曹操的幕僚。曹操授給他們一定的官職，發揮他們的才能。陳琳本來是袁紹的部下，曾經替袁紹起草檄文，罵了曹操的祖宗三代。袁紹失敗後，陳琳歸降曹操。

曹操問他說：「你從前為袁紹寫檄之，罵我一個人就可以了，為什麼要罵到我的祖宗三代？」陳琳連忙謝罪。曹操愛惜他的文才，不僅對他不處罪，還照樣任用他。著名的女詩人蔡文姬，在軍閥混戰中被亂兵擄去，流落匈奴，曹操派人用金銀玉璧把她贖了回來。因為曹操重視和提倡文學，漢末以來文壇上消沉冷落的現象頓時改觀了，大量作家和作品湧現出來，在文學方面出現了一片繁榮的景象。後來，人們常把這一時期看作是文學的黃金時代。

曹操雖然沒有親自完成統一的任務，但是終於削平了北方的割據勢力，恢復了黃河南北的封建秩序，為後來西晉的統一打下了基礎。所以，曹操不愧為中國歷史上卓越的政治家。

除了政治，曹操還寫詩歌，寫得相當不錯了。〈短歌行〉是漢樂府的舊題，屬於「相和歌‧平調曲」。這就是說它本來是一個樂曲的名稱，這種樂曲怎麼唱法，現在當然是不知道了。而現在所能見到的最早的〈短歌行〉就是曹操所作的擬樂府〈短歌行〉。

這首〈短歌行〉的主題非常明確，就是作者希望有大量人才來為自己所用。曹操在其政治活動中，為了擴大他在庶族地主中的統治基礎，打擊反動的世襲豪強勢力，曾大力強調「唯才是舉」，為此而先後發布了「求賢令」、「舉士令」、「求逸才令」等；而〈短歌行〉實際上就是一曲「求

賢歌」、又正因為運用了詩歌的形式，含有豐富的抒情成分，所以就能發揮獨特的感染作用，有力地宣傳了他所堅持的主張，配合了他所頒發的政令。

「對酒當歌，人生幾何？」整體來說，〈短歌行〉正像曹操的其他詩作如〈蒿裡行〉、〈對酒〉、〈苦寒行〉等一樣，是政治性很強的詩作，主要是為曹操當時所實行的政治路線和政策策略服務的；然而它那政治內容和意義卻完全熔鑄在濃郁的抒情意境之中，全詩充分發揮了詩歌創作的特長，準確而巧妙地運用了比興手法，來達到寓理於情，以情感人的目的。

在曹操的時代，他就已經能夠按照抒情詩的特殊規律來取得預期的社會效果，這一創作經驗顯然是值得借鑑的。同時因為曹操在當時強調「唯才是舉」有一定的進步意義，所以他對「求賢」這一主題所作的高度藝術化的表現，也應得到歷史的肯定。

十、曹操的繼承人問題

魚豢在《魏略》裡所說：「依照曹彰的猜測，曹操想改立曹植為太子，以曹植繼位為王。」這就是答案，還是單純曹彰的猜測？曹操在所有的兒子中，最喜歡的就是曹沖，其次是曹植和曹丕。但因為曹沖死的早，在臨死時曹操非常傷心，對曹植和曹丕說曹沖的死其實是給了你們一個機會，可想而知，曹操是多麼疼愛自己的兒子曹沖，想把王位繼承給曹沖。

曹沖死後曹操觀察過其他兩個兒子的情況，曹操覺得曹植很善良但是整天借酒消愁，不務正業，所以對曹植有點失望，再看看曹丕，很有當年自己梟雄的樣子，而且射箭功夫了得，能成大業，所以最後曹操把王位繼承了曹丕。

其實曹操立曹丕，是多年才下的決心，其間還殺了曹植的老師楊修，如何會在一夜間改變？而正是這個原因，曹植才受到曹丕的懷疑，才有那成名的七步詩。

曹操為什麼不讓曹植當繼承人？

曹丕和曹植的矛盾，是從誰能作為曹操的權力繼承人這個問題上開始的。所以，為了說清這一矛盾，還得要從曹操說起。

曹操自迎漢獻帝於許都以後，至建安七年，掃滅袁紹，威震天下；建安十二年北征烏丸，安定了後方；建安十三年。漢獻帝在曹操的威脅，罷三公，以曹操為丞相。這時曹操既已完全掌握了雙廷實權，且又建立了三國中實力最強的基業，所以此時他就必須考慮自己的後嗣繼承問題。用今天的語言來說，就是誰來接曹操班底的問題。

曹操原來的正妻丁夫人無子，長子曹昂，字子修，為妾劉夫人所生，劉夫人死得早，曹昂便由正妻丁夫人撫養長大，愛如己子。所以曹昂應該說是最近於嫡長子身分的。但是，在建安二年春正月，南陽降將繡反叛時，曹操正值在南陽，不及防備，吃了大虧，所乘馬中流矢倒地。曹操本人臉上、右臂上、腳上均中流矢，在千鈞一髮之時，長子曹昂將自己的乘馬讓給曹操，使曹操逃得了性命，曹昂失去坐騎後為曹操斷後，力戰而死。

曹昂死後，丁夫人日夜慟哭，責罵曹操只顧自己逃命，毫不顧惜，曹操一怒，趕丁夫人回老家，丁夫人也氣得從此不理曹操，曹操後悔以後，到她家相迎，她也不肯原諒曹操。此後曹操就休了丁夫人，另立其妾卞氏為正妻。

卞氏共生四子，曹丕、曹彰、曹植、曹熊。曹熊早死，按理，正妻所生的長子曹丕，此時就是嫡長子了，理所當然是接班人。但是曹操卻並不

是這樣想的，他在這個問題上長期舉棋不定。他看中了曹丕以外的另外兩個兒子。一個就是曹植，還有一個，則是曹操的妾環夫人所生的兒子曹沖。

曹沖在十三歲時早死，曹操流著眼淚對曹丕說：「曹沖早死，是我的不幸，但卻是你們的幸事。」從中可見自己原是打算把曹沖立為繼承人的。

曹沖死後，曹操又一度考慮曹植為繼承人。這是有史可考的。在有一次曹植犯錯誤時，曹操下令說：「原來我以為，在諸兒中，子建（曹植）最可定大事，現在看來，這個想法不對了。」

現在我們要弄清楚的是，中國自周代就開始了的嫡長子繼承制，這是封建社會中公認為最合適的王位繼承法，曹操熟讀史書，為什麼他不願按這一成法行事，而老是在動另選接班者的腦筋呢？

原來嫡長子繼承制是封建皇位繼承制中比較可以減少動亂、穩定過渡的一種有效方式。嫡子即正妻所生之子，嫡長子只有一人，作此硬性規定後，可以盡量減少其他皇子對皇位的合理野心。

如無嫡子，則以庶子中最年長者繼位，亦是這個道理。封建君王如果不實行這一制度，而是在諸子中任選一人繼位，則所有皇子均可有覬覦皇位的合理野心，常會使老皇帝死後的政治過渡中，形成多人出面爭奪皇位的混亂局面。

這是說的一般情況，對於開國君主而言，這一規律常會發生變通情況。因為一來開國君主打天下時需要用有才之士，手下能人雲集，繼任者的駕馭能力便顯得重要了；二來，天下未定或初定而基業未穩時，還有可能重新失掉。這樣，在挑選繼承人時，才幹與經驗往往放在天平上的更顯要的地方，否則怕天下難保。

曹操的考慮顯然是這樣的。然而，這就終於造成了曹丕，曹植之間不可調和的兄弟矛盾。

曹丕是長子，傳位給嫡長子，看起來天經地義，其實不盡然，曹丕的接班之路走得極為坎坷。在曹操四十九歲那年受封為魏公後，危機感尤其深刻。

依照漢朝制度，只有和皇族同姓的劉家子弟才可以封王封公，曹操權高勢重，「挾天子以令諸侯」，漢帝不敢得罪他，便打破慣例，封他為公。此時，依理曹操該宣布誰是繼承人了吧？然而，曹操居然未表態。顯然，曹操還在為人選而掙扎。看在被視為當然人選的曹丕眼裡，當然是說有多著急，就有多著急了。

曹操固然是一世梟雄，但別忘了，他也是位文學家，文筆好得不得了，對才華洋溢、腹有詩書的曹植，自然格外器重，格外珍惜。尤其銅雀臺會，更讓曹操生起傳位給曹植的念頭。

歷代帝王喜歡建造高臺，一以登高望遠，一以此為天子威權之象徵。曹操雖未篡位，但野心昭昭，他也費了兩年的工夫，建造富麗堂皇的高樓，也就是銅雀臺。銅雀臺落成後，某日曹操召集所有兒子登臺共遊，興致一來，命大小兒子各寫一篇〈登臺賦〉助興。

二子曹彰不好讀書，率先棄筆投降；曹丕雖然文章也不錯，但是論才情卻差曹植一籌，寫得平順有餘，精彩不足。反觀曹植，文采絜然，揮灑自若，曹操大聲朗誦：「從明後而嬉遊兮，登層臺以娛情。見太府之廣開兮，觀聖德之所營。建高殿之嵯峨兮，浮雙闕乎太清……」文采好不說，還大大的捧了曹操一番，曹操自然是樂不可支。

此後曹操時常就政治之事考問曹植，曹植都應答如流，大有接班之勢。如果，曹植能以王位為念，自我檢束，時時留意行為舉止，像曹丕一

樣忍著點，恐怕他已成為魏公的繼承者。

可惜啊可惜，浪漫本是文人雅事，身為政治人物，浪漫卻是浪蕩的同義詞。風流倜儻的曹植，終於犯了大忌，壞了大事。就在曹操封魏公次年，曹操親率大軍攻打東吳，曹丕、曹叡諸子跟隨，只留曹植留守大本營鄴城。第二年春天，孫權請降，曹操大喜，退軍北歸，可是一回鄴城，便聽到一則令人吐血的消息 —— 曹植大膽妄為，竟然擅開司馬門，且奔馳於馳道。

司馬門跟馳道是什麼東西？馳道是皇上專用的車道，寬五十步，路旁植滿松樹，雄偉壯觀，曹操雖非皇帝，但比皇帝還大牌，也建造馳道；至於司馬門是魏宮正門，只有魏王曹操本人的車駕可以出入。

父王不在，一去數月，曹植當家，好不自在，或許得意忘形了，竟然由司馬門出入，駛入馳道。

「我還沒死，就想取而代之嗎？」曹操凱旋而歸，聽說曹植如此荒誕，簡直氣炸了，一怒斬了司馬門的守門官。曹植哪有這麼複雜的心思？一片浪漫，用俗話來說，就是小孩子愛玩，不管後果。但在生性多疑的曹操看來，卻不單純。

曹植嗜酒縱慾，曹操對他失望透頂，後來傳位給曹丕。而曹植不但無法敗部復活，反而老毛病不改，有一次大將曹仁遭關羽圍攻，曹植奉命發兵援救，沒想到他老兄竟然喝得醉醺醺，誤了軍情。曹操又怒又傷心，曹丕的位子至此才算坐定。

在曹操死後，曹丕繼位，進而篡位，建立魏朝。曹植憂鬱難展，還差點被曹丕所害，幸好「七步成詩」（此詩有待考察是否是曹植所作），逃過一劫。

文人參與政治，多半沒好下場，即使如李白般風光一時，也因浪漫個

性得罪他人；李後主寫得一手好詞，政治成績及領導 EQ 卻不及格。政治這玩意講權謀，而權謀這個東西，不是單純文化人玩得起的。

曹植就算沒有政治野心，但抬轎的人，如楊修等，卻會哄抬，曹操也會不時投以關愛的眼神。身處權力漩渦中，曹植必須表態，放棄攀爬高位，才能自保，才能自由。

十一、曹操與曹丕父子，有其父必有其子

有一則故事，是關於曹丕和曹植爭儲的典故：一次曹操遠征，曹植寫了〈離別行〉，詞藻華麗無比，朗誦得是風淒雲慘，曹丕暗地裡就著急啊，怎麼辦？問賈詡，賈詡說「哭」。於是曹丕馬上痛哭流涕，感天動地。事後，眾大臣都不記得曹植的華麗詩詞了，都說曹丕孝順！他不僅贏得了父親的心，同時贏得了臣心。

曹操，此人奸詐無比，是為「奸雄」。兒子曹丕在這方面歲比不上他老爸曹操，但是有時候倒也可以在曹操面前「班門弄斧」一番。可見曹操的眾多兒子中還是曹丕跟他最為相似的，曹操最終選擇曹丕為自己的接班人也算是比較正確的。

同樣，曹丕跟曹操一樣也算是「文學家」。魏文帝曹丕與其父曹操、弟弟曹植都很有文采，文學史上稱為三曹。曹丕在政治上對他的弟弟很冷酷，但在文學上對文友們卻很敬重，因而留下一些趣事，流傳至今。

建安七子之一的王粲，才學俱佳。少年時為著名學者蔡邕看重。傳說，有一次，他到蔡邕府中拜訪。蔡邕聞知，忙撇下眾多客人，連鞋子都沒穿好，就跑著去迎接他，王粲到府中後，大家見他年紀輕輕，個子矮小，相貌平常，都很驚奇。蔡邕向大家介紹說：「這位王公子，是天下奇才，我自愧不如，將來我家藏的書籍文章都會傳給他。」

王粲進入曹操幕府以後，官居侍中。他的詩文語言剛健，詞風慷慨激昂，一直為曹丕所敬重。太子曹丕總以朋友的身分與王粲交流學問。王粲有一個讓人莫名其妙的愛好，就是愛聽驢叫。這個愛好可謂前無古人後無來者了。

體弱多病的王粲不幸於盛年而逝，終年僅 39 歲。曹丕對王粲之死感到非常悲痛。王粲被親朋好友安葬到洛陽東郊外。大家感傷一番之後，曹丕對大家說：「王粲先生平生最喜歡聽驢叫，現在就要永眠於此。我提議大家每人在他的靈前為他學一聲驢叫，以此向他的亡靈告別。」說完，曹丕到王粲的靈前，神色莊重地學了一聲驢叫。

其他人見到貴為太子的曹丕親自為王粲的亡靈學了一聲驢叫，都非常感動。於是，大家都排著隊到王粲的靈前，每個人學了一聲驢叫來送別王粲的亡靈。後來，曹丕為朋友亡靈學驢叫的事情傳開後，人們都紛紛稱讚他對朋友的深情。

曹丕在被立為太子的過程中，名士吳質發揮了很大的作用。

歷史傳說，曹丕與曹植在爭奪太子寶座的時候，曹操的主要謀士楊修一直在曹操身邊為曹植說好話，幫助曹植謀取太子之位。曹丕對楊修又恨又怕，於是就想與自己的朋友名士吳質商量怎麼對付楊修。但是，楊修的耳目眾多，一直監視著曹丕的舉動。

有一天，曹丕派親信侍衛用馬車裝了很多大竹簍，把吳質藏在其中接入自己的府內商量對策。儘管這件事很隱蔽，但還是被楊修的耳目發現了。楊修立即報告曹操說：「曹丕以車藏人進入府中，可能有不良之謀。」曹丕聽說楊修向父親告密，揭露了自己與吳質的密謀，內心非常恐懼，趕忙在當晚派人告訴吳質。吳質聽了情況介紹後，讓來者轉告曹丕，不要害怕，按計行事即可。

第二天，曹丕按照吳質的計謀，再次派侍衛用馬車裝運一車大竹簍回府。楊修的耳目向楊修彙報後，楊修立即報告曹操，曹操馬上派人前往檢查車上裝運的貨物。但是，車上的竹簍中，裝的全是絲綢黃絹，並無人藏於車中。曹操知道後，就認為楊修有意誣陷曹丕有不法行為。

從此以後，曹操開始對楊修產生懷疑，認為楊修不除，必然使曹丕、曹植兄弟相殘，因此就找藉口殺了楊修，並最終立曹丕為太子。被立為太子的曹丕，一直念念不忘吳質的功勞。後來，吳質被外放出任元城縣令後，曹丕給吳質寫了一封信，信中說「我經常回憶起我們的交往，對那一段美好時光，一直難以忘懷。」

後來，人們便把曹丕與吳質交遊的故事稱為「魏儲南館」而流傳下來。

據說，曹丕終於被曹操立為太子後，心中非常激動。他回到府中以後，心情一放鬆下來，不免有些得意忘形。

當天，曹丕回到府中，官居侍中的大臣辛毗前來祝賀。他們以前的私交很好。兩人一見面，曹丕就忘了君臣禮節，上來就擁抱住辛毗。辛毗躲也不是，不躲也不是，感到有些難堪。曹丕好像沒有覺察一樣，摟著辛毗的脖子，親熱地說：「你知道我今天有多高興嗎？」辛毗連連祝賀曹丕榮登寶座。

辛毗從曹丕府上回到家中，他的女兒辛憲英看到父親的表情有些不同尋常，就關心地問父親發生了什麼事情。辛毗知道自己的女兒有才有識，是個巾幗英雄，就把在曹丕府中發生的情況對女兒說了。辛憲英一聽，不由感嘆道：「太子，是將來取代君王治理國家的人。取代君王登基就位，不可不感傷悲戚。治理國家臨朝聽政不可沒有危機感。現在，曹丕剛被立為太子，本來是感傷危懼之時，怎麼能得位忘形呢？這可不是好兆頭。是不是預示著魏國的

將來不會昌盛？」

後來世事的發展果然如此。三十多年後，魏國的大權落到了司馬昭父子的手中，最終成為一個短命的王朝。曹丕得位忘形，就作為一個政治笑話流傳了下來。

曹丕代漢做了皇帝不久，東吳的孫權便派使臣前來朝賀，並當面交還了一批戰俘。其中有位鬚髮斑白，形容憔悴，但仍不失大將風度的人，他就是于禁。

于禁是曹操手下一員大將，跟隨曹操 30 餘年，戰無不勝，攻無不克，很得曹操器重。建安二十四年（西元 219 年），大將軍曹仁被西蜀的關羽圍在樊城，情況危急，曹操派于禁和另一員大將龐德前去增援。當時正趕上一場特大暴雨，漢水溢出河堤，樊城周圍全是一片汪洋。這時駐紮在樊城北面的于禁被困在只露出水面不大的一塊小高崗上，被乘船前來攻戰的關羽束手就擒。龐德則英勇戰死。後來關羽又被孫權打敗，于禁便隨之流落在了東吳。如今曹丕代漢稱帝，孫權懾於曹軍的威力，俯首稱臣，並把于禁等一批戰俘進行交還。

曹丕見到昔日父王手下的戰將如此狼狽，心中非常鄙夷，但念于禁有功於父王，並曾幾次在生死關頭挽救了父王的性命，沒有當面責備于禁，而是豁達大度地優撫了一番，說：「春秋戰國時期的晉國大夫荀林父與楚國交兵，被楚國戰敗，可是晉景公並沒有責怪他，反而重用他，又讓他去帶兵打仗，後來為晉國立了大功。秦國的大夫孟明在殽與晉軍打仗，不幸戰敗被俘。後來孟明又偷偷逃了回來，秦穆公也沒有怪罪於他，而是讓他擔任了重要職務，不久，他帶兵打敗了在西方稱霸的西戎，威鎮四方。如今老將軍能安然無恙返歸本土，是我國的榮幸，不要因前過而整日悔恨。我現在任命你為安遠將軍。」

　　于禁感激的老淚橫流，稱謝不已。最後，曹丕對于禁說：「于老將軍剛剛回來，好好休息一段時間，恢復恢復元氣再說。」於是，曹丕便安排于禁先去鄴城弔唁弔唁曹操的陵墓。

　　這天，于禁懷著對曹丕的恩德和對曹操的懷念，從洛陽來到鄴城，他首先瞻仰了曹操昔日的銅雀臺，然後來到漳河邊上的高陵 —— 曹操墳，弔唁了一番。最後他懷著沉痛而內疚的心情，被人領到墳旁的一棟陵屋內休息。這棟陵屋並沒有什麼特殊的地方，只是牆壁上繪滿了彩色繪畫。開始，于禁並沒有注意這些著墨粗俗的畫兒，可呆了一會，于禁無意中發現這些壁畫似乎與己有關。他從椅子上騰的一下站起來，圓睜二目，從頭至尾看了一遍。不看則已，一看則氣的臉色發黃，渾身顫抖，最後一陣暈眩倒在地上。

　　原來是曹丕專門讓人畫給于禁看的。其內容是曹仁被關羽圍在樊城，關羽手提大刀，龐德威武不屈，英勇戰死。而于禁在關羽面前，卑躬屈膝，磕頭求饒。于禁本來就深負內疚，看到這些壁畫怎能不羞愧而感到無地自容。他恍然大悟，曹丕對自己的恩德原來是假的，羞辱自己是真，曹丕呀曹丕，你害人的手段太毒辣了。從此，于禁一病不起，不久便憂鬱死去。臨死時，他對家人說道：「我于禁堂堂鬚眉，戎馬一生，應該死在疆場上。而如今這樣默默的了卻一生，怎能瞑目哇。」

　　曹操是歷史人物裡性格最豐富的「性格之王」。他的叛逆、大度、豪邁、勇敢、幽默……他的自私、虛偽、奸詐、殘忍、猜忌……都是人們長期談論不休的話題。而曹丕這個人性格也是多重性的，一方面他對周圍的文人是十分優待的、也是十分真誠的，另一方面睚眥必報、性情殘忍的一面也時有表現，一些令人感到滑稽的打擊報復，讓人覺得他是一個十足的小心眼，而且這個小心眼報復起人來那是要人命的。

十二、曹操的家庭教育以及曹操的詩歌

曹操一代奸雄，有氣吞萬里之志定國安邦之才；然而曹操卻一直犯有自卑的心病，源頭來自其不明不白的身世。不大光彩的身世最終形成了曹操多疑、暴戾、喜怒無常的奸雄脾性。曹操也會自卑？病根在其不光彩身世？這大大出乎我們的意料，從中得到許多關於家庭教育方面有益的啟示。

曹操的父親是曹嵩，而曹嵩是曹騰的養子。《三國志·武帝紀》說：「曹騰為中常侍大長秋，封費亭侯。養子嵩嗣，官至太尉，莫能審其生出本末。」曹嵩到底從何而來，又是誰人之後？《曹瞞傳》及《世說新語》都認為，曹嵩是夏侯氏之子，是夏侯惇的叔父。這般看來，曹操與夏侯惇當屬堂兄弟，難怪曹操一直非常重用夏侯惇、夏侯淵，原來是親緣關係使焉！

袁紹則不同，接連四世在朝廷中官居「三公」的高位，袁紹家族權傾朝野，名震天下。曹操對自己的身世設法隱瞞，在當時十分講究家庭和出身背景的氣候下，即使事業如日中天的曹操也無法逃脫世俗眼光的審視。曹操在與袁紹等同級競爭者交往中始終抬不起頭，他實在受不了袁紹等人眼底那股嘲笑、鄙夷的目光。

最典型的例子，曹袁對陣，陳琳為袁紹作討曹檄文，開始揪住曹操不光彩家世不放，此時曹操正因頭風病臥床，讀檄文，悚然汗出，一躍而起……

曹操從小自卑，最終養成終生多疑奸詐的性格，從中告誡我們：家庭是孩子最早的學校，父母是孩子第一任老師；孩子在家庭裡所受的影響最原始也最深刻，父母應有「為孩子想一輩子」的全面育兒觀，給孩子完整的家庭、幸福的生活以及崇高的理想志趣。

「三歲定八十」，「三歲看到老」古人這一些定律與其說教給我們育兒

的經驗，不如說確定了我們身為父母的職責和義務。父母對孩子的影響可以說無處不在，因而良好的家庭教育都是積極主動的。

發揮家庭「基石」的作用，讓孩子具備健康完整、積極主動的良好心理狀態。這一點非常重要，在家庭的不幸當中，孩子受到的傷害最深，孩子心理出現問題，往往在家庭或其父母身上就能找到原因。

我們還是以曹操為例：功成名就後的曹操，對小兒曹植非常讚賞，而對大兒曹丕則不大感興趣，這時候曹操的家庭「基石」是傾斜的，曹操一手為兄弟倆奠定了不平衡的心理，也為曹植的早死埋下禍根。

言傳不如身教，家長的行為直接影響孩子，這種影響力卻非三言兩語能夠改變。曹操的祖上輩曹節很有心計，鄰家不見了一隻小豬，見到曹家的小豬就認定是自己家的，曹節不爭論，白白讓人拿走小豬；後來鄰家的小豬跑回來，那戶人家知道搞錯了，把豬送回給曹家，「（曹）節笑而受之」，全村的人都佩服感嘆。

當然曹操後來把曹家的光榮傳統發揚光大。縱觀曹操一生，善買人心是其管理的一大特色。他曾號令三軍，踐踏麥田者斬；豈料自己的座騎受驚竄入麥田，曹操要自刎，眾將齊勸而止，於是割髮代首，變被動為主動，傳令三軍，威嚴更振。這祖孫倆的故事如出一轍。

孩子有心理障礙，父母要明察秋毫，迅速找到問題的根源並及時消除。曹嵩在自己身世問題上採取了錯誤的做法，他養子的身分欲蓋彌彰，最終累及曹操，要曹操一輩子為之承受這「不可承受之輕」。

人無完人，才無全才。一位偉人、一位天才、一位能者可能比常人多有一萬個、一億個優點，但其所言所行絕不會是百分之百的正確。曹操既非完人，又生於亂世、爭於亂世，亦無例外的凸現出很多缺陷、短處乃至劣性。較為突出的是他的多疑、反覆和易悔。

殺害恩人呂伯奢一家，猜忌最知己的謀士荀彧、崔琰、毛玠，枉殺給他醫腦風病的明醫華佗，都是他的多疑、狹隘之舉。然真相大白後既悔之，卻又很少承認。這，也許就是歷史上大人物的「自尊」吧！據《三國志》記載，曹操殺華佗後的某年，其子曹沖病而無治，曹操此時方才長嘆：「吾悔殺華佗，令此兒強死也。」

　　而身為詩人，曹操的大半生處在東漢末年的動亂期，可謂亂世英雄。曹操的詩留傳下來的 20 餘首，多為四、五言句的漢樂府類詩題。看曹操的詩、看他的為人，戎馬一生、橫槊賦詩，其詩章非吟自軍旅之事，既發自軍旅之情，凝聚著政治家的豪邁、軍事家的壯烈、文學家的神采與詩人的濃縮。

　　青年時期的曹操，對漢室抱有幻想，雖出身宦官家族，卻是走著反宦官的道路登上政治舞臺，他要依靠自身的努力躋身名士行列，樹立一個能吏、清吏的漢家忠臣的形象。曹操入仕之初，就打擊濁流惡勢力，在洛陽北部尉任上，棒殺小黃門蹇碩的叔父；為議郎時，曾上書漢靈帝為「黨錮」中被殺的大將軍竇憲、太傅陳平鳴不平；任濟南相時，又上奏朝廷罷免了所轄的八個縣的貪官汙吏，使濟南地區政治清明、社會安定。

　　青年時代的曹操確實是漢家的一個為政一任造福一方的清正、廉潔、有能力的忠臣。後來，曹操目睹了東漢政權的腐朽與關東諸軍閥的無能，逐漸意識到漢的不可為，於是下定決心建立一支自己的軍隊，利用自己日隆一日的軍事實力，走一條屬於自己的重塑天下的道路。

　　有人認為，在曹操的思想中，法學占主導地位，其實不然。儒學才是其思想的核心。如果說法學是手段，那麼儒學才是其目的。曹操有時雖以兩漢經學叛逆者的面貌出現，但其精神在本質上卻走向原始儒學人文精神的回歸。

第六位皇帝老爸
魏武帝 —— 曹操

　　赤壁之戰敗北後，曹操見孫劉聯盟一時難以攻克，轉而經營北方。日月迅邁，老之將至，眼看在自己的有生之年難以完成統一大業，於是他寫下了令後世慷慨之士擊節不已的〈龜雖壽〉。詩中他把自己比作伏櫪的老馬。老驥之志仍在千里，垂暮的烈士仍然不失英雄本色。

　　顯然，曹操終其一生從未放棄過齊家治國平天下的責任與使命。

第七位皇帝老爸

昭烈帝 —— 劉備

第七位皇帝老爸
昭烈帝 —— 劉備

　　皇帝老爸劉備在白帝城病危時，臨終之前教育年少的兒子，說的並不是豪言壯語，而是說：「勿以惡小而為之，勿以善小而不為。惟賢惟德，能服於人。」仔細體會這個「欲信大義於天下」的英雄，他個人的人格魅力始終和其他君主相比，保持了一種鮮明的特色，也是他長期受到人們喜愛的緣故吧！

　　昭烈帝劉備，蜀漢的開國皇帝，相傳是漢景帝之子中山靖王劉勝的後代。劉備少年喪父，與母親販鞋織草席為生。黃巾起義時，劉備組建義兵，隨政府軍剿除黃巾，有功，任安喜縣尉，不久因鞭打督郵棄官。後諸侯割據，劉備勢力弱小，經常寄人籬下，先後投靠過公孫瓚、曹操、袁紹、劉表等人，幾經波折，卻仍無自己的地盤。赤壁之戰時，劉備聯吳抗曹，取得勝利，從東吳處「借」到荊州，迅速發展起來，吞併益州，占領漢中，建立蜀漢政權。後關羽戰死，荊州被孫權奪取，劉備於稱帝後伐吳，在夷陵之戰中被陸遜擊敗，病逝於白帝城，臨終托孤於諸葛亮。

皇帝老爸昭烈帝劉備的個人檔案

姓名：劉備，字玄德

生卒：西元 161 年～西元 223 年

享年：63 歲

生肖：牛

籍貫：幽州涿郡涿縣（今河北涿州）

容貌：「垂手下膝，顧自見其耳」

身高：身長七尺五寸（約 172 公分）

性格：內向，愛哭，仁義，講義氣（多少有偽善的成份）

特別愛好：玩犛牛尾巴（《三國志‧諸葛亮傳》引《魏略》說「備性好

結旄。」）

口頭禪：「公以備為何人也？」（你當我是什麼人啊？）

學歷：不喜歡讀書，但讀過，基本屬於自學自習

父親：劉弘

母親：未知

兄弟姐妹：未知

配偶：甘氏，糜氏，孫尚香，等

子女：劉禪，劉理，劉永，劉封

繼位者：劉禪（阿斗）

陵寢：葬於惠陵

最得意的事：三分天下得其一

最開心的事：桃園三結義

最尷尬的事：老婆孩子都是別人救回來的

最擅長的事：開溜（美其名曰：做戰略上的轉移）

最幸運的事：姓劉（自稱中山靖王之後）

一、平民家庭的紈褲子弟，亂世中的問題青年

《三國志·蜀書·先主傳》記載，劉備字玄德，涿郡涿縣（今河北涿州）人，系漢景帝之子中山靖王劉勝的後代。劉勝在漢武帝時被封為涿縣陸城亭侯，後在宗廟祭祀中因獻助祭金不合規格，觸犯律令，被削去爵位，於是世代就在涿縣安家。

劉備的祖父、父親都在州郡做過官，但到劉備的時候已家業衰落，成為底層百姓，這很可能是劉備父親早逝的緣故。劉備身高七尺五寸，據說

他垂手過膝，回頭能看到自己的耳垂。劉備平時也少語寡言，善待別人，喜怒不形於色，好交結豪俠之士，因而許多少年爭相歸附他，同族人稱他「非常人也」。史書上所說的這個少年劉備，已使我們看到他性格上的一些基本特點。

劉備的先祖劉勝能繼承父親幾多財富呢？初通人世，在成長過程的某個時刻，這大概才成為男孩劉備的一個問題。男孩不會苦思冥想，這樣的問題不會影響到他一天天長大，從大人們嘴裡他聽說，他們這個家族早沒落了，當初之所以會在涿郡定居繁衍，是因為先祖劉勝當年曾經受封「涿縣陸城亭侯」，並不幸「失侯」；失去侯位，先祖無處可去，便「因家焉」。

對早已遠去的光榮家族史，劉備本應該從祖父或者父親那裡了解更多的 —— 祖父劉雄曾「察孝廉，為東郡范令」，父親劉弘呢，一輩子沒走出過家鄉 —— 可祖父和父親在他很小的時候都相繼離世了，他沒機會也不可能獲得他們的關照。

由於年少失去父親，很小開始劉備就只能跟母親相依度日，劉備跟母親靠販草鞋、織葦席為生。母子靠販履織席維持生活，靠做這種小買賣不能發家，維持基本的生活還可以。自強自立，這種優良的人生品格透過母親言傳身教在男孩幼小的心靈中播下了種子。孤兒寡母的人生境遇讓他很早嘗到了平常人感悟不到的世態炎涼，砥礪並涵養了他在艱苦環境裡頑強生存的品性。

劉備他家屋旁有棵大桑樹，枝葉繁茂，遠遠望去猶如皇帝乘坐的華車之蓋。劉備小時候跟族中小孩在樹下玩耍，說他長大了要乘坐這個「羽葆蓋車」，嚇得他叔父急忙訓斥他不要胡說，這可是滅門之罪。

也正因為劉備家院子的東南角長的這棵大桑樹，鬱鬱蔥蔥，像皇帝出巡時候車上的華蓋。所以經過的路人看到這棵樹，都說這棵樹長相非凡，

預言這一家一定會出貴人。格外呵護和高看劉備的還有同宗中的劉元起，他不但非常喜歡劉備這個孩子，還常私下給予特別的照顧與周濟，待劉備跟待兒子劉德然一樣；妻子知道了，埋怨他「各自一家，為什麼還常常這樣」，劉元起說，「都是同宗。我看這個孩子將來必不是個平常人物」。

　　在母親和同宗們殷切的目光中，時光開始把劉備送進騷動不安的青春期。細心的母親發現，進入青春期的兒子身上明顯的改變，他正成為一個問題少年，「不甚樂讀書，喜狗馬、音樂、美衣服」。兒子喜歡的事情為什麼多跟吃喝玩樂一類物質享受有關呢？從兒子身上母親看到了一個父母不願意看到的沒落氣象。瘦死的駱駝比馬大，可現在別說是瘦死的駱駝，劉家早就是一匹瘦死的驢了，寄託母親美好希望的兒子倘若這樣執意地無所畏懼地發展下去，不但不會如母親所願，有大出息，而且會墮落的。

　　於是劉備的母親為了劉備的前途，在劉備 15 歲的時候，不顧家境困難，努力送他外出求學。在同宗的同學劉德然家的幫助下，劉備順利成行。或許劉備從小就表現出了不凡的見識，劉德然的父親劉元起將劉備視為光耀宗族的希望，像資助自己的兒子一樣資助劉備上學。

　　於是在 15 歲時，劉備奉母親之命外出遊學，跟著原九江太守盧植學習一點東西。盧植是當時著名的大儒，但劉備對讀書沒有多大興趣，史書記載他「不甚樂讀書，喜狗馬、音樂、美衣服。」

　　先說劉備的老師盧植老先生。身為儒學的一代宗師，盧植年輕時跟鄭玄一起拜當時的大儒馬融為師，並成為馬門的佼佼者。這個馬融是東漢名將馬援的從孫，不僅是一位博古通今的大儒，更是一位特立獨行的曠世高人。最令人瞠目結舌的一幕是，馬融在給學生們上課時，大帳前面學生們悶頭讀書，大帳後面卻是鼓樂喧天，一幫家伎舞女載歌載舞，他懷裡還摟著一個也說不定，據說魏晉名士以破壞禮教為尚的「風骨」就是從他這開始的。

盧植跟這樣的馬老師在一起，哪裡是上課，簡直是在經受折磨和考驗。但盧植還真是一個坐懷不亂的柳下惠，跟風流成性的老師學習多年，眼睛從來每掃過那些舞女一眼，終於煉成「剛毅有大節，常懷濟世志」的當世大儒。

不過，這樣的老師估計不會教得太仔細，於是盧植落了個「好鑽研精義而不拘守章句」的歷史評語。估計劉備的這位盧老師也沒功夫給學生細解章句，只好自己琢磨「精義」了，劉備跟他學習也許沒有學到真才實學，但是至少學到了「自己琢磨」這個恐怕不假。

但是，自己琢磨開動腦筋，這對後來的劉備來說當然也是很有幫助的。盧植在人品學養上給劉備帶來的影響也是巨大的，老師不看好這個「不愛學習」的學生在學問上將來怎樣，他看得出劉備不是做學問的好材料，但在劉備身上有一種他欣賞的虎虎生氣，這種虎虎生氣在他身上是少有的，他想時勢造英雄，殷憂時勢的老師隱隱預感到某一天這個學生或許就會成為英雄。

不管怎麼樣，這盧植老師後來還真的帶出了兩個著名的學生，一個公孫瓚，成了三國時代的第一霸；另一個劉備，終於三分天下得其一。

出身平凡但卻一派紈褲作風，劉備和漢高祖劉邦的少年習氣幾乎如出一轍。和劉邦同樣相似的是，劉備也喜歡仗義疏財，結交豪俠，並因此被一幫少年人推舉為領袖。

不僅在同齡人中深受歡迎，劉備也引起了同學公孫瓚的注意。公孫瓚在向盧植求學之前已經是一名小官吏，很受當地太守重視，並且成為太守的女婿。劉備和公孫瓚惺惺相惜，因為公孫瓚年長，劉備於是尊公孫瓚為兄長。

劉備常常自稱是「漢景帝子中山靖王勝之後」，後來《三國演義》就

乾脆讓漢獻帝認他做皇叔，當然史書上並無此事，不過劉備漢室宗親是應該沒錯的，這漢室宗親說有用確實有用，因為之前有個例子，西漢被王莽篡位後，同為漢室宗親的劉秀復國建立了東漢，而且那時建立的幾個短暫的政權大都立劉姓子孫為皇，有先例在前，一些老百姓和士大夫就認為漢室不會滅，要從漢室宗親選擇一位來復國，這樣劉備身為劉姓自然也是其中之一了。

不過，劉備這親戚畢竟太遠，漢景帝那是西漢的事了，劉備和現在的漢獻帝是八輩子也不一定拉得上關係的遠親，而且當時姓劉的不止他一個，蜀漢的劉璋，荊州的劉表，那才是真正的近親，而且有現成的地盤和勢力，比起白手起家的劉備，好了不知多少，但是論眼光才能還是吃苦出身的劉備顯得更強了。

二、容易滿足的少年豪俠，人才錢財助成功之路

上面說到，劉備少年時失去父親，孤兒寡母以賣草鞋打草席維持生活。15 歲時才由叔父劉元起資助進學堂識字讀書。當然，這種資助，僅僅是有飯吃能上學而已。可是，這來之不易的讀書條件，劉備卻不珍惜，他「不甚樂讀書，喜狗馬、音樂，美衣服……好交結豪俠」。

對這不愛讀書、喜歡玩樂、追求穿戴、呼朋喚友不爭氣的侄兒，劉元起只有嘆氣：「隨他去吧！」可事有湊巧，劉備結交的三朋四友中有兩個販馬的大佬：一名張世平，一名蘇雙，都是中山郡（今河北定縣）人。他們常往來於中山、涿州販馬，因而結識了劉備一幫兄弟，並因趣味相投而結為至交。

東漢末年，朝政腐敗，天下大亂，盜賊蜂起，做馬匹生意猶如販運軍火，暴利十分驚人。因為劉備的少年俠士風範不久遠近聞名，這兩個後臺

老闆「資累千金」，「乃多與之（劉備）金財。先主（劉備）由是得用合徒眾」，於是在漢中平元年（184 年），來涿郡做生意的張世平、蘇雙等大商人看到劉備的號召力，就資助他建立了自己的武裝。

23 歲的劉備就帶著馬販子大老闆給的錢財組建的一支二三百人的義兵投奔校尉鄒靖，參與鎮壓黃巾軍，有了戰功，當了安喜（今河北定縣東南）縣尉，分管一縣治安及牢役。

劉備這次招募的隊伍中，最為知名的就是關羽和張飛。據史書記載，關羽是河東解良（今山西省運城市鹽湖區解州鎮）人，到處流亡，在劉備組建武裝的時候，順勢加入。張飛和劉備一樣是涿郡人，加入劉備的細節史書上沒有記載，或許和其他少年子弟一樣是因為劉備的豪氣而願意和劉備一起建功立業。

雖然只是偶然的相遇，關羽和張飛沒有想到的是，他們和劉備自此形成了親如兄弟的關係。關羽和張飛的出生時間史書上沒有記載，據推測，三人之中關羽年紀最大，張飛年紀最小。小說《三國演義》根據三人日後的關係演繹出了三人結識的情景，這就是千百年來膾炙人口的「桃園三結義」。在「桃園三結義」中，三人義結兄弟，因劉備年長而被關羽、張飛尊為大哥。

關羽和張飛號稱「萬人敵」，都是有勇有謀的當世英雄，成為了劉備隊伍中的中堅力量，而二人均為劉備所折服，甘願為劉備「禦侮」。

說起劉關張，大家總是免不了想起桃園三結義和三英戰呂布，可惜，這兩件事都是羅貫中編出來的，史書上對劉關張三人的關係是這樣說的：「寢則同床，恩若兄弟」（見《三國志·關張馬黃趙傳》），只是說感情好的像兄弟，並沒有說結拜成兄弟，更不會去選擇什麼桃園結拜了。自然，羅貫中這樣寫是為了增加小說的可看性，反正史書上說「恩若兄弟」，那

人家說他們結拜的也可以。

東漢建安元年（196年），擔任了徐州牧的劉備被封為豫州刺史、鎮東將軍和宜城亭侯。可正當他率兵外出幫助中郎將公孫瓚抗擊冀州牧袁紹的侵犯時，恩將仇報、反覆無常的呂布乘機端了他唯一的「新窩」—— 不僅占領了徐州，而且還抓走了他的妻子甘夫人。劉備被迫逃亡海西（今江蘇灌南東南），隨同的參謀麋竺先生在危難時刻顯身手，使勁拉了劉備一把，給了他一個雙重驚喜。

麋竺，原為東海朐縣（今江蘇連雲港）人，《三國志》說他家「祖世貨殖，僮客萬人，資產巨億」、「竺於是進妹於先主為夫人，奴客二千、金銀貨幣以助軍資；於時困匱，賴此復振」。全仰仗億萬富翁在人、財、物方面的大力支持，又娶了大款的妹子做老婆，劉備重振軍威殺回徐州，又有了根據地，並發展到上萬兵馬。

此時天下大亂，而曹操坐據朝廷，孫權擁兵東吳，當時還只是漢宗室的豫州牧劉備聽徐庶（三國時豫州長社人，為著名謀士）和司馬徽（三國時豫洲陽翟人，也是著名謀士）說諸葛亮很有學識，又有才能，於是在西元207年劉備就和關羽、張飛帶著禮物到隆中（現今湖北襄陽縣）臥龍崗去請諸葛亮出來幫助他替國家做事。恰巧諸葛亮這天出去了，劉備只得失望地轉回去。

不久，劉備又和關羽、張飛冒看大風雪第二次去請。不料諸葛亮又出外閒遊去了。張飛本不願意再來，見諸葛亮不在家，就催著要回去。劉備只得留下一封信，表達自己對諸葛亮的敬佩和請他出來幫助自己挽救國家危險局面的意思。

過了一些時候，劉備吃了三天素，準備再去請諸葛亮。關羽說諸葛亮也許是徒有一個虛名，未必有真此才實學，不用去了。張飛卻主張由他一

個人去叫，如他不來，就用繩子把他捆來。劉備把張飛責備了一頓，又和他倆第三次訪諸葛亮。到時，諸葛亮正在睡覺。劉備不敢驚動他，一直站到諸葛亮自己醒來，才彼此坐下談話。

諸葛亮見到劉備有志替國家做事，而且誠懇地請他幫助，就出來全力幫助劉備建立蜀漢皇朝。《三國演義》中把劉備三次親自敦請諸葛亮的這件事情，叫作「三顧茅廬」。不管三顧還是四顧，總之劉備又是得到了一個「十足」的大人才諸葛亮，從此劉備就如虎添翼了。

建安十四年，劉備占據荊州武陵、長沙、桂陽和零陵四郡，廬江郡數萬軍民主動歸附。「權稍畏之，進妹固好」，連孫權也有些畏懼，也將自己的妹妹嫁給劉備，以加固赤壁大戰中雙方的聯盟。劉備有了孫權這樣的姻親，無疑又有了一個新的發展機遇。估計僅憑孫夫人的陪嫁，百十個遊擊隊總該有的吧。

建安十九年，劉備大軍「和平解放」成都，劉備接任益州牧。基業初定，但形勢仍十分嚴峻，東面的孫權索還荊州不成，便聯合曹操猛攻荊州各郡縣；北邊漢中的張魯投降曹操，並攻入益州東北部直至宕渠（今四川渠縣東北）；益州許多郡縣降而不服，拒交稅賦，反叛四起。在內外交困、軍費十分欠缺的危機時刻，許多謀士建議劉備娶劉璋的寡嫂吳氏，爭取拉攏地方勢力的支持。

吳氏原籍陳留郡（今河南開封東南），她的父親與劉璋的父親劉焉是老朋友。吳氏少年喪父後，由劉焉將她和她的哥哥帶在身邊撫養成人，並把她許配給劉璋的哥哥 ── 別部司馬劉瑁。劉瑁暴病早亡，吳氏一直守著劉府空巢。吳氏兄長吳壹，沒有任官的紀錄，只說他是地方實力派的首要代表。

漢代成都工商業十分發達，吳壹背靠劉璋父子政權，極可能是一方商

業巨頭。劉備起初擔心劉璋與自己同族，娶他的寡嫂不合禮義，但為了爭取以吳壹為首的地方勢力給予他政治經濟上的支持，最終劉備還是娶了吳氏。

又經五年奮鬥，劉備終於擊退曹軍占領漢中，受封漢中王。兩年後益州、漢中基本穩定，便自立為蜀漢昭烈皇帝。

劉備從 23 歲組建第一支義兵至 63 歲去世，東伐西討，戎馬倥傯，其獲成功有知人善任、注重仁義等原因，但關鍵是在不同時期均得到了不少人才和「富豪們」的經濟支持。用今天通俗的話來說：打仗是經濟實力的比拚，戰爭的勝負要看你兜裡的錢有多少！

三、劉備四「哭」保江山，皇帝老爸哭的藝術

身為「一代明主」的劉備，其哭的手段被他發揮的幾乎是淋漓盡致。有評論家說：「劉備的特長全在臉皮厚，依曹操、依呂布、依孫權、依袁紹、東竄西走，寄人籬下，恬不知恥。而且生平善哭，寫三國演義的羅貫中，更把他寫得惟妙惟肖，遇到不能解決問題的事，對人痛哭一場，而扭轉局勢。」

劉備一哭占荊州——

眾所周知，赤壁大戰後，劉備按諸葛亮的安排，用詭計奪取了軍事重鎮——荊州。周瑜氣得金瘡迸裂，決心起兵與劉備決一雌雄，經魯肅勸說才罷兵言和。但周瑜認為劉備占據荊州是東吳稱霸的心腹大患，便命魯肅去向劉備討回荊州。

最初，劉備以輔助姪兒劉琦為理由賴著不還。劉琦死後，魯肅又去討荊州，諸葛亮以「天下者天下人之天下，非一人之天下」來辯護，並立下文書，取了西川後再歸還荊州。魯肅無奈，只好空手回。

後來，劉備娶了孫權的妹妹，做了東吳的乘龍快婿，孫權又要魯肅討還荊州，厚臉皮的劉備已經黔驢技窮，問計於軍師諸葛亮：「魯子敬三番五次來討荊州，均是先生勸退而去，今又來取，不知軍師有何良策？」

諸葛亮說道：「若是魯子敬提起荊州事，主公只管放聲大哭，待哭到悲切處，我自出來勸解，荊州無大礙也。」

魯肅來到堂上，雙方互相謙讓。坐下來後，魯肅說：「如今劉皇叔已經是東吳女婿，也就是我魯肅的主人。既是自己人，我就直話直說了。」

劉備說：「子敬不必謙虛，有話直說。」

魯肅說：「小人奉吳侯軍命，專為荊州一事而來。皇叔借去許多時間了，一直未還，今日既然兩家結了親眷，就算是一家人了，希望皇叔今日交還荊州為好。」

魯肅說完後，專候劉備答覆。哪知劉備無話可說，卻用雙手蒙臉大哭不已。哭得天昏地暗，地動山搖。魯肅見劉備哀聲嘶哭，淚如雨下，不禁驚慌失措，急忙問道：「皇叔為何如此？難道小人有得罪之處。」

那劉備哭聲不絕於耳，哭成個淚人兒，哭得淚溼滿襟，魯肅則被劉備哭得膽戰心寒。這時，諸葛亮搖著鵝毛扇從屏風後走出來說道：「我聽了很久了，子敬可知我的主公為什麼哭嗎？」

魯肅說：「只見皇叔悲傷不已，不知其原因，還望諸葛先生見教！」

諸葛亮說：「這不難理解！當初我家主公借荊州時，曾經立下取得西川時便還給東吳的文書。可是仔細想想，主持西川軍政大事的劉璋是我家主公的兄弟，大家都是漢朝的骨肉。若是興兵去攻打西川，又怕被萬人唾罵，若是不取西川，還了荊州無處安身；若是不還，那東吳主公孫權又是舅舅。我主處於這兩難困境，子敬又三兩次的來討，因此淚出痛腸，不由得放聲慟哭。」

諸葛亮說罷，又用眼色暗示劉備，劉備聳肩搖膀，捶胸頓足，大放悲聲。魯肅原是厚道之人，見劉備淚下，放聲痛哭，心中動了惻隱之心，以為劉備真的是無立足之地而哭，便起身勸道：「皇叔且休煩惱，待我與諸葛先生從長計議。」

　　諸葛亮說：「有煩子敬回見吳侯，將我主煩惱轉告。再待一段時間，等我主有了安身之地，再奉還荊州如何？」

　　魯肅見劉備哀痛之極，只好答應。

　　劉備二哭出仁義 ──

　　劉備善於哭，而且哭得十分有心計。

　　劉備定西川不久，關羽因剛愎自用，一不留神丟了荊州，導致「身首異處」。劉備要親率大軍前去討伐吳國。諸葛亮等人極力勸阻，認為若是率百萬大軍討伐東吳為兄弟報仇，是存小節而失大義。而且蜀吳相拚，得利者必是曹操。劉備自稱是漢室之後，不為復興漢室而出兵，卻為私仇而伐吳，有失大丈夫氣概，劉備自然知道這一點，但是「桃園結義」的情結始終丟不下，加上百官勸諫，不讓劉備出兵，他只好終日以淚洗面，當然這可是真哭了。

　　諸葛亮說：「皇上少憂，死生有命，富貴在天，雲長剛愎自矜，今日故遭此禍也。皇上宜保全萬金之體，徐圖報仇。」

　　劉備辯白道：「孤與關、張二人桃園結義時，誓同生死。今日雲長已亡，豈能獨享富貴乎？若不雪恨，乃負昔日之盟也！」說完，又哭絕於地，眾官救醒後，又大哭不已。一日哭昏過三五次，三天不進水食，終日淚如泉湧，直哭得淚溼衣襟，血淚斑斑。一天不發兵為關羽報仇，劉備一天不止痛哭，這樣號哭終日，夜以繼日，連一向詭計多端的諸葛亮也無法勸阻。

第七位皇帝老爸
昭烈帝 —— 劉備

劉備三哭當皇帝 ——

劉備是很會哭的，尤其是他想當皇帝的那一幕哭得恰到好處。曹丕廢了漢獻帝，自立為大魏皇帝的消息傳到成都後，自立為王的劉備大吃一驚，劉家天下易主怎能不驚？劉備此時羽毛已經豐滿，很想棄王而稱帝，但是又不好說出口。昔日曹操雖然獨霸朝政，但傀儡皇帝還在，天下名義上還屬劉家，如今曹丕廢主自立，這簡直逆天而行，怎麼辦？

劉備雖然遠在四川，但無時不想問鼎中原。此刻見時機成熟，自立為帝的條件已成立，但怎好出口？只好用哭來暗示心跡。於是，水米不進，又使出殺手鐧，每日痛哭，令百官掛孝，遙望許昌而祭之，這一次由於是想當皇帝，於是不僅痛哭，而且哭出病來。乾脆不理政務，把一切大事全部交給諸葛亮。

諸葛亮自然知道劉備的「哭因」。這時正好有人夜間捕魚，撈到一塊金光燦燦、瑞氣盤旋的玉璽。諸葛亮終於找到了治療劉備痛哭的藥方，遂率群臣上表奏請劉備當皇帝。

劉備看了後，果然停止了痛哭，卻又故作憤怒，怪諸葛亮等人陷他於不忠不孝。但是經諸葛亮等人苦勸，劉備終於高高興興的自立為帝，改國號為「漢」。

劉備四哭扼諸葛 ——

劉備不僅哭出了一個「大蜀」皇帝，臨死時又老調重彈，用「哭」來保住劉家的西川天下。那是他當上皇帝後，執意要討伐東吳，為他的異姓弟兄關羽報仇，結果被東吳的一年輕儒子陸遜打得一敗塗地，在趙雲的救護下，逃到了白帝城。因無顏回成都見群臣，就將白帝城的驛館改為永安宮。因積郁成疾，久病不起，自知不久於人世，便召諸葛亮前來。

諸葛亮到來後，劉備流淚哭道：「朕自得丞相，成其帝業，怎奈智術

淺陋，不聽丞相忠言，自取其敗，羞於回成都與丞相相見。今日病已危篤，不得不請丞相托以大事。」

說完，不等諸葛亮回答，又痛哭不止，滿面流淚。諸葛亮乃聰慧之人，自然知道主子為何而哭，只好陪著流淚，並勸說道：「願陛下善保龍體，以付天下之望。」

君臣二人各懷心事哭作一團。

哭了一會，劉備心想這樣哭下去，自己一命嗚呼，劉家的江山就無法保住，便急命諸臣進來，又要筆寫下遺詔遞與諸葛亮，當著眾人哭著對諸葛亮說：「朕不讀書，粗知大略。聖人云：『鳥之將死，其鳴也哀，人之將亡，其言也善。』朕本應與卿等同滅曹賊，共扶漢室，不幸與卿等中道而別。」話未說完，又痛哭，哭得眾人膽寒心涼。哭著哭著，又對諸葛亮說：「丞相將遺詔轉給劉禪，凡事多請丞相教他。」

諸葛亮等人急忙哭著跪下，感謝劉備的知遇之恩。劉備一隻手拉諸葛亮起來，一隻手擦著眼淚說：「朕今死矣，有心腹之言以告」。諸葛亮說：「陛下有什麼話儘管說，不要隱瞞，臣洗耳恭聽。」

劉備當著眾人哭泣道：「君之才勝曹丕十倍，必能安邦而成大事。如果我的那些兒子可以輔助，則輔之。如果不能輔助，君可自立為成都之主。」諸葛亮聽出了劉備的「哭外之音」，不覺汗流遍體，手足失措，趕緊哭拜於地：「臣安敢不盡股肱之力也？願效忠貞之節，繼之以死。」說完，以頭叩地，雙目淚流。

劉備見「哭」的目的已經達到，既然你諸葛亮當著這麼多人表了態，那麼日後你還敢反悔？劉備這時不哭了，急忙召兩個兒子劉永、劉理到床前說道：「爾等皆記朕言，朕亡之後，爾等三人（還有遠在成都的太子劉禪）皆以父事丞相。稍有怠慢，天人共誅爾等不孝之子！」又對孔明說：

「丞相請坐，朕兒拜以為父。」

諸葛亮明白了劉備的用意之後，表態說道：「臣以肝腦塗地，安能補報知遇之恩也。」劉備之用心可謂狡詐也是用心良苦，先是痛哭不已，然後逼諸葛亮表態，最後讓三個兒子稱諸葛亮為相父。這樣一來，諸葛亮不僅不敢取劉家天下為已有，而且真的肝腦塗地為阿斗這個庸皇帝效勞。

劉備身後之事安排妥當後，自然不再哭泣，安然駕崩。

四、被低估了的英雄劉備

《三國演義》的本義是要尊劉貶曹的。所以劉備集團的關羽智勇在三國人物中都不能算第一，並有失荊州的重大軍事過錯，卻以忠絕為後人崇拜，諸葛亮的智謀也被無限的擴大，而以智絕名垂後世。

唯獨劉備本應是一個受到更大頌揚的名君，卻因《三國演義》去掉剛毅的一面，而使讀者感到他太柔弱，並且事事都生活在諸葛亮的陰影之下，而落了個愛哭，虛偽，才疏學淺的品價。

劉備是中國歷史上少有的名君，提出以下幾點理由：

首先，劉備文武雙全。雖然在三國這個群星閃耀的時代，都無法掩蓋他的光芒。雖然這一點上，他比曹操要差一些。仍很難得。

劉備最大的才能是知人善用，這是做一個君主最重要的特質，劉備確有超人之處。諸葛亮在隆中時，以管仲樂毅自比，而時人莫許之。劉備卻慧眼識英雄，三顧茅廬，僅隆中一席話，就對諸葛亮委以重任，後來也顯示他沒有看錯人。

大家也許認為這並沒有什麼，其實不然，如果有一個比自己小的多的年青人吹大話，你能重用他嗎？既使現在，哪個企業的老闆，能做到如此禮賢下士呢？最起碼張飛，關羽都不認為諸葛亮是人才。這一點上，劉備

比二人都高明，劉表有如此人才而不知用，說明劉備比劉表要高明。

　　劉備不僅善於發現人才，而且知人善用。他曾對手下的兩個人做過評價，都得到了應驗。劉備對張飛說：「卿刑殺既過差，又日鞭撾健兒，而令在左右，此取禍之道也。」張飛最終被部下所殺。劉備對諸葛亮說：「馬謖言過其實，不可大用，君其察之！」諸葛亮不以為然，終有街亭之敗。在對馬謖的認知上，劉備高於諸葛亮。

　　世人皆謂馬謖紙上談兵，我認為這都是事後談事。馬謖之才並非是紙上談兵，諸葛亮征南中時，問馬謖，《三國志》中說「謖對曰：『南中恃其險遠，不服久矣，雖今日破之，明日復反耳。今公方傾國北伐以事強賊。彼知官勢內虛，其叛亦速。若殄盡遺類以除後患，既非仁者之情，且又不可倉卒也。夫用兵之道，攻心為上，攻城為下，心戰為上，兵戰為下，原公服其心而已。』亮納其策，赦孟獲以服南方。故終亮之世，南方不敢復反。」憑這一件事，你能看出他是紙上談兵之人嗎？

　　諸葛亮沒有看出來，但劉備看出來了。這不能不說劉備認人高人一等。當然，劉備對馬謖的評價也是有根據，劉備說馬謖言過其實，說明劉備從和馬謖交談中看出馬謖有的話說的有道理，有的話有實際情況不符，可以做為參軍，但不能獨立領導軍隊，所以說是不可大用。但諸葛亮和馬謖「每引見談論，自晝達夜」，馬謖的吹牛真把諸葛亮給唬住了，但劉備的在馬謖的海吹面前卻十分清醒。

　　劉備的軍事才能也十分高超。當然，劉備軍事才能不如曹操。這一點劉備也十分清楚。但打曹操手下的人還是不成問題的。打黃巾軍立有戰功，我就不說了。「曹公遣劉岱、王忠擊之，不克」，投劉表，在新野時「使拒夏侯惇、于禁等於博望。久之，先主設伏兵，一旦自燒屯偽遁，惇等追之，為伏兵所破」。其實火燒博望坡是劉備的功勞，而《三國演義》

歸了諸葛亮了。

劉備占領蜀以後,「二十四年春,自陽平南渡沔水,緣山稍前,於定軍山勢作營。淵將兵來爭其地。先主命黃忠乘高鼓噪攻之,大破淵軍,斬淵及曹公所署益州刺史趙顒等。曹公自長安舉眾南征。先主遙策之曰:『曹公雖來,無能為也,我必有漢川矣。』及曹公至,先主斂眾拒險,終不交鋒,積月不拔,亡者日多。夏,曹公果引軍還,先主遂有漢中。」

在軍事上,劉備有高度的自知之明。他自知不敵曹操,所以曹操一來,堅守不出。而曹操手下的劉岱、王忠、夏侯惇、于禁、夏侯淵、張郃等還不是劉備的對手。

但陵夷之戰的失敗,是人們常常貶低劉備軍事才能一個例子。從戰略上來講,該不該打吳國。奪荊州呢?仗打敗了,都說不該打,這是「馬後炮」是「事後諸葛亮」。劉備要完成他的大業,必須擁有荊州,沒有了荊州,蜀國北面有秦嶺,無法大規模北伐。因為蜀國是易守難攻,所以先吞吳,再滅魏。是合理的。蜀在吳的上游,糧草輜重水運十分方便。占了地利。道義上講,吳蜀本是盟國,吳襲殺關羽,失理在先。所以先吞吳,後滅魏的戰略是唯一可行的。

最後事實證明,諸葛亮多次北伐,都因糧草問題,無功而返。也說明劉備的戰略是對的。但戰爭有一定的偶然性,劉備輕敵冒進,被陸遜打敗。只是戰術上的錯誤,不是戰略上的失敗。

再說說劉備的德,《三國演義》之所以尊劉貶曹,也的確是因為劉備重德,符合儒家的倫理規範。而曹操是典型的法家人物,他的故事真要在小說是把他寫成好人,也真難。《三國志》說「又有幸姬常從晝寢,枕之臥,告之曰:『須臾覺我。』姬見太祖臥安,未即寤,及自覺,棒殺之。常討賊,廩穀不足,私謂主者曰:『如何?』主者曰:『可以小斛以足之。』

太祖曰：『善。』後軍中言太祖欺眾，太祖謂主者曰：『特當借君死以厭眾，不然事不解。』乃斬之，取首題徇曰：『行小斛，盜官穀，斬之軍門。』其酷虐變詐，皆此類也。」曹操殺的名士之多，在三國也是數一數二的。而且他還有屠城的事，《三國志·武帝本紀》寫到「九月，公東征布。冬十月，屠彭城，獲其相侯諧。」「氐王竇茂眾萬餘人，恃險不服，五月，公攻屠之。」

　　而劉備卻從不冤殺好人，特別是在戰爭中從不殺平民。這是符合儒家仁的思想的。而劉備的做為一個領袖的感召人是十分強大的，這從一個側面也說明劉備愛民如子。深得人民的愛戴。「東海昌霸反，郡縣多叛曹公為先主，眾數萬人，遣孫乾與袁紹連和。」「比到當陽，眾十餘萬，輜重數千兩，日行十餘里，別遣關羽乘船數百艘，使會江陵。或謂先主曰：『宜速行保江陵，今雖擁大眾，被甲者少，若曹公兵至，何以拒之？』先主曰：『夫濟大事必以人為本，今人歸吾，吾何忍棄去！』習鑿齒曰：『先主雖顛沛險難而信義愈明，勢逼事危而言不失道。追景升之顧，則情感三軍；戀赴義之士，則甘與同敗。觀其所以結物情者，豈徒投醪撫寒含蓼問疾而已哉！其終濟大業，不亦宜乎！』」

　　有人說劉備虛偽，冒著生命危險和人民在一起，誰能做到呢？劉備讓徐州，人們說也是虛偽，他的正真目的是不想成為靶子。當時，天下大亂，割據政權又豈是一個徐州呢？我們再看一個劉備的起兵，「少語言，善下人，喜怒不形於色。好交結豪俠，年少爭附之。中山大商張世平、蘇雙等貨累千金，販馬周旋於涿郡，見而異之，乃多與之金財。先主由是得用合徒眾。」這些大商人把錢和馬給了一個窮小子，這本身就說明劉備具有領導的個人魅力。今天，你要想捐資做一件什麼事，你能讓大老闆給你掏錢嗎？

再看一件事「郡民劉平素輕先主，恥為之下，使客刺之。客不忍刺，語之而去。其得人心如此。」如果那時搞「全民選舉」的話，看來這皇帝就非劉備莫屬了。

劉備對大臣，可謂以誠相待。大臣也是忠心耿耿。這是以心換心的結果，而曹操到了權勢大的時侯，他處處在為他兒子當皇帝掃平障礙，可是他勢力小的時侯卻可以禮賢下士，這才是虛偽呢。

劉備臨終時對後主說「朕初疾但下痢耳，後轉雜他病，殆不自濟。人五十不稱夭，年已六十有餘，何所復恨，不復自傷，但以卿兄弟為念。射君到，說丞相嘆卿智量，甚大增脩，過於所望，審能如此，吾復何憂！勉之，勉之！勿以惡小而為之，勿以善小而不為。惟賢惟德，能服於人。汝父德薄，勿效之。可讀《漢書》、《禮記》，間暇曆觀諸子及《六韜》、《商君書》，益人意智。聞丞相為寫《申》、《韓》、《管子》、《六韜》一通已畢，未送，道亡，可自更求聞達。」

人之將死，其言也真，特別是對著他的兒子，他更不可能說假話。劉備對後主的遺詔，其實是他的人生觀的展現。以德治國，正是他的治國理念。這和曹操的以法治國是不同的。

當然劉備想得到益州，這是他做為一個軍閥無法回避的現實。事實上，他不僅想得到益州，他還想得到天下，在得天下這個問題上再講什麼道德是沒有意義的。所以劉備得益州是沒有過錯的。他在收益州之時，注意攏絡民心，並對劉璋做了妥善安排，這在三國這樣一個亂世已經十分難得了。

《三國演義》尊劉貶曹，並不是單純是小說家之言，這也是劉備人生觀更符合儒家的道德規範。劉備光復漢室的道路上沒有成功，這是不幸的。劉備的不幸在於他生活在一個人才輩出的時代，他的對手太強大了。

《三國志》評價劉備道：「先主之弘毅寬厚，知人待士，蓋有高祖之風，英雄之器焉。及其舉國托孤於諸葛亮，而心神無貳，誠君臣之至公，古今之盛軌也。機權幹略，不逮魏武，是以基宇亦狹。然折而不撓，終不為下者，抑揆彼之量必不容己，非唯競利，且以避害云爾。」

劉備可以以一個低賤的出身，最終三分天下，手下的大臣對其忠心耿耿，也真是儒家道德的勝利。

劉備身上最為突出的性格特徵是他的仁政愛民的民本思想。在劉備政治的活動中，「上報國家，下安黎庶」是他貫穿始終的理想。在桃園結義時他們就立下誓言，「同心協力、救困扶危；上報國家、下安黎庶；背義忘恩，天人共戮！」劉備也曾對自己的實行仁政進行總結說：「操以急，吾以寬；操以暴，吾以仁；操以譎，吾以忠；每與相反，事乃可成。若以小利失義於天下，吾不為也。」

可見，實行仁政是劉備一貫自覺的政治主張。諸葛亮出山前，勢單利孤的時候，劉備四處奔走，但不論到何處，他都能廣施仁政，愛民如子，也受到了人民的衷心擁護和愛戴。在駐紮新野後不久，當地百姓就做歌稱頌劉備，「新野牧，劉皇叔，自到此，民豐足。」在遭曹操追殺，棄樊城奔襄陽的一路上，後有曹操精兵將至，前有江河阻攔，而劉備卻寧可被敵軍追上，也沒有聽從諸將幾次三番提出的拋棄百姓、獨自逃跑的建議，帶領幾百萬百姓每天只能走十里路，最後被曹操的大軍追上，落得阿斗丟失。糜夫人投井身亡。這一切都和漢末任意屠戮百姓、視生民如草芥的各路軍閥形成了鮮明的對比，這也是他離開他所依託的軍閥的重要因素之一。

劉備的一生可以說是為義而生，又為義而死。「忠義」是劉備性格的核心特徵。《三國演義》第一回寫的就是劉、關、張三人桃園結義。從此

以後三人同生共死、肝膽相照、榮辱與共、致死不渝……在三國歷史上留下了一段義薄雲天、盪氣迴腸的佳話。他們三人的之間的結義早已超出了民間簡單的「拜把結義」，而是一種基於無私為民、相互欣賞、情感契合的忠義之舉。在見利忘義、朝秦暮楚、戰亂紛爭的年代尤其顯得難能可貴。

劉備還能把這種「義」推而廣之，「以性情相契」，發現和招攬人才，知人善任，進而「得道多助」，在身邊形成了忠義篤信的蜀漢集團。在當陽長坂坡，趙雲忠心保護幼主，於曹操百萬大軍中七進七出，殺死曹軍大將五十餘員，救出甘夫人和阿斗，當趙雲把幼主捧給劉備時，劉備怒摔阿斗。他真心敬慕諸葛亮的賢德，不惜在隆冬時節三顧茅廬，終於請出孔明，並委以重任。諸葛亮、趙雲等也深感其知遇之恩，從此君臣一心，矢志不渝。與當時各路軍閥之間、將領與下屬之間那種爾虞我詐的處事為人方式截然不同，這也是劉備一次次出走的重要因素。

劉備也是一個富有膽識胸襟的人傑，有著適應環境、靈活機智的一面，能夠「屈身守分，以待天時」。在曹孟德青梅煮酒論英雄一回裡，劉備就深知自己在人屋簷下，一定要懂得「韜光養晦」的道理，才能保存自己，以等待時機。便在後園種菜，不問世事。當曹操說出「今天下英雄，唯使君與操爾」的時候，劉備被說中了心思，又害怕曹操看出自己胸懷大志被其加害，而驚得酒杯落地，卻能機智地借雷電之聲將自己的震驚掩飾過去，巧妙的保全了自己。劉備的每一次脫離依託人都和他的不甘人下、怕人謀害有直接的關係。

儘管劉備身上幾乎集中了賢明君主應有的仁政愛民、忠義、富有才智謀略、禮賢下士的性格特徵，這些在戰亂頻繁、群雄並起的亂世特別為飽受疾苦的百姓所嚮往和擁戴，也是作者心目中明君形象的展現與昇華。

劉備和曹操兩人，都是有雄才大略、稱霸一方的英雄人物，也常被人們放在一起比較，但兩者在根本上存在著「王道」與「霸道」的差別，也是「仁政」與「暴政」的根本差別。但由於羅貫中在劉備身上傾注了過多的理想化的色彩，也使得劉備的形象難免有些描寫上的簡單、片面和過頭，反而令人沒有真實可信之感。

如魯迅先生就評價說《三國》「欲顯劉備之長厚而似偽」。但無論如何，劉備一直是以一個封建賢明君主的形象歷來被人們所敬仰的。

五、做劉備的妻子真不容易

劉備他究竟有幾個妻子？可能大家想不出，在《三國志》以及《三國志演義》裡也查不出來。但是可以告訴大家，劉備有八個妻子。劉備的八個妻子有先後，而且其中有個妻子原是寡婦，還被封了皇后。

這點在東漢時期也不是什麼很特殊的事。孫權的女兒成了寡婦以後也嫁了人。在當時，寡婦嫁人是能夠被大家接受的，包括她去做皇后。在當時人們的思想觀念裡，這是很平常的事。只有到了宋代以後，尤其是南宋以後，寡婦再嫁才受到指責。

書上寫到劉備有四個妻子，她們是甘夫人，糜夫人，孫夫人，吳夫人。她們共同的特點是：有姓無名。

最早寫到的應該是甘夫人。她是劉備居住在小沛的時候所娶的，後來就跟著劉備一塊到了荊州。她在荊州時期給劉備生了一個兒子，就是阿斗。當曹兵追到長坂坡時，劉備萬般無奈，拋棄了甘夫人和阿斗。虧得趙雲趕來，方免於難。劉備進入四川的時候，書中就不再提起這個甘夫人了，估計她是死在荊州。

　　第二個妻子是糜夫人。她是糜竺的妹妹。呂布襲取下邳後，甘夫人被俘虜，劉備轉移至別處。糜竺把她介紹給劉備，劉備就娶她為妻。

　　糜小姐嫁給了劉備。這讓很多人不理解。很明顯，劉備在徐州只是客卿身分，並沒有實權，徐州牧陶謙雖然年邁體弱，但根據漢末不成文的規矩，他的職位將來是屬於兒子的，並且，陶謙有兩個兒子，說什麼這好事也輪不到劉備頭上。最重要的，當時劉備是個窮光蛋，簡直可以說是「身無分文」。

　　但糜小姐顯然不是這麼認為的，她說：「劉備現在不做官也沒什麼，以後會做的；劉備窮也沒關係，反正我家有的是錢。」果然，糜小姐嫁過來的時候，帶了兩千個奴客，嫁妝無數，並且一嫁過來就把全部的錢都交給了劉備支配。可以說，如果沒有糜小姐這筆錢，劉備大概只能在徐州做客卿終老了。

　　眾所周知，糜小姐做了劉夫人後，並沒得到什麼好下場，而是死在了亂軍之中。

　　這裡特別強調這個「妻」字，因為劉備娶她以後，她的身分是妻。在歷史上，糜夫人當時叫夫人。在這以前的甘夫人，儘管結婚在糜夫人之前，但是她的身分在歷史上、在《三國志》裡邊是妾。甘夫人是妾，糜夫人是妻。甘夫人結婚在前，糜夫人結婚在後，這在歷史上寫得很清楚。妻、妾的名分古人很注意，不會弄錯的。

　　但在《三國演義》裡羅貫中不考慮甘夫人和糜夫人妻和妾的身分，反而提到兩個人的時候都是甘、糜二夫人，不過甘夫人總是放在糜夫人的前面這是對的。

　　第三位是孫夫人。孫夫人在書裡邊是孫權的妹妹。孫夫人究竟叫什麼名字呢？她是不是叫孫尚香呢？這個名字見於京劇《龍鳳呈祥》。這是個

比較花哨的女性化的名字，是在羅貫中《三國志演義》成書和流傳以後產生的一個名字，所以那只是京劇裡頭這麼叫。

第四個夫人，也是最後一個，叫吳夫人。她是蜀國大將吳懿的妹妹。歷史上叫吳壹，在《三國志演義》裡叫吳懿，後來被封為皇后。

小說裡說吳夫人有兩個兒子，一個叫劉永，一個叫劉理，這是《三國志演義》裡邊說的。從歷史來看，這個說法不對。史書上記載，劉永和劉禪不是一個母親所生，又說劉理和劉永也不是一個母親所生。這樣一來，劉永、劉理如果和吳夫人搭上關係，那只可能其中一個是吳夫人生的，不可能兩個都是她生的，甚至也有可能兩個都不是她生的。

如果說那兩個兒子裡有一個不是吳夫人所生，那麼，劉備就還有第五個妻子。因為這時劉備的幾個妻子都死了，孫夫人已經回到東吳去了。如果兩個人都不是吳夫人生的，而這兩個人又不是同一個母親，那就是說劉備有了第六個妻子了。

正史上還說，甘夫人嫁給劉備是妾，不是妻。這說明，劉備在這以前已經有了一個妻。如果這個妻存在的話，那劉備就有七個妻子了。正史上又說劉備「數殤妻室」，就是說，他的妻子死了好幾個，因為「數」字起碼是指三個以上，除了這幾個以外，至少死了兩三個妻子了。這麼一算下來，最少他有八個妻子，說不定有九個妻子。

做劉備妻子真不容易，這展現在劉備是個大英雄，懂得「好漢不吃眼前虧」，劉備的看家本領之一就是跳上他的坐騎的盧「開溜」。所以，往往「急不擇路」、「丟三落四」忘了捎上老婆孩子。

我們來整理一下關於劉備「妻子」遭擒的情況。共有三次：

第一次，《三國志·先主傳》：「（建安元年，西元196年）先主（劉備）與（袁）術相持經月，呂布乘虛襲下邳。下邳守將曹豹反，間迎布。布虜

先主妻子（包括甘氏在內）……先主求和於呂布，布還其妻子。」

第二次，《三國志·先主傳》：「（建安三年，西元 198 年）將至沛收散卒，給其軍糧，益與兵使東擊布。布遣高順攻之……復虜先主妻子（包括甘氏和糜氏在內）送布。曹公自出東征，助先主圍布於下邳，生擒布。先主復得妻子。」

第三次，《三國志·先主傳》：「（建安五年，西元 200 年）先主據下邳……曹公東征先主，先主敗績。曹公盡收其眾，虜先主妻子（包括甘氏和糜氏在內），並擒關羽以歸。」

透過糜竺傳的記載也可以想見劉備「妻子」盡皆遭擒的境況。因為是攻城戰，而劉備的家小於城內肯定是集中於一處保護，所以一擒皆擒。而劉備三次散失家小全都是軍敗城破，所以其每次家小盡失應無疑。

如前所示，前兩次劉備的「妻子」遭擒後都有記載透過種種途徑安全歸來。可第三次就沒這麼好運了。因為他既沒有向曹操求和，亦沒有人幫他出頭滅了曹操。所以，他應該在有生之年都無法再與被擒的「妻子」團聚了。除非曹操突然間良心發現，不忍破壞他人的天倫之樂，一面與你廝殺，一面還將所俘獲對手的家眷送還。

當然，有人會說關羽不就是這樣回到劉備身邊的嗎？這其間當然會有所區別，要知道曹操看重的是關羽，對劉備則既妒且恨。況且關羽並非曹操送回來的，而是逃回來的，這個有史可查。

現在我們就來看看本來緣份已盡的數人到底有否回到劉備的身邊。還是《三國志》記載：「（建安十三年，西元 208 年）曹公南征（劉）表……先主棄妻子……」這應該是劉備第四次與家小失散，這次「拋妻棄子」的結果如下：

《三國志·趙雲傳》：「及先主曹公所追於當陽長坂，棄妻子南走，雲

身抱弱子，即後主也，保護甘夫人，即後主母也，皆得免難。」而劉備的女兒就沒有這麼幸運了，仍免不了再次遭擒的命運。

《三國志‧曹純傳》：「從征荊州，追劉備於長坂，獲其二女輜重，收其散卒。」問題又出現了，劉備何時冒出來兩個女兒？其實她們二人一直就存在，只是不為人所注意罷了。現代「妻子」的含意便是指老婆一人。而古人「妻」、「子」並稱則表明不只有妻和妾，還有子和女。前面劉備家屬三次被擒皆言「妻子」，也就是全家老小老婆和孩子。

而據《三國志‧先主傳》注引英雄記曰：「建安三年（198年），布使人齎金欲詣河內買馬，為備兵所鈔。布由是遣中郎將高順、北地太守張遼等攻備。九月，遂破沛城，備單身走，獲其妻息……」這裡便直接說「妻息」了。應該可以解釋通大家對於「妻子」和「妻」與「子」的疑問了。

但是《三國志‧甘皇后傳》可知，劉備得子在到荊州以後。那上述所說的「子」則實為女，而且有兩個，便是後來被曹純擒獲的二女。而這次的長坂坡之役是平原會戰，在敵軍的衝擊下，出現四散奔逃的局面也毫不奇怪。有人保護的如甘氏和後主則免，無人保護的如劉備的兩個女兒則再次遭擒。

此役中出現的甘氏和劉備的兩個女兒於建安五年（200年）已被曹操擒獲，又怎麼會出現在建安十三（208年）的荊州戰場上呢？或者世上之事又有這麼巧的，甘氏在建安五年（200年）其實並沒有被俘，而劉備前三次被擒之「子」或死或仍在曹操掌控中，這次被擒的兩個女兒是後來生的。

還是劉備的老婆孩子都是在關羽的保全下得以再聚的？曹操是很看重關羽的，我們姑且不論關羽是圍而後降還是擒而後降，總之要他投降得先勸降。總不見得一個不怕死的人會主動無條件投降吧。那曹操會不會以劉

備的家眷作為談判的籌碼呢？而關羽又會不會以劉備的家眷作為談判的籌碼呢？答案應該都是肯定的。

而關羽於逃亡之際，仍帶著數位婦孺回到了劉備身邊，就可推知其對關羽投降的促進性了。這麼說來做劉備的妻子的確是很不容易的，做劉備的兄弟難道就容易嗎？

劉備最後一位夫人吳氏是陳留人，少年時失去雙親，她的父親一向與益州牧劉焉有舊交，因此舉家隨劉焉進入蜀地。劉焉心有異志，他聽看相者說吳氏以後會大貴，便想納吳氏為妾，但是苦於自己與吳氏的父親是莫逆之交，與吳氏的輩分不相當，就只好讓自己的兒子劉瑁娶了吳氏。劉瑁死後吳氏寡居。西元214年夏天，劉備取得益州城，群臣勸劉備聘娶吳氏。劉備心疑自己與劉瑁同族在禮法上不妥。法正說：「若論起親疏，您與劉瑁比得上晉文公與子圉的關係麼？」於是劉備決定納吳氏為夫人。吳氏雖然寡居再嫁，但豔麗不減當年，劉備重新領略了空曠已久的溫柔滋味。

建安二十四年，劉備稱漢中王，就立吳夫人為漢中王后。到章武元年夏五月，劉備稱帝後也立了吳后為皇后。

六、皇帝老爸家教的失敗，大漢朝老劉家的通病

劉備早年無子，於是認了一個乾兒子。不久以後，劉備自己的親生兒子也出世了。於是劉備給這兩個兒子取名字，乾兒子大，叫劉封，親兒子小，叫劉禪。合起來就是「封禪」。

「封禪」這個詞大家都不陌生，是古代有成就的帝王到泰山進行祭祀活動的一種稱謂，在古代是一件很大的事情。劉備當時雖然戎馬倥傯，但他一刻也不曾忘記自己的志向，他自信自己最終是做帝王的人，所以便提前將「封禪」這件大事嵌在兒子的名字裡，隱喻了自己的理想和抱負。

但是，眾所周知劉備的兒子劉禪（小名阿斗）極不成器，在皇帝老爸死後很快就使劉備闖蕩一生所建立起來的事業毀於一旦。一代雄主劉備在群雄紛爭的三國時期成為西蜀霸主，而他的兒子卻是個軟弱、糊塗、毫無作為的「白痴式」人物，是什麼原因造就了這種情況？

讓我們先來看一下劉禪的言行吧。

當時魏軍攻入四川，蜀後主劉禪投降，被送到洛陽。司馬昭封他為安樂公，「賜住宅，月給用度，僮婢百人」。劉禪為表感謝，特意登門致謝，司馬昭於是設宴款待，並以歌舞助興。當演奏到蜀地樂曲時，蜀舊臣們油然誦起國破家亡的傷懷之情，個個淚流滿面。而劉禪卻麻木不仁嬉笑自若。

司馬昭見狀，便問劉禪：「你思念蜀嗎？」劉禪答道：「這個地方很快樂，我不思念蜀。」他的舊臣郤正聞聽此言，連忙找個機會悄悄對他說：「陛下，等會兒若司馬昭要再問您，您就哭著回答：『先人墳墓，遠在蜀地，我沒有一天不想念啊！』這樣，司馬昭就能讓陛下回蜀了。」劉禪聽後，牢記在心。

酒至半酣，司馬昭果然又發問，劉禪趕忙把郤正教他的話學了一遍，只是欲哭無淚。司馬昭聽了，說：「咦，這話怎麼像是郤正說的？」劉禪驚奇道：「你說的一點不錯呀！你是怎麼知道的？」司馬昭及左右大臣全笑開了。司馬昭見劉禪如此老實，從此就再也不懷疑他。劉禪就這樣在洛陽安樂地度過了餘生，傳下了這令人捧腹的「樂不思蜀」典故。

於是每當後人讀到這裡，在嗤笑過後，都會感慨萬千，從而得出了一句「扶不起來的阿斗」的經典名言。其實阿斗並不是天生的軟骨頭，阿斗的出生也沒有什麼問題，阿斗並不是「扶不起來」，而問題還是在於根本就沒有人真正地「扶」過阿斗。

第七位皇帝老爸
昭烈帝 ── 劉備

古云：「子不教，父之過；教不嚴，師之惰。」在劉禪的成長教育問題上，要負主要責任的就是他的皇帝老爸劉備和軍師兼義父的諸葛亮。

在阿斗的成長過程中，正值劉備或者說蜀漢的強盛期，皇帝老爸劉備手下「五虎將」個個能征善戰，諸葛孔明事事呼風喚雨。由於劉備周圍人才濟濟，個個長袖善舞，人人各顯神通，劉備在教育兒子的問題上就犯了一個大的錯誤。一般情況下，古代皇帝老爸為了讓兒子在即位後能夠服眾有威信，往往都會叫太子出去打上幾戰，以立軍功。

但是劉備的手下，一邊是「桃園三結義」的結拜兄弟，一邊是「吃喝拉撒睡」都在一起的諸葛軍事，個個忠心耿耿，天地可鑑，使得劉備就沒有了阿斗日後是否被擁戴的擔憂。無疑，皇帝老爸的這一個決策是「鼠目寸光」缺乏戰略眼光的。

總而言之，造成阿斗日後扶不起來的惡果，劉備的責任首當其衝，一方面皇帝老爸從小沒有能夠樹立兒子的信心，另一個方面也沒有適時的讓阿斗得到生活的歷練。

另外，應該對阿斗軟弱無能負責的還有諸葛亮。諸葛亮不僅是擔任著劉備軍師、蜀漢丞相的角色，他更是劉阿斗的「看護人」和老師。諸葛亮的才智計謀堪稱第一，但是在教育孩子的問題上卻也堪稱失敗。

諸葛亮後半生對劉備可謂鞠躬盡瘁，但在教育培養劉阿斗方面，讓人覺得非常遺憾。我們姑且不論諸葛亮在蜀漢建立過程中的作為，但在劉備死後，諸葛亮完全成為了劉禪的「保姆」，讓阿斗無論做什麼事情都會依賴這位全能「相父」。

扶不起的阿斗，樂不思蜀，這就是劉禪用他的一生為後世人民做了總結，做了教訓，貢獻了兩個成語。從劉禪小名叫阿斗就可以看出，劉備是十分喜愛劉禪的，自然的免不了要嬌生慣養了。在嬌生慣養中，也就是在

溺愛中長大的劉禪，怎能挑起一國之主的重擔呢。蜀國的滅亡，實在怪不著劉禪。要怪，就怪劉備；要怪，就怪諸葛亮及劉備的一班文武大臣，是他們沒有教好劉禪，是他們害了劉禪。

另外，劉禪是在什麼環境下出生的？是在劉備四處流浪，被人打得東躲西藏連老婆孩子都不要的情況下出生的（劉備前期逃命多次丟下妻小，這點歷史有記載，沒有疑問）。要不是有趙雲張飛等眾將的拚殺，劉禪這個第一繼承人不知道死了多少次了。死了還乾淨，更壞的情況是到東吳當人質。

隨便換個什麼人，被搶走了再拚了命奪回來的東西還不寶貝得要死，就怕再弄丟了。劉禪就是這個多次被弄丟，再被蜀國多次奪回的東西，那當然是個寶了。

從劉禪後來的表現看，劉禪幼年的時候，從懂事開始就是個寶。劉備本人重視，手下眾將重視，劉備那些夫人更是捧在手裡怕摔了，含在嘴裡怕化了。

這裡插一段題外話，不知道是不是劉備後來年邁體衰了，連孫尚香居然都沒懷上他的孩子。或者就是說劉備太寵愛劉禪，孫尚香這種千金之軀，居然自己不生，而是當起了後媽。其他的妃子就更不用說了，都是草根，那當然是同樣為草根的甘糜二位夫人最大，他們捨命保下的劉禪誰敢不喜歡。

所以在劉禪繼位以前，過的生活絕對是說多好就有多好，整天無所事事，遊手好閒。這個雖然怪劉禪自己，但是也不能全怪他，至少他老爸劉備要擔一半的責任。

史書上記載不少劉備先祖劉邦的英勇事蹟，對於劉邦的「丟臉事」描寫並不多，不過劉邦有一件事情卻被幾次提到，就是在打敗仗逃亡之際，半路碰巧遇到了自己的兒子女兒，不得已的情況下，只有帶上兒子女兒一起逃命。

不過在逃命的過程中，劉邦覺得兒子女兒在車上增加了負擔，於是三番五次把兒子女兒踢下車。還好趕車的夏侯嬰有良心，每次都停車把孩子抱上來，並說情況再緊急也不能不顧孩子。劉邦這才同意讓兒子、女兒跟他一起逃，最終擺脫了危險。

到了幾百年之後的三國時期，老劉家又出了一個非常有名的人物，劉備。劉皇叔的一生跟他的先祖還頗有幾分相似，前半輩子大多時間都花在打敗仗上了。而且每次打了敗仗，劉備都幾乎會丟下妻兒老小自己先溜。因為這個，劉備多次在戰場上和老婆兒子失散，為此還損了兩任夫人。與劉邦相似的是，劉備也有一幫好兄弟，在他打了敗仗之後會幫他照顧老婆，找回兒子，所以打了好多次敗仗也沒徹底家破人亡。

當然也並不是說劉邦和劉備就完全不在乎自己的家人。劉邦在跟項羽交戰之前，先騙回了在對方手裡當人質的妻子和老爹才翻的臉；後來的劉備摔阿斗也似乎僅僅是走個形式，沒有提著兒子往石頭上扔。所以除了可以很薄情寡義之外，這兩位的另外一個驚人相似還在於臉皮都非常厚，可以馬上對自己的承諾反悔，可以假惺惺而且怡然自得的演一齣旁人看了不禁「感動」的煽情戲。

七、皇帝老爸劉備白帝城「托孤」

皇帝老爸劉備白帝城托孤的背景是關羽所守的荊州被吳國攻占，關羽兵敗被俘，拒絕投降，然後被殺。劉備聞後盡起全國大兵去討伐吳國，為關羽報仇，當時諸葛亮在南方和孟獲打仗，所以不曾隨軍。但是劉備被吳火燒聯營，大敗後兵敗退到白帝城（今重慶奉節一帶），羞愧難當染上重病，行動不便，之後就一病不起。

諸葛亮前來探望時，劉備對諸葛亮說：「如果你看阿斗是個當皇帝的料子，你就輔佐他，如果他不是個當皇帝的料子，你就把他廢黜了，你自己當皇帝吧。」諸葛亮一聽立刻跪下說：「我一定會全心全意輔佐劉禪的，絕不敢有一點自己當皇帝的意思。一定會做到鞠躬盡瘁，死而後已。」

　　不過，對劉備托孤這件事，後世議論非常多。尤其劉備對諸葛亮那番意味深長的話，讓人浮想聯翩。

　　一種看法認為，劉備這寥寥數語，表達了他對諸葛亮的充分信任。劉備明知兒子不才，並沒有教給他用各種權術保住皇位，而是叮嚀他要像對待父親一樣對待諸葛亮，一切聽諸葛亮安排，以免不辨忠奸，危及大業；劉備深知其子無帝王之才，與其國家淪喪，還不如讓諸葛亮取而代之。這樣的囑託，應是劉備的肺腑之言。這樣的囑託，不僅表達了劉備廣闊的胸襟和坦蕩為人，實際上也是處置蜀漢政權的最佳方式。

　　晉人袁宏認為「其臨終顧托，受遺作相，劉後授之無疑心，武侯處之無懼色，繼體納之無二情，百姓信之無異辭，君臣之際，良可詠矣。」《資治通鑑》注者胡三省認為，「自古托孤之主，無如昭烈之明白洞達者。」清史學家趙翼也盛讚劉備托孤之語云：「千載之下，猶見其肝膈本懷，豈非真性情之流露。」

　　還有一看法，以晉人孫盛為代表，他認為劉備所言乃畫蛇添足，好的作用不多，壞處倒不少。假若所托不是諸葛亮那樣的忠貞死節之臣，豈不自啟篡逆的口實，帶來禍害嗎？好在劉禪懦弱，無猜疑之心，加之諸葛亮威望很高，使小人無隙可乘，才沒有發生變故。清《通鑑輯覽》也認為，諸葛亮之為人劉備是知道的，劉備在臨終時說出那種「猜疑」的話，可見三國亂世之際，「以譎詐相尚」（互相猜忌），即使是劉備和諸葛亮，也不能例外。

　　以上兩種看法針鋒相對，各不相讓，爭執了千餘年。不過與其揣摩劉備之言是否出自肺腑，還不如靜下心來想一想，劉備一番話對誰最有利，便可豁然開朗：

　　第一，自古權臣輔弱主，只要弱主一切聽命於權臣，不覬覦，不搗蛋，雙方是可以相安無事的。近在三國，曹魏數個小皇帝被廢，均與弱主不服權臣有關。劉備死後，諸葛亮只要輔佐，便是權臣。而劉禪年小暗弱，必為弱主。劉備很清楚，只要劉禪不屈從於諸葛亮，雙方必有一番衝突，而衝突的結果，多半是諸葛亮獲勝。

　　劉備不願意在他死後蜀漢內部發生這樣的事，辦法只有一個，全力安撫劉禪，讓他像對待父親一樣對待諸葛亮，不要輕易反抗諸葛亮，求得相安無事。同時，極力拔高諸葛亮，乾脆把話挑明，讓他死心塌地地為劉禪效命，不生二心。

　　劉備的話，實際上對諸葛亮並無多少約束力，倒是對劉禪十分有利。劉禪憑著父親的悉心安排，雖懦弱，卻做了數十年安心皇帝，這不能不說是劉備高度政治智慧的集中展現；第二，托孤之事，古已多有，病榻前無一例外，信誓旦旦地要如何如何為主上效力。但隨著時間的推移和形勢的變化，當時說的話大都不算了數，該做什麼就做什麼了。

　　劉備對托孤之事當然很明白，也很清楚，即使自己再如何安頓諸葛亮，已不能排除諸葛亮為勢所迫而做出他不願看到的事。如果諸葛亮已走到非取劉禪而代之的一步，劉備的考慮便是保全劉禪的身家性命。如果劉禪不肖（「不肖」二字深可玩味，多半指不服從諸葛亮，與諸葛亮鬧彆扭），而諸葛亮又想取而代之，那就順理成章地取而代之，萬萬不可把事情做絕，將劉氏一門斬盡殺絕。

　　簡單地說，劉備托孤有兩層意思，一是安頓劉禪，要善待諸葛亮；一

是安頓諸葛亮，要善待劉禪，必要時，可取而代之。但這兩層意思全是為了劉禪好——讓劉禪善待諸葛亮，是要他服從、聽命於諸葛亮，不要雞蛋碰石頭；讓諸葛亮善待劉禪，是要諸葛亮在大權獨攬後也不要太對不住劉禪，給他必要的生存空間，讓雙方都相安無事。如果雙方果真水火不容，也不要動武，諸葛亮可平取政權，不要害劉禪身家性命。

可見，劉備對諸葛亮所云「取而代之」之語，完全是自己的真實想法。而這個真實想法的背後，卻是冷峻的現實。既有劉備的無奈，也有對諸葛亮的不信任，更多的是對劉禪的關懷。劉備之言真是不想說又不得不說，用心之良苦，千年而下猶覺如見。

不管劉備在教育孩子方面是多麼的無能，沒有作為，完全失敗，但是他在白帝城托孤的遺言中卻留給了後人一句寶貴的教育財富——「勿以惡小而為之，勿以善小而不為。」雖然這句話早已經過了將近千年的歲月，但是它其中搜蘊含的道理並沒有消失。這句警訓皇帝老爸劉備說得很對很好，這也是他對兒子的教誨與鞭策，但是遺憾的是劉備沒有對兒子真正進行過這樣的素養教育，所以之後才造成了軟弱無能的蜀國後主劉阿斗。

反正當時諸葛亮聽了劉備說「我死以後，你們（劉禪）兄弟三人要父事丞相，若有不孝諸葛丞相的，就是天人共誅的不孝子！」後，諸葛亮更下決心輔佐太子阿斗了。

在劉備死後三天，太子劉禪便登上蜀漢王位。劉禪登基之時才十餘歲，據說他的才情也只是「下主之才」，在國家政事上完全是個十足蒙昧無知的孩童。

魏主曹丕聽說劉備去世，認為是奪取蜀國的大好時機，於是點起數萬大軍，又聯絡鮮卑、孟獲、吳國、孟達四支軍隊，分五路殺奔而來。劉禪

不久聽到消息，又幾天看不到諸葛亮，心中十分驚慌。派人去宰相府，管家就說：「丞相病了，不能到朝。」

一連幾天，都是如此，把個劉禪與滿朝官員急得是汗流浹背，心涼肉跳。不少人都發出怨言，不知諸葛亮肚子裡裝的什麼藥。劉禪急得要命，不知是怎麼回事。於是，他親自來到丞相府，卻見諸葛亮安閒地在那裡釣魚。原來，諸葛亮早已定下了退兵妙計，劉禪這才把心放下來。這就是後來諸葛亮安居退五路的故事。

諸葛亮像父親一樣愛護阿斗，對劉禪竭盡忠心。劉禪雖童蒙無知，卻能以赤子之心對待諸葛亮，什麼事情都由諸葛亮決斷，從不猜疑丞相生二心。在諸葛亮治理下，蜀國一片升平景象。《三國演義》上說，當時是「民樂太平，夜不閉戶，路不拾遺，米滿倉廩，財盈府庫」。

之後，諸葛亮又訂下與東吳的結盟契約，共抗曹魏的戰略。其後，南征七擒孟獲，北伐六出祁山，雖未能實現天下統一的宏圖，但諸葛亮在世時，卻保證了「扶不起」的阿斗，穩坐蜀國皇帝的寶座，這個是無話可說的。

不過諸葛亮的教育又出現了大問題，劉禪承續蜀漢大統時，年僅 17 歲。皇帝老爸劉備臨終前特意叮囑：「汝與丞相從事，事之如父。」按照兩漢社會的「孝」風，這無非是叫劉禪與諸葛亮共處，凡事讓著幾分，似乎諸葛亮亦當仁不讓，大權獨攬，「政事無巨細，咸決於亮。」

諸葛亮北伐前夕，對那時已年滿 22 歲的劉禪依舊不放心，「慮後主富於春秋，朱紫難別」，特派心腹董允為侍中，統宿衛親兵，「監管」劉禪，史說「後主益嚴憚之」。劉備逝世前，諸葛亮曾感嘆劉禪「智量甚大，增修過於所望」，意即劉禪非常聰明，超過人們的期望。劉備聞訊，寬心地表示「審能如此，吾復何憂！」可是，僅幾年功夫，諸葛亮又作出另一番

天壤之別的相反評價，把劉禪的智商貶得一塌糊塗。孰真孰假，難道諸葛亮就不怕犯欺君之罪？

人們大概不會忘記千秋凜然的〈前出師表〉吧。在這封表中，諸葛亮一方面表達了對劉備的耿耿忠心；另一方面又透露出劉禪與諸葛亮之間種種不諧的資訊。例如，諸葛亮一再強調「宮中府中，俱為一體」、「不宜異同」，居然把「宮中府中」放在同等地位，這不是嚴重地破壞了朝廷的正常禮義和官場的秩序嗎？

還需要指出的是，諸葛亮對劉禪的口氣和語感，簡直猶如一個嚴峻的父親在冷酷地調教不懂事、不聽話的孩子，難道這種態度符合當時的君臣大義嗎？諸葛亮大舉北伐之時，正是劉禪青春韶華之際，按照漢代朝廷的常規，諸葛亮應當逐漸地將大權交還給劉禪，使其以一個「實習」皇帝變成「在職」皇帝。可是，諸葛亮常駐於漢中，醉心於北伐，卻不一心一意地輔佐和教導劉禪怎樣治國。將心比心，劉禪怎能對他沒有意見和看法？須知，諸葛亮的最終使命是輔佐劉禪執政而不是代替劉禪執政。

根據史書記載，劉禪對諸葛亮的不滿情緒是在後者死後才逐漸地顯露出來的。史稱：諸葛亮「初亡，所在各求為立廟，朝議以禮秩不聽。」有人又提出「立廟於成都」，「後主不從」。但提出者堅持，劉禪只好讓步。試想：倘若劉禪與諸葛亮之間的君臣關係真的是「如魚得水」，恐怕劉禪就不會再一再二地反對給諸葛亮立廟了吧。

不僅如此，劉禪還在兩個重大問題上提出了跟諸葛亮完全不同的舉措：

其一，廢除了丞相制。鑑於諸葛亮生前權力太重，劉禪先是以蔣琬為尚書令和大將軍，後又以費禕為尚書令和大將軍，以蔣琬為大司馬；兩人的權力相互交叉，相互牽制，但又各有側重。蔣琬以管政務為主，兼管軍事；費禕以管軍事為主，兼管政務。

這種新的政治格局安排，意味著劉禪決不允許再次出現事無巨細，皆決於丞相一人，而自己則大權旁落的尷尬局面。蔣琬死後，劉禪更進一步，「乃自攝國事」，總統一切，直接掌管蜀漢政權達 19 年之久。這一舉措，能是一位智商低能到「朱紫難別」地步的人想得出和做得到的嗎？

其二，停止了空耗國力、勞民傷財的北伐。曹魏景初二年（西元 238 年），司馬懿率大軍征伐遼東公孫淵。以往碰到這種有利時機，假若諸葛亮在世，他肯定不會放過，肯定會迫不及待地要興兵大舉北伐。劉禪唯恐蔣琬又走諸葛亮老路，專門下詔告誡蔣琬不要輕舉妄動，「須吳舉動，東西掎角，以乘其釁。」同時劉禪強調要與孫吳政權互相配合，同時興兵，合力伐魏，否則，以弱蜀單獨伐強魏，其結局只能是像諸葛亮生前那樣勞而無功，得不償失。由此看來，劉禪基本上是不贊成諸葛亮的北伐方針的，只不過礙於種種原因，他沒有也不可能在諸葛亮生前表示反對。

當然，可能是劉備的臨終囑咐，或是諸葛亮的過於嚴厲、劉禪的忍讓和寬容等因素和作用，儘管劉禪與諸葛亮君臣之間存在些許不諧音調，但雙方畢竟沒有撕破臉皮，更沒有勢不兩立，水火不容。觀其相處始終，基本上還是說得過去，說不上太好，但也說不上太糟。對此，今人總不能苛求於前人吧。

但是又為什麼並不弱智的阿斗卻只給人們留下「扶不起的阿斗」的印象呢？責任並不在劉阿斗，而在諸葛亮。在「白帝城托孤」之後，諸葛亮一心想的是北伐，而忘記了輔佐之責。他的任務是「帶」阿斗，把阿斗訓練成一位明君，而不是大包大攬，「代」阿斗，越俎代庖。

結果呢，一則讓阿斗在諸葛亮的大樹下乘涼，不用操心，也不進步。二則諸葛亮也只落個「出師未捷身先死」的悲劇結局。

所以在「白帝城托孤」之後，諸葛亮與劉阿斗的關係應是家長和孩

子、教師與學生或教練與運動員的關係。諸葛亮的職責是教育阿斗、培養阿斗、訓練阿斗。諸葛亮卻總是把大事小事都包攬在自己的身上。

在〈出師表〉中從表面上人們看到是諸葛亮的鞠躬盡瘁，輔佐幼主，其實卻是對劉阿斗的毀滅！因為「相父」諸葛亮做的就是把所有的事都安排的周周全全，跟幫孩子完成作業、替代「運動員」上賽場去比賽都很類似。

八、扶不起的阿斗，樂不思蜀

三國當中，要屬劉備的後人窩囊了──地位最高，資質最差；環境最好，智商最低；創業無能，享受有招。世人都知道劉備的兒子劉禪是個無可救藥「扶不起來的阿斗」，這情景彷彿就是現代生活中經常出現的老闆爸爸有個敗家兒子的古代標準典型版，要用一個詞來形容，那就是「虎父犬子」了。

翻閱三國史書，縱觀群雄逐鹿，可以說沒有哪一個爭霸圖王者的個人品格能跟劉備相比。皇帝老爸劉備是漢末三國時代最負重望、最得人心的爭霸者，也是最符合中國傳統政治思想理念的三國政治家。劉備比同時代的競爭對手曹操孫權略勝一籌，但是看看他們的後人，那劉備的兒子就相形失色了。

蜀後主劉禪，小名阿斗，他的小名家喻戶曉。通常，俗語說某人不爭氣、沒出息，會說那人是「扶不起的阿斗」，這阿斗就是他了。還有那「此間樂不思蜀」的典故，早已演化為「樂不思蜀」的成語了。

上面已經說過，造成阿斗如此「扶不起」的原因當然在於他爸爸劉備的教育有很大的問題，還有阿斗的「相父」諸葛亮，兩個父親或者兩個老師都太溺愛阿斗了，也就造成了兒子的無能無為，扶不起來。

第七位皇帝老爸
昭烈帝 —— 劉備

　　不妨來看一看劉備的死對頭曹操的後人，對比劉備，曹操對子女的教育就比較重視了，家教也很好。文學史上有「三曹七子」之說，所謂「三曹」就是曹操、曹丕、曹植父子仨了。曹操的長子曹昂在征戰張秀的戰爭中不幸早亡，也是很不錯的一個人才。可以肯定的說，曹操的家庭充滿了思想政治、文化藝術氣息，曹家父子之間的談話內容的範圍肯定會比較廣泛，這對他兒子們後來的成材產生了潛移默化的作用。

　　而劉備的家庭氛圍會是怎麼樣？劉備出身寒微，雖讀過幾年書，但是史書記載他「不甚樂讀書」，加上長年征戰，東奔西走，兒子阿斗肯定難以享受到像曹操給諸子們所帶來的人文薰陶和安定的學習環境。

　　再來看看劉備的另一個死對頭東吳孫家的家庭教育效果：孫堅的兩個兒子孫策和孫權都在三國紛爭的歷史舞臺當中留下了濃重的一筆，而且他們孫氏父子、兄弟的關係和諧、融為一體。無論是從家庭角度，還是從事業角度，東吳孫家的父子三人每個人都很好的完成了自己的使命 —— 孫堅奠基，孫策是創業，孫權是守業守成。

　　為什麼獨獨劉備會培養出這樣一個毫無出息的孩子？當然不會是上天的安排，當然也不是阿斗比曹孫兩家的後代「傻」很多。曹昂年輕時就隨爸爸曹操出征，曹操難道會不知道戰場的危險？曹操的目的就是要鍛鍊磨礪自己的孩子。而反觀劉阿斗則完全像是一朵溫室裡的花，享受有方，勞作無法，溺愛有加，百般呵護，這樣培養出來的人他是不可能發展事業，不可能守住事業的 —— 皇帝老爸劉備的失敗也就在於此了。

　　劉禪的悲哀是智慧不足，能力不強，不思上進，可偏又生於帝王富貴之家，承襲人間大位。幸運的帽子落在這樣的人頭上，這在現代人看來多少有些滑稽。如果他一直是個小老百姓，庸碌一生也就是了，何至於落下千古笑柄。

更有甚者，歷史上最聰明的諸葛亮竟然是他們父子兩代的輔相。劉備死後，諸葛亦相亦父，操碎了心，那〈出師表〉中懇切的言語，赤誠的忠心，至今仍讓人沉吟深思。可惜，一片苦心也只作對牛彈琴吧，扶不起的，終究扶不起。對於劉禪來說，趕鴨子上架，確實是勉為其難了。在諸葛智慧光芒的映照之下，劉禪的愚笨成了一種陪襯和對比，縱有所善，也不為人所見了，那真是十分地尷尬和悲哀。

拋開身分地位不說，劉禪的人生經歷的典型性在於，他身為而為人，在成年之後，還一直缺少獨立思考能力，並一直未能建立起自主的自我意識。（這是大部分人的理解，沒有對此公案深入研究過，不一定符合事實，不過暫且借他說事吧。畢竟，這也是事實。）這樣的人從古至今，包括到未來都會一直存在著，並且不是個別的現象，那應該是一個群體。

一種長期缺少競爭和憂患意識、養尊處優的生長環境，是會使人智力退化的，或者說會養成精神上的惰性。一種簡單快樂的生活固然是人所渴望的。但那絕不意味著我們要像老子說的那樣「絕聖去智」，回到一種蒙昧的原始狀態。那應該是智慧思考之後的一種豁朗暢達的人生態度。

一個真正被囚禁的人，應該是思考能力被無形中剝奪的人。一個關在監獄裡的人並沒有完全失去自由，因為他有思想的自由。昔時文王被囚而演周易，管仲被囚而建霸業，阿斗當然沒有這種本事和能力。孔子說：學而不思則罔。一個不去或者不願思考的人，當然會在某種情況下陷入迷惘的境地。進一步說，一個人一旦喪失了獨立思考能力，就是事實上的行屍走肉。最嚴重的，是一個人精神上被控制，導致思考能力的喪失而不自知。

為什麼窮人的孩子早當家？窮則思變，環境條件作用於人的心靈，當然會引發更多的思考，並形成一種積極進取的意志力。還有所謂光腳的不

怕穿鞋的。貧窮的困境易迫人奮進；富裕的生活易喪失鬥志。所以說創業容易守成難。我們也可以說，窮的時候人的思想多呈現一種對事理認知的進攻性；而富的時候，人的思想呈現為謹慎保守的色彩。這應該也是人一種根本的心理特性吧。

九、為劉禪鳴冤叫屈，劉阿斗並非扶不起

　　劉禪在人們的心目中成了庸主的典型。「扶不起的阿斗」成了對庸人的戲稱。事實果真如此嗎？在充滿著詭計與狡詐的三國形勢之下，有時候聰明反被聰明誤，例如曹操，例如周瑜⋯⋯我們常說大智若愚，這句話可以用在一直被世人小看了的阿斗身上。

　　劉禪，劉備之子，於劉備去世後繼位成為蜀國皇帝。諸葛亮等賢臣相繼去世後，蜀國逐漸衰敗。後魏國大舉伐蜀，劉禪投降。劉禪被俘虜到洛陽後，司馬昭為了籠絡人心，穩住對蜀漢地區的統治，用魏元帝的名義封他為安樂公，還把他的子孫和原來蜀漢的大臣五十多人封了侯。有一次，司馬昭大擺酒宴，請劉禪和原來蜀漢的大臣參加。宴會中間，還特地叫了一班歌女演出蜀地的歌舞。一些蜀漢的大臣看了這些歌舞，想起了亡國的痛苦，傷心得掉下了眼淚。只有劉禪看得喜笑顏開，就像在他自己的宮裡一樣。司馬昭觀察了他的神情，宴會後，對賈充說：「劉禪這個人沒有心肝到了這步田地，即使諸葛亮活到現在，恐怕也沒法使蜀漢維持下去，何況是姜維呢！」

　　過了幾天，司馬昭在接見劉禪的時候，問劉禪說：「您還想念蜀地嗎？」劉禪樂呵呵地回答說：「這兒很快活，我不想念蜀地了。」一直陪伴劉禪的大臣卻正在旁邊聽了，都覺得太不像話。但司馬昭認為自己看清了劉禪是個不求上進的人，不會對自己造成威脅，就沒有想殺害他。劉禪也

因此在人們的心目中成了庸主的典型，「扶不起的阿斗」成了對庸人的戲稱。事實果真如此嗎？

一種觀點認為劉禪雖然不是一個聰明有為的君主，也不是一個完全懦弱無能的人，他起碼擁有中等的智慧，那一頂「扶不起來的阿斗」的帽子，實在應該給他摘掉。理由是：劉禪於西元 223 年登基，至西元 263 年降魏下臺，稱帝在位 41 年，是在三國時期所有國君中在位時間最長的一位。

在那種群雄割據、兵連禍結的動亂年頭，能執政這麼久，沒有相當的才智是不行的。有人把劉禪安穩地做皇帝歸因於諸葛亮的輔佐以及西蜀的易守難攻。其實，諸葛亮死於西元 234 年，他死後，劉禪還做了 29 年的皇帝，很難說全是諸葛亮的輔佐之功的。關於蜀國的地理位置，就算是地勢凶險，也不見得就是「銅牆鐵壁」、「固若金湯」吧。

早年為了讓寶貝兒子劉禪見多識廣，掌握治國本領，其實劉備還是讓他多學《申子》、《韓非子》、《管子》、《六韜》等書的，並由諸葛亮親自抄寫這些書讓他讀；又令其拜伊籍為師學習《左傳》。不僅如此，還讓阿斗學武。《寰宇記》有記載：「射山，在成都縣北十五裡，劉主禪學射於此。」從這裡可以看到，皇帝老爸劉備不是沒有教育兒子，而是教育的方式方法不多，阿斗、阿斗學文習武不假，估計那也都是停留在了「紙上談兵」上了。

劉禪繼承帝位時，年僅 17 歲。劉備臨終前特意叮囑：「汝與丞相從事，事之如父。」於是呼，「政事無巨細，咸決於亮」，所有的事情劉禪都「按丞相說的辦」。對於大權獨攬的諸葛亮，劉禪也做到了凡事謙讓，「以父事之」。

後來劉禪年紀漸長，按照漢代朝廷的常規，諸葛亮應當逐漸地將大

權交還給劉禪，讓劉禪順利「轉正」，徹底擺脫「實習」皇帝的命運。可是，諸葛亮仍緊握大權。諸葛亮的理由也很簡單，因為劉禪沒有工作經驗，沒有治國經驗，所以才總攬全域。這讓人不禁要問，劉禪現在是沒有經驗，你不給他實踐的機會，他哪兒來的經驗，他不是永遠沒經驗嗎？

不過對於劉禪的表現，諸葛亮是很滿意的。諸葛亮在〈與杜微書〉中評價劉禪說：「朝廷年方十八，天資仁敏，愛德下士。」這個敏字可說明阿斗並非愚蠢之人，不然諸葛亮豈不是有心諷刺了？《晉書・李密傳》中也記載，李密認為劉禪身為國君，可與春秋首霸齊桓公相比，齊桓公得管仲而成霸業，劉禪得諸葛亮而與強魏抗衡。

不僅如此，在北伐的問題上，劉禪的頭腦也非常清楚，諸葛亮急於北伐的時候，他規勸說：「相父南征，遠涉艱難；方始回都，坐未安席；今又欲北征，恐勞神思。」儘管諸葛亮置自己的規勸與不顧，但北伐決議一旦形成，劉禪還是全力支持諸葛亮的北伐。

在諸葛亮死後，劉禪馬上停止了空耗國力、勞民傷財的北伐。司馬懿率大軍征伐遼東公孫淵。劉禪唯恐蔣琬犯諸葛亮老毛病，專門下詔告誡蔣琬不要輕舉妄行，「須吳舉動，東西掎角，以乘其釁。」魏延造反，卻誣奏楊儀造反。劉禪聽完魏延表奏，馬上提出疑問，說：「魏延乃勇將，足可拒楊儀等眾，何故燒絕棧道？」魏延被殺後，劉禪也沒有對魏延一概否定，而是降旨曰：「既已名正其罪，仍念前功，賜棺槨葬之。」為了防止權臣權力太重問題，劉禪以費禕為尚書令和大將軍，主管政務，以蔣琬為大司馬，主管軍事，兩人的權力相互交叉，相互牽制，但又各有側重。蔣琬死後，劉禪「乃自攝國事」，大權獨攬，徹底解決了蜀國多年「事無巨細，咸決於丞相」的政局。

任官封爵，要劉禪同意；人事任免，要劉禪同意；出兵征討，要劉禪

同意，幾乎所有的大事，都要劉禪同意。劉禪總統一切，直接掌管蜀漢政權達 19 年之久。這一系列舉措，能是一位智商低能的人想得出和做得到的嗎？

《魏略》中還記載了這樣的一件事：曹爽與司馬懿爭權被殺後，夏侯霸害怕受到株連而入蜀，劉禪親自出迎。夏侯霸的父親夏侯淵為老將黃忠所殺，劉禪安撫前來投降的夏侯霸時，說：「你父親的遇害，非我先人所為。」一語帶過之後，套近乎說：「我的兒子還是你外甥哩！」原來，劉禪之妻乃張飛女，而張飛之妻又為夏侯淵的從妹，所以劉禪才這麼說。之後，劉禪對夏侯霸「厚加爵寵」。劉禪對夏侯霸的這一套懷柔拉攏的手段，即使其父劉備在世，大概也不過如此，足見劉禪絕非平庸之輩。

身為三國中實力最弱的一國君主，劉禪也有自己的一套治國理念，絕對不是昏庸低能之輩。因此，從歷史的真相來看，劉禪決不是個簡單意義上的「庸主」。

十、皇帝老爸「換妻如換衣」，皇帝兒子婚姻最悲慘

皇帝老爸劉備有一句流傳至今的話，「朋友如手足，妻子如衣服」。在劉備的世界裡，朋友是極其重要的，而妻子，相對來說，就不過是他身上的一件衣服而已。前面已經說過做劉備老婆是很不容易的，想來做劉備的妻子應該也是很可悲的，因為一件衣服對於劉備來說又有多少價值可言？想穿就可穿在身上，不想穿就擱置一旁，穿舊了自然可以換上新裝。

不過，要在這裡指出的是，這種觀念其實是中國傳統倫理觀念的延伸。劉備先生在這裡的貢獻不過是作了一個非常形象的比喻而已。這個比喻是如此地形象，以至於劉備死後這麼多世代，都有不少「花心」的人為這個比喻而不間斷地喝彩。

　　在古代封建時代裡，妻子確實就好像男人身上的一件衣服。一個男人可以天經地義地擁有三妻四妾，但一個女人恐怕改嫁一兩次就會遭社會的白眼。甚至在有些地方，女子改嫁是被禁止的。女人的命運就完全被掌握在她所嫁與的男人之手裡。

　　這個情形可以和封建君臣關係相比較：我們說妻子是男人之衣服的時候，難道臣子不是君王之衣服？一個臣下，對君王要必恭必敬，三叩九拜，但當君王棄之時，又有多少顧忌？所以，也完全可以把劉備的這個名言，發揮一下，應用在君臣之關係上，也是極端妥帖的。

　　其實，劉備倒是說了一句大實話。對於劉備來說，關羽，張飛等等朋友的重要性要遠遠地超過他的任何妻子。劉備的江山需要他的這些朋友來幫忙支撐。沒有這些人，也就沒有劉備之江山。

　　從另一個角度來看，劉備失去了一個妻子後，他可以非常容易地找到另外一個。可是，他的那些親如手足的朋友可不太容易被替換。且不說其他的，能找到有如此武功之人就絕非容易。這個事實劉備當然是知道的。所以，劉備說出這番話時，不僅僅是為了討好關羽，張飛這幫人，以安其心，以感其心，也是他自己內心深處之思想的真實流露。

　　而劉備的兒子劉阿斗除了在治國方略上跟他的皇帝老爸劉備是「虎父犬子」，在婚姻方面他跟他的父親也是不能一比。

　　現在提起劉禪，大家都知道他是一個扶不起的阿斗，他是中國皇帝中耽於享樂的代表之一，只不過攤上有個好相父諸葛亮，才多混了幾年。到了諸葛亮死了幾年之後就亡國了，最後還無恥的做了亡國奴，說出了「此間樂，不思蜀」這樣的混帳話來，可是這真的就是事實嗎？隱藏在事實後面的真相又是什麼呢！

　　皇帝老爸劉備以仁德聞名天下，以布衣之身，打下了天下三分之一的

土地，用白手起家打造起了一座蜀漢江山。劉禪即使只是繼承了他老爸劉備的十分之一，也端不會混帳到如此地步的。既然不是基因的問題，那剩下的解釋就只有一個了，那就是劉禪根本就是在自暴自棄。至於劉禪為何會自暴自棄，這就要從一段失敗的婚姻說起。

大家讀三國志蜀書時，多半關心的是諸葛亮傳或者關張馬黃趙。極少有人去看二主妃子傳的，而劉禪給逼瘋掉的原因，恰好就載於二主妃子傳中。

《三國志》中的原文如下：「後主敬哀皇后，車騎將軍張飛長女也。章陵元年，納為太子妃。建興元年，立為皇后。十五年薨，葬南陵。後主張皇后，前后敬哀之妹也。建興十五年，入為貴人。延熙元年春正月，策曰：「朕統承大業，君臨天下，奉郊廟社稷。今以貴人為皇后。」

在《三國演義》中的原文這樣說：「時後主未立皇后，孔明與群臣上言曰：『故車騎將軍張飛之女甚賢，年十七歲，可納為正宮皇后。』後主即納之。」

大家這下知道劉禪的悲慘之處了吧，他竟然娶了張飛之女為妻，而且一娶就是兩個。張飛是當世英豪，容貌自然生的驚世駭俗，足可令嬰孩聞名止啼。而張飛之女的容貌呢，如果不出意外，應該長得比較像父親。因為基因遺傳有這樣一個普遍規律，就是「女生像父，男生像母」。以遺傳幾率來算，張飛的女兒長得像母親的幾率是很小的，而兩個女兒同時都長得像母親的幾率就基本上接近於零了。

這樣的打擊對一個男人的身心打擊是巨大的，特別是對於一個情竇初開，渴望著人生幸福的小男人，輕則鬱悶失落，重則自暴自棄體成了他們最好的選擇。但無疑劉禪是堅強的，畢竟他繼承了劉備那忍辱負重，審時度世的優良基因，這幫助他度過了人生中的困難時刻，反而在由一個男孩變為一個男人的過程中愈發成熟起來。劉禪既然失去了生活幸福的權利，

就開始把自己的生活重心放到國家大事上來，雖然還是太子，但他開始發憤圖強，他立志要奪取天下。

「娶妻但求賢婦，只要能幫助自己降服六宮，輔助自己奪取天下，立她為妃又有何不可？」劉禪常常以這樣的安慰麻醉自己，甚至開始樂於敷衍起張妃來了，可是他所不知道的是，人生的苦難，這才剛剛開始。看過三國志和三國演義的都知道，張飛性格上是有缺陷的，他常常喜歡飲酒至大醉，又喜歡酒後鞭撻健兒。而張妃身為張飛的女兒，身上無疑也是潛伏這這些性格缺陷的，當然這還需要一定的客觀條件才會慢慢誘導出來。但是最糟糕的就是，在劉禪的身邊，這些客觀條件都存在。深宮的生活是寂寞的，時間顯得那樣的漫長，而心高氣傲的張妃是不屑於和其他的妃子一起，去做那些鶯鶯燕燕的事的。

於是打發時間的唯一途徑就寄託在了身體單薄的劉禪身上，而劉禪對她欲迎還拒的敷衍態度，無異令她的生活更加苦悶。當這些因素都湊到一起，並且持續了相當長一段時間之後，量變演變成了質變，張妃身上那些潛伏的性格缺陷開始逐漸的明顯起來。也許是一次不經意間的醉酒，也許是無意間打了下人一巴掌，張妃得到了前所未有的快感。當然，事情究竟嚴重到何種程度，後世已經無從稽考了，只知道蜀國後主時常背人而泣。

世人都以為劉禪是遺傳到他父親愛哭的毛病，可劉禪在趙雲懷裡哭過嗎？在劉備把他扔到地上哭過嗎？在攔截孫夫人的時候哭過嗎？可見，劉禪從小就不是一個愛哭的孩子，為何偏偏娶妻之後變得愛哭了呢！至於另一個猜測認為劉禪是因為大權旁落，嫉恨諸葛亮而哭，這就更是牽強附會了，劉禪是有點恨諸葛亮，但不是因為權力的問題。

實際上，劉禪之所以會背人而哭泣，其實是由他不幸的婚姻生活造成的。世人都認為劉禪當了皇帝，日子過得是多麼的風流快活，可當劉禪傷

痕累累的倒在床上輾轉反側，夜不能昧的時候，誰又真正理解他內心的痛苦呢？

我們還應該注意到的是，事物是不斷變化的，虐待和被虐待也一樣，當劉禪開始恣意的享受被虐的快感，並渴望著虐待的快感的時候。他是真正墮落了，由一個有志青年蛻變成了一個怪胎，更可怕的是這個怪胎掌握著國家的無上權力的時候，人民開始遭殃了。這也是後世之人認為劉禪是一個對宮女、太監非常殘忍的暴君的原因。

現在我們知道了事實的真相，原來劉禪其實只是一個苦命人，我們不禁要問：誰才是整個悲劇的導演者？誰才是那只卑鄙的幕後黑手？其實答案是很明顯的，我們再來看《三國演義》的這一段話：「時後主未立皇后，孔明與群臣上言曰：『故車騎將軍張飛之女甚賢，年十七歲，可納為正宮皇后。』」為什麼要把孔明和群臣分開寫呢，這其實充分說明了這個提案的主要提議人就是劉禪那位可敬的相父，而其他的群臣一看諸葛亮提議了，為了保持政治上的一致性，紛紛附議，由此葬送了劉禪的一生性福。

可是，諸葛亮一生兢兢業業，鞠躬盡瘁，死而後已，為何會在這種選妃的大事情上犯下如此大錯呢？這，就要從諸葛亮那獨特的審美觀說起了。諸葛亮實在是非常獨特的一個奇人，自小開始說話、做事都是特立獨行，每每與眾人相左。

《三國志》上說：諸葛亮高興的時候，好為〈梁父吟〉。〈梁父吟〉是個什麼呢，它是古代的一首歌，非常憂傷，通常在葬禮上才唱的，而孔明卻喜歡在有好事發生的時候唱它，奇特之處可見一斑。只是樂唱哀歌這些小毛病也就罷了，更為嚴重的是，諸葛亮對女人的審美觀也與普通人有相當大的出入。這有些像紅綠色盲，具體來說就是普通人認為美的，諸葛亮卻覺得非常醜，而普通人認為醜的，他卻認為非常美。

由此可見，在劉禪娶親的問題上，諸葛亮只是好心辦了壞事罷了。出於對自己的義子劉禪的愛護，諸葛亮決心要給他找個天下最美的姑娘為妃。於是，每一位太子妃的候選人都必須經過他的親眼甄別才能作準，並且規定以後選妃也要照此執行。當張飛的長女往諸葛亮面前一站時，諸葛亮覺得很不錯吧，當即拍板，立張飛長女為太子妃。可憐呀，小劉禪的一生性福就這樣葬送在他可敬的相父手上了，這也是劉禪有點恨諸葛亮的原因。

十五年後，當張皇后死去，劉禪長長出了一口氣，準備過一點有尊嚴的生活時。蔣琬這老小子又跳了出來，繼承了諸葛亮的遺志，一定要將劉禪噁心到底。作主將張飛的小女兒又娶進了宮中，納為貴人，後來又立為了皇后。可憐的劉禪，剛才喘了口氣，以為自己終於守得雲開見月明，結果又被老天玩了，恨不得自己死了倒好，沒辦法，繼續忍吧。

又當了多年鬱悶的皇帝之後，劉禪的身體和精神受到了嚴重的摧殘，當他已經無法忍受他的遭遇，拍案而起，義憤填膺時，鄧艾來解救他了。當他到了許都以後，司馬昭立刻送了他許多真正的美女伺候他，無怪乎他要說出「此間樂，不思蜀」這樣的話來了。

無論劉禪「樂不思蜀」是出於什麼樣的考慮和目的，但他婚姻上的悲慘和自己的身不由己，卻也是不容忽視的真實狀況。關於劉禪當時的心理後人無史可考，就當是一種存在吧。

十一、皇帝兒子劉禪，大氣的政治家

劉備與諸葛亮的君臣關係之「和諧和美妙」為歷代有識之士讚不絕口，被視為封建社會中最理想、最完美的君臣關係的典範。身為接任者，劉禪能從皇帝老爸劉備那裡完整地承續到這種「仁義」的君臣關係，且把

這種關係發展成了「黃金搭檔」，都充分說明了劉禪的「大氣」。

在《三國志》中記載：劉備生前，諸葛亮曾感嘆劉禪「非常聰明，超過人們的期望。」劉備也謙虛地說「審能如此，吾復何憂！」諸葛亮在〈與杜微書〉中評價劉禪說：「朝廷年方十八，天資仁敏，愛德下士。」《晉書·李密傳》載，李密認為劉禪身為國君，可與春秋首霸齊桓公相比，齊桓公得管仲而成霸業，劉禪得諸葛亮而與強魏抗衡。

話說曹魏兵圍成都，劉禪心裡很清楚要是抵抗，士兵的傷亡一定會很大，而且很有可能招致曹魏屠城，讓百姓遭殃。為了保全子民，劉禪在深思熟慮後，決定開門投降。劉禪投降後，北上到達洛陽，被封為安樂公。這樣一來，劉禪多了一個賣國的罵名，卻保全了百姓的姓名財產，無論在當時老百姓來看，還是從當代歷史學的角度來看，都應該是一件好事。對於劉禪不戰而降，實乃「全國為上之策」。

劉禪亡國之後，身為亡國之君，不僅自家生命，而且包括對蜀地百姓幸福都掌握在人家手裡。自己的待遇，直接影響晉國對蜀地百姓政策的寬鬆。所以，劉禪必須裝憨賣傻，處處隱藏自己才能，才能瞞天過海，養晦自保。表面的麻木和愚懦的背後，潛藏著過人的狡詐和機智。周壽昌的《三國志集解》評價阿斗說：「恐傳聞失實，不則養晦以自全耳。」所以說，後主劉禪不失為「通明智達」的一代君主。

劉備臨終前特意叮囑：「汝與丞相從事，事之如父。」而事實上，對於事無巨細，大權獨攬的諸葛亮，劉禪也基本上做到了凡事謙讓，「以父事之」。按照常規，諸葛亮本應還政與劉禪。北伐前夕，諸葛亮依舊把22歲的劉禪當作孩子，還特派心腹進行「監管」，「後主益嚴憚之」。不僅如此，還在〈前出師表〉中，透露出對劉禪的種種不滿，像對待孩子一樣提耳面教劉禪的「親賢臣，遠小人」，而青年天子劉禪從大局考慮，委曲求全了。

　　諸葛亮的違背了先主輔政的囑託，進而代政，並長期大軍在外，犯了君臣大忌。儘管劉禪與諸葛亮君臣之間也存在著些許不諧，而劉禪也是為大局著想，克制自己。諸葛亮用人失誤後很內疚，後主安慰說：「勝負兵家常事。」諸葛亮自貶三級後不久，為了不影響諸葛亮的權威，等諸葛亮打了勝仗後，劉禪及時恢復諸葛亮的職務。

　　諸葛亮死的消息傳來，劉禪連日傷感，不能上朝，竟哭倒於龍床之上。當靈柩運回時，劉禪率文武百官出城二十里相迎。諸葛亮專權對後主很有刺激。在諸葛亮死後，劉禪反對為其立廟。但在眾人的一再要求下，阿斗也沒有固執己見。

　　儘管如此，劉禪還是沒有丟掉諸葛亮這面旗子。如此行事，既得人心，也順民意，從而保證了政局的長期穩定。劉禪深知「君臣不和，必有內變」的道理，只要自己一時不清醒，王朝的內鬥也就不可避免。青年帝王劉禪對此卻能從長遠著眼，如此得體地處理權臣問題，也可謂亙古未有。如此賢德的領導，在專制制度的歷史長河中，也是奇蹟。南朝史學家裴松之評價「後主之賢，於是乎不可及」。

　　看來後主劉禪不僅有肚量，而且很有頭腦。諸葛亮急於北伐，劉禪頭腦非常清楚，規勸說：「相父南征，遠涉艱難；方始回都，坐未安席；今又欲北征，恐勞神思。」儘管諸葛亮置自己的規勸與不顧，但北伐決議一旦形成，劉禪還是全力支持諸葛亮的北伐。諸葛亮死後，劉禪馬上停止了空耗國力、勞民傷財的北伐。司馬懿率大軍征伐遼東公孫淵。劉禪唯恐蔣琬犯諸葛亮老毛病，專門下詔告誡蔣琬不要輕舉妄行，「須吳舉動，東西掎角，以乘其釁。」魏延造反，卻表奏楊儀造反。後主聽完魏延表奏，馬上提出疑問，曰：「魏延乃勇將，足可拒楊儀等眾，何故燒絕棧道？」

　　為了防止權臣權力太重問題，劉禪以費禕為尚書令和大將軍，主官政

務，以蔣琬為大司馬，主管軍事，兩人的權力相互交叉，相互牽制，但又各有側重。蔣琬死後，劉禪「乃自攝國事」，大權獨攬，徹底解決了蜀國多年「事無巨細，咸決於丞相」的政治體制。

蜀漢後主劉禪不僅分析問題有頭腦，而且處理問題也很果斷，有人情味。劉琰的妻胡氏入賀太后，太后留胡氏住了一月，引起劉琰的猜疑，導致了惡性事件。劉禪接受教訓，馬上廢除了大臣妻子、母親宮廷朝賀的禮節。對於姜維等人把蜀國衰落責任推給宦官黃皓時，後主並沒有委過與人，只是說：「區區一個太監，不過是一個聽喝的。」

夏侯霸的父親為黃忠所殺，劉禪安撫前來投降的夏侯霸時，說：「你父親的遇害，非我先人所為。」一語帶過之後，套近乎說：「我的兒子還是你外甥哩！」魏延叛亂被殺，後主也沒有對魏延一概否定，而是降旨曰：「既已名正其罪，仍念前功，賜棺槨葬之。」後人認為：「後主能作此語，亦非非常。」在待人接物等方面，劉禪的胸襟比他父親劉備要大氣的多，不失於第二代領導人的風範和氣質。

身為三國中最弱的一方，劉禪能領導蜀國 41 年，既避免了班子內部互相傾軋，也沒有隔幾年發動一次大的運動，而政權穩固。在國家人民去留之際，後主看重的是人民的現實利益，擯棄了面子政治，減少了生命財產的無謂犧牲。

在危難關頭，當斷則斷，使國家人民得以保全。如此決策，與「為了自己一己私利，而不斷地鼓動老百姓為自己賣命」的劉備來比，不知進化了多少代。跟同時代領導人吳王孫皓和晉朝開國皇帝武帝相比，劉禪也不乏仁德名主。其實如此大氣國家領導人在中國歷史上並不多見。

真正大氣的政治家是自己顯得窩囊，而人們得到更多的實惠，相反，自認為偉大的政治家是人民痛苦自己偉大。「敗軍之將，不可以語勇；亡

國之臣，不可以言謀。」在「成者王侯、敗者賊」的主導文化氛圍裡，人們不願意接受失敗的英雄，似乎只有轟轟烈烈的人才是英雄，否則就是狗熊。

人們之所以蔑視劉禪，除了在位時間太長外，其實就是文化的因素。因為阿斗的謀略是從長計議，不考慮一時一事的得失，和計較一時一事的面子政治思維背道而馳，必然觸犯了以儒家的思想為主流的上層傳統的觀念。

歷來各方專家對後主劉禪的評價一直圍於暗弱無能、賢愚不辨，其中最大的一個詬病就是不戰而降、苟且偷安。「樂不思蜀」一個詞語讓劉禪徹底被定格為一個反面人物，被認定是個沒皮沒臉的窩囊廢，從而對其進行口誅筆伐。

司馬昭若想殺劉禪，可謂易如反掌，身為階下囚的劉禪，不可能不明白這一點，想要保全自己的性命，就必須讓司馬昭覺得他懦弱無能、不足為慮，而「此間樂，不思蜀」正是劉禪所釋放的一個煙霧彈，給司馬昭留下了：「我無憂矣」的好印象，成功地保住了性命。

在當時的環境中這是最為明智的選擇，堪稱上上之策。比如後來的南唐後主李煜，本來就是「文人」與「帝王」錯位的一個人，在亡國被俘後，寫「故國不堪回首月明中」，難道還會有生還的可能嗎？結果當然是趙匡胤的一杯毒酒。在這個問題上，劉禪實在是一個能稱得起大智若愚的智者了。

司馬昭見劉禪實在是個愚蠢昏庸無能的角色，留下來也不會有什麼危害，就沒有殺他，讓他閒居洛陽。劉禪深深為自己感到慶幸，從此之後，再也沒有人勸諫他砥礪意志，勸他不忘先帝統一天下的遺願，再也沒人干涉他縱情酒色了。他很快習慣了為人臣的生活，看上去他也已經把遠在故

國的一切以及過去擁有的一切都一併忘掉了。

綜上所述，蜀漢皇帝劉禪有容人之量、頭腦清楚、知人善任，而且，樂不思蜀並不簡單的就等同於沒皮沒臉沒心肝，所以，劉禪不是昏君。歷史也應該還他一個史實，劉阿斗也是大氣的政治家，只是生不逢時身不由己而已。

十二、劉備敕劉禪遺詔以及諸葛亮的〈誡子書〉

劉備年少時雖然不愛讀書，但是光復漢室平天下的大志和複雜的政治鬥爭使他深知遵循儒家政治思想對角逐天下的重要性，因此，他十分注意自身品德、人格的修養，注重樹立賢德之君的風範，臨終時仍不忘留下遺詔告誡兒子劉禪：「勿以惡小而為之，勿以善小而不為。惟賢惟德，能服於人。」

正是這個「惟賢惟德，能服於人」的基本政治理念，鑄就成了劉備一生的受人尊敬的個人品德。也自然成為歷史上最有人緣的平民皇帝了。劉備這個特定歷史人物永恆的政治價值就在於：在中國的歷史舞臺上，儒家政治思想是永恆的主流。

其實劉備一生都在追求自己的這個給兒子的訓言。在創業初期，劉備一無兵馬，二無地盤，丹所到之處都深受禮遇和尊敬。被呂布打敗後他投靠依附曹操，甚至連曹操都因為他的品格而「厚待之，以為豫州牧」，幫助劉備反擊呂布。呂布勢力被消滅後，曹操回到許都表薦劉備為左將軍，「禮之愈重，出則同輿，坐則同席」。

曹操是何等有見識的人物，高傲的他如此尊重劉備、稱讚劉備，主要在於劉備既有雄才又深得人心。後來，劉備「討伐漢賊」，荊州之戰由於

跟隨的民眾太多，部隊行進緩慢，終於被曹操率輕騎日夜兼程追上，劉備遭受大難，妻子死難，剛滿周歲的兒子阿斗也差點失去，只剩下數十騎，幾乎全軍覆沒。劉備為維護自己的個人品格付出了沉重的代價，但也贏得了千秋萬世的讚譽。

東晉史學家鑿齒評論道：「先主雖顛沛險難而信義愈明，勢逼事危而言不失道……其終濟大業，不亦宜乎！」正是由於劉備的個人品格有很強的吸引力，當時被曹操打散的部隊很快就又集結到了劉備身旁，參加了赤壁之戰。赤壁之戰後，已經歸順了曹操的很多原荊州劉表的部下又紛紛投奔劉備麾下，從而打下了「濟大業」的基礎，開創了「濟大業」的全新局面。

正因為品德有如此大的吸引力，劉備才會在自己的遺囑當中言之鑿鑿：「惟賢惟德，能服於人」。這種個人品格雖然深深打上了儒家政治思想的烙印，但是在今天看來仍然還有十分現實的家庭教育意義。同時，皇帝老爸劉備的敕劉禪遺詔也使劉備的形象到此忽然又高大了起來。到了這裡劉備總算稱職了一回，在經歷了許許多多的失職之後，他總算做了一回合格的父親。

古代家訓，大都濃縮了作者畢生的生活經歷、人生體驗和學術思想等方面內容，不僅他的子孫從中獲益頗多，就是今人讀來也大有可借鑑之處。三國時除了劉備的敕劉禪遺詔之外，蜀漢丞相諸葛亮被後人譽為「智慧之化身」，他的〈誡子書〉也可謂是一篇充滿智慧之語的家訓，是古代家訓中的名篇。文章短小精悍，闡述修身養性、治學做人的深刻道理，讀來發人深省。

諸葛亮寫這篇的時候已經是五十多歲，那時他的身分是蜀國的實際掌控者，〈誡子書〉其實是給兒子的書信，不是追憶往昔光輝歲月，不是評

論政治經濟人事行政，不是對身後事的安排，而是教兒子如何做人，做君子。

諸葛亮的〈誡子書〉是修身立志的名篇，其文短意長，言簡意賅，主旨是勸勉兒子勤學立志，修身養性要從澹泊寧靜中下功夫，最忌荒唐險躁。

其中非常有名的「非淡泊無以明志，非寧靜無以致遠」，就是出自諸葛亮54歲時寫給他8歲兒子諸葛瞻的〈誡子書〉。這既是諸葛亮一生經歷的總結，更是對他兒子的要求。在這裡諸葛亮用的是「雙重否定」的句式，以強烈而委婉的語氣表現了他對兒子的教誨與無限的期望。用現代話來說：「不把眼前的名利看得輕淡就不會有明確的志向，不能平靜安詳全神貫注的學習，就不能實現遠大的目標。」

我們可以看出諸葛亮運用了《邏輯學》中的「否定之否定規律」來強調他要表達的「淡泊以明志，寧靜而志遠」。這是一句富含哲理的話。這和「要想取之，必先與之」，「欲達目的，需先迂迴曲折」的道理一樣，現在的「淡泊」、「寧靜」求清淨，不是不想有什麼作為，而是要透過學習「明志」，樹立遠大的志向，待時機成熟就可以「致遠」，轟轟烈烈成就一番事業。

「淡泊」是一種古老的道家思想，《老子》就曾說「恬淡為上，勝而不美」。後世一直繼承讚賞這種「心神恬適」的意境，如唐代的大詩人白居易在〈問秋光〉一詩中，「身心轉恬泰，煙景彌淡泊」。他反映了作者心無雜念，凝神安適，不限於眼前得失的那種長遠而寬闊的境界。

「淡泊」就是不被眼前的利益，一時的貪欲蒙蔽了思想，要有志向，不能渾渾噩噩；「寧靜」就是調整好心理狀態，卸去不必要的壓力，靜下心來反思自己，為自己制定一個長遠的人生規畫。

現在人我們目前的生活壓力巨大，誘惑又太多，比起古時候，做到淡泊寧靜其實更難了。

〈誡子書〉中「夫學須靜也，才須學也，非學無以廣才，非志無以成學」一句，說的是：學習就要專心，因為才幹都是學來的，不學習就不能進步，但是沒有理想就很難學有所成。沒有理想為什麼不能學有所成，這裡應該是講堅持和毅力需要信念去支撐。

而「慆慢則不能研精，險躁則不能理性」，不認真就不能學習透澈，心不定就不能養成好的性格。這就好比我們現在心理學家說的：「思想影響行為，行為影響習慣，習慣影響性格，性格影響命運。」慆慢險躁就是諸葛亮認為最不好的習慣，要避免的。而他特意說出來，也說明這是最容易犯的錯誤，也就是反面的典型。

「年與時馳，意與歲去，遂成枯落，多不接世。悲嘆窮廬，將復何及！」這句的意思是說：悲嘆窮廬不就是現在大部分人的狀態麼！時間一天天過去，意志一天天鬆懈，終到一天歲月蹉跎。我現在這個年紀，其實已經在考慮也需要多考慮將來的人生了，枯落自是不甘心的，再不努力就來不及了。

中國五千年文明留下太多精華，記了背了，或許一時不懂，但隨著人生的展開，會慢慢領悟。劉備的敕劉禪遺詔和諸葛亮的〈誡子書〉就是其中的經典之作。

這麼偉大的老爸，他們兒子不知道收穫多少，但是近兩千年以後的後來人們倒是收穫良多。

第八位皇帝老爸

吳大帝 —— 孫權

當初，孫權對呂蒙說：「你現在當權管事了，不可不學習！」呂蒙以軍中事務多來推辭。孫權說：「我難道想要你成為鑽研經書的學官嗎？只應當粗略地閱讀，了解以往的事情罷了。你說事務多，誰比得上我事務多呢？我經常讀書，自以為大有益處。」呂蒙於是開始學習。到了魯肅來到尋陽的時候，魯肅和呂蒙論議，十分驚奇地說：「以你現在的才幹、謀略來看，你不再是原來那個吳下阿蒙了！」

孫權，吳國大帝。19 歲就繼承了其兄孫策之位，力據江東，擊敗了黃祖。後東吳聯合劉備，在赤壁大戰擊潰了曹操軍。東吳後來又和曹操軍在合肥附近鏖戰，並從劉備手中奪回荊州、殺死關羽、大破劉備的討伐軍。曹丕稱帝後孫權先向北方稱臣，後自己建吳稱帝，遷都建業。他重視農業生產、興修水利、發展造船業、連通臺灣、積極和印度等國外交、多次減免賦稅，促進了東南地區經濟的發展。

皇帝老爸吳大帝孫權的個人檔案

姓名：孫權

字：仲謀

籍貫：吳郡富春（今浙江富陽）

民族：漢

生卒：西元 182 年～西元 252 年

享年：71 歲

生日：2 月 30 日

血型：未知

身高：約 178 公分

容貌：「方頤大口，目有精光」

生肖：狗

星座：雙魚座

性格：「性度弘朗，仁而多斷」

愛好：好俠養士

謚號：大皇帝

陵寢：葬於鐘山南麓的高崗上，史稱「蔣陵」

父親：孫堅

母親：吳氏

兄弟姐妹：孫策，孫翊，孫匡，孫朗和妹妹孫尚香

配偶：謝氏，徐氏，步練師，王氏，潘氏

皇后：步練師

子女：（兒子）孫登，孫慮，孫和，孫霸，孫奮，孫休，孫亮；（女兒）
孫魯班，孫魯育

繼位人：會稽王孫亮

最得意的事：赤壁之戰

最失意的事：將荊州借給劉備

最不情願的事：將其妹孫夫人嫁給劉備

最不幸的事：太子孫登夭折

最痛心的事：先是廢了孫和，又賜死孫霸

最喜歡吃的菜：江東元寶豬蹄，國太豆腐

一、少年英豪有才智，十五歲來做縣長

孫權在小時候便跟著父親和哥哥轉戰各地，見過世面，而且他又很愛讀書，歷史、文學各方面都廣泛涉獵，這使得孫權初步具備了文韜武略。孫權有著開朗的性格，也很能容人。在父兄的軍隊中名望很高，在父親戰死後，有時還給哥哥出謀劃策，讓哥哥孫策大為驚訝，沒想到弟弟竟有如此過人的謀略。孫策很高興，在設宴招待賓客的時候，總是對弟弟孫權說：「你看，現在眼前的文臣武將，以後都會成為你的屬下，輔佐你成就大業的。」為了讓弟弟早日成材，孫策讓他去做了一個縣的縣長，這時的孫權還只有 15 歲。

孫權的老爸孫堅，據傳為孫武的後代，縣吏出身，因勇敢又有謀略被官府賞識，提拔為軍官。孫堅參軍後多次成功平定漢末叛亂，又隨朱儁征討黃巾，立下許多功勞，被東漢朝廷封為長沙太守、烏程侯。後董卓亂政，孫堅聯合袁術，參加了諸侯聯軍，征討董卓，表現最為積極，數次擊敗董卓的部隊；董卓遷都長安，孫堅進兵洛陽，修復被董卓破壞的皇陵後返回魯陽。不久，孫堅受袁術派遣與劉表交戰，擊敗了劉表部下黃祖，卻在一次追擊中被黃祖的士兵射殺。

孫堅的兒子孫策、孫權後來創建了東吳政權，三分了天下。一提起孫權，大家就說是「承父兄基業」。那麼從父孫堅那裡「承」來了什麼？只有程普等幾個老將而已，實際上是「承兄基業」。可以說東吳是孫策打下來的。

孫權的哥哥孫策，他也就是東吳的創業者，歷史上記載孫策「少居江淮間，頗有聲望」。父親孫堅死後他投靠袁術，但因袁術只重用親信，使孫策很失望。但這一切都在興平二年（西元 195 年）出現了轉機，袁術以

孫策老爸孫堅遺留下來的舊部一千餘人當作「流動資金」撥款給了孫策，於是孫策就自領兵馬渡江轉戰整個江東（長江下游南岸）地區。

孫策先後攻揚州刺史劉繇、會稽太守王朗等諸部。孫權的哥哥人稱「小霸王」，善用兵，軍紀嚴明，又得周瑜、張紘等當地名士支持與輔佐，先後攻占吳、會稽等郡。孫策為人闊達，善於用人，故甚得江東民心，短短 8 年間，平定了整個江東，並使江東迅速蓬勃發展，打下了吳國的基礎。

孫策平定江東後，自領會稽太守，並以其親族分守諸郡。那時袁術僭號稱帝時，孫策與之絕交，並奉漢帝詔討伐袁術。後來曹操封孫策為「討逆將軍」、吳侯。建安四年袁術死後，孫策擊敗廬江太守劉勳，得到了袁術、劉勳的兵馬兩萬多人，之後統一江東，割據東南。曹操忌憚孫策的強大，「與之結親以安其心」，把弟弟曹仁的女兒許配孫策的弟弟孫匡，又讓兒子曹彰娶了孫策的弟弟孫賁的女兒。建安五年，曹操與袁紹相持於官渡，孫策打算趁機偷襲許都。但是孫策為故吳郡太守許貢的門客殺手所殺，臨終囑弟弟孫權繼承東吳事業。

孫策的性格也有剛毅、倔強的一面，這又很像他的父親孫堅，存在著缺陷，有時處理事務顯得輕率、急躁，而一旦發起脾氣來，則是不計後果，固執而倔強，聽不進不同的意見。但是不可否認其實孫策是被人忽略的大戰略家之一，孫策的「欲襲中原」，絕對不是一時衝動，而是有預謀的，而且比後來的魯肅和周瑜都高明的多。

而他的弟弟孫權戰略不如其兄，就表現在其思緒混亂，而且也無法確實掌握時機。這個孫策臨死時的一番話，說得最清楚。什麼你不如我，我不如你，不過是客氣、是鼓勵罷了。

不過當年，孫堅孫策打天下時，孫權還沒有長大，一個小孩自然沒有

什麼出色的表現，而當天下三分的局勢初定，孫權還得在魏蜀之間周旋，更不敢像曹操一樣恣意放縱自己的欲望。陳壽評價孫權時這樣說：「孫權屈身忍辱，任才尚計……故能自擅江表，成鼎峙之業。」

此時的孫權，正仗著父兄留下的基業，戰戰兢兢地對抗來自北方的強大軍事壓力。孫權不是那種臨陣決戰的君主，以其兄孫策死前對他的評價就是：「舉江東之眾，決機於兩陣之間，與天下爭衡，卿不如我。舉賢任能，各盡其心，以保江東，我不如卿」。人之將死，其言也善，一句話完成了孫權的定位：守成之主。

創業容易守業難，孫權的處境比父兄時代更有挑戰性。「生子當如孫仲謀」（仲謀是孫權的字）曹操曾經說過這樣一句話。可想而知孫權在當時是很受世人好評的。他襲父兄基業，自己也任人為才，禮賢下士，風格與其父兄大大不同。

後來曹操拿下荊州後下書招降孫權，他極力主張抗曹，這時的曹操可以說是很可怕的，之前幾乎戰無不勝，這說明孫權做人很有主張很勇敢，和保住父兄基業的堅定信念。後期孫權稱帝後，可能因年邁，也做了很多錯事傻事，這可能是歷代帝王的通病吧。總體來看孫權還是個了不起的人物，也很孝順，應該算是一個一代明君了。

二、父子是虎父無犬子，兄弟是龍兄帶虎弟

在西元 229 年春，孫權正式登基稱帝後，追諡他的父親孫堅為武烈皇帝。「喝水不忘打井人」，孫權之所以能夠跟曹操劉備平分天下，當然不能忘記是父親和兄長幫他打下了三分之一壁的江山。

人才其實就是培養出來的，如果一個聰明的孩子從小能夠得到很好的

教導，那麼等他長大了，他就是一個人才了。孫權就是這麼一個聰明人，再加上他父親的正確教導，他還不能成為個「人才」嗎？

孫權的老爸孫堅，《三國志》陳壽評論說他「勇摯剛毅，孤微發跡，導溫戮卓，山陵杜塞，有忠壯之烈」。裴松之也說他於興義之中，最有忠烈之稱。縱觀孫堅一生，這些評價中肯切實，洵非虛語。

史書《三國志·吳書·孫破虜傳》記載孫堅少時為縣吏，性闊達，好奇節。他十七歲那年，隨其父一起乘船去錢塘，途中，正碰上海盜胡玉等人搶掠商人財物，在岸上分贓。商旅行人，一見此情此景，都嚇得止步不前，過往船隻，也不敢向前行駛。孫堅見狀，對父親說：「此賊可擊，請討之。」他父親說：「非爾所圖也。」

孫堅提刀，大步奔向岸邊，一面走，一面用手向東向西指揮著，好像正分派部署人眾對海盜進行包抄圍捕似的。海盜們遠遠望見這情形，錯認為官兵來緝捕他們，驚慌失措，扔掉財貨，四散奔逃。孫堅不肯甘休，追殺一海盜而回，其父親大驚。孫堅卻因此聲名大振，郡府裡召他代理校尉之職。

那時會稽郡人許昌在句章興兵作亂，自稱陽明皇帝，與其子許韶一起四處煽動諸縣，聚集起同夥數以萬計。孫堅以郡司馬的身分召募精良勇敢的壯士千餘人。會同州郡官兵，協力討伐，擊潰了這股勢力。這一年，正是漢靈帝熹平元年（172年）。刺史臧旻向朝廷呈報了孫堅的功勞，於是，孫堅被任命為鹽瀆縣丞，數年後，又相繼改任盱眙縣丞和下邳縣丞。

孫堅歷任三縣縣丞，所到之處，甚有聲望，官吏百姓也親近順服。和他往來的人，常常達到數目。這裡有鄉里者舊名人，也有任俠好事的少年。孫堅對他們，像對待子弟親友一樣。接待撫養，盡心盡力。

孫權的老爸孫堅作戰也很悍猛，常置生死於度外。一次，他乘勝追

敵，單騎深入，失利，受傷墜馬，臥於草中。當時，軍眾分散，不知他在什麼地方。虧得他所乘戰馬跑回軍營，咆哮嘶鳴。將士們隨馬找去，才在草中發現了孫堅。孫堅回營養了十幾天，傷勢略好，又奔赴疆場。可見孫權的父親是個智勇雙全的人物。

又據《吳錄》記載，廬江太守陸康的侄兒當時任宜春縣令，被敵兵所攻，派人向孫堅求救。主簿勸孫堅不要越界征討。孫堅回答：「太守我沒有什麼文德，只以征伐為功。越界征討，是為保全郡國。倘若以此獲罪，我無愧於天下！」於是，整頓部伍，起兵馳援，敵人聽說孫堅要來，聞風逃遁。漢靈帝知道了孫堅的戰功，封他為烏程侯。

當時，關東州郡長官，為了擴大勢力地盤，紛紛兼併割據。袁紹、袁術雖為兄弟，可互相之間爾虞我詐，勾心鬥角。袁術派孫堅去攻打董卓，作戰在外，袁紹卻改派周昂（一說為周禺）為豫州刺史，率兵襲取曾作為孫堅豫州刺史治所的陽城。

孫堅得此消息，十分感慨：「我們同舉義兵，目的是為了挽救江山社稷。如今逆賊將被掃滅，內部卻如此爭鬥起來，我跟誰戮力同心，回天轉日呢？」說完，仰天長嘆，淚如雨下。

事到如此，孫堅只好揮師攻打周昂，周昂潰敗遁逃。初平二年（191年），袁術派孫堅征討荊州，攻打劉表。劉表派黃祖在樊城、鄧縣之間迎戰。孫堅擊敗黃祖，乘勝追擊，渡過漢水，包圍襄陽。劉表閉門不戰，派黃祖乘夜出城調集兵士。黃祖帶兵歸來，孫堅又與他大戰。黃祖敗走，逃到峴山之中，孫堅追擊。黃祖部將從竹林間發射暗箭，孫堅不幸中箭身死。

相傳孫堅有戴紅頭巾的習慣，還用此物敗敵救命。就這點就足以說明他善於打仗，而且是智勇兼資，孫堅作戰勇猛，衝鋒時往往身先士卒，而

且基本上沒吃過什麼敗仗，最可貴的是他從不輕敵，但就是每次打仗太過玩命，以至殞命。

孫權的母親是吳夫人，「本吳人，徙錢唐，早失父母，與弟景居。孫堅聞其才貌，欲娶之。吳氏親戚嫌堅輕狡，將拒焉。堅甚以慚恨。夫人謂親戚曰：『何愛一女，以取禍乎？如有不遇，命也。』於是遂許為婚。」（見《三國志·妃嬪傳》）

由上所述，可以看到孫堅之所以能娶到吳氏，頗有逼婚的性質，「吳氏親戚嫌堅輕狡」，「輕狡」，即不穩重與躁急橫暴的意思。看來孫堅所以享年不永，遭人暗算，即吃了他這種性格的虧。如果說孫堅是一位能征善戰的軍事家，那是當之無愧的，但他似乎不是深沉有大略的政壇能手。

孫堅死時，孫策那年17歲，還葬父柩於曲阿。孫策字伯符，是孫堅長子，孫權的大哥。初平元年，孫堅初興義兵，孫策「將母徙居舒，結交了周瑜，又收合士大夫，江、淮間人咸向之」，那時開始創業生涯的孫策才15歲。

孫策剛勇獨斷，雄健自肆，頗有其父之風。孫策一騎兵，犯罪後為逃避責罰，逃進袁術的軍營，藏到馬棚裡面。孫策派人追捕，直入袁術營中，將罪犯搜出，當場斬首。事情結束後，孫策才去拜見袁術，說明情況，向他道歉。袁術說：「兵人好叛，當共疾之，何為謝也？」由是軍中更加敬畏孫策了。袁術曾經常嘆說：「使術有子如孫郎，死復何恨！」可見孫堅的大兒子是個讓袁術讚嘆的兒子。

孫策這個人極富個人魅力。「其為人，美姿顏，好笑語，性闊達聽受，善於用人，是以士民見者，莫不盡心，樂為致死」，孫策因此「縱橫無敵，擊破薛禮、笮融，兵臨曲阿。劉繇棄軍遁逃，孫策遂據曲阿，賞賜將卒，傳檄諸縣，諸郡守皆捐城郭奔走，又從容攻破嚴白虎等豪帥」。孫

策收降納叛，軍紀整肅嚴明，江東士民傾心擁戴。

孫策稍後自領會稽太守，復以吳景為丹楊太守，以孫賁為豫章太守，分豫章為廬陵郡，以賁弟輔為廬陵太守，丹揚朱治為吳郡太守。以彭城張昭、廣陵張紘、秦松、陳端等為謀主，一時間人才濟濟，軍親民附，孫氏獨霸江東的局面已經基本形成。

他不僅對武將如此信任，對年高望重的文臣也照樣體貼，不加猜忌。孫策略定江東以後，對流寓江東的彭城人張昭頗為信重。「命昭為長史，撫軍中郎將，升堂拜母，如比肩之舊，文武之事，一以委昭」。因張昭頗有聲望，北方士大夫在寫給張昭的信中，把孫策創業功績，多加到張昭身上。張昭覺得很過意不去，因之進退不安。孫策知道了，歡笑曰：「昔管仲相齊，一則仲父，二則仲父，而桓公為霸者宗，今子布賢，我能用之，其功名獨不在我乎？」

但是人無完人，雖然虎父無犬子，也同樣的繼承了他老爸存在的缺陷毛病，有時處理事務輕率、急躁，固執而倔強，聽不進別人不同的意見。可以說，孫策的確是位很好的軍人，但卻不是一名合格的政治家。

那個時候孫策已盡得江東，但是聽說曹操與袁紹相持於官渡，準備決戰，他就打算率軍渡江去北襲許昌。這個消息曹軍知道了無不驚訝，但是曹操的謀士郭嘉說：「孫策新並江東，所誅皆英豪雄傑，能得人死力者也。然策輕而無備，雖有百萬之眾，無異於獨行中原也。若刺客伏起，一人之敵耳。以吾觀之，必死於匹夫之手。」（見《三國志·魏書·郭嘉傳》）。後來果然被郭嘉不幸言中。

建安五年（西元 200 年）四月，孫策又出去打獵。他騎的是上等精駿寶馬，馳驅逐鹿，跟從的人絕對趕不上。正當他快如疾風地奔馳時，突然從草叢中躍出三人，彎弓搭箭，向他射來。孫策倉猝間，不及躲避，面頰

中箭。這時，後面的扈從騎兵已經趕到，將三個人殺死。

孫策中箭，創痛劇烈。自知不久於人世，便請來張昭等人，托以後事。他說：「中國方亂，夫以吳、越之眾，三江之固，足以觀成敗。公等善相吾弟！」（見《三國志·吳書·孫討逆傳》）

接著，叫來弟弟孫權，給他佩上印綬，說：「舉江東之眾，決機於兩陣之間，與天下爭衡，卿不如我。舉賢任能，各盡其心，以保江東，我不如卿。」當天夜裡，孫策就去世了，可惜時年才26歲。

關於孫策之死，說法紛紜。裴松之《三國志注》引《吳曆》記載，孫策受傷，醫生告訴他，說這傷可治，但應好好養護，一百天不能有劇烈活動。孫策拿過鏡子自照面目，對左右說：「臉成了這個樣子，還能建功立業嗎？」奮起虎威，推幾大吼，傷口都裂開了。當夜死去。《吳曆》所記，這種說法可以值得一信，史書記載孫策的確是位美男子，他的老婆就是江南第一美女大喬，所以愛「臭美」也許也情有可原。

雖然孫權的父親和哥哥都早逝，但孫權稍長大後就曾跟隨哥哥孫策一起轉戰江東，也常在一起進行謀劃。而且他們也拉起了一支有很強戰鬥力的隊伍，也占據了一塊相當大的地盤。這就為孫權在江南建立東吳國，奠定了良好的基礎。

身為老爸的孫堅培養了優秀的大兒子孫策，當然也在同時對孫權產生了極大的教育意義，父親哥哥的言傳身教、自己的耳濡目染，孫權理所當然也成了個「好兒子」。

這個不用別人來評論，且聽聽當世兩大人物的話就可見一斑了。袁術是個大人物了，也嘆道：「使術有子如孫郎，死復何恨！」這表揚的是哥哥孫策；曹操名頭夠大了吧，他後來也感嘆道：「生子當如孫仲謀！」這是誇弟弟孫權的。

三、母親吳夫人倚井教子，孫權賠了夫人又折兵

　　孫權的母親吳氏，是孫堅的正室，史傳中稱為吳夫人；在《三國演義》中被稱為吳太夫人。吳夫人，是一位才貌雙全的奇女子，但也像歷史上許多傑出的女性一樣，卻沒能在正史中留下她的芳名。據《三國志·吳書·妃嬪傳》記載：她本是吳郡人，吳郡的郡治在吳縣（今江蘇蘇州市），是個大範圍的地理概念；也有一種說法是現今的浙江省建德市人，當時屬於吳郡富春縣（今浙江富陽市）。父親吳輝，字光修，曾做過東漢的奉車都尉，官至刺史。由此看來，吳氏家族也應該是有一定的地位和勢力的。吳輝去世後，葬在了姑蘇山西北、胥口的東岸。父母雙親過世後，吳氏就與弟弟吳景一起，舉家遷到了錢唐（今浙江杭州市），投靠在親戚家中。正是青春的吳氏出落得美豔絕倫，又加上有學識才智，因此來錢塘後也算得上是個遠近聞名的大美人了。

　　年輕的孫堅知這後，就想要娶她為妻。那時，孫堅因為與父親一起乘船到錢塘去，在錢塘江畔隻身智捕海盜，追殺盜賊，保護了商旅的財物，而名聲大振，被郡府任命為緝捕盜賊的武官，因此也算是有點權力的小官吏了。但沒有想到吳氏的親戚都嫌孫堅「輕佻狡詐」，不夠穩重，而孫氏家族的門第也不算很高，所以就想加以拒絕，孫堅感到失望又慚愧，並由怨而生恨。吳氏知道後，恐怕會因為自己的緣由，而給親戚們帶來麻煩與不利，就對親戚們說：「為什麼要為憐惜一個女子而招致災禍呢？如果我找不到好丈夫，那也是命中注定的。（何愛一女，以取禍乎？如有不遇，命也。）」在吳氏本人的勸說下，親戚們終於同意了這門婚事。

　　這樣看起來，孫堅能夠娶到吳氏，可以就是逼婚的意思，但吳氏對孫堅的才幹也肯定是多少有所了解的，更重要的是，孫吳兩家的聯姻，無形

中消彌了孫堅可能會對吳氏親戚的仇怨或不利，並使孫、吳兩族緊密地給合在一起。後來，吳夫人之弟吳景帶領部屬跟隨孫堅父子北戰南征，為創建東吳基業立下了赫赫戰功，便是明證。而孫堅與吳夫人倆，婚後共同生活了近二十年，雖然有可能倆人是聚少離多，但他們卻生育了四個兒子和一個女兒，也算是對這段婚姻的最好注解。

在東漢末期的動亂年代裡，身為地方將官的孫堅，往往是常年征戰在沙場上，而撫養、教育兒女的重任也就落到了吳夫人的身上。而吳夫人教育兒女也很有辦法，總是寬容、誘導，諄諄教誨，讓兒女自己領悟，明辨是非，這對於子女的成長是大有裨益的。下面的這個事例可以看出吳夫人在教育兒子孫策、孫權兄弟禮賢下士，尊重人才方面，有著重要的影響。

大兒子孫策可以稱得上是東漢末年的「戰神」，年輕有為，世人稱之為「小霸王」，那就是小項羽啊！孫策二十幾歲就率領一支數千人的軍隊渡江轉戰，以迅雷之勢，很快攻下了丹楊、吳郡、會稽，成為了執掌一方的統帥，為開創東吳大業奠定了基礎。

據《三國志》注引《會稽典錄》記載：會稽郡的功曹魏騰，字周林，是個性格直率、剛毅不阿的人，辦事堅持原則，決不會以長官的意志行事。有一次，魏騰違背了孫策的意旨，激怒了孫策。孫策為此火冒三丈，大發雷霆，決意要殺死魏騰。下屬們見孫策發怒，都非常害怕，不敢去勸說，又想不出什麼好辦法來解救魏騰。

吳夫人知道後，就站在了水井邊要跳井自殺，侍從報告了孫策，孫策急忙前來看望母親。這時吳夫人倚扶著井沿對兒子說：「你剛剛立足江南，好不容易開創了一個新局面，很多事務尚在草創之中，根基還沒有穩固。當務之急是要禮賢下士，捨棄他們的過錯，表彰他們的功勞，這樣人們才會來投奔你。魏騰功曹辦事遵守法度，盡職盡責，你今天要是殺了他，那

麼明天大家就會背離你而去。我不忍心看到你大禍臨頭，還是先投井自殺了省心。」孫策聽了母親的訴說，心中大為震驚，馬上省悟了過來，領會了母親的良苦用心，於是立刻釋放了魏騰。

吳夫人機敏地現身說法，使孫策能清醒地意識到事態的嚴重性，反省自己的錯誤，自覺地釋放魏騰，而不會再加以追究。這既反映出了吳夫人的機智敏銳，教子有方，又可以想見吳夫人對這件事的重視。

魏姓家族是會稽郡的望族之一，他們在會稽郡乃至江東地區都有較大的影響力與號召力。孫策剛剛據有江東，處於開基創業之時，根基還沒有穩固，勢力還沒有壯大，會稽郡以及江東的一些大族，有的還處於敵對頑抗的狀態，沒有完全歸順；有的還處在徘徊觀望之中。孫氏要想立足江東，處理好與他們的關係，才是永久之計。

對於魏騰的處置，孫策在發怒時殺了他，在那個動亂的時代，也不是什麼大不了的事，但其影響則會是很大的，它會影響到一些大族的歸順去就，甚至激起更堅決的抵抗。吳夫人能清醒地意識到事態的嚴重性，以及它所產生的負面影響，並能及時地現身說教，義釋魏騰，這對穩定江東的民心有很重大的影響。

所以孫策、孫權兩兄弟能夠禮賢下士，重視人才，廣攬英雄，可以說與吳夫人的教育是有很大的關係的。吳夫人，也就是後來吳國太，史稱她「智略權謀」具有政治頭腦，對於大兒子孫策家教有方，對於少年統業的小兒子孫權也是盡心幫助，史稱是「夫人助治軍國，甚有補益」。

據說孫策孫權的母親吳夫人是建德市梅城人，建德市區在當時也是屬富春縣。現在梅城古鎮還保留有一口「六合古井」，相傳就是這吳夫人倚井教子、保釋魏騰的地方，所以大家都喜歡稱它為「教子井」。

說道後來孫權賠了夫人又折兵，這個故事是小說《三國演義》中一個

頗富喜劇性的有趣情節。小說中的孫權、周瑜一方本來安排這段姻緣是一場騙局，一出假戲，目的是以嫁妹為名誘騙劉備親自前來招親，以便將其扣留不放，索還原先借給劉備的荊州地盤。不料事態的發展竟然弄假成真，孫權白白地將妹子嫁給劉備，落得個「周郎妙計安天下，賠了夫人又折兵」的尷尬結局。所以發生這樣大的轉折，關鍵是一個老太婆和一個老頭子所產生的作用，兩人在書中都有姓無名，一個貴稱吳國太，一個尊為喬國老，其身分都是皇親國戚。有了這兩位皇親國戚的撐腰作主，劉備得以轉危為安，化憂作喜，夫妻諧合，龍鳳呈祥，孫權、周瑜枉費心機，無可奈何。

歷史上是孫權自己要把妹妹嫁給劉備，真實的「賠了夫人又折兵」，其實只是單純的政治婚姻而已。孫權勸妹嫁劉備，「賠了夫人又折兵」的故事，基本情節倒是本於史書《三國志》的。不過《三國演義》在講述這一歷史故事時，也虛構了不少情節。

例如在小說中促成劉備招親的關鍵人物吳國太和喬國老，而其實在建安十四年他們均早已不在人世；再如「佛寺看新郎」的佛寺即甘露寺，當時也並不存在；小說對孫權之妹在這椿政治婚姻中的態度描寫也不真實，嫁與年近半百的劉備，而且是嫁到名為盟友實則勾心鬥角的去處，這種政治婚姻，對她來說是悲劇而絕非喜劇。

還有一點很容易混亂搞錯的就是，這個故事裡的吳國太可不是上面「倚井教子」的吳國太，其實孫權的老爸孫堅同時娶了吳家兩姐妹，而教子的是大吳國太是姐姐，看中劉備的卻是小吳國太了。那時大吳國太已經過世，她生了孫策孫權等幾個兒女，所以《演義》中的吳國太是指孫權的姨母兼庶母吳氏，是孫權生母的嫡親胞妹。

孫權的庶母兼阿姨小吳國太，「亦復饒有姊風」，也就是說很像孫權親

媽的作風。孫權同周瑜的交厚也是她竭力促成的，據《周瑜傳》記載：「初瑜見友於策，太妃又使權以兄事之」。意思是說，起初周瑜跟孫策交往的時候，就是這位吳國太極力促成孫權把周瑜也當自己哥哥一樣對待。

可見這位小吳國太也跟她姐姐一樣具有「智略權謀」，的確是「亦復饒有姊風」的。《三國演義》的相婿一回也描述了她對孫權的一番責備的話：孫權入後堂見母親，國太捶胸大哭。權曰：「母親何故煩惱？」國太曰：「你直如此將我看承得如無物！我姊姊臨危之時吩咐你什麼話來？」孫權失驚曰：「母親有話明說，何苦如此！」……

吳氏姐妹二人臨大事的決斷，真是如出一轍。所以國太允婚，孫權也不敢不依。事實上，國太的堅決主婚，完全符合孫劉聯盟共拒曹操的形勢要求。

另外，孫權之所以對阿姨也是小媽的吳國太這樣百依百從的孝順，除了母子感情以外，還有更為深厚的基礎：當初孫策、孫權弟兄倆離開袁術獨立，最先就是投靠在曲阿（今丹陽市）的舅父丹陽太守吳景，而後才發展勢力獨霸江東，所以吳國太的主張他孫權也就不能不遵從了。所以說孫權的孝順，除了感情之外還有政治壓力的因素在內。

四、孫權有謀占江東，縱橫捭闔開帝業

西元 200 年，孫策被害致死，臨終時，孫策將孫權託付給了張昭，然後又將印信交給了孫權，對他說：「如果論率領江東將士征殺疆場，和天下豪傑逐鹿中原，你比不上我。但是如果論知人善任，合力穩定江東，哥哥我又不如你了。現在大任已經落到你的肩上，你自己好好努力吧。」孫策死的時候也很年輕，僅僅二十六歲，孫策也沒有辜負哥哥的希望，在二十七歲時聯合劉備在赤壁大戰中大敗曹操，奠定了自己的霸業。

孫權繼承父兄大業之初，政權是很不穩固的，當時的統治區域雖然已經包括了江東六郡，但並沒有完全穩定，再加上孫策剛死，許多人想投靠新主子。危難之際，文臣張昭和武將周瑜齊心協力說服了大家一起輔佐孫權，說孫權完全能擔當復興江東的重任。政權終於初步穩定了下來。

緊接著，孫權便採取了一系列措施來繼續穩固自己的地位，並看準時機來擴充領地。哥哥孫策以前任命的盧江太守李術在孫策死後不再聽從孫權的命令，顯露出反叛之心，還明目張膽地收留包庇叛將。孫權命他交出，李術卻狡辯說：「如果你有德有才，那大家一定會聽從你調遣的。如果沒有德，那大家肯定會離開你另投別處。我現在不能從命。」公開和孫權作對。

為了徹底除掉李術，孫權周密謀劃。他預料到李術將來被攻時肯定會向北面的曹操求救，於是就先下手，寫信給曹操。信中重提李術以前殺掉曹操的揚州刺史的舊事，以引起曹操的嫉恨，然後說李術的本性狡詐凶殘，毫無信用。現在我要興兵討伐他，希望曹操不要聽信李術的詭辯之詞，給他派援兵。孫權這封信很絕，可謂一箭雙雕：一是堵死了李術的退路，二是堵住了曹操出兵的藉口，因為當時曹操如果多樹立一個割據者和孫權作對，自己就多了一份力量。準備工作做好了，孫權便開始動手了。

等孫權的軍隊將李術圍困在皖城後，李術果然不出孫權所料，急忙向曹操求救兵。曹操恨他反覆無常，拒絕出兵。李術終於被孫權誅殺。

平定了李術，孫權又平定了一次內部的叛亂。他的堂兄孫輔害怕孫權年輕無能，無法保住江東，自己與其等死，不如先投靠曹操，然後自己來做江東之主。沒想到送信的人並沒有和他同流合汙，而是直接將信送到了孫權那裡。孫權先是不動聲色，然後叫上張昭一起去找孫輔。見了堂兄，孫權笑著說：「兄長是不是享樂得不知如何是好了？為何私自招引別人來江東？」

第八位皇帝老爸
吳大帝 ── 孫權

　　開始孫輔不肯承認，等孫權將他給曹操的書信拿出來後，再也無法抵賴。張昭一見，也異常惱怒。孫權將孫輔抓了起來，考慮到兄弟情誼，沒有要他的性命，而是將他監禁起來。對於他的屬下，孫權毫不手軟，基本上都處死了，手下的兵士則分給了眾將充實軍力。

　　輔佐孫權的大臣們中，除了張昭和周瑜之外，還有一個很重要的人物就是魯肅。他對於孫權就好像諸葛亮對與劉備一樣，他也曾經像諸葛亮在「隆中對」中那樣為孫權分析過天下大勢：「現在的漢朝已經無法恢復元氣了，但是曹操也很難短期內將他清除。現在將軍您最重要的是安定自己的後方，以便對抗曹操。穩固自己的領地之後，再等待有利時機，四處征討，最終將長江兩岸廣闊的領地據為己有。到那時便可以稱帝號令天下了。這其實就是當年漢高祖曾經創立的功業。」

　　孫權聽從了魯肅的謀略，開始穩固江東，適時地出擊，擴充領地。首先他解決了山越人騷擾的問題。山越人是秦漢時期百越的後代（百越就是古時候生活在現在江南和華南，以及西南的廣西和雲南的少數民族，現在的「越南」一名就是在百越之南的意思），為了逃避原來苛重的賦稅，逃進山林中，形成了自己的組織和社會，拒絕向孫權政權交納租稅。

　　開始的時候，孫權派兵鎮壓，但收效不大。為了集中兵力對外用兵，解除後顧之憂，孫權調集重兵開始對付山越人。大將呂范、程普、太史慈、韓當、周泰等領兵合圍，逐漸將山越人的領袖抓獲，其他山越人區別對待：強壯的青年人充實軍隊，老人、婦女統一管理，從事農業生產。孫權集中兵力終於解決了山越人的問題，後方得以徹底穩固，這為他下一步對外用兵奠定了基礎。

　　在孫權躊躇滿志地想繼續進兵荊州時，曹操卻領兵南下，在他之前進入荊州地界。孫權聯合劉備共抗曹操，這就是歷史上有名的赤壁之戰。

當時的荊州牧（即荊州的行政長官）劉表剛病死，兩個兒子劉琦和劉琮不合，魯肅建議孫權派他去勸說他們與江東合作，同時盡力聯合暫時寄居荊州的劉備，共同抗擊曹操，然後再尋機奪取荊州，奠定帝王大業。以後孫權的行動基本上是按照魯肅的計策施行的。

魯肅在歷盡艱辛見到劉備之後，提出了聯合抗曹的主張，這和劉備、諸葛亮的設想不謀而合。後來曹操從江陵東進，形勢危急，諸葛亮急忙和魯肅一起去見孫權，分析了曹操兵力與江東和劉備兵力的對比，以及曹操長途征戰的不利因素，加上水上作戰江東占據上風。孫權聽了很興奮，便召集大臣們共同商議，恰好這時曹操送來了書信，說自己領兵八十萬，要與江東決一雌雄。曹操的恐嚇使張昭等文臣提出暫時投降曹操。孫權很不高興，後來藉口去廁所暫時躲出來，魯肅追上他又進行勸說，說別人投降都可以，唯獨他孫權不能，否則性命難保。魯肅又提議孫權將周瑜請來商議。周瑜回來之後力主抗曹，這堅定了孫權的信心。劉備和江東終於聯合起來做抗曹的準備。

周瑜領兵出擊，在赤壁和曹操的軍隊遭遇，周瑜採納了大將程普的計策，用苦肉計取得曹操的信任，說要投降曹操。然後用十艘戰船裝滿柴草、油脂，用火攻燒掉了曹操大營。曹操敗走華容道，狼狽北撤，損兵折將，死傷過半。赤壁一戰，曹操大傷元氣，三國鼎立局面基本上形成。

這一年，孫權僅僅 27 歲。在《三國演義》中對諸葛亮的作用有些誇大，對周瑜的描寫也比較多，但忽視了孫權的作用，文學作品和歷史事實畢竟是有些出入的。在赤壁打敗曹操之後，周瑜逐步取得了江陵地區。孫權又任命步騭為交州（現在的廣州一帶）刺史，步騭領兵南下，將東吳的勢力擴展到了交州一帶。

後來曹操又南下和孫權在長江兩岸激戰，地點就在現在南京附近，當

時的南京叫建業，是江東的都城。原來的都城在京口，即現在江蘇省的鎮江，後來孫權遷到了建業，並修築了「石頭城」。

到後來，孫權為了集中精力和劉備爭奪荊州，便和曹操講和了。曹操見無法取勝，也順水推舟表示同意。荊州原是為了聯合劉備抗曹暫時借給劉備的，後來孫權想和劉備聯合奪取巴蜀，即現在四川一帶，但劉備想以後自己獨占，攔截孫權的軍隊不讓通過。劉備後來真的得到了益州，孫權氣憤不已。

孫權屢次索要荊州，劉備都藉口不還，使雙方的矛盾激化。最後因為曹操進軍關中，威脅了劉備後方，劉備提出講和，孫權也因為兵力不足，結果雙方商議將荊州地區分割，南郡、武陵和零陵由劉備管轄，而長沙、江夏和桂陽劃歸江東。其實孫權並不滿足於此，他想以後借機再奪取整個荊州。

魯肅也常勸說孫權要和荊州的守將關羽和好，以便共同抗曹。孫權於是提出和關羽結成兒女親家，但關羽卻將求親的孫權使者大罵一頓，說自己的女兒絕不會嫁給孫權那窩囊廢一樣的兒子。這使孫權非常生氣，於是下決心奪回全部荊州。

起初孫權怕自己的軍隊無法打敗關羽的守軍，一時沒有什麼良策。這時大將呂蒙獻出一計：「現在關羽正在圍攻襄樊，但他卻在荊州也保留了重兵把守，沒將軍隊全部調往襄樊，主要是為了防備我們偷襲。現在我先假裝有病請假回都城休養，關羽對此不會有懷疑的，因為他知道我平時就有病，回來時我再帶走一部分軍隊迷惑他。這樣，關羽必然會放鬆荊州的警惕性，然後肯定會將大部分軍隊調往襄樊去的。那我們便可以在夜間偷偷進軍，偷襲荊州必然成功，到那時荊州就會落入我們手中，關羽也能斬殺。」

呂蒙和孫權依照計策行事，等呂蒙回來後，孫權便派了一個無名的儒將陸遜去接替呂蒙的職位。這個陸遜也並非等閒之輩，以後就是他火燒了替關羽報仇、發兵來攻的劉備八百里連營，最後使劉備連病帶氣死在了白帝城。陸遜到任之後，馬上給關羽寫了一封信，信中極力地吹捧關羽，說他神勇無敵，自己仰慕已久，請以後有機會多多指教。關羽見信後便信以為真，放鬆了警惕，就像呂蒙他們預料的那樣，將荊州的兵力大部分都調到襄樊助攻去了。

　　孫權得到資訊之後馬上發兵，他讓呂蒙為先鋒沿江前進，趁黑夜俘虜了江邊的守軍，然後向荊州其他地區進軍，到了南郡時守城的糜芳很吃驚，沒想到江東的軍隊會來。因為原來就和驕橫的關羽有矛盾，加上兵力無法守城，糜芳便開城門投降了。呂蒙對關羽部下很照顧，沒有妄加殺戮。

　　關羽知道南郡失守後，連忙撤兵南下，然後派使者到南郡探聽消息。呂蒙熱情迎接，盛情款待使者，還讓他和關羽將領的家屬們見面。呂蒙這一手措施非常奏效：使者回去後，將領們聽說自己的家屬照顧得比原來還好，便沒有了收復南郡的士氣了。關羽見將士們毫無鬥志，只好到麥城（即現在湖北當陽東南）固守，孫權派人去勸降，關羽假裝投降，將旗幟和假人樹立在城牆上，自己趁夜突圍。將士們都各自逃命去了，跟隨他僅有十幾個親信。

　　孫權最後還是將關羽父子抓獲，開始不想殺關羽，但眾人一致勸說，最後將關羽父子斬首，荊州到此全部奪回。而關羽給後人流下了不僅是個「義」字，還有兩個成語：後來人們使用關羽的「過五關、斬六將」來形容某個人的能力和成就，而用關羽的「敗走麥城」來形容一個人的失敗和挫折。

第八位皇帝老爸
吳大帝 —— 孫權

　　在孫權收回荊州的第二年曹操病死，兒子曹丕建立了魏國。孫權為了防備劉備報仇奪取荊州，便和魏國講和，還派使者代表他前去稱臣祝賀。曹丕也很高興，封孫權為吳王。這都是當時的互相利用的一種方式，等以後形勢發生了變化又會變成仇敵。

　　曹丕封孫權為吳王的消息傳到江東後，眾人議論紛紛，孫權很大度，說漢高祖劉邦就曾經接受了項羽的漢王封號，後來卻戰勝了項羽，建立了漢朝，現在我接受曹丕的封號也不過是暫時的。後來曹丕藉故又向孫權索取象牙、翡翠等珍寶，孫權也認為很划算，說這可以換來江東的平安。孫權的謙卑麻痹了曹丕，使他能夠集中力量來防備劉備。

　　後來，曹丕為了增強對江東的遙控，要求孫權將自己的兒子送到魏國都城做人質。孫權始終不肯，總是找藉口推辭，最後曹丕以此為藉口，說孫權心不誠，於是發兵攻打江東。孫權為了對抗曹丕，又派人向劉備請求和好，劉備此時也無法收回荊州，為了集中力量治理好後方，也同意了。

　　江東和魏國斷交，和劉備重新修好，這使曹丕很是惱火，親自率領軍隊討伐東吳。孫權採納了徐盛的計策，一夜之間在長江南岸用木樁和蘆葦造了無數的假城樓，連綿數百里遠。第二天，曹丕一見，以為江東早有防備，只得喪氣地退兵而去。

　　在西元 229 年，孫權趁魏國小皇帝在位、江東與劉備的蜀國關係較好的時機，稱帝建立了吳國，這就是歷史上所稱的三國時期的吳國大帝孫權。

五、皇帝老爸孫權，英雄不打折扣

皇帝老爸孫權是使孫吳集團發展壯大並且成為鼎足三分天下的獨立國家的建立者。

他的父親孫堅，孫吳集團的創始人；他的哥哥孫策，孫吳集團的奠基者；而孫權他本人，自從接管孫策江東大業後，不但禮賢下士唯才是舉，更重要的是他善於審時度勢，或聯劉抗曹或聯曹抗劉，善於捕捉機遇並果斷出擊，所以，使得江東大業存在的時間比蜀魏久。我們可以比較一下：曹魏集團存在了 46 年，曹操享年 66 歲；蜀漢集團存在了 42 年，劉備享年 63 歲；而孫吳集團存在的時間最長，51 年，孫權享年 71 歲。

孫權繼位的時候，年幼（當時孫權剛剛年滿 18 歲），勢孤，內困，外憂。為什麼孫權可以處於劣勢而使江東基業發展繼而三分天下的呢？

皇帝老爸孫權善於用人，以情感人。他納魯肅於凡品，拔陸遜於行陣，獲于禁而不害，取荊州而兵不血刃。對周泰，他泣不成聲地說：「共榮辱，同休戚。」對諸葛瑾，他聲淚俱下地說：「恩如骨肉。」中大夫趙諮就曾經在曹丕面前盛讚孫權：「聰明、仁智、雄略之主也。」

皇帝老爸孫權英武決斷，唯利是舉。以赤壁之戰為例，赤壁之戰在當時是孫權鞏固江東基業，並且擴張勢力為鼎立天下奠定基礎的關鍵性戰役。曹操與孫權是姻親，曹操的侄女嫁給了孫權的弟弟孫匡，孫權的侄女嫁給了曹操的兒子曹璋，但是孫權在魯肅給他權衡利弊之後，毅然決然地與劉備聯手抗曹，最終取得赤壁之戰的勝利，鞏固了江東基業。

皇帝老爸孫權膽略過人，能屈能伸。陳壽有句話說得好，說孫權「有勾踐之奇」。孫權在前期創業時，似勾踐般忍辱負重。不但對曹魏俯首，而且，在劉備面前也十分謙遜。赤壁之戰後，為聯合劉備，孫權將其妹孫

夫人嫁給劉備,這又是孫權安排的政治婚姻,孫權的妹妹不過是這場政治策略的犧牲品。後又從魯肅之計,將荊州借給劉備。

後來,孫權看見劉備勢力發展過快,又在魏吳大戰濡須口後與曹操握手言和,簽定了魏吳祕密同盟,共伐關羽,計取荊州。而後,在西元 220 年曹丕繼位時候,孫權又向曹丕俯首稱臣,宣稱東吳是魏國的附庸,在夷陵火攻大破劉備。

在 223 年,劉備病逝,諸葛亮為了北伐,派鄧芝過江講和。孫權看見曹魏勢力過大,又與蜀漢和睦,共伐曹魏。曹丕病逝,孫權在權衡時局後,於西元 229 年自己稱帝於武昌(今湖北鄂城),東吳政權正式成立,旋即遷都建業。

孫權在前期創業時候,像越王勾踐一樣忍辱負重,乘間伺隙,權衡時局果斷出擊而使東吳鼎立於天下。但孫權在後期守業時候,也像勾踐一樣暴戾恣睢,盡殺功臣。《三國志》陳壽說他「性多嫌忌,果於殺戮,暨臻末年,彌以滋甚」,可謂字字見血。

縱觀皇帝老爸孫權的一生,除了晚年的多疑猜忌,可是說是一位能屈能伸、英武決斷、膽略過人的政治軍事領袖,曹操就曾經讚嘆孫權的軍事政治才能:「生兒當如孫仲謀」;在用人方面不拘一格,明智拔擢;在治理國家方面,重視農業生產、大力興修水利、積極發展外交、促進了當時南方經濟的發展。

孫權為什麼能被稱為英雄?

第一,從年齡上來說,孫權是不折不扣的少年英雄。孫權雖然也是三國的一代雄主,但他的年齡卻與曹操、劉備差很多。曹操生於 155 年,劉備生於 161 年,而孫權生於 182 年,看上去倒有點像現代人俗稱的「80後」了。孫權比曹操小 27 歲,比劉備小 21 歲。但是,孫權卻能夠與曹

操、劉備相抗衡，這當然是有英雄氣概的。

第二，從用人上來說，孫權具有英雄的情懷。孫權用人具有許多長處，他的用人在整個中國歷史上也有其獨具匠心的地方。他用人從來不論資排輩，只能是人才，他就勇於破格重用。例如他破格使用年輕的陸遜為帥，從而一舉擊敗了強大的劉備的進攻。

同時，孫權用人還堅持「用人不疑，疑人不用」的原則，有人告諸葛瑾的狀，但孫權仍然非常信任諸葛瑾。孫權用人還有一個特點，就是勇於在關鍵時刻起用人才，並委以重任，從而取得出奇制勝的效果。他在赤壁之戰中重用周瑜就是明證。

第三，從個人素養來說，孫權具有英雄之氣。孫權非常勇猛，他經常帶領部隊衝殺在前，撤離在後，每戰必身先士卒，深得將士們的信賴。但是，這樣做也經常給孫權帶來危險，例如他在帶兵進攻合肥的時候，下令撤軍以後他仍然留在前線殿後，因而給了張遼以可趁之機，險些丟失了性命。但是，孫權在以後的戰爭中仍然一如既往，所以他們經常能夠打勝仗。

第四、從當時人對他的評價說，孫權也有英雄之名。曹操就曾說：「生子當如孫仲謀，像劉景升的兒子，那簡直是豬狗不如！」劉備也對孫權心有忌憚，他在京口會見孫權以後，曾心有餘悸地對部下說：「孫車騎長上短下，吾不能再見之。」

第五、從處理國家大政方針為說，孫權能屈能伸，具有英雄之節。他在自身實力弱小的時候能夠忍辱負重，積蓄力量，以求突破。他曾多次對魏稱臣，又曾多次對劉備作出重大讓步，表面上看他好像吃虧了，但實際上他的力量就是在這個時候得以不斷壯大。他能夠正確分析敵我力量的對比，從不與敵人死打硬拚，能勝則勝之，不能勝也不強求，充分顯示了一個政治家的廣闊胸襟。

　　所以，從這些事實看，皇帝老爸孫權在三國時期的確是一位不折不扣的英雄。

　　很多人看《三國演義》很會不喜歡孫權，有些恨他，也有些瞧不起他，自己沒什麼本事，全靠父兄幫他打下的基業，《三國演義》第二十九回的回目說得好：「小霸王怒斬于吉，碧眼兒坐領江東」。這「碧眼兒」說得就是孫權，據說他長得像「外國人」，不過的確是正宗的漢人血統，好像後來水滸中的劉唐也是這種類型。

　　英雄從來都不是自封的，都是要靠對手來成就的。那麼你看看成就孫權是個英雄的兩大對手：曹操、劉備。這二位都是三國時期響噹噹的大英雄，但是二位都曾敗於孫權之手。赤壁一戰，曹操率數倍於江東的大軍來犯，結果被周瑜「談笑間強虜灰飛煙滅」；劉備率大軍來襲，結果夷陵一戰，被陸遜火燒連營七百里。

　　孫權不是英雄，但是三國時期最厲害的兩大英雄都敗在他的手下，這樣的人，不是英雄，也是英雄了。一般說來，英雄都是要主動出擊才是英雄，這一點上孫權是差了一些，但他也不是苟且偷生之輩，他也曾出擊，一舉而勝，而且他的對手是三國時期不是英雄卻被人廣泛地稱為英雄的人物 —— 關羽。那麼有名氣的一個人物，被「孫權勸學」過的「吳下阿蒙」輕而易舉地把所謂固若金湯的防守就給突破了，並進而拿下了荊州。

　　也許有人會說，提到的周瑜、陸遜、呂蒙倒是都可以稱為英雄，而孫權卻不應該算吧。那麼好，有三大英雄能為孫權所用，孫權可謂是個英雄「頭子」了，所以，孫權，絕對是個英雄無疑了。

　　辛棄疾居然也對人們十分不喜歡的孫權倍加推崇：「千古江山，英雄無覓，孫仲謀處。」、「年少萬兜鍪，坐斷東南戰未休。天下英雄誰敵手？曹劉！生子當如孫仲謀。」後來漸漸地人們也得出了一個結論：孫權應該

是個英雄，而且是個大英雄。

六、孫權英雄一世，沒處理好家事

　　孫權的第一位夫人是謝夫人，她的老爸做過漢朝的尚書郎，算是書香門地出生的，她的天姿國色聞名於江東。當時媒人踏破了門檻，但都被謝家所拒絕。孫權的母親吳夫人聽到這個消息，便將謝氏納為孫權的妃子。吳國太可能是想讓北方讀書人家的女子來教化孫家的子弟，就幫兒子孫權「聘為妃」。從「聘為妃」這三個字推斷，這椿婚事肯定是孫權繼承大位之後進行的。

　　孫權也很喜歡這位謝夫人，但這椿美滿的婚姻很快就被孫權娶第二個老婆的事所打破。因為好景不長，孫權又娶了姑母的孫女徐氏為夫人，徐夫人祖籍吳郡富春人。她的祖父徐真與孫權的父親孫堅親近，孫堅將自己的妹妹許配給了徐真。徐夫人先是嫁給了同郡的陸尚，陸尚去世後被討虜將軍孫權聘以為妃。徐氏比謝氏年輕而且更美麗，謝氏漸漸地失去了孫權的寵幸，不久恚恨憂鬱而死。

　　謝夫人沒有兒子，便撫養了孫權妾所生子孫登。謝夫人去世以後，孫權命徐夫人以母親的身分撫養孫登。孫登得立為太子，群臣請立徐氏為皇后。不料後宮又有步氏、袁氏以及王氏受寵超過了徐夫人。孫登很早就因病去世，後宮又展開了爭奪儲位的明爭暗鬥。

　　本來以孫權的身分地位，娶幾房姨太太不是什麼大不了的事，謝小姐生在書香門第，三從四德也是應該理解的，可是這次孫權是想讓謝小姐屈位於這位新夫人之下，更有意思的是這位新夫人竟然是孫權的表侄女！謝夫人不肯，最後失寵，鬱鬱寡歡中就死去了，《三國志》中說「早卒」，也不排除非正常死亡的可能性。

第八位皇帝老爸
吳大帝 —— 孫權

　　徐夫人嫁給孫權還是二婚，她第一個老公叫陸尚，後來死了。已經身為討虜將軍的孫權就娶了她，並要她撫養長子孫登。後來這位徐夫人性情太過嫉妒，後被孫權撇到某個地方一個人住了十多年。

　　雖然說古代親上加親的事情很平常，但娶自己的表侄女作小老婆即便在當時也是有點怪怪的。這個徐氏應該也是很有姿色的，不然就應該有什麼特別讓孫權「動心」的特點。設想一下，也許當時徐小姐死了老爸，接著又死了老公，孤苦無依，於是就搬到了舅公（孫堅）家，不小心（也許是有意的）和舅公的小兒子擦出了「愛情」的火花……

　　到後來孫權稱吳王，立孫登為太子，群臣就請立徐夫人為王后，但孫權不願意，這時的孫權是想立另外一位步夫人為王后，與是就和群臣僵在這裡，王后的位置也就一直虛懸。後來，徐夫人也就得病死了。

　　步夫人家是從淮陰避難到盧江的，孫策打下盧江後，就被孫權看上了，史書上說她「以美麗得幸於權」，成為孫權最喜歡的夫人。生了兩個女兒，大的叫孫魯班，表字大虎；小的叫孫魯育，表字小虎。大虎後來先嫁給周瑜的兒子周循，後嫁給了全綜；小虎則先嫁朱據，再嫁劉纂。

　　步夫人性格寬和，為人不錯，大家都喜歡，所孫權稱吳王后，準備立為王后，但是大臣們認為當立徐夫人為后，雙方僵持不下，一直都沒有定論，但宮中都稱她作皇后。後來，步夫人也死了，孫權才正式追認她為皇后，那詔書寫得可是真情四溢啊。

　　袁氏是袁術的女兒，她的品性最好，不過也沒有子嗣。步夫人得病去世，孫權打算立袁氏為皇后。袁氏以自己沒有兒子的理由推辭了。

　　王氏是琅琊人，選入宮中後在黃武年間得幸，生下了兒子孫和，受寵的程度僅次於步氏。步夫人去世後孫和立為太子，袁氏又拒絕了繼位中宮，孫權便打算立王夫人為皇后。群臣也認為母以子貴，既然孫和做了太

子，他的母親王氏照例也應當做皇后。

但是由於已故的步夫人的女兒全公主（即長女魯班）一向憎惡王夫人，並不時譖毀她。當時孫權得了重病臥床不起，全公主詆毀王夫人說她面有喜色，因此孫權責怒非常，王夫人無從辯白，憂懼而死。

王夫人被全公主譖毀而死，她的兒子孫和也因此失寵。孫和的弟弟魯王孫霸被孫權所愛，給予他的待遇和東宮的孫和一樣，於是二子互生嫌疑。孫霸暗中陰謀奪取嫡位，交結朝臣讒構孫和，孫權漸被他們所迷惑，從此厭惡太子孫和更加厲害。

太子太傅吾粲上書請讓魯王孫霸出鎮夏口，言詞過於激切觸怒了孫權。孫霸交結的大臣霸竺乘間譖吾粲。吾粲氣憤無處可訴，寫信給大將陸遜發洩心中的不平，霸竺誣陷他勾結外臣蓄謀不軌，於是吾粲被逮入獄中斃命。

孫權又派宦官去夏口譴責陸遜，陸遜已經年老禁不起心中的憤悶，不久病逝在夏口。他的兒子陸抗向孫權陳述父親的苦衷，孫權才稍微感悟到霸竺所說的不是實情，於是孫霸在父親眼中的地位也一落千丈。

此時潘夫人寵冠後宮，見孫和與孫霸都失去孫權的歡心，便趁機獻媚為自己的兒子孫亮謀取太子儲位，並且與全公主往來親密，給孫亮娶了全公主的姪孫女為妻。於是全公主每天在孫權面前讒毀孫和與孫霸，勸父親立幼子孫亮為皇儲。

孫權內惑於寵妃潘夫人，外信於愛女全公主，就下決心廢去孫和立孫亮。他私下對侍中孫峻說：「子弟不和睦恐怕會蹈袁紹的覆轍，假如現在不換太子可能會後患無窮。」孫峻的外甥女嫁給了孫亮，他當然袒護孫亮母子，贊成孫權的計畫。

赤烏十二年大司馬全琮病逝，40歲的全公主又一次守寡。孫峻正值

壯年身材偉岸，全公主多方勾引與孫峻私通在一起。二人在床帷間綢繆之餘，便密商廢去孫和改立孫亮的事情。於是孫峻開始肆意誣衊太子，最後孫權將太子孫和幽錮在一間陋室。不久孫和被廢為庶人，徙置在建業城外，魯王孫霸也同時被賜死。少子孫亮立為太子，潘夫人進位皇后，實現了多年的夙願。

潘皇后漸漸地恃寵生驕，以前的柔媚幾乎消失得沒有了蹤影。孫權才慢慢體會到了廢太子孫和的無辜。

當年八月的一天忽然刮起大風，江水洶湧淹沒了幾千里的土地，平地上積水深有八尺。孫權先祖陵墓所種的松柏都被大風拔起，飛落到建業城的南門外。孫權驚悸之下得了風疾，大病在床，一個多月不能治理朝政。到了冬天漸漸不起，皇后潘氏不知怎麼忽然暴亡，孫權見潘氏的項下有繩子勒痕，舌頭搭拉在外邊，知道一定是被謀殺的，便令左右祕密調查事情的真相。

原來是潘皇后對待下人過於暴虐，被宮人在她夜裡熟睡的時候扼死。孫權也知道她是咎由自取，不過看到她死得悲慘，免不了心裡悲憤交集，將行凶的宮人全部殺死。又拖延了兩三個月，71歲的孫權病逝。

其實不難看出，孫權死後到孫皓繼位之前，東吳政權的體系已經被嚴重打亂，再加上孫皓這個從小生活在陰謀中、受盡迫害、心理極度變態的君主繼承大寶，這個國家的走向就不難解釋了。

孫權到了晚年早已沒有了當年的英雄氣慨，變得殘忍好殺，猜忌昏昧。後宮裡的許多嬪妃都在為了爭寵而不擇手段。可惜孫權一世英雄，卻沒處理好家事，讓家族陰謀為帝國的崩潰埋下了伏筆。

七、生兒子要像孫權，孫權兒子多不肖

《三國志·吳志·吳主傳》記載：「十八年正月，曹公攻濡須，權與相拒月餘。曹公望權軍，嘆其齊肅，乃退。」裴松之注《吳曆》上說：「……權行五六里，回還作鼓吹。公見舟船器仗軍伍整肅，喟然嘆曰：『生子當如孫仲謀，劉景升兒子若豚犬耳。』」

就是說曹操與孫權相持於濡須（三國時期古城，現安徽省無為縣城北邊），曹操攻而不能破，且見吳軍陣容整肅，孫權英武異常，深為羨慕。於是就發出了「生子當如孫仲謀」的讚語，又嘆劉表的兒子是「豬狗」，整體來說曹操這是一句謾罵賭氣的話，而後人常以此比喻希望晚輩英賢。

孫權一共生有七個兒子，長子孫登被立為皇太子，這個太子命很不好，很早就死了。孫權的二兒子死的也早，因此孫權又立三兒子孫和做了第二任太子。孫權喜歡的是四兒子孫霸。當時朝廷中就有謠言，說孫權要改立孫霸為太子，「廢長立幼」這是古代皇位繼承人的大忌，估計這種謠言多半出自孫霸黨人的手筆。不過後來孫和與孫霸真的發生了爭鬥，孫權知道後，廢掉了孫和，殺掉了孫霸。兄弟失和，廢殺兒子，這是皇帝老爸孫權最痛心也是最無奈的事情，當然也是他們老孫家最不幸的時候。

「生子當如孫仲謀」是好樣的，但是孫權本人的幾個兒子卻大多不怎麼樣。不過，《三國志》孫權有五個兒子陳壽作了記載可以看到，其中孫權的長子孫登可謂也是德才兼備的。被皇帝老爸孫權立為太子，可惜他沒福氣繼承父位，不久就早逝了，孫權白髮人送黑髮人的悲痛不說，孫登早逝對於吳國國運的影響也是巨大的。

孫登天資聰穎，仁善愛人，加之孫權有心培養，迅速成長為能獨擔一方的軍政人才，其個人魅力也是相當突出的，周圍聚集了當時吳國的頂極

人才如諸葛恪等都是盡心輔佐，孫登都能合理地聽取建議並果於行動。

可惜孫登英年早逝，留下的事蹟歷史記載也不多，但人治時代，國家的繁榮昌盛關鍵在於主公是否英明，能否知人善任，體查下情，能否做到仁政。孫登和後來登上寶座的弟弟們相比，最大的優勢就在於此。

史書記載孫登死前，給父皇孫權上了一個奏章，也可以說是遺言，其中表達了他治國的理念，讀來使人感慨。其中寫道：「臣重惟當今方外多虞，師旅未休，當屬六軍，以圖進取。軍以人為眾，眾以財為寶，竊聞郡縣頗有荒殘，民物凋弊，奸亂萌生，是以法令繁滋，刑辟重切，臣聞為政聽民，律令與時推移，誠宜與將相大臣詳擇時宜，博采眾議，寬刑輕賦，均息力役，以順民望。」

古人文短意賅，但是其意深刻。我們可以稍加分析一下：

一是軍事，在軍事上孫登抓住了兩個重點，一是整軍，嚴肅軍紀，明確亂世中軍人的職責是進取，統一全國；二是糧草軍餉，這兩樣是軍人安身立命的基礎，冷兵器時代打仗拚的不僅是謀略，更是物質基礎，缺少糧草軍餉智慧如諸葛亮、姜維也不得不中斷出祁山的軍事好局。

二是法制建設，別以為古代沒有法制，其實古代相當時候的法制比之現代什麼刑法民法要細緻得多，也更嚴酷得多。孫登講了他在基層看到了現實情況，那就是城市殘破，人口劇減，經濟凋弊，流民遍野，由此引發的偷盜搶奸殺人放火等等治安案件不斷，案件發生的原因一是窮，沒飯吃，不違法就餓死，在這樣的情況下誰不去鋌而走險誰就不是正常人，這主要是政府造成的，二是漢法相當的繁瑣，量化得非常細緻，講什麼話，罵什麼人，打人傷到什麼程度，稅糧有多少未交等等都在違法範圍內更別說偷搶了，與此類民眾行為對應的刑罰又是非常重的肉刑，死刑的方式都多得不得了，對待肢體的懲罰更是多得連官員自己也背不全。

但孫登能理解，並提出了「為政聽民，律令與時推移」的理念。這樣的理念在現代與「執法為民、與時俱進」如出一轍。孫登的政治敏銳性由此可以窺見一斑，他已經意識到政府的過失由民眾重重承擔的法制現狀是危險的，民如水君如舟，可以載舟亦可覆舟，東漢末年各地統治者如過江之鯽般更替更讓其對自家王朝統治的現實擔憂，未雨酬繆。

三是經濟制度，孫登提出了寬刑輕賦，均息力役，以順民望的方針政策確然是大膽而現實的。

四是民主思想，孫登認為一把手必然不是孤立的，也是會有過失和錯誤的，也會有不知道的情況，但是崗位放在那裡，有權的是一把手，誰也搶不走，善於聽取意見不是無能而是英明是大度。所謂「誠宜與將相大臣詳擇時宜，博采眾議」，這完全是一種君主獨裁體制下的民主。

孫權年輕時的優異統治成績也是靠民主決策後再乾綱獨斷的。事實證明兼聽則明偏信則暗，沒有民主的話統治者就真成孤家寡人。孫權晚年做的事情是讓人失望的，他不再是個善於民主的一把手了，而成了一個暴君，不能聽進善意的勸諫，殺人如麻，為吳國的滅亡埋下了伏筆。孫登能意識到自己父親的缺點並在死前直言，赤子之心天人可鑑，難怪孫權在孫登死時痛心哀嘆了。

縱觀吳國宗室，我們可以因兩個人而作出美好的假設，前是孫堅，若其不恃勇落單，吳國史必是個進取的歷史而非偏安，後就是孫登，若孫權分壽於其子，則吳國將不至於宗室互戕，內政外交也必有其強盛。但假設畢竟只是假設，而歷史卻就是歷史。

皇帝老爸孫權的兒子中除了長子孫登，孫權的另一個兒子孫亮也還是比劉備的兒子強的多的，只可惜他的權力不大，歷史上也沒有記載他的事蹟，因此讓人感覺也應該是個很窩囊的兒子。

第八位皇帝老爸
吳大帝 —— 孫權

　　如果說，劉備剛創業的時候天天東奔西跑，居無定所，經常自己的命都保不住，還丟了個老婆，孩子也差點弄丟，肯定沒時間管孩子了。孩子的生母死的也早，劉阿斗自己又是下人們的小主人，肯定從小被寵壞了。但是孫權卻不存在這樣的問題，他比劉備安穩，比劉備生活品質高，比劉備有時間教育孩子，可是為什麼皇帝老爸孫權也跟劉備似的沒有教育好自己的兒子？

　　而曹操呢除了打仗，很多時間都在許昌，除了料理政事之外，有足夠的時間對孩子進行文才武略的教育。加上自己有文學細胞，孩子們受了不少遺傳。曹氏兄弟的周圍一些有才華的年輕人為朋友，得益不少。本來當時的洛陽、許昌一帶就是文化中心，用現在的話說，地方性教育水準就強的多。

　　但是孫權可以給孩子的東西也不比曹操少很多，當然除了「文學細胞」之外。你看，曹操除了打仗有足夠的時間教育兒子，孫權呢偏安江東，打仗出差的時間遠遠少於曹操；曹氏兄弟周圍有很多有才華的朋友，孫權兒子們的旁邊也有不少良師益友啊，比如周瑜、魯肅、呂蒙、陸遜、諸葛恪等；洛陽、許都是文化中心，可是東吳也不差，連諸葛亮也認為，孫權「國境有天然險阻，民心依附，許多賢士為他效力」（「國險而民附，賢能為之用」），應該說當時的東吳氣氛也是很不錯的。

　　皇帝老爸孫權之所以沒有教好兒子，問題只怕是出在了他沒有能像曹操那樣重視兒子的培養和言傳身教。曹操帶兒子出去打仗，不幸戰死了，如果不死那就多半會歷練出了一個軍事家了；曹操跟兒子們吟詩作對，經常出命題考究兒子，比如銅雀臺築成，曹操就命諸子作賦歌詠。

　　孫權沒有帶兒子打過仗，也不會跟兒子們一起「作賦歌詠」，雖然孫權也比較重視太子孫登的教育，這個史書上也有記載，但是皇帝老爸孫權

還是沒有教育出來很好的後代。皇帝老爸孫權在開拓精神上不如他的父兄，在那個亂世紛爭的時代裡，安守於一隅最後還是守不住的。

三國的時局如逆水行舟，不進則退，孫權給兒子的思想就是「國險而民附」，使兒子們沒有了危機感、使命感、進取心。子不教，父之過，所以說皇帝老爸孫權教育培養兒子成材方面也比劉備好不到哪兒去。

八、孫權的好兒子，最仁愛的長子

撥開歷史和的烽煙，放下對武力與智謀的爭論，暫且來看看曹劉孫三家的各位長子，曹操的大兒子曹昂和劉備的大兒子劉禪的故事大家都很熟悉了，這裡要認識一下孫登，這位東吳孫氏宗室中堪稱最仁愛的君子。

孫登是孫權的大兒子子，在孫權當了吳王的時候，孫登就被封為東中郎將，封萬戶侯。當年曹操給手下封的最大的戶數也只有張繡的兩千多戶。萬戶侯啊，多少人眼紅。可是，孫登卻推辭不受封。這只有兩種可能，一種是大善，一種是大惡似善。到底是哪種呢？讓我們從幾個方面來看看後來的故事。

孫登他被封為太子後，按說可以很自由地玩樂，可是，他既不像曹丕那樣得意忘形、手舞足蹈，也不像劉禪那樣不知責任重大，而整天與親臣、弄臣嬉戲玩樂，而是給自己挑選嚴格的老師，挑選的傑出的人才，成為自己的朋友。俗話說，看一個人的品性，就要看這個人的朋友。那麼，他挑選了哪些人來當自己的朋友呢？

他挑的好友有：剛正耿直的張休（張昭的兒子）、平和淡泊的顧譚（丞相顧雍的孫子）、聰明博學的諸葛恪（諸葛瑾的兒子，諸葛亮的侄兒）、英勇忠烈的陳表（大將陳武的兒子），史稱「太子四友」。

他與他們一起讀書、學習，一起練習騎馬射箭，史書上講孫登「與恪、休、譚等或同輿而載，或共帳而寐」，時時刻刻都在一起，接受薰陶。這四個人都是忠臣之後，家世清白正直，從小就受到了父輩很嚴格的教育，人品絕對首屈一指。

皇帝老爸孫權稱帝後，孫登立為皇太子，諸葛恪為太子左輔，張休為太子右弼，顧譚為太子輔正，陳表為翼正都尉。除這四友以外，還有謝景、范慎、刁玄、羊衜等等一代名士都當了太子的賓客，當時東宮「號為多士」。

交的朋友都是這樣的清正優秀，你說，孫登還會差嗎？

到了三國中後期，皇帝老爸孫權遷都到建業，孫登在上大將軍陸遜（又是一位極為優秀的老師）的輔佐下鎮守武昌（長江中上游，戰略要地）。孫登常出去借著打獵的時候順便去查看地形，身為太子，他帶著部隊在路上「常遠避良田，不踐苗稼」，如果要稍作休息了，就選擇空闊的地方，而不是去打擾老百姓，包括住老百姓的房屋避雨或是吃飯餵馬等等。這就展現孫登的愛民。

還有一次，他騎馬外出，路上有一顆彈丸飛過，差點打中他。警衛部隊到處搜查，抓到手裡抓著彈弓的一個人，弓也有，彈也有，大家都說就是這個人要行刺。可是這個人就是抵死不認罪。大家都非常憤怒，要扁他。孫登制止了，讓人去把那顆差點打中他的彈丸找來，與這個人所帶的彈丸一對比，發現不一樣，於是就把這個人釋放了。這就展現孫登的公正。

還有一次，孫登的一個盛水的金馬盂被偷了，後來查出來居然是自己的一個親信偷的。孫登得知後不忍心責罰他，把他叫來責備了一頓，然後將他遣返回家，並讓左右的人以後不要說出去。這展現孫登的寬仁。

這就是仁愛的孫登，寬厚的孫登，公正的孫登。

皇帝老爸的六位后妃，性格特點都是非常鮮明的：謝妃最要強，徐妃最好妒，步妃最賢慧，兩位王夫人最平和，潘夫人最惡毒。很不幸，孫登的母親是徐妃。

徐妃的祖父叫徐真，娶了孫堅的妹妹，是孫權的姑父；徐妃的父親是徐琨，是孫權的親表哥。徐妃算起來是孫權的表姪女，可是卻被孫權娶回當了老婆。徐真、徐琨父子二人從一開始就跟著孫堅、孫策四處打拚，討樊能、破張英、擊笮融、打劉繇、克李術、攻黃祖，為打下江東的大半基業立下了汗馬功勞。

徐妃原來是嫁給吳郡的陸尚的，後來陸尚死了，成為了寡婦。後來孫策剛到吳地，為了能立穩腳跟，便作主了這門政治婚姻，讓自己弟弟娶了自己的表姪女，與江東四大門閥之一的陸家搞好了關係。

由於徐妃並沒有什麼顯赫的家世背景，比不上步妃她們，再加上有了這段寡婦再嫁、姪女嫁叔的婚史，因此史書上說孫登「所生庶賤」。孫登從小的時候，親媽徐妃很少給予關愛，是個很不稱職的母親；而且特別愛妒忌別人，這一點非常不好，後來被孫權給廢了，從首都貶回老家吳郡了。這時候，孫登還是個只有幾歲，是個連 10 歲都不到的孩子。

徐妃走後，來了步妃。步妃是丞相步騭的族人，美貌異常，識大體、有素養，而且是個非常賢慧的後媽，對於孫登也非常關心，比親媽還要好，經常送東西給孫登。對後宮妃嬪也十分照顧，孫權、朝中上下、後宮幾乎都稱讚步妃。步妃的兩個女兒也非常優秀，嫁的人也非常優秀。大女兒叫大虎，先嫁給了周瑜的長子周循（這可是孫權最看重的一門親事），後來周循死改嫁給了全琮。小女兒叫小虎，先嫁給了朱據，後來朱據死改嫁給了劉纂。

　　世人都非常喜歡步妃，按照大多數人，如果遇到對自己這樣好的步妃，肯定會不由自主地認為步妃好，因為她比自己親媽都好，尤其是對一個才七八歲的孩子而言。可是，我們敬愛的孫登小朋友呢？

　　他卻仍然沒有忘記自己的親娘。步妃每次送他東西，他都跪著拜收下來；步妃送他衣服，他都洗過澡再穿。這種恭而敬之、敬而遠之的做法，哪裡能真正是將步妃當作親娘的高興心情啊。後來，11 歲的時候，孫權要封他為太子時，他推辭說，並說：「凡事應該先立根本，有了根本才會有道。如果要立太子，那就應該先立皇后。」孫權說：「那你媽媽現在在哪兒呢？又不在。」孫登回答說：「在，在吳。」史書記載，皇帝老爸孫權「默然」。

　　這就是孝順至極的孫登。

　　可能是幼年時期經歷了父母之變，長期生活在舉國稱讚步夫人的環境中。估計孫登一直存在心理問題，後來孫登當了二十一年的太子，在他三十三歲那年，病逝了。在臨終前，他在寫了一封遺書給父親孫權，在遺書裡寫了很多方面的內容，但卻沒有一個字是寫自己，所有的筆墨都用於對於國事的看法。

　　當孫權看到了這份遺書後，一邊讀，一邊哭，從這份遺書上，他看到了自己一直都沒有疼愛過，但也一直沒有失望過的長子，看到了他謙和的外表下那顆滾燙的心，看到了他那偉大而高尚的品格，看到了他這三十年來受到的痛苦卻一直忍在心底而沒有說出來，看到了他這麼多年來一直孤獨地生活在熱鬧非凡的寂寞裡，看到了他那從沒有開心過的一生。

　　皇帝老爸孫權整體來說不算是位好爸爸，不過至少也培養出來過一位不比曹操兒子差，比劉備兒子好很多的優秀的兒子。

九、江東優秀的接準班人太子孫登

孫登是孫權之長子，先後被立為王太子和皇太子，深受儒家學說的薰陶，與儒學士大夫人物同聲共氣，是一位難得的繼嗣人選。

在太子之位的二十多年裡，孫登上得孫權之歡心，下被天下百姓愛戴，中與朝中大臣和睦相處，其治理國家之能力，在大事小事上皆閃耀著一個明君之光芒。品德無二，能力無雙。無論從哪一方面來看，他將來都是一位不可多得的明君。可想不到的是，他居然那麼早地就離開了人世，離開了眾望所歸的那個皇帝之位。

當了 21 年的太子，他留給了吳國上下無限的悲哀，他留給父親的是一份寶貴的治國遺囑。他走的時候才 33 歲，正是一個人可創造輝煌的時候，可謂英年早逝。他的宅心仁厚在整個吳國盡人皆知，他死後被稱為「宣太子」，他活著的時候，其仁義、其道德已經人人傳頌。他的死是吳國的大損失，也是中國歷史的損失。

西元 241 年，年僅 33 歲的吳國太子孫登病逝。他在臨死前給父親孫權留下了一份洋洋灑灑的千字文：

「孩兒不孝不賢，所以被上天懲罰而纏上重病。自我反省，實在無話可說。品行鄙陋，恐怕終要離父親而去了。我並不惋惜自己，只是一想到將離開父母，從此，人鬼殊途，永遠也不能再敬奉仰望宮禁，不能朝拜陛下王后，生時沒有為國家出一點力，死卻留給陛下沉重的憂傷，這才是我感到悲哀的地方啊。

古人說，生死有命，長短在天。周晉、顏回都是智勇雙全的人才，尚且夭折，更何況是我愚昧鄙陋，活到今天，已經是上蒼對我不薄了。況且，我活著的時候是太子，死後還享受尊榮的地位，對於我來說，擁有的

第八位皇帝老爸
吳大帝 —— 孫權

已經太多，我還有什麼可悲嘆遺憾的呢？如今天下大事還沒有定局，流竄的賊寇還沒有處置，四海翹首以待，把命運繫在父親您身上。處境危險的人希望安全，處境動亂的人更是希望太平。希望父親能徹底忘掉我這個人，割捨普通百姓的情感，修練黃老之術，專心保養精神，加進營養膳食，廣開神聖英明的思慮，以確立萬古不朽的功業，那麼，整個天下的百姓很幸運地有了靠山，我死而無憾了。

父親不必為我的死難過，皇子孫和仁義孝順，聰明睿智，德行清明豐茂，應及早安排，從而讓天下百姓有所希望。大臣諸葛恪才能出眾，學識淵博，而且最為重要的是他的器量足以承擔佐助時政的職務。大臣張休、顧譚、謝景都很機敏，有見識，入則應該用為親近的心腹，出則可以成為堅利的爪牙。范慎、華融勇猛過人，氣節雄壯，確有國士之風。刁玄性情優柔且寬宏，並有道家風範，裴欽博聞強記，他的文采值得取用。蔣修、虞翻的志向氣節都很分明。這些臣子裡有的適宜任朝臣，有的可以任將帥，他們都通曉時政，熟悉法令，固守信用，堅持道義，具有威武不能屈的志向。他們在我身邊這麼多年來，我對他們的了解很深。所以，當初父親把他們安排在我身邊，我現在由衷地感到父親的苦心。

我深切地考慮到，現在境外多事，戰爭不止，我們應該勉勵六軍將士，以謀求進取。軍隊是以人為本的，人民則以財貨為寶貝。我私下聽說下面郡縣有不少地方荒蕪殘敗，百姓生活困苦，奸邪禍亂萌生，因此法令頻繁增加，刑法更加殘忍，我聽說治理政事要順從民意，法律政令要根據時代的變化而變化。眼下確實有必要和將相大臣們仔細地選擇合乎時宜的政策，廣泛採納眾人的意見，對刑法加以寬緩、賦稅加以減輕，適當地取消一些勞役，從而讓百姓歸心。大臣陸遜對時政忠誠勤勉，獻身憂國，盡心為公，有不謀私利的氣節。諸葛瑾、朱然、朱據、呂岱、張承、孫怡為

國盡忠，通曉治國的體制。父親可以讓他們拿出有益於國家和百姓的辦法，除掉苛刻繁瑣的政策，愛護養育兵馬，安撫百姓。五到十年，必能讓遠方的人歡喜而來，近處的人更加盡心盡力。無刀兵之禍，統一天下便可指日可待。

有人說，鳥之將死，其鳴也哀；人之將死，其言中肯，不摻一絲虛假。所以，楚國公子貞臨死前，留下遺言對時政提出告誡，君子認為他忠誠，何況我孫登，還能閉口無言嗎？希望父親大人能留意聽取採納我的意見，孩兒也就可以含笑九泉了。」

孫登囑咐手下人，待自己死後將此信交給父親。當孫權看到這封信的時候，無語淚流。老年喪子已經很不幸了，更何況這個兒子非比尋常，他是自己一生的寄託。

孫登死的消息傳出來後，豫章太守謝景無法克制自己悲傷的心情，竟然擅自去參加了孫登的喪禮，並向孫權請罪，請求免去他的太守之職。孫權告訴他，你跟太子多年，和其他官員不同。同時又派親近的使者去慰問他，並告訴他，豫章太守一職沒有合適的人選，還是需要他來承擔。太子早逝，吳國上下哀痛不已，身為父親的孫權更是以淚洗面多日。

西元 221 年，孫登被立為太子。孫權為了讓其成材，特意安排了諸多才識品德兼備的名臣當作他的賓客朋友。於是，孫登遺囑裡所提到的諸葛恪、張休、顧譚、陳表等人被選入東宮。他們陪著孫登研讀詩書，孫登若外出，他們就跟著騎馬射獵。孫權覺得身為未來之主的孫登應該熟悉近代史，於是就希望他能讀《漢書》。並特意讓張休去研究《漢書》很有名氣的張昭那裡學習，回來後再將所學的傳授給太子孫登。

孫登與這群大臣相處融洽，經常同乘一輛車，有時候因為聽講很晚，索性就跟這些人睡在了一起。這些人在一起儼然沒有師徒、主僕之分。太

傅張溫跟孫權說：「中庶子這個官職和太子最親近，他要在太子身邊回答太子提出的所有問題，應當任用德行傑出的人。」孫權也認為如此，就任命陳表等人為中庶子。陳表他們和孫登熟悉了以後，孫登就廢除了中庶子的一些繁文縟節。有一次，孫登把陳表按在自己所坐的凳子上，陳表覺得這樣很不好，孫登笑道：「您的學問理應坐在我上頭。」

不久，孫權遷都建業，徵召上大將軍陸遜輔佐孫登鎮守武昌，並讓他兼任宮府留事。孫登時常出去打獵，本來應該走近道，但為了避開農民的莊稼，他寧可多走幾里地。倘若在他打獵的地方有人種地，即使野獸橫行，飛禽撲面，他也要換個地方，就是因為他不想打擾百姓種地。

孫登的母親出身卑賤，而徐夫人對孫登從小就有養育之恩。後來徐夫人被廢黜，住在吳郡，步夫人開始得寵。步夫人，臨淮淮陰人，與步騭同族，早年「以美麗得幸孫權，寵冠後庭」，且不妒忌，故久見愛待，意欲立為皇后，終因朝臣以徐夫人相抗而未成。步夫人對孫登經常有所賞賜，孫登只是恭敬地接受，從不推辭。徐夫人派人來賜給他的衣服，他必要沐浴之後才穿。

孫權要立其為太子時，他卻推辭道：「本立道才生，要立太子，應當先立王后。」孫權笑道：「那麼，你媽媽現在在哪兒呢？她又不在。」孫登回答：「母親在吳郡。」孫權不說話了，他本以為孫登會說是步夫人。徐夫人雖然被廢黜了，但在孫登心裡，一日為母，終身為母。其恭孝之道，在宮廷那樣的環境下實在是難得。

在關於這位仁義太子的傳說中，有一件事是經常被人拿出來傳誦的，就是彈丸事件。有一次，孫登出外打獵，騎馬飛馳時，忽然一顆彈丸從他耳邊擦過。眾人大驚失色，迅速將其圍在中間，另外一批人找凶手。恰好有一人手提彈弓正在四處瞄準，這批人就把此人綁了拖來見孫登，此人已

經是魂不附體。

　　證據似乎確鑿，孫登的手下決定先將此人棒揍一頓，然後找棵樹吊死他。孫登叫人找到了從耳邊飛過的彈丸，又把那人所使用的彈丸放在一起比較，發現此人用的彈丸要遠遠小於那顆彈丸。於是，就把嚇得魂不附體的人放了。

　　孫登手下的人說，即使不是此人所為，必有人要對殿下不利，還是殺一儆百的好。孫登卻說：「國家有國家的法度，如果我以太子的身分將此人處死，那麼，我就是明知此人冤枉而濫殺。我不但犯了國家法度，還留下了罵名，一舉兩失，你們說，天下的百姓如果知道了這件事會怎麼想我和父皇呢？」

　　有人曾將孫登辨彈丸一事放進智書裡，認為孫登很聰明。其實，但凡是個人就知道應該拿來彈丸比較一下，而這件事之所以被人人傳誦，無非是因為孫登的美德，在三國時期，這種行為在一個儲君身上所展現出來的不僅僅是智慧了，形而上地認為，這該是一種仁德。

　　此事過去不久，又一件事被史家記載了下來。

　　有一天，孫登起來想吐痰，但找不到了那個可愛的盛水金馬盂。本來，這只是一件很小的東西，貴重就貴重在它是太子的私人物品。經過偵察，孫登找出了那個盜竊的人，他的手下人還是給他出主意，先棒揍一頓，然後砍腦袋。孫登很生氣地將小偷責備了一番，然後讓他滾蛋，並且告訴手下的人永遠不要再提這件事。

　　當他的弟弟孫慮去世後，父親孫權痛苦不堪，兩天才吃一頓飯。孫登得知此事後，晝夜兼程趕到父親所在地，對孫權說：「孫慮走了，這是命運。如今北方的土地還沒有統一，四海之民都在翹首盼望得到解救。老天把這樣的重擔子交給父親，可父親卻一點也感覺不到，反而不思飲食，我

真是為父親憂慮不安。」

孫權這才開始大吃大喝起來，十幾天後，孫權覺得自己沒事了，就打發他回駐地。但他卻懇求說：「兒子不能早晚向父親請安，這就是不孝。陸遜在那裡，難道父親還不放心嗎？我想再多陪父親一段時間。」

孫權想了想，就把他留了下來。不久，孫權出征新城，讓孫登留守，全面主持留守的政務。在此期間，因為諸多地方糧食歉收，盜賊滋生，孫登明確法令，從而防範了諸多想要趁勢作亂的人。

也算是天妒英才，江東優秀的准接班人太子孫登當了多年的仁義太子之後，突然就過世了。在他死後，孫權按照孫登的意思將另一個兒子孫和立為太子，這位第二任太子小時候就因母親王氏得寵，很為孫權喜愛，十四歲時，孫權就為其安排宮廷禁衛，並找大臣傳授其經傳。

孫和喜歡學習，對才學之士也很有禮貌，因而很受朝廷內外讚頌。成為太子後，他對政事的處理並不亞於孫登。但還有另外一種說法卻是，因為沒有了孫登，才顯出了孫和的才能。

十、皇帝老爸太子兒子，一個晚死，一個早逝

若孫權早一點死，或者孫登晚一點死，吳國的發展和三國的歷史必有完全不同的面貌。一個老而不死，一個英年早逝，注定了東吳政權日薄西山的命運，覆滅只是早晚的事。

在三國君王裡，孫權給後人的印象較為模糊，《三國演義》對他的晚年著墨不多，歷史上的孫權，晚年充滿戲劇張力，值得大書特書，只可惜評價是負面的，是昏君加上暴君的形象。

孫權最大的過失是廢太子孫和一事。寵信小人吳壹、頻頻用兵海外等糊塗賬還不算。西元 229 年，孫權稱帝，立長子孫登為皇太子，當時孫權

還有作為，以四位大臣的兒子為孫登的輔佐，這四個人是：諸葛瑾的兒子諸葛恪、張昭的兒子張休、顧雍的兒子顧譚、陳武的兒子陳表，他們和孫登同進同出，同車同床，十分友好。此外，孫權又安排四位賓客，在孫登身邊，謝景、范慎、刁玄、羊衜（同音，道）等四人都是名士。東宮號稱人才濟濟。

為了磨練孫登，孫權遷都建業後，留下孫登鎮守武昌，派「上大將軍」陸遜輔佐幫助太子。孫登勤政愛民，聲望很高，這麼大好的人，卻在三十三歲那年去世（西元 241 年）。他當了二十一年的太子，還沒登位便與世長辭。當時孫權六十一歲，還活得好好的。

孫登一死，亂了孫權的接班大局，政局也隨之混亂。

孫權心不甘情不願的，改立孫和為太子。說心不甘情不願，是因為依照排行，孫和受封為皇子，天經地義，可是孫權特別疼愛孫和的弟弟孫霸。皇位只有一個，怎麼辦呢？孫權只好封孫霸為魯王，俸祿待遇比照皇太子，和孫和同住一宮。這項作法，引起群臣議論紛紛，孫權從善如流，讓他們分居，各有各的僚屬，於是後遺症更加嚴重，朝廷分成兩派，明爭暗鬥，各護其主，更不乏從中挑撥，讓兩兄弟裂痕擴大的有心人士。

孫霸從敗部逐步爬升，黨羽不斷在孫權面前中傷孫和，眼看漸漸占了上風，但可能太過囂張，動作過於明目張膽，孫權雖然對孫和很感冒，但也對孫霸愈來愈反感，最後索性兩邊都不支持，廢掉孫和，命令孫霸自盡，決定另立孫亮為太子。

皇太子寶座爭奪戰讓孫權抓狂，變得敏感易怒，聽不進任何勸諫。來勸孫權不要廢太子的文武大臣，下場淒慘，陳正、陳象兩位軍官，全族被殺，朱據、屈晃兩位大臣被杖打一百軍棍。更遺憾的是，先前力挺孫和的超級戰將陸遜，竟在孫權的詰問懷疑中怨憤至死。

第八位皇帝老爸
吳大帝 —— 孫權

　　孫霸的黨羽，包括楊竺、全寄、吳安、孫奇等人，挑撥離間，法所難容，也紛紛被孫權殺害。兩年後（西元252年），孫權終於死了，活了71歲。繼位的孫亮只有10歲，無力掌控政局，那時孫吳的國勢紛紛擾擾，亂七八糟，只能形容是：很亂！很亂！

　　其實早在孫登還是太子之時，因為自己母親被廢黜和自己身體常常感到不適的關係，他常想讓出太子之位來。首先是孫權不答應，接著就是朝中但凡有點腦袋的大臣也不答應。因為無論從子嗣繼承的傳統還是孫登的品德能力來講，他做太子是唯一人選。

　　皇帝老爸孫權生有七個兒子：長子孫登、次子孫慮、三子孫和、四子孫霸、五子孫奮、六子孫休和最小的兒子孫亮。帝王多子本是情理中事，孫權在立儲君的問題上也算是一明君。早在221年時，孫權為吳王，就把孫登立為王太子。並且很注意對孫登的培養，精選師傅和賓友。諸葛恪、張休、顧譚和陳表號為「四友」，都是三國時的名臣代表，孫權把孫登交給這些人，顯然是對孫登寄予了厚望。241年，孫登一死，對於孫吳政權來講，這個損失是無法彌補的。而當時在東宮的這些人所代表的利益也讓後來的孫和與孫霸的角力更加激烈起來。

　　孫登在這些人的薰陶下，為人之表現與從政之態度頗具儒者氣質。大量關於孫登的事實，完全可以證明他就是一位最佳的繼嗣人選。陳壽後來在其傳末評道：「孫登居心所存，足為茂德之美。」宋人葉適也指出：「孫登德兼於能，知人則哲，深達治要，臨歿一疏，不論三代以前、三代以後，世子藩王之賢，少有及者，同時曹子桓、子建，何足道哉！」

　　但是，這樣一個人卻在父親還很健康的情況下早早地離開了，他並沒有繼承大位，這是他自己的損失，也是孫吳百姓的損失，更是孫吳政權後來出現波折的導火索。

孫權的第三個兒子孫和在 242 年獲得太子之位後，更是受到了連失二子的孫權的寵愛。正是基於此，他對孫和的培養絕不次於當初對孫登的培養。名儒闞澤就在這個時候出場了，他對太子孫和的教導可謂面面俱到，自己也是不遺餘力：「教以書藝，好學下士，甚見稱述。」

　　《吳書》上談到孫和，說，「（孫和）好文學，善騎射，承師涉學，精識聰敏，尊敬師傅，愛好人物」。孫和被立為太子後，以闞澤為太傅，薛綜為少傅，蔡穎、張純、封俌、嚴維等名士為侍從。

　　這樣的一群人在太子周圍，自然會讓以前跟著孫登的那些人聚攏過來。在這些人看來，孫和有能力，有品德，和當初的太子孫登不相上下，況且其所立符合了儒家的立長原則。當兩位太子的力量組合到一起的時候，就形成了一股強大的勢力，讓孫權不得不抽時間想上一想。

　　大概也是出於對太子勢力的忌憚，孫和被立為太子八個月後，孫權製造了一起事件，從此拉開了太子相爭的帷幕。西元 243 年八月，孫權當著群臣的面封四子孫霸為魯王，這其實並不算什麼，但讓眾臣感到奇怪的是，孫權對這位魯王寵愛備至，幾乎比寵愛孫和有過之而無不及。

　　過不久，宮廷裡便傳出了孫和與孫霸不和的消息來。孫權知道後，大為惱火，下令以後兩人不允許見面。他的命令並沒有起到任何效果，因為在他的「幫助」下，孫霸的勢力已經和孫和旗鼓相當了。兩個人的爭鬥逐漸明顯化，朝中大臣們自然也分成了兩派。從而形成了太子黨與魯王黨兩大陣營，相互傾軋。

　　皇帝老爸孫權這個老人壽命非常之長，孫和與孫霸鬥了八年，他居然還不死，但是，朝臣們的互相傾軋已經讓他感覺到了朝堂危機。一次，他對親信說：「兄弟不和睦，臣下又分成兩派，事情不太好，萬一發展到當初袁氏那樣，就不好收拾了。」

他首先對朝臣們下手，先是對支持太子孫和的朝臣進行譴責、流放甚至誅殺，接著就對付孫霸集團中的大臣們。在經過了血腥屠戮後，兩黨爭鬥才算告一段落。最後，在 250 年，他廢黜了孫和，又賜孫霸死，改立他最小的兒子孫亮為太子。要知道，當時他剩下的幾個兒子裡還有五子孫奮和六子孫休沒死呢，但他卻立了最小的孫亮。兩年後，孫權終於歸西，繼位後的孫亮才十歲，愚蠢與否不得而知，但因為年幼而無知卻是肯定的了。這樣一個小皇帝最終把孫吳政權拖進了萬丈深淵。

我們現在看那段歷史，覺得很奇怪，孫權的七個兒子，其中兩個是病死的，兩個是被他殺的。這四個兒子其實都很優秀，而最優秀的孫登之死對整個事件的影響是最大的。試想，如果他不死，以後的事情根本就不可能發生。孫登在太子之位上長達二十一年，從未做出任何讓孫權懷疑的事情來。這就足以說明，無論孫權以後會做出多麼愚蠢的舉動，也絕對不會廢黜孫登。況且，孫登曾讓過太子位，這就更加強了在孫權心裡的好印象。

孫登死後，圍繞著太子孫和與魯王孫霸爭嗣所展開的爭鬥，其持續時間之長、捲入人數之多、相互殘害之烈、危害之重，在歷史上實在找不出第二例來。孫權雖然暫時以斷然之手段平息了「二宮之爭」，但其遺患卻已鑄成。

十一、皇帝老爸孫權，壯士斷腕英雄暮年

「生子當如孫仲謀。」身為東吳基業的繼承者、鼎定者與開拓者，孫權一生確實無愧於英雄之名，陳壽在《三國志·吳書·吳主傳》中稱讚他「屈身忍辱，任才尚計，有勾踐之奇，英人之傑矣」，這樣的稱譽並不過分。

赤壁之戰大敗曹操、白衣渡江之戰生擒關羽、夷陵之戰力挫劉備，這樣顯赫的戰績足以力托起孫權「英雄」的稱號。但是，古話就說「鮮克有終」，孫權似乎也不能例外，和許多雄才大略的皇帝一樣（例如漢武帝），他的晚年似乎也表現出了異乎尋常的昏庸。對於這種昏庸，陳壽就作如此評價：「性多嫌忌，果於殺戮」，「讒說殄行，胤嗣廢黜」，「遂致覆國，未必不由此也」。將東吳日後覆家亡國的責任追究到開國之君孫權身上，這樣的見解既是大膽的，同時無疑也是深刻的。陳壽敢給孫權下這樣狠的評語，自然有他的道理。

　　陳壽評語裡所謂的「讒說殄行，胤嗣廢黜」、「性多嫌忌，果於殺戮」等種種昏庸之舉所指向的實際上是同一件事 ── 孫權晚年的立嗣問題。

　　和「奸雄」的曹操一生育有 25 子相比，「英雄」孫權的後嗣實在少得可憐。從 18 歲執掌江東集團，到 71 歲去世，孫權總共只育有 7 子，從這種對比中可以看出孫權對女色並無多少興趣，所以史書中有關於某某夫人因為美麗而得孫權寵幸之類的記載值得我們持保留態度。因為孫權多年不立皇后，所以諸子之中無嫡庶之分，只有長幼之別。孫權中前期立嗣，一貫遵循儒家傳統的嫡長子制度。因無嫡庶之分，所以只以長幼為序。

　　建安二十五年，孫權受曹魏之封為吳王，隨即立長子孫登為吳王太子。孫權稱帝之後，王太子順理成章升為皇太子。孫登在太子位共 21 年，於赤烏四年，先於孫權去世。

　　次子孫慮比孫登死得更早。赤烏五年正月，孫權立三子孫和為太子，正是在孫和的太子任上，出現了儲嗣爭鬥的風波，這一爭鬥的另一主角是孫權的四子魯王孫霸，因為這場政治爭鬥發生在東宮和魯王宮之間，故而史稱「二宮構爭」。

　　史書把這場政治風波的直接責任人定為孫權，認為是孫權對孫霸不合適的寵愛導致了「二宮構爭」。從表面上的記載來看，第二任太子孫和為人恭謙，「好學下士，甚見稱述」，其身分和品行完全符合一個優秀儲嗣的條件。但在立孫和為太子的同年八月，孫權又另立四子孫霸為魯王（其餘諸子均不立王），並對其「寵愛崇待，與和無殊」，以至於二宮之間，禮秩不分。

　　這種對太子、魯王的「無區別對待」實際上貶低了東宮，抬升了魯王。皇帝無家事，孫權這種不適當的暗示不僅僅傳達到了魯王孫霸那裡，滋生了其爭奪嗣位的野心，同時也傳達到了太子孫和那裡，引起了他的不安。更嚴重的是，這種不適當的暗示還傳達到了東吳滿朝文武那裡，大臣們開始各尋擁護對象，最後出現了「中外官僚將軍大臣舉國中分」的局面。

　　丞相陸遜、大將軍諸葛恪、太常顧譚、驃騎將軍朱據、會稽太守滕胤、大都督施（朱）績、尚書丁密、太子太傅吾粲等擁護太子孫和；驃騎將軍步騭、鎮南將軍呂岱、大司馬全琮、左將軍呂據、中書令孫弘等人擁護魯王孫霸。至此，東吳朝堂之上已經形成了太子黨和魯王黨兩大集團，出現了「黨爭」。

　　自古以來，儲嗣之爭是亡國之道，朋黨之爭也是亡國之道。同時，儲嗣之爭和朋黨之爭還是一對孿生兄弟，它們之間的有機結合，在封建王朝屢見不鮮。在孫權的晚年，這種狀況也不幸上演。

　　這場政治風波的最終結局，是太子黨和魯王黨的兩敗俱傷。太子孫和被廢，流放故鄣；魯王孫霸被賜死。同時，一大批陷入「二宮構爭」的重臣們也受到懲處，丞相陸遜在孫權的屢次「責讓」之後「憤恚」而死；太子太傅吾粲下獄誅死；太常顧譚等人被流放；驃騎將軍朱據被賜死……

「二宮構爭」對後孫權時代東吳集團的負面影響是顯而易見的：

一、由於成年之子已盡，孫權不得不立年僅 7 歲的幼子孫亮為嗣。孫亮 10 歲登基，政令不由己出，終身苦受權臣威逼之禍。

二、對大臣的清洗導致孫權去世之後東吳朝堂之上缺乏有力的忠臣與重臣，嚴重地動搖了東吳的統治基礎。孫亮登基之時缺乏可靠的有能力的輔政托孤大臣，遂致政變屢興，權臣不斷。

從這兩點來看，陳壽對孫權的評語是相當中肯的。東吳確實在孫權晚年就凸現出了亡國之兆。但是，就此認定孫權的晚年是昏庸不堪的，卻又似乎為時過早，過於武斷。歷史真相的複雜程度和曲折離奇永遠要遠甚於任何構思精妙的小說情節。

赤烏七年，也就是陸遜被氣死、「二宮構爭」進入高潮的前夕，62 歲的皇帝老爸孫權又一次向我們展現了他的英明神武。第二年，蜀漢執政者蔣琬將本國的軍事重心由漢中南移至涪縣，在此多作舟船，意欲順漢水而下，襲取曹魏的上庸、西城等三郡。這次舉動引起了東吳一批重臣們的不安。步騭、朱然等人向孫權上奏：「從蜀國回來的人都說蜀國有意背叛同盟，和曹魏交通。正在大造舟船，修治城池。蔣琬之前鎮守漢中的時候，聽說司馬懿南下攻擊我們，也不出兵魏國。如今反而捨棄漢中，南移涪縣。對此我們應當有所準備。」

對步騭、朱然等人的擔憂，孫權很不以為然，他說：「我待蜀國不薄，沒什麼地方對不起他們，怎麼會這樣呢？司馬懿上一次入侵，不過 10 天就退軍了，蜀國千里迢迢，怎麼可能及時得到消息而出兵支援我們？人家治國，修理城池、打造戰船都是理所當然的事情，我們這邊也在治軍，難道說我們也是為了攻打蜀國嗎？我以身家性命向諸位擔保，蜀國不會背盟。」

　　一個大腦如此清醒、政治眼光如此敏銳的人同時又正在導演一場在日後傳統史家看來昏庸至極的「二宮構爭」，這種反差難道僅僅是個偶然嗎？相當多的證據表明「二宮構爭」是孫權出於某種政治目的而一手導演的。和歷史上諸多因為昏庸而導致儲位之爭的皇帝不同，孫權挑起這場「二宮構爭」是因為他的聖明。雖然史書一再回避孫權在這場政治風波中所擔任的總導演、總策劃的角色，但還是給我們留下了諸多的蛛絲馬跡。

　　實際上，早在孫登時期，孫權就有意製造一場「二宮構爭」。孫權最初為這場「構爭」設定的主角是太子孫登和三兒子孫和，但是孫登在赤烏四年的突然去世打亂了孫權的原定計畫。

　　韋曜編著的吳國官方史書《吳書》記載：「（孫登）弟和有寵於權，登親敬，待之如兄，常有欲讓之心。」這個記載相當可疑。歷史上不是沒有主動讓賢的太子，光武帝劉秀的長子就曾做過這樣的事情，後來被傳統史書傳為千古美談。《三國志·吳書·孫登傳》將孫登塑造成了古往今來，做太子做得最好的第一人，在品行上自然有其過人之處，他會有讓位之心也並不奇怪。奇怪的是，這一條本來可以進一步拔高孫登的光輝形象的記載卻沒有被陳壽所採納而放進《三國志》裡，陳壽的用意值得我們深思。

　　更荒謬的是，孫登年長自己的三弟孫和整整 15 歲，在這麼大的年齡差距之下（古人早育，這樣的差距已經是父子之間的年齡差距了），孫登卻有待孫和如兄長的舉動，這實在是匪夷所思。只能有一個解釋：孫登的讓位之心另有蹊蹺。

　　另外一些跡象也顯示出了孫登的太子之位的不穩固。在傳統的嫡長子繼承制下，子以母貴，母以子榮；太子只能從皇后的兒子們中間選擇；兒子做了太子，母親也自然應當升任皇后。但是孫登做了整整 21 年太子，孫權卻堅決不立其母徐夫人為后，尤其是到了後期，孫權竟然想立沒有兒子

的步夫人為皇后。立太子卻不立皇后，這就暗示著：太子的位子仍然存在變數。在暗示孫登太子之位不穩固的同時，孫權還在暗示誰會成為太子職位的有力競爭者：他對三兒子孫和的寵愛過度，超出了其餘所有的皇子，同樣也超出了太子孫登。與此同時，孫權還刻意寵愛孫和的生母王夫人。

日後孫和做太子，孫權立刻立其四子孫霸為魯王（其餘諸子可沒有這樣的好運），並對他「寵愛崇特，與和無殊」，這樣的景象和孫登為太子的時候，孫權過分寵愛孫和如出一轍。孫和之母王夫人受到孫權的寵愛，僅次於步夫人，但是孫和為太子的時候，步夫人已經去世，孫權卻仍然不願意立王夫人為皇后，而且對王夫人的寵愛還莫名其妙地消失了，這也和孫登之母不得立為皇后的情形如出一轍。

與之形成鮮明對比的，是孫權在第三次立太子的時候，前腳剛剛冊立了幼子孫亮，後腳就將孫亮之母潘夫人冊封為皇后。同時，還將其餘二子分封到地方為王，徹底確定了他們的名分，堵死他們對儲位的覬覦之心。

孫登的政治嗅覺相當靈敏，在去世之前，他已經預感到了儲位之爭災難的來臨，為了避免這場手足相殘的悲劇，他有意主動讓位給兄弟孫和，這是孫登的良苦用心。只可惜，他不了解他的父親孫權的另一種良苦用心。

「二宮構爭案」這場由孫權一手導演的陰謀所針對的，是東吳集團內部日益強大的江東世族勢力。這一點還可以從孫權為此案設計的最後的結局中得到明確印證：孫權有選擇性地在太子黨和魯王黨中對朝臣們進行清洗。被處死或流放的陸遜、顧譚、朱據等人全是江東世族的代表、吳四姓的家族掌門之人，他們的倒臺意味著他們各自代表的家族的沒落，也代表著江東世族完全退出了東吳的統治秩序的核心。

但是，孫權這樣處心積慮的安排在消除了來自江東世族對皇權的威脅的同時，卻又埋下了另一個隱患。

第八位皇帝老爸
吳大帝 —— 孫權

　　太元二年，孫權病重，召諸葛恪等人囑咐托孤後事。孫權在托孤大臣的選擇上又一次展現出了他的良苦用心。大將軍領太子太傅諸葛恪作為首輔，其身分是流寓士族第二代；中書令孫弘是孫權晚年的心腹，參與了「二宮構爭」案的全部策劃；會稽太守滕胤出身江北流寓士族，「尚公主」，與孫氏有姻親關係；將軍呂據也是流寓士族第二代，其父呂范是孫氏家臣；侍中孫峻是孫氏宗族。

　　這是一個以流寓士族為主體，輔以心腹和宗族勢力的托孤班子。在孫權看來，以流寓士族為主體可以防止皇權旁落，而輔以心腹宗族，則是給皇權的集中再加上了一個保險。這樣的組合雖然談不上固若金湯，但其穩定的性能無疑是很不錯的。

　　但是，千算萬算，孫權還是漏算了一著：流寓士族們固然因為社會基礎薄弱而不易對皇權造成威脅，但因為同樣的原因，流寓士族一旦掌握權柄，支持他們的力量也同樣顯得薄弱。這就決定了諸葛恪的首輔地位是很不穩固的。孫權剛剛去世，中書令孫弘就對諸葛恪首輔地位發起挑戰，欲矯詔除去諸葛恪。雖然由於宗室代表孫峻站在諸葛恪這邊，孫弘最終失敗了，但這件事情卻給了諸葛恪極大的觸動。他當政之後，不顧眾人反對，力主發動東興之役，其目的就是為了提高個人威望，以壓伏東吳眾臣，鞏固自己首輔的地位。但是，一則東吳內部托孤班子彼此勾心鬥角；二則曹魏實力遠勝東吳，內外逼迫之下，東興之役以慘敗告終。這反而給了諸葛恪的政敵們一個扳倒他的絕佳機會。

　　孫亮建興二年冬十月，孫峻發動政變，謀殺了諸葛恪，其時距諸葛恪入朝輔政僅一年零六個月。自此，東吳進入了一段昏暗的權臣時代。而這正是孫權生前最為憂慮的事情，他和江東世族們幾十年明爭暗鬥，就是為了防止這一天的到來。而今，這一天還是到來了。機關算盡太聰明，反誤了江東基業。

採取偽造儲嗣之爭的方式來徹底擊潰江東世族的勢力，對孫權來說，也是迫不得已。呂壹案之後，因為年齡的關係，孫權感到了強烈的緊迫性。他必須在有生之年替後人徹底解決集團內部的江東世族問題。不入虎穴，焉得虎子；捨不得孩子，套不著狼，孫權偽造「二宮構爭」，借此發揮以達到徹底擊潰江東世族的目的，說明他已經下了破釜沉舟的決心。採取這種方式的後果孫權也是清楚的，但是，和東吳千秋萬代的基業相比，犧牲掉兩個兒子還是值得的。孫權深知自己的身分：他首先是一個皇帝，其次才是一個父親。

「權沉吟者歷年，後遂幽閉和」。「二宮構爭」的戲不能不接著往下演，孫和與孫霸也不能不按照早就已經寫好的劇本走向自己的命運：孫和先被幽閉，隨後被廢；孫霸被賜死。只有這樣的結局才能將陰謀偽裝到底，才能安撫或者麻痺東吳廟堂上下的人心，才能最大限度地不損害整個東吳政權的穩定。但是，從孫權的「沉吟」中，我們也看到了一位父親隱隱作痛的舐犢之心。

孫和被廢之後，孫權一改嫡長子制度，捨棄五子孫奮，六子孫休，而立幼子孫亮為嗣，孫奮一方面為人品行不端，另一方面其母不稱「夫人」而稱「仲姬」，可見出身較其餘諸子卑賤。他沒有為嗣的資格。但孫權不立年長的孫休為嗣卻另有玄機。孫休的妻子是朱據的女兒，他和吳四姓的朱家的這種婚姻關係決定了他不可能被孫權立為儲嗣。

太元二年，在人生最後的日子裡，孫權又一次想起了他那被廢徙在故鄣的窮山惡水的兒子孫和。出於補償的心理，孫權將孫和立為南陽王，居長沙。但這仍然無法改變孫和的命運。

廢太子的身分注定了他無法平安度過餘生，於是在建興二年，會稽王孫亮執政，孫和就被迫自殺。

十二、〈孫權勸學〉的道理

後人多不認為孫權是位大英雄，就連在《三國志》的洋洋百萬字中，孫權好像也沒一點頂天立地的真本領似的。不過在你讀過《三國志·吳志·呂蒙傳》後，就會對孫權有個新的認識，至少在感情上，給予這個歷史人物人重新的定位。

一個人包括最高統治者，不可能是十全十美的，孫權亦不例外，然而身為吳國的「一把手」，他卻時時勸學於下屬，不顧勞累，費盡口舌，充分展現出一把手的憂患意識。至今讀來，其借鑑甚至指導現實的意義還不過時。

三國時期吳國有位大將，名叫呂蒙。此人武藝高強，戰功卓著，深受吳王孫權的信賴。可呂蒙有個毛病，就是不愛讀書學習。別人屢屢勸他多學點知識，可他每次都推三阻四的，認為自己一介武夫，讀書有何用？這回，孫權又來勸他了，結果怎樣呢？讓我們來看〈孫權勸學〉一文，它會給我們一個驚喜。

原文這麼說：

初，權謂呂蒙曰：「卿今當塗掌事，不可不學！」蒙辭以軍中多務。權曰：「孤豈欲卿治經為博士邪！但當涉獵，見往事耳。卿言多務，孰若孤？孤常讀書，自以為大有所益。」蒙乃始就學。及魯肅過尋陽，與蒙論議，大驚曰：「卿今者才略，非復吳下阿蒙！」蒙曰：「士別三日，即更刮目相待，大兄何見事之晚乎！」肅遂拜蒙母，結友而別。

翻譯過來的故事應該是這麼講：

起初，孫權對呂蒙說：「你現在當權掌管重要事務了，不可以不學習！」呂蒙用軍中事務繁忙多來推託。孫權說：「我難道想要你成為研究

儒家經典傳授的學官嗎？只是應當粗略地閱讀，了解歷史罷了。你說你的事務多，誰比得上我（事務多）呢？我經常讀書，自己認為非常有好處。」呂蒙於是開始讀書學習。等到魯肅來到尋陽的時候，（魯肅）和呂蒙討論評議，非常驚奇地說：「你現在的才幹、謀略，（已）不再是（當年）吳縣的（那個）阿蒙了！」呂蒙說：「和讀書人分別一段時間後，就要重新擦亮眼睛用新的眼光相看了，長兄為什麼認清事理這麼晚啊！」魯肅於是拜見呂蒙的母親，（與呂蒙）結為朋友（後）就分別了。

我們可以看到，孫權勸學，先一語破的，向呂蒙指出「學」的必要性，即因其「當塗掌事」的重要身分而「不可不學」；繼而他又現身說法，指出「學」的可能性。使呂蒙無可推辭，「乃始就學」。從孫權的話中，既可以看出他的善勸，又可以感到他對呂蒙的親近、關心、期望，而又不失身為帝王人主的身分。

「卿今者才略，非復吳下阿蒙」，是情不自禁的讚嘆，可見魯肅十分驚奇的神態，以他眼中呂蒙變化之大竟然判若兩人，表現呂蒙因「學」而使才略有了令人難以置信的驚人長進。需要指出的是，魯肅不僅地位高於呂蒙，而且很有學識，由他說出這番話，更可表明呂蒙的長進確實非同一般。

自此，呂蒙和蔣欽二人利用業餘時間專心學習，鑽研經書，事隔多年，在某些方面，其專業水準之高甚至連那些自命不凡的老儒士都望塵莫及。

孫權常常在眾人面前感嘆，越是身居高職，越是富貴榮顯，就越要勤奮好學，耽悅書傳，輕財尚義，所作所為可供人群效法，成為國家棟梁之才。

「士別三日，當刮目相待，大兄何見事之晚乎？」是呂蒙對魯肅讚嘆

的巧妙接應。「三日」形容時間很短,「刮目」是擦拭眼睛,表示十分驚奇、難以置信的樣子。並且,他還很愛才。從呂蒙的答話中可見他頗為自得的神態,他以當之無愧的坦然態度,表明自己才略長進之快之大。孫權的話是認真相勸,魯肅、呂蒙的話則有調侃的意味,二者的情調是不同的。

最後以「肅遂拜蒙母,結友而別」結尾。魯肅之所以主動與呂蒙「結友」,是因為魯肅為呂蒙的才略所折服而願與之深交,表明魯肅敬才、愛才,二人情投意合。這最後的一筆,是魯肅「與蒙論議」的餘韻,進一步從側面表現了呂蒙才略的驚人長進。

從另一方面,我們有不難看出一點 —— 為什麼在呂蒙「非復吳下阿蒙」的時候,魯肅才和呂蒙「結友」,這裡面難道沒有一層社會原因嗎?當呂蒙有了才華,有了見識,魯肅看出來,這小子,以後肯定有大作為,現在何不早早交友,以後大家相互之間有個照應。看來,一個人有沒有很多朋友,你有沒有「利用價值」還是很重要的!

在〈孫權勸學〉中,魯肅、呂蒙的對話,一唱一和,互相打趣,顯示了兩人的真實性情和融洽關係,表明在孫權勸說下呂蒙「就學」的結果,從側面表現了呂蒙的學有所成,筆墨十分生動,這也是〈孫權勸學〉全文的最精彩之處。

帝王與他們的產地：

殘暴不仁、休生養息、勵精圖治……明明是同一套帝王教育，為何養出良莠不齊甚至弒兄殺父的子孫？

編　　著：嚴爸爸

發 行 人：黃振庭

出 版 者：崧燁文化事業有限公司

發 行 者：崧燁文化事業有限公司

E-mail：sonbookservice@gmail.com

粉 絲 頁：https://www.facebook.com/
　　　　　sonbookss/

網　　址：https://sonbook.net/

地　　址：台北市中正區重慶南路一段六十一號八
　　　　　樓 815 室

Rm. 815, 8F., No.61, Sec. 1, Chongqing S. Rd.,
Zhongzheng Dist., Taipei City 100, Taiwan

電　　話：(02)2370-3310

傳　　真：(02)2388-1990

印　　刷：京峯數位服務有限公司

律師顧問：廣華律師事務所 張珮琦律師

定　　價：580 元

發行日期：2023 年 11 月第一版

◎本書以 POD 印製

Design Assets from Freepik.com

國家圖書館出版品預行編目資料

帝王與他們的產地：殘暴不仁、休
生養息、勵精圖治……明明是同一
套帝王教育，為何養出良莠不齊甚
至弒兄殺父的子孫？/ 嚴爸爸 編
著 . -- 第一版 . -- 臺北市：崧燁文
化事業有限公司 , 2023.11
面； 公分
POD 版
ISBN 978-626-357-805-0(平裝)
1.CST: 帝王 2.CST: 傳記 3.CST: 中
國
782.27　112017384

電子書購買

臉書

爽讀 APP